国家社科基金
GUOJIA SHEKE JIJIN HOUQI ZIZHU XIANGMU
后期资助项目

集中连片特殊困难地区
产业发展战略研究

Study on Industrial Development Strategy in
Contiguous Areas with Special Difficulties

李 民 朱 强 著

北京师范大学出版集团
BEIJING NORMAL UNIVERSITY PUBLISHING GROUP
北京师范大学出版社

图书在版编目(CIP)数据

集中连片特殊困难地区产业发展战略研究/李民，朱强著.—北京：北京师范大学出版社，2020.4
国家社科基金后期资助项目
ISBN 978-7-303-25646-4

Ⅰ.①集… Ⅱ.①李… ②朱… Ⅲ.①贫困区－产业发展－经济发展战略－研究－中国 Ⅳ.①F127

中国版本图书馆 CIP 数据核字(2020)第 000889 号

营 销 中 心 电 话 010-58808083
主题出版与重大项目策划部 http://xueda.bnup.com

出版发行：北京师范大学出版社 www.bnupg.com
　　　　　北京市西城区新街口外大街 12-3 号
　　　　　邮政编码：100088
印　　刷：北京京师印务有限公司
经　　销：全国新华书店
开　　本：730 mm×980 mm　1/16
印　　张：18.5
字　　数：310 千字
版　　次：2020 年 4 月第 1 版
印　　次：2020 年 4 月第 1 次印刷
定　　价：78.00 元

策划编辑：马洪立　郭　珍　　　　　责任编辑：戴　轶
美术编辑：王齐云　　　　　　　　　装帧设计：王齐云
责任校对：陈　民　　　　　　　　　责任印制：陈　涛

国家社科基金后期资助项目

出版说明

后期资助项目是国家社科基金设立的一类重要项目，旨在鼓励广大社科研究者潜心治学，支持基础研究多出优秀成果。它是经过严格评审，从接近完成的科研成果中遴选立项的。为扩大后期资助项目的影响，更好地推动学术发展，促进成果转化，全国哲学社会科学规划办公室按照"统一设计、统一标识、统一版式、形成系列"的总体要求，组织出版国家社科基金后期资助项目成果。

全国哲学社会科学规划办公室

序

　　落实党的十九大提出的全面建成小康社会、实现第一个百年奋斗目标的关键在于集中连片特殊困难地区（以下简称"连片特困地区"）彻底脱贫。而连片特困地区脱贫致富的关键和物质基础又在于产业发展，增加造血功能。习近平总书记非常关心连片特困地区的发展和人民生活水平的提高，在短短几年内走遍了全国14个连片特困地区，创造性地提出了"精准扶贫"，强调了"六个精准"，并将产业扶贫列为脱贫"五个一批"之首。李民教授主持的国家社科基金后期资助项目，以武陵山片区为例，对连片特困地区产业发展战略进行了系统研究，在分析经典案例的基础上，提出了相应的战略对策。本研究成果为连片特困地区制定产业发展战略提供了思路和理论参考，为国家扶贫攻坚战略的实施和深入推进提供了理论基础和政策依据，对促进贫困地区脱贫致富和社会经济协调发展具有重要的应用价值。

　　本研究成果丰富和发展了我国连片特困地区扶贫开发理论体系。长期以来，我国理论界对于贫困地区产业发展战略的研究主要散见于一些有关完善扶贫政策的研究建议和贫困地区发展规划之中，一直缺乏对贫困地区特别是连片特困地区产业发展战略的系统研究。本研究成果则从连片特困地区产业发展战略一般理论、主导产业发展战略选择、产业战略实施风险等视角系统研究了连片特困地区产业发展战略理论，提出了我国连片特困地区产业发展扶贫开发模式，无疑是对我国扶贫开发理论研究体系的丰富和发展，将指导连片特困地区主动面对、妥善解决直接影响国家扶贫攻坚战略实施效果和贫困地区全面脱贫致富的关键问题，进而实现贫困地区产业与区域经济社会统筹发展。

　　本研究成果系统提出了我国武陵山片区产业扶贫发展的战略措施。武陵山片区集革命老区、民族地区和贫困地区于一体，跨省交界面大、少数民族聚集多、贫困人口分布广，是我国第一个区域发展与扶贫攻坚试点片区。本研究成果在深入调查研究的基础上，根据国家扶贫攻坚的方针政策和我国经济发展趋势，提出了武陵山片区产业发展扶贫的总体战略思路，并有针对性地提出了农业、工业、文化产业、旅游产业、商贸物流产业等主导产业发展的战略措施，充分体现了历史与现实、当前与长远、局部与整体的有机统一。同时，研究成果数据翔实，逻辑严密，论证有力，具有较强的学理性、实践性、对策性和可操作性。

在研究方法上，课题组把宏观研究与中微观分析、一般研究与典型案例分析、实证研究与规范分析、调查研究与政策剖析结合起来，特别是开展了大量的实地调查，采取问卷调查、个别访谈、开座谈会等方法，深入了解武陵山片区产业发展的基础和存在的问题，了解贫困户脱贫致富的真实想法、需求、状况等，在此基础上提出切实可行的战略对策和措施，并总结出了罗霄山片区的"一村一品"产业发展模式、四省藏区的特色优势产业发展模式、大别山片区的产业融合发展战略模式等可复制的连片特困地区产业发展经验，从而较好地克服了以往产业扶贫理论、战略及顶层政策设计与贫困村及贫困户的实际需求脱节的问题。

此外，本研究成果综合运用多种学科的理论、方法和成果对产业扶贫发展问题进行研究，既运用了产业经济学、制度经济学及管理学的一般原理和方法，也运用了公共管理、行为科学等理论和方法，解决了单纯从经济学学科视域研究贫困问题的研究缺陷，使本研究成果具有较强的解释力和指导性。

总之，无论是理论研究还是战略设计，无论是制度创新还是政策建议，本研究成果都堪称我国连片特困地区产业扶贫开发理论和战略研究的一部力作。当前，在以习近平同志为核心的党中央坚强领导下，贫困地区人口精准脱贫和全面建成小康社会已取得决定性胜利，但全面巩固脱贫成果进而实现经济高质量发展、全体人民共同富裕的任务仍然十分艰巨。我相信，本研究成果的出版将会对此发挥重要的决策参考作用。

是为序。

刘茂松

2019 年 1 月 10 日于蓉园

目　录

第一章　导论

　　"十三五"时期是我国全面建成小康社会的决胜期，2020 年是我国全面建成小康社会的时间节点。坚决打赢脱贫攻坚战，让贫困人口和贫困地区同全国一道进入全面小康社会是我们党的庄严承诺；确保农村贫困人口全部脱贫，贫困县全部摘帽，是全面建成小康社会的底线任务。到 2016 年年底，我国还有 4300 多万农村贫困人口，从群体分布上看，主要是残疾人、孤寡老人、长期患病者等"无业可扶、无力脱贫"的贫困人口及部分教育文化水平低、缺乏技能的贫困群众；从结构上看，一半以上贫困人口分布在 14 个集中连片特殊困难地区（以下简称"连片特困地区"）。连片特困地区是贫困扎根最深的营寨，是我国脱贫攻坚的主战场。

　　连片特困地区大多是革命老区、民族地区、边疆地区、自然条件较差的山区的综合体。由于生态环境脆弱、自然灾害频发、经济发展缓慢、基础设施匮乏、公共服务滞后、文明程度低、致贫原因多、贫困程度深、扶贫成本高、脱贫难度大、返贫概率高，它又是贫中之贫、困中之困，脱贫攻坚战的坚中之坚。要从根本上解决连片特困地区的贫困问题，必须坚持以精准扶贫、精准脱贫为基本方略，全面把握贫困的成因，有的放矢，加大扶贫开发投入力度、各方帮扶力度，充分调动贫困地区干部群众的内生动力，启动贫困地区内部的经济活力。

　　从连片特困地区现状看，产业扶贫是贫困治理的根本措施。根据贫困地区的资源禀赋，因地制宜，大力发展特色优势产业，既是扶贫的主要任务，也是脱贫攻坚的主要手段。只有产业发展好了，贫困地区才具备内生发展的能力，才能从根本上脱离贫困。连片特困地区基本位于省际交界，中心城市难以对其产生辐射效应；片区的发展策略应当相辅相成，但时常相互竞争，难以形成经济增长的合力，成为发展的洼地。从整体上研究连片特困地区的产业发展战略，是事关扶贫攻坚战略实施成效、事关区域经济协调发展、事关国家宏观战略目标实现的大事。"补齐产业短板、促进区域协调发展"是我国"精准扶贫"战略实施的核心内容，也是促进连片特困地区发展的战略关键。

　　为实施扶贫战略，2011 年，中央将武陵山片区作为连片特困地区区域发展与扶贫攻坚试点，先试先行，为全国其他片区提供示范。武陵山片区跨湖北、湖南、重庆、贵州四省市，集革命老区、民族地区和贫困地区于一体，跨省交界面大、少数民族聚集多、贫困人口分布广，与其他连片特困地区相比，既有共性也有特性。本书根据武陵山片区的自然资源概况、经济社会发展水平、贫困状况与特殊困难，详细分析了该片区产业发展的优势与劣势；结合发展经济学、产业经济学、制度经济学的基本原理，从全局把握连片特困地区产业发展战略总体思路；综合运用公共选择理论、SWOT 分析法等理论和方法，探索武陵山片区工业、农业、文化、旅游、商贸物流产业的发展基础、主体战略与发展模式；针对武陵山片区产业发展面临的风险，构建风险评价指标体系进行评估，并指出了可行的防范与规避方法。

第一节　研究的背景

反贫困是人类社会发展的共同主题；消除贫困，改善民生，实现共同富裕，是社会主义的本质要求。新中国成立以来，我国政府一直致力于与贫困作斗争，但大规模的、系统的扶贫工作始于改革开放以后。1984 年，中共中央、国务院联合发出《关于帮助贫困地区尽快改变面貌的通知》，第一次把扶贫工作作为国家的一项特殊任务正式提出来，拉开了我国消除贫困工作的序幕。1986 年，六届全国人大四次会议将老、少、边、穷地区的经济发展列入《国民经济和社会发展第七个五年计划》，意味着我国消除贫困工作正式进入实质性阶段。此后，国家颁发了一系列扶贫文件，出台了一系列的扶贫政策，其中影响较大的有：1994 年制定颁发的《国家八七扶贫攻坚计划》，2001 年制定颁发的《中国农村扶贫开发纲要（2001—2010 年）》，2011 年制定颁发的《中国农村扶贫开发纲要（2011—2020 年）》，2013 年制定颁发的《关于创新机制扎实推进农村扶贫开发工作的意见》，2015 年制定颁发的《中共中央 国务院关于打赢脱贫攻坚战的决定》，2016 年制定颁发的《"十三五"脱贫攻坚规划》，等等。相应地，我国 30 多年扶贫开发工作，大致可划分为五个阶段。

第一阶段：体制改革推动扶贫阶段（1978—1985 年）。这一阶段的农村贫困减少主要是由于农村经济体制改革带来的整体经济增长。家庭联产承包责任制、农产品价格逐步放开、大力发展乡镇企业等改革举措，调动了广大农民的生产积极性，为农村剩余劳动力提供了出路，促进了农村经济快速发展、农民收入提高。到 1985 年年底，全国农村没有解决温饱的贫困人口从 2.5 亿人减少到 1.25 亿人。

第二阶段：大规模开发式扶贫阶段（1986—1993 年）。这一阶段，我国农村贫困已经由普遍的制度性贫困演变为区域性贫困。为进一步加大扶贫力度，国家成立贫困地区经济开发领导小组（1993 年改称国务院扶贫开发领导小组），确定了开发式扶贫方针，安排专项资金，制定专门政策，在全国范围内开展有计划、有组织和大规模的开发式扶贫。到 1993 年年底，全国农村贫困人口减少到 8000 万人。

第三阶段：扶贫攻坚阶段（1994—2000 年）。我国在 20 世纪 80 年代中期到 90 年代初期实施了大规模的扶贫开发计划，但农村减贫的速度与前一阶段相比大大减缓，个别年份甚至出现贫困反弹的情况。针对这一情况，国务院制定了《国家八七扶贫攻坚计划》，集中人力、物力、财力，动员社会各界力量，力争用 7 年左右的时间，基本解决 8000 万农村贫困人口的温饱问题。到 2000 年年底，扶贫攻坚目标基本实现，农村贫困人口下降到 3200 万人。

第四阶段：综合开发阶段（2001—2010 年）。进入 21 世纪以后，我国的扶贫战略转变为以工促农，以城带乡，同时进行农村综合性扶贫开发。扶贫工作区域瞄准范围从贫困县精确到贫困村，重点实施整村推进的参与式扶贫模式，积极引进多样化的扶贫主体，充分利用各种社会资源推进扶贫工作。主要扶贫措施包括产业化开发扶贫、扶持龙头企业、实施劳动力转移培训计划、自愿开发式移民等。这一阶段采取的免征农业税、建设农村低保制度等惠农政策也具有减贫效应。

第五阶段：扶贫攻坚决胜阶段（2011 年至今）。2011 年，国务院印发了新十年扶贫开发纲要，提出"两不愁、三保障"的扶贫目标，确定 14 个连片特困地区为扶贫攻坚的主战场，确立了精准扶贫、精准脱贫的基本方略，坚持精准帮扶与区域整体开发有机结合，通过发展产业、易地搬迁、资产收益、生态保护、转移就业、医疗保障和救助、教育、低保兜底等措施，确保到 2020 年，贫困人口实现脱贫，贫困县全部摘帽，解决区域性整体贫困。

经过 30 多年的艰苦奋斗，我国的扶贫开发工作取得了举世瞩目的成就。

一是贫困地区及贫困人口大幅下降。我国既是世界上减贫人口最多的国家，也是率先完成联合国千年发展目标的国家。2015 年，我国已基本消除"1978 年标准"和"2008 年标准"下的贫困人口。按照每人每年 2300 元（2010 年不变价）的现行标准计算，2015 年全国农村贫困人口 5575 万人，比 1978 年减少 7.1 亿人，贫困发生率下降 92 个百分点，比

2010 年减少 1.1 亿人，贫困发生率下降 10 个百分点。

二是贫困地区经济快速发展，与全国农村平均水平差距缩小。2014年贫困地区实现公共财政收入 2248 亿元，比上年增长 12.1%；公共财政支出 16172 亿元，比上年增长 10.7%。2012—2014 年，贫困地区公共财政收入三年年均增长 22.2%，财政支出年均增长 15.8%。2015 年，贫困地区农村居民人均可支配收入 7653 元，比上年增长 11.7%，比 2013 年累计增长 46.8%，年均实际增长 11.5%，比全国农村平均水平高 2.9 个百分点；贫困地区农村居民人均消费支出 6656 元，比上年增长 10.8%，比 2013 年累计增长 41.6%，年均实际增长 10.1%，比全国农村平均水平高 0.9 个百分点。2015 年全国扶贫重点县农村居民人均可支配收入 7543 元，比上年增长 12.3%，比 2012 年累计增长 73.6%，年均实际增长 12.4%，比全国农村平均水平高 3.2 个百分点；扶贫重点县农村居民人均消费 6616 元，比上年增长 11.0%，比 2012 年累计增长 65.8%，年均实际增长 11.1%。

三是贫困地区基础设施和生产生活条件明显改善，农村面貌发生明显变化。2015 年，贫困地区主干道路经过硬化的自然村比重为 73.0%；通客运班车的自然村为 47.8%；通电、通电话、通宽带的自然村比重分别达到 99.7%、97.6%、56.3%；贫困地区农村居民住房建筑面积户均为 131.5 平方米，居住竹草土坯房的农户为 5.7%，比 2012 年下降 2.1 个百分点；住宅外道路为水泥或柏油路面的比重为 49.5%，为沙石或石板等硬质路面的比重为 21.6%，为其他路面的占 29%；使用照明电的比重为 99.8%；使用管道供水的比重为 61.5%；使用经过净化处理自来水的比重为 36.4%；饮水无困难的比重为 85.3%；独用厕所的比重为 93.6%。

四是贫困地区社会事业进一步发展，义务教育、基本医疗保障水平提高。2015 年，贫困地区行政村中，有文化活动室的比重为 83.8%；有卫生站的比重为 95.2%；有幼儿园或学前班的比重为 56.7%；有小学且就学便利的比重为 63.6%；有综合文化站的乡镇占 98.4%；有政府办卫生院的乡镇比重为 99.4%；有全科医生的乡镇比重为 87.1%；贫困地区农村居民中，生病之后能及时就医的比重为 85.2%；在不能就医的主要原因中，经济困难的比重为 18.8%，医院距离太远的比重为 74.6%。贫困地区 5 岁以下儿童中，99.1% 接受免费计划免疫；7～12 岁儿童中，在校就读的比重为 96.6%；17 岁以下儿童中，中途辍学的比重为 1.1%；辍学原因中，孩子不愿意读书的比重为 80.3%，家庭缺少劳动力的比重为 3.9%，生病、残疾等健康问题占 6.1%。

回顾 30 多年的扶贫历史，我们可以发现一条清晰的主线：从以转移支付为主的"输血式"扶贫转变为以产业开发为主的"造血式"扶贫。自从 20 世纪 80 年代中期开始，"扶贫"与"开发"始终伴随在一起。我国政府一贯注重发挥贫困地区的内生动力，强调以市场为导向，通过发展生产解决贫困问题，不断探索适合贫困地区发展的重点产业：1984 年《关于帮助贫困地区尽快改变面貌的通知》指出，贫困地区改变面貌的根本途径是依靠当地人民自己的力量，因地制宜，发展商品生产，增强本地区经济的内部活力；《国家八七扶贫攻坚计划》提出，扶贫开发应重点发展种植业、养殖业和相关的加工业、运销业；《中国农村扶贫开发纲要（2001—2010 年）》提出，要继续把发展种养业作为扶贫开发的重点，积极推进农业产业化经营；《中国农村扶贫开发纲要（2011—2020 年）》把产业扶贫作为专项扶贫措施，提出要培植壮大特色支柱产业，大力推进旅游扶贫；《中共中央 国务院关于打赢脱贫攻坚战的决定》把特色产业增收作为组织实施扶贫开发的 10 项重点工作之一，提出要指导连片特困地区编制县级特色产业发展规划，到 2020 年，初步构建特色支柱产业体系；《"十三五"脱贫攻坚规划》提出了"3＋2"的产业发展脱贫的战略框架，以农林产业、旅游产业和电商产业三股地区经济为内生动力，以资产收益、科技带动为促进要素实现产业脱贫。

30 多年扶贫开发工作使我们清醒地认识到，虽然我国综合国力有了显著增强，但我国仍然是一个人均收入水平较低的发展中国家，缩小城乡差距和区域差距始终是国家发展必须面对的重大课题和挑战，是实现全面建成小康社会奋斗目标的重点和难点。当前，制约我国贫困地区发展的深层次矛盾依然存在，根治贫困还面临着扶贫对象规模大、相对贫困问题凸显、返贫现象时有发生、连片特困地区发展相对滞后等困难，扶贫开发仍是我国政府一项长期而艰巨的任务。我们要圆满完成"在建党 100 周年时，全面建成小康社会"的阶段性战略目标任务，就必须按照《中国农村扶贫开发纲要（2011—2020 年）》总体要求，坚持科学发展，把扶贫开发放在更加突出的位置，建立和完善政府主导、全社会参与扶贫开发机制，制定实施"精准扶贫"方略，把巩固温饱成果、加快脱贫致富、改善生态环境、提高发展能力、缩小发展差距作为加大扶贫开发、加快精准扶贫的新目标、新任务。

30 多年扶贫开发经验告诉我们，贫困地区"基本生活靠最低保障，脱贫致富靠扶贫开发"，产业化扶贫是增强贫困地区"造血"功能、提高自我发展能力的最有效方式，也是推进贫困地区实现脱贫、稳步致富的重要保障。推进产业化扶贫、促进产业发展是国家扶贫攻坚战略由"大水漫灌"向"精准滴灌"转变的重要支点和媒介，是促进贫困地区，特别是连片特困地区由被动接受扶贫援助向主动谋求科学发展转型的关键和重点。

30多年的扶贫开发探索出了很多成功案例，积累了很多宝贵经验。然而，现阶段，连片特困地区的产业发展还面临着很多困难，存在很多问题。连片特困地区生态脆弱、环境恶劣、经济社会发展水平落后、物质和人力资本匮乏等不利因素在短期内无法根除，贫困面积广、贫困程度深的状况依然存在，基础设施和基本公共服务设施建设难度大、成本高，产业发展中还存在产业选择不合理、产业链不健全、规划的产业投资完成率不高等问题。全面实施"精准扶贫"新方略，集中精力打赢扶贫攻坚战，关键在于连片特困地区建立起"里应外合"的产业承接和发展机制。否则，扶贫开发政策制度和战略方略的实施都只可能是一种暂时性、不可持续发展的外部支援，不可能建立独立完善、自我发展的支持贫困地区居民脱贫致富的内生机制。创新产业发展战略思维和模式、推进产业结构调整和升级、提升产业发展能力和水平，是连片特困地区实现全面脱贫和科学发展的重要基础和保障。在这一背景下，开展连片特困地区产业发展战略研究，具有十分重要的理论价值和实践意义。

第二节　研究的目的与意义

促进产业发展是扶贫开发工作适应新形势发展需要的基本要求。随着工业化、信息化、城镇化、市场化、经济全球化不断深入发展，我国的经济发展方式加快转型，国民经济保持平稳较快发展，综合国力明显增强，社会保障体系逐步健全，新农村建设和小康社会创建深入开展，扶贫开发工作环境和条件全面向好。外部宏观环境优化，整体经济实力增强，我国扶贫开发已经从以解决温饱为主要任务的阶段转入巩固温饱成果、加快脱贫致富、改善生态环境、提高发展能力、缩小区域差距的新阶段。为此，国家于2011年适时制定颁布了《中国农村扶贫开发纲要（2011—2020年）》（简称《纲要》）。《纲要》明确提出：把集中连片特殊困难地区确定为扶贫攻坚的重点和主战场，扶贫开发标准由2010年人均纯收入1274元提高到2300元，并新增了稳定实现扶贫对象不愁吃、不愁穿，基本医疗、义务教育、住房安全有保障的脱贫标准。要"稳定实现""两不愁、三保障"，既要提供低保等救济式扶贫的兜底保障功能，也要坚持扶贫开发，增强贫困地区的自身造血功能，防止返贫。实现扶贫开发与国民经济新形势发展要求相适应的奋斗目标，关键在于推进集中连片特殊困难地区产业可持续发展。经济社会新常态，区域发展新方式，科学技术新进步，商业经营新模式，扶贫开发新方略，既为贫困地区特别是特困地区产业发展创造了新环境、注入了新动能，也对扶贫开发工作提出了新要求。因此，研究我国连片特困地区产业发展的战略模式，探索连片特困地区产业发展的重点与布局，分析连片特困地区产业发展的风险与防范，对于加速推动连片特困地区减贫发展、丰富我国产业扶贫理论具有极为重要的意义。

理论方面，本研究以比较优势、竞争优势等区域发展优势原理为基础，综合运用产业结构与企业组织、经济地理与产业布局、生态经济与主体功能区等理论，从产业发展的反贫困机理和省际边界协调发展机理两个角度，论证了连片特困地区产业发展的理论基础，为连片特困地区产业扶贫找到了有力的学理支撑；用 SWOT 分析法，从整体上把握连片特困地区经济社会发展的特征，产业发展的优势、劣势、机遇和威胁，站在全局的高度提出了连片特困地区产业发展的总体思路。本研究极大地发展和丰富了贫困与反贫困理论，为连片特困地区探索产业扶贫开发模式，指导我国连片特困地区区域统筹发展、生态和谐发展提供了理论依据，为世界反贫困行动提供了中国智慧。

实践方面，随着国家扶贫开发宏观政策调整和贫困地区经济发展水平和能力变化，我国的扶贫开发战略适时做了相应调整：战略上开始由救济式扶贫向开发式扶贫转变；由单纯的直接救济向地区经济综合开发的方向转变；由单纯地向贫困地区"输血"向增强贫困地区"造血"功能转变；由单纯的政府主导型扶贫向动员全社会力量、加强国际合作的全方位的扶贫转变。扶贫更加注重结合当地经济发展需要，以扶贫促进发展、以发展推进扶贫，实现扶贫与发展的有机统一。与此相适应，我国对扶贫机制也做出了一些调整和创新：一是改变了以往平均使用扶贫资金的办法，集中人力、财力、物力搞综合开发，增强贫困地区自我发展能力；二是国家在信贷、税收和经济开发等方面给贫困地区以优惠政策，刺激产业发展；三是建立中央各职能部门和东部沿海发达地区对口扶贫相结合的扶贫机制，在资金、物资和技术上向贫困地区倾斜；四是建立中央、地方政府和贫困地区居民共同投资机制；五是推动政府的扶贫政策与农民制度创新"互动"。

本研究为发展什么产业、如何发展产业等扶贫开发战略的先决问题提供了对策和解决方案。目前，连片特困地区以及其他贫困地区的产业扶贫都是一个思路，即通过增加投资，调整产业结构，发展优势产业，提高产业效益，进而提高农民收入。具体措施又以发展农副产业为主，一方面招商引资，流转土地，调整产业结构，如采取"公司＋合作社（基地）＋农户"的形式，由公司带动农民致富；另一方面鼓励农户提高农业投入，搞多种经营，变种粮食作物为经营作物。这个思路没有问题，然而在实施过程中，必须具体问题具体分析，拿出有针对性的方案来。现在，各地在产业结构调整实践中，在产业选择上缺少严密的论证，在产业发展中没有细致的管理，一次产业调整失败了，就换个项目重来一轮，既浪费了扶贫资源、发展机会，也伤害了贫困人群脱贫致富的积极性。本书由点及面，将典型分析与一般研究相结合，以武陵山片区为例探讨连片特困地区的产业发展战略，分析方法具有通用性，研究结论具有针对性，为我国的扶贫攻坚、产业发展献智献策。

第三节　核心概念及相关研究述评

一、核心概念界定

（一）贫困

贫困与富足相对，是一种社会现象，是由于政治、经济、文化、环境等因素，导致一部分人在物质、社会、权利、机会及情感上匮乏的现象。

1. 贫困的概念

贫困普遍存在于人类社会的整个进程之中。古往今来，各国学者从各个角度对什么是贫困进行了大量的研究和阐述。然而，直到 20 世纪初，才由英国经济学家朗特里（Rowntree，1901）提出了贫困的确切定义。朗特里认为，如果一个家庭的总收入不足以维持家庭人口最基本的生存活动需求，那么这个家庭就陷入了贫困之中；相应地，根据人类维持最低生活水平所需的食品、饮用水、住房、衣服的数量及价格，就可计算出以收入水平表示的贫困线。雷诺兹（Reynolds，1973）提出了类似的贫困定义，即家庭收入不足以维持基本生活水平。这种根据生存标准定义的贫困被称为"绝对贫困"，我国及国际上的一些反贫困项目通常依据绝对贫困标准来识别贫困人口。例如，世界银行（1990）定义，每天 1 美元（以 1985 年的购买力平价不变价格计算）为极端贫困标准（2015 年更新为每天 1.9 美元）；我国自 2000 年开始，确定了绝对贫困标准和低收入标准等。

与绝对贫困相对的是加尔布雷思（Galbraith，1958）、鲁西曼（Runciman，1966）、汤森德（Townsend，1979）等人提出的"相对贫困"的概念。相对贫困理论考虑了社会分配问题，认为收入水平与社会平均水平相差达到一定程度即是贫困。绝对贫困理论只考虑维持生计的需要，相对贫困理论认为，人类除了生存需要，还有健康、教育、环境、文化等社会需求，并提出这些都是人的"基本需求"。例如，汤森德（1979）指出，富国和穷国采取相同的绝对贫困标准没有意义，贫困问题的重点是部分个体在获取食物、参与社会活动，以及取得起码的生活与社交资源等方面的相对缺失。世界银行在《世界发展报告（1980）》中指出，当个体缺少足够的资源去获取所在社会公认的、一般都能享受到的饮食、生活条件、舒适及参加某些活动的机会时，他们就处于贫困状态。《世界发展报告（1990）》认为，贫困是指个体不具有达到最低生活水准的能力。报告指出，不能简单地以人均收入或人均支出作为贫困的标准，还要综合考虑医疗卫生、教育水平、公共资源可获得性等社会福利的享受情况；并将营养、预期寿命、5 岁以下儿童死亡率、入学率等指标作为对衡量贫困的补充因素。在实践上，一些国家把收入水平低于国民平均水平的 30%～50% 定义为贫困。例如，欧盟设定贫困线为人均收入中位数的 50%。

绝对贫困和相对贫困都是以收入为标准定义贫困的，然而只考虑收入或消费，可能会忽视贫困的其他很多方面，单纯的收入指标不足以反映个体的脆弱性和贫困的长期性。20 世纪 70 年代，一些学者提出了"社会排斥"的概念。所谓社会排斥，是指个体被排除到社会整体之外，享受不到人应有的权利。例如，欧共体（1989）指出，贫困的人获得的物质、文化和社会资源极其有限，以至于他们被排斥在当地社会所接受的、最低限度的生活方式之外。世界银行（2000）基于社会排斥理论，进一步拓展了贫困的定义，为个体面临着风险的脆弱性及无法充分表达自身需求的场景。

诺贝尔经济学奖得主阿马蒂亚·森（Sen，1976）在社会排斥理论的基础上提出了"能力贫困"的概念，得到了广泛的认同。森认为贫困不仅是收入不足以满足基本需要，而且是一种基本能力（basic capabilities）被剥夺的现象，即贫困"剥夺"了贫困人口的权利，使其丧失了改善生存条件、抵御防范风险、捕捉机会获取经济收益的能力。在现代社会，贫困通常伴随着分配不平等，即贫困人口无法获取或接触到许多产品和服务（尤其是公共品和公共服务），不具备把这些产品转化成效用的功能或权利。奥本海默（Oppenheim，1993）认为，贫困既表现为物质短缺，又表现为社会关系和情感联系上的匮乏；贫困者被剥夺了建立未来的可能，以及人们本应享有的健康、受教育、有住所和享受退休生活的机会。还有一些学者发现，能力贫困甚至吊诡地表现在贫困人口的获得扶贫帮助的能力上，以至于一些根据家庭收入核算界定贫困人口的扶贫项目难以瞄准真正的贫困人口，扶贫资金往往被社区精英所捕获（Alatas et al.，2012）。

2. 贫困的机理

（1）生态环境视角的贫困机理

一些学者认为生态环境是致贫的重要因素。例如，托达罗（Todaro，1967）指出，经济发达国家大多位于温带，而第三世界国家多位于热带、亚热带，这暗示经济发展与气候环境之间存在一定的联系。贫困的国家或地区，相对缺乏经济活动所必需的土地、矿藏、森林、水等自然资源。卡文迪什（Cavendish，2000）发现，环境资源对农村家庭的平均收入具有非常重要的影响，环境资源对收入的贡献率最高可达40%。越是贫困的农民越需要利用生态资源进行生产，对环境的依赖越强；越是富有的农民对环境资源的消费越大。陈南岳（2003，2006）、于存海（2006）认为，原始生态环境脆弱或者人类活动造成生态环境质量下降，都会导致人们的生产生活缺少必要的物质基础，使人处在贫困之中。李虹（2011）发现，我国的生态脆弱区与经济贫困区在空间分布上存在耦合。

生态环境脆弱是贫困的成因，而粗放发展会导致生态环境恶化，也会进一步加深贫困，形成生态恶化与贫困加剧的恶性循环。皮尔斯和沃福德（Pearce & Warford，1996）发现非洲撒哈拉地区存在贫困—环境退化—进一步贫困的恶性循环现象。阿鲁科（Aluko，2004）对尼日利亚尼日尔河三角洲的研究发现，生态环境退化是当地人陷入贫困的根本原因，而生态环境问题又是工业化和产业化，以及人口不断增长的直接后果。

（2）经济视角的贫困机理

20世纪50年代，大量的发展经济学家探讨了发展中国家陷于贫困的原因与摆脱贫困的思路，提出了各种脱贫、发展理论，这些理论大多认为大规模投资推动经济增长是摆脱贫困的根本出路。

①贫困恶性循环理论。纳克斯（Nurkse，1953）认为，发展中国家的贫困是经济中多种力量相互作用的结果。"一个国家穷是因为它穷"。正如一个人穷，就会吃不饱饭，身体虚弱，做不好工作，更加挣不到钱买吃的，陷入更深的贫困之中。穷国（或贫困地区）也存在两个恶性循环：

供给方面，贫困人口的收入低，储蓄能力弱，就会导致投资的资金匮乏，没有投资，生产效率无法提高，低生产率引起低经济增长率，又会引起新一轮的低收入；需求方面，低收入意味着低购买力，低购买力导致企业缺少投资的动力，没有投资生产率就不能提高，又会导致低增长率和低收入。纳克斯认为，这两个循环互相加强，使贫困地区难以突破；但是需求不足对经济发展的阻碍更大一些。打破贫困恶性循环的关键在于进行大规模的投资，并且要对多个行业同时进行投资，使得各行业平衡增长，互相产生需求，扩大市场。

②低水平均衡陷阱理论。继纳克斯之后，纳尔逊（Nelson，1956）提出的低水平均衡陷阱理论也强调投资规模对于脱贫的重要性。纳尔逊认为，贫困地区的人均收入很低，仅能维持生计，小规模的投资虽然能使总产出增加，但国民收入增长很快就会被人口增长所淹没，人均收入还是只能维持生计，即贫困地区陷在低资本积累、高人口增长和低人均产出的低水平均衡中。只有大规模的投资才能使产出的增长超过人口增长，帮助其跳出低水平均衡陷阱，达到高水平均衡。

③临界最小努力理论。莱宾斯坦（Leibenstein，1957）兼容并收了纳克斯和纳尔逊的理论，提出必须使出足够大的力量，才能推动贫困地区脱贫和经济发展。莱宾斯坦认为，经济增长过程中既存在提高收入的力量，也存在降低收入的力量。前者主要是由上一期收入水平和投资水平决定的，后者主要是由下一期投资的规模，以及人口增长率决定的。只有消除贫困的努力程度足够大，也就是投资规模超过"临界最小努力"，才能使提高收入的力量超过压低收入的力量，使经济挣脱"低水平均衡陷阱"，实现长期稳定的增长。

④大推进理论。罗森斯坦-罗丹（Rosenstein-Rodan，1943）认为，贫困地区有大量的农业剩余劳动力，必须投入大量的资本帮助其工业化，才能使经济达到自我维持的增长。就像飞机必须有高于临界值的地面速度才能起飞一样，小规模的、分散的投资不足以推动增长，贫困地区需要大规模、一次到位的投资做大推进，才能使经济突破贫困状态，迅猛发展。

除此之外，还有循环积累因果关系理论。缪尔达尔（Myrdal，1957）认为，经济发展过程中，各种因素是互相联系、互相影响的，一种因素的变化，会引起相关因素变化，后者又会强化前者，形成一个循环累积的过程。在一个国家的发展过程中，如果某种外部冲击使得一个地区的发展比另一个地区快，各种力量就会强化这种不平衡，发展好的地区利用其他地区扩张，增长快的更快，慢的更慢，产生相对贫困。贫困地区陷在低收入与贫穷的循环累积因果之中：人均收入低，生活水平差，损害人们的健康，教育水平低，因此劳动力素质不高，生产率难以提高，低产出又会导致低收入，强化贫困。缪尔达尔认为社会、经济、政治、制度以及资本形成不足等多种因素都会导致贫困，他主张通过改革实现收入平等，加大投资使生产率和产出水平大幅上升，提高人均收入。

（3）文化视角的贫困机理

美国学者刘易斯（Lewis，1959）认为，贫困与贫困人口特有的文化有关。贫困文化是长期生活在一起的贫困群体所形成的社会亚文化，包括社会参与、经济生活、家庭关系、社区环境、个人心态等方面。贫困文化是贫困人口的一种自我保护机制，主要表现为一种悲观的心理预期，"习得性的无能感"使个体产生自我怀疑、自我设陷和不利的自我暗示。受贫困文化熏陶的贫困人口不仅自己难以摆脱当下的贫困，还会影响下一代，使得贫困代际相传。莫伊尼汉（Moynihan，1969）提出贫困文化导致贫困恶性循环：贫困人口自幼生活在贫困文化之中，缺少成就感和向上的动力，低成就动机导致低社会流动和低教育水平，因此，贫困人口在就业时缺少竞争力，只能进入低收入职业，处在低社会地位上，加深贫困。

国内学者对贫困文化的研究较晚。宋镇修等（1993）认为，贫困文化是指当大多数人都处于中等以上生活水平时，处于贫困状态的人所形成的一套使贫困本身得以维持和繁衍的文化体系。熊丽英（2000）强调了贫困文化的传播力和感染力：当一个人加入贫困社区以后，原有的文化很容易被贫困文化所取代；贫困文化容易代际相传，在贫困文化中成长的孩子会习得这种文化，按照贫困文化的规范去成长，造成了贫困文化的循环。王兆萍（2004）认为，我国贫困文化的本质特征是土地至上，是安土重迁的传统文化所导致的。路远等（2005）认为，我国农村贫困文化包含了传统文化的特点，如心态保守、思想封闭、轻视科学、重农抑商、随大流等。曾敏（2007）认为城市贫困文化主要有如下特征：贫困人口不容易融入城市的主流文化中；自身贫困与城市的奢华形成对比，容易产生不平衡心理；罪犯率比其他群体高，价值观不稳定。

3. 贫困的测度

研究和分析贫困问题首先要构建贫困指数，对贫困进行测度。测度贫困的方法可以分成两种，一种是单维的，另一种是多维的。单维贫困测度，通常是根据一个国家或地区居民生活的最低保障水平及经济社会发展状况制定的收入贫困线。例如，1990 年世界银行以每人每天生活支出 1 美元(按 1985 年购买力平价计算)作为贫困的标准。多维贫困测度，是先选择多个维度，在每个维度上进行测算，再折算加总。例如，联合国开发计划署(UNDP，1996，1997)先后提出的能力贫困指数和人类贫困指数。

　　单维贫困测度包括绝对贫困线和相对贫困线两种。绝对贫困的测度方法有恩格尔系数法、生活需求法、马丁法等。恩格尔系数法以恩格尔定律为理论基础。家庭收入越低，用来购买食物的开支比例就越高，因此，恩格尔系数可以反映一个家庭或地区的贫困状况。联合国粮农组织以恩格尔系数大于 60% 来认定贫困。恩格尔系数主要被用于评判宏观的贫困人口分布，国际上通常把恩格尔系数大于 60% 或 50% 的地区划为贫困地区。美国规定，如果家庭支出中 1/3 以上是购买食物支出，该家庭就是贫困的。生活需求法也叫市场菜篮法，这种贫困测度法是把维持生存所需的全部商品和服务列成一张清单，根据当地市场价格，计算获得这些商品和服务所需支付的金额，所得就是贫困线。显然，哪些商品和服务是维持生存必需的，这个问题需要商榷。马丁法是世界银行政策研究部的首席经济学家马丁·瑞沃林(Martin Ravallion，1994)提出的，是目前被广泛应用的一种贫困测度法。马丁法先计算食物贫困线，再以食物贫困线为基础计算非食物贫困线，最后相加而得。马丁法计算的贫困线有高低之分：低贫困线是以人均消费支出刚好等于食物贫困线的那部分居民的非食物支出来确定非食物贫困线；高贫困线则是通过拟合回归来计算非食物贫困线的。我国的贫困线就是用马丁法测算的。

　　绝对贫困线尽管有多种不同的计算方法，但基本原则都是以生存所需为贫困标准，只不过早期主要考虑维持生存的食品需求，后来逐渐增加了非食品的部分。绝对贫困线的标准一般较低。发达国家多使用相对贫困线，例如欧盟各国普遍采用人均收入中位数的 50% 作为贫困线。

　　一些学者认为，单维贫困测度只以收入为基准，过于片面。个体的健康、教育、财产、获得公共品的能力等都会影响他的贫困程度，这些因素的市场要么不存在，要么不完善，很难找到适当的价格体系把它们转化成收入。因此，越来越多的学者主张从多个维度测度贫困，用多个指标构造人类贫困指数。

　　多维贫困测度有两种思路：一是基于单维的 FGT 测度方法，把单维贫困测度拓展到多维，具体做法有公理化方法(Bourguignon et al.，2003)、基于信息理论的方法(Lugo et al.，2009)、双界线方法(Alkire et al.，2011)等；二是构建全新的测度方法，如模糊集方法(Cheli et al.，1995)、投入产出效率方法(Ramos et al.，2005)、多元统计分析方法等。

公理化方法：森(Sen，1976)最早考虑贫困指数的构造问题。他指出贫困指数应满足两个公理：①单调性公理，即贫困者的收入减少会增加整个社会的贫困程度；②转移性公理，即贫困者把收入转移给比他收入高的人，会增加整个社会的贫困程度。后续的研究者认为，一个良好的多维贫困测度函数还应满足如下性质：贫困焦点公理(focus axiom)、弱转移敏感性公理(weak transfer sensitivity axiom)、连续性公理(continuity axiom)、复制不变性公理(replication invariance axiom)、对称性公理(symmetry axiom)、人口子群一致性公理(subgroup consistency axiom)、可分解性公理(decomposability axiom)、贫困线上升性公理(increasing poverty line axiom)等。基于公理法构建的多维贫困指数有 H-M 指数、HPI 指数、Ch-M 指数、F-M 指数、W-M 指数，等等。

双界线方法(AF 方法)：该方法是阿尔基尔和福斯特(Alkire & Foster，2008，2011)基于基本能力理论提出并建立的。该方法首先设定测度贫困的维度(教育、健康和生活水平 3 个维度，10 个指标)以及每个维度的贫困线，测算个体在各个维度上是否贫困，然后设定贫困的维度临界值，最后按一定的权重对各个指标、维度加总，得出多维贫困指数。联合国开发计划署采用了阿尔基尔和福斯特的研究成果，从 2010 年开始，每年在《人类发展报告》上公布全球多维贫困指数(MPI)。

模糊集方法：科里奥利和扎尼(Cerioli & Zani，1990)认为，贫困是一个模糊的概念，贫困到非贫困的过渡是渐进的，不能简单地划一条贫困线，就把研究对象分为贫困或非贫困，他们主张利用模糊集理论(fuzzy set)考察贫困问题，该方法被称为完全模糊集方法(TFA)。模糊集法把贫困人口作为一个模糊集，用隶属函数判断个体属于模糊集的程度，隶属函数的函数值越接近于 1 说明个体越贫困，越接近于 0 说明越不贫困。彻里和勒密(Cheli & Lemmi，1995)进一步对 TFA 方法进行了改进，提出了完全模糊与相对方法(TFR)。TFR 度量的是相对贫困，模糊集 Ω_j 表示第 j 个维度上被剥夺的个体或家庭，隶属函数是用 j 的累积分布函数构造的，它说明了个体在 j 维度上被剥夺的程度，计算出个体在每个维度上的隶属函数以后，用算术平均值作为样本的贫困指数。TFR 方法得到了广泛的应用，包括欧盟在内的各种关于贫困的理论研究和实践项目都用 TFR 方法测度贫困(Giorgi & Verma，2002)。

近几年，不少国内学者采用多维贫困测度方法测算我国的贫困状况。例如：王小林和阿尔基尔（2009）、邹薇和方迎风（2011）用 AF 方法测量了我国城乡多维度贫困情况；郭建宇和吴国宝（2012）研究了多维贫困（以MPI 为标准）与收入贫困之间的覆盖率和漏人率；邹薇和方迎风（2012）用模糊集方法研究了中国目前的多维贫困状况；等等。

总的来说，贫困是一个复杂的现象，贫困的形成，既有自然环境方面的因素，也有制度和文化的因素，各种致贫因素相互强化，使得贫困不断加深。现有的研究从不同的角度把贫困分解为收入贫困、权利贫困、能力贫困等；随着贫困含义的演化，对贫困的测度也从简单到精细，从一维到多维。深度贫困是由诸多因素造成的、在各个维度上的贫困，很难通过传统的开发扶贫解决。

（二）连片特困地区

连片特困地区，全称为集中连片特殊困难地区，是我国政府在 2010年正式提出的一个概念，与它相关的概念有"集中连片地区""特殊困难地区"等。

集中连片地区的概念是随着我国扶贫开发的开始而产生的。1984年，中共中央、国务院发布了《关于帮助贫困地区尽快改变面貌的通知》，提出"解决贫困地区的问题要突出重点，目前应集中力量解决十几个连片贫困地区的问题"。1986 年，我国开始大规模、有组织的扶贫开发工作，明确了 14 个"连片贫困地区"；1986 年国务院办公厅转发国务院贫困地区经济开发领导小组第一次全体会议纪要的通知，提出要"重点解决集中连片的最贫困地区的问题"。1988 年，国开发 2 号文件在落实"七五"扶贫贴息贷款的同时，对原有的 14 个连片贫困地区进行了调整，划分了 18个贫困县相对集中的区域，分别是沂蒙山区、闽西南和闽东北地区、努鲁儿虎山地区、太行山区、吕梁山区、秦岭大巴山区、武陵山区、大别山区、井冈山和赣南地区、定西干旱地区、西海固地区、陕北地区、西藏地区、滇东南地区、横断山区、九万大山区、乌蒙山区和桂西北地区。这些连片贫困地区基本上分布在老解放区、少数民族聚居地区、边疆或边远地区，以及自然条件较差的山区，因此人们往往把"老少边山"和"穷"相提并论。当时，国内其他地区也存在大量的贫困人口，集中连片地区的贫困现象还不是特别凸显；在很长一段时间内，国家的扶贫政策都是以县为单位进行瞄准，以村为载体，整乡、整村推进扶贫工作，没有针对集中连片区域进行规划或管理，集中连片地区的提法主要是在研究和分析中使用。

随着我国经济的高速发展，脱贫工作取得了良好的成效。到2010年，按照当时的农村贫困标准1274元，我国的农村贫困人口已减少到2688万，农村贫困人口的分布呈现出典型的区域特征，大量的贫困人口集中于老少边山等特殊地区。此时，扶贫的理论和实践工作中开始出现"特殊地区"的提法，很多学者建言把深度贫困的特殊类型地区作为下一步扶贫开发工作的重点，给予特殊的政策和待遇，因为这些特殊地区生存环境恶劣、基础设施薄弱、经济发展停滞、公共服务落后、社会形态特殊，一般的经济增长不足以带动区域发展，常规扶贫手段不足以帮助贫困人口脱贫致富。2009年12月31日，中共中央、国务院在《关于加大统筹城乡发展力度 进一步夯实农业农村发展基础的若干意见》中明确指出要对"特殊类型贫困地区"进行综合治理。

2010年以后，党和政府更加重视连片地区、特殊地区的贫困问题，党中央、国务院在各种文件中多次使用"特殊类型贫困地区""集中连片贫困地区""集中连片和特殊类型贫困地区"等提法。例如，2010年2月4日，温家宝在中央举办的省部级主要领导干部深入贯彻落实科学发展观、加快经济发展方式转变专题研讨班发表重要讲话，要求"把扶贫开发的重点放在贫困程度较深的集中连片贫困地区和特殊类型贫困地区"；2月10日，国务院常务会议提出"未来10年，要争取明显改善集中连片和特殊类型贫困地区的发展环境和条件"；3月22日，新闻联播以"从重点帮扶贫困群体，到对连片特困地区加大扶持力度，国家对贫困地区的帮扶思路在不断调整和变化中"为题进行报道，使用了连片特困地区的概念；3月26日，国务院西部地区开发领导小组第二次全体会议提出"开展集中连片特殊困难地区开发攻坚的前期研究"。之后，中央文件和中央领导同志讲话普遍采取"集中连片特殊困难地区"的概念，或简称为"连片特困地区"，这一提法也见诸《中共中央关于制定国民经济和社会发展第十二个五年规划的建议》《中国农村扶贫开发纲要（2011—2020年）》等正式文件。2012年6月14日，国务院扶贫办根据《中国农村扶贫开发纲要（2011—2020年）》精神，在全国划出了11个集中连片特殊困难地区，加上已明确实施特殊扶持政策的西藏、四省藏区、新疆南疆三地州，一共有14个片区，统称为14个集中连片特殊困难地区。

连片特困地区的划定方法，是以县域农民人均纯收入、人均财政收入和人均国内生产总值为基础指标，综合考虑革命老区、民族地区和边境地区等因素，采用不同权重进行测算的。14个连片特困地区覆盖全国21个省（自治区、直辖市）的680个县（市、区），10179个乡镇，行政区划面积 390 万平方公里(2014 年),约占全国行政区划总面积的 40%;户籍人口数 24243 万人,约占全国总人口的 17.7%。按现行国家农村贫困标准人均纯收入 2300 元测算,2015 年连片特困地区共有农村贫困人口 2875 万人,贫困发生率 13.9%(全国农村贫困发生率 5.7%)。

据国家统计局县(市)社会经济基本情况统计,2014 年,连片特困地区生产总值为 38968 亿元,占国内生产总值(GDP)的 6.1%,其中,第一、第二、第三产业的增加值分别为 9035 亿元、16077 亿元、13856 亿元(见表 1-1),三次产业比例为 23.2:41.2:35.6。同期,国民生产总值中三次产业比例为 9.1:43.1:47.8。

2015 年,连片特困地区第一产业增加值 9664 亿元,占全国第一产业增加值的 15.9%;粮食总产量 10232 万吨,占全国粮食总产量的 16.5%;棉花总产量 96 万吨,占全国棉花总产量的 17.2%;油料总产量 692 万吨,占全国油料总产量的 19.6%;肉类总产量 1937 万吨,占全国肉类总产量的 22.5%。

表 1-1 连片特困地区经济发展情况   单位:亿元

项目	2011 年	2012 年	2013 年	2014 年
地区生产总值	26763	31212	35300	38968
第一产业增加值	6757	7696	8403	9035
第二产业增加值	11099	13142	14841	16077
第三产业增加值	8908	10374	12056	13856

资料来源:《2016 中国农村贫困监测报告》。

(三)武陵山片区

2011 年,根据国家扶贫攻坚主战场的战略部署和国家区域发展的总体要求,国家率先启动武陵山片区区域发展与扶贫攻坚试点工作,为全国其他连片特困地区提供示范。

武陵山片区包括湖北、湖南、重庆、贵州四省市交界地区的 71 个县(市、区),其中,湖北 11 个县市(包括恩施土家族苗族自治州及宜昌市的秭归县、长阳土家族自治县、五峰土家族自治县)、湖南 37 个县市区(包括湘西土家族苗族自治州、怀化市、张家界市及邵阳市的新邵县、邵阳县、隆回县、洞口县、绥宁县、新宁县、城步苗族自治县、武冈市,常德市的石门县,益阳市的安化县,娄底市的新化县、涟源市、冷水江市)、重庆 7 个县区(包括黔江区、酉阳土家族苗族自治县、秀山土家族苗族自治县、彭水苗族土家族自治县、武隆县、石柱土家族自治县、丰都县)、贵州 16 个县市(包括铜仁地区及遵义市的正安县、道真仡佬族苗族自治县、务川仡佬族苗族自治县、凤冈县、湄潭县、余庆县）。国土面积为17.18万平方公里。2010年年末，总人口为3645万人，其中城镇人口853万人，乡村人口2792万人。境内有土家族、苗族、侗族、白族、回族和仡佬族等9个世居少数民族。

武陵山片区是国家扶贫开发的重点区域，集革命老区、民族地区和贫困地区于一体，跨省交界面大，少数民族聚集多，贫困面广量大，贫困程度深，贫困形势严峻。2015年，片区农村常住居民人均可支配收入7579元，仅相当于全国平均水平的66.4%；贫困人口约为379万人，贫困发生率12.9%，比全国高7.2个百分点；脱贫96万人，贫困人口下降幅度20.2%，慢于全国平均水平。部分贫困群众还存在就医难、上学难、社会保障水平低等困难。

武陵山片区的基础设施薄弱，市场体系不完善，社会事业发展滞后，基本公共服务不足。截至2015年，武陵山片区还有28.3%的自然村主干道路面未经硬化处理，49.9%的自然村未通客运班车，38.4%的农户未使用管道供水，8.4%的行政村没有卫生站，11.3%的行政村没有医生或卫生员，54.2%的行政村无幼儿园或学前班，49.3%的行政村无小学。区内仓储、包装、运输等基础条件差，金融、技术、信息、产权和房地产等高端市场体系不健全，产品要素交换和对外开放程度低，物流成本高。中高级专业技术人员严重缺乏，科技对经济增长的贡献率低。

二、关于贫困线标准与扶贫模式研究

(一)关于贫困线的研究

贫困线也被称为贫困标准。我国贫困线的测算，采用的是世界银行推荐的方法(马丁法)，即先通过住户调查，计算基本生活必需的食物需求线，再根据食物需求建模，测算非食物需求线，二者相加而得。基本食物需求是满足人体基本需要(2100千卡热量和60克左右的蛋白质)的食物支出。非食物需求分为最低非食物需求和较高的非食物需求两类。最低非食物需求是"即使挨饿也要换取的非食物需求"，如基本的衣物和保暖等。与最低食物需求对应的是低贫困线，食物需求在低贫困线中的占比为70%～80%，甚至更高。较高的非食物需求是"与食物需求同等重要的非食物需求"，如必要的衣物、住所、教育、健康、交通、通信等。与较高的非食物需求对应的是高贫困线，食物需求在高贫困线中的占比为40%～50%。

贫困线的国际标准，通常是指世界银行的贫困标准。世界银行的贫困标准有两个，分别是极端贫困标准和一般贫困标准。1990 年，世界银行根据 12 个最穷国的最高贫困线，在《世界发展报告（1990）》中发布了极端贫困标准，为每人每天消费 1 美元（以 1985 年价格标准计算），这就是著名的"1 天 1 美元"标准；2008 年，世界银行根据 15 个最穷国的平均标准，将极端贫困线调整为按 2008 年价格计算的 1.25 美元，并根据发展中国家贫困标准的中位数，制定了一般贫困标准，为 2005 年价格计算的 1 天 2 美元；2015 年，世界银行将极端贫困标准上调为按 2011 年价格计算的 1 天 1.9 美元，将一般贫困标准上调为按 2011 年价格计算的 1 天 3.1 美元。

按购买力平价计算，我国现行的贫困标准，农民年人均纯收入 2300 元（2010 年不变价）约相当于每天 2.2 美元，高于世界银行发布的 1.9 美元的贫困标准。

一些学者就我国贫困线的划定进行了研究讨论。许多学者基于自己的测算，认为我国的官方贫困线偏低，可能导致对贫困形势的误判，如汪三贵（2007）、张全红（2010）、张晓妮等（2014），等等。随着我国扶贫开发工作的不断推进，我国绝对贫困人口逐年减少，这一方面说明人民生活水平日益提高，大量人口减贫脱贫，另一方面也与贫困标准长期不变，掩盖了部分贫困现象有关。近年来，越来越多的学者建议采取相对贫困标准，如李永友和沈坤荣（2007）、顾昕（2011）、池振合和杨宜勇（2012）、陈宗胜等（2013），等等。

（二）关于扶贫模式的研究

各国政府都在积极采取措施与贫困进行斗争。早期，信奉市场经济的经济学家认为增长具有涓滴效应，政府只需要鼓励投资和增长，经济增长会自动地由上而下惠及贫困人口。20 世纪 70 年代以后，一些发展经济学家认为，增长的涓滴效应很小甚至没有，反而存在回波效应，可能加剧收入不平等。现在学界普遍认为，经济增长是减少贫困的必要条件，但是仅仅依靠自然的经济增长并不能充分有效地减贫，反而有可能助长相对贫困。特别是对于收入不平等程度本来就比较高的国家，经济增长解决贫困问题的能力更加有限：在收入不平等水平较低的国家，收入每增长 1%，可以使贫困发生率下降 4.3%，但在不平等水平较高的国家，贫困发生率只下降 0.6%（Ravallion，2004）。这是因为在市场经济中，富人拥有的资源、利用公共服务的能力都远远超过贫困人口。贫困人口没有资产，只有劳动力这一生产要素，在初次分配中只能获得很少的收入，而富人拥有土地、资本等大量的生产要素，可以获得高额的投资回报,因此,经济增长带来的国民收入增加不可能自动普惠贫困人口,反而会扩大收入差距,使富者更富,贫者更贫。要实现有利于贫困人口的经济增长,就有必要借助政府的力量,对经济增长和收入分配进行调节。

国内外学者围绕政府的反贫困职能及扶贫模式进行了大量研究。张岩松(2004)认为,政府的反贫困职能因应经济发展阶段和社会、经济体制而变化。易艳玲(2011)把反贫困政策分成预防、救助、开发三种类型。开发性反贫困政策也被称为"造血型"反贫困政策,旨在提升贫困地区人口自我发展的能力,可以从源头上解决贫困问题。廖文梅等(2017)通过梳理有关政策和文献,把我国现阶段的扶贫模式分为以下五类:财政扶贫模式、整村推进模式、产业扶贫模式、移民搬迁模式和能力扶贫模式。

赵昌文等(2000)分析和比较了我国近些年采取的小额信贷、异地开发、对口扶贫、企业扶贫等扶贫模式,认为以政府支持为背景,农户积极参与的扶贫模式是较为理想的。汪三贵(1994,2011)把我国的扶贫模式分为以资源为主的资源依托型、以资金积累为主的资产积累型和以技术带动为主的技术驱动型;认为政府提供扶贫资金,由贫困农民自治或其他专业民间组织负责资金管理,是最理想的扶贫模式。郑功成(2002)、乔召旗(2009)认为,非政府组织扶贫具有低成本、高效率的优势,主张不断创新中国扶贫体系,淡化政府直接运作,可以提高财政扶贫资金的效益,促进扶贫工作顺利开展。

在扶贫模式的选择方面,森(Sen,1981)强调提高个人的能力,扩大个人的自由和权利以消除贫困,这些权利包括基本保障、医疗保健、教育、社会参与、政治参与等方面。段世江等(2004)、王晓敏(2009)、张新文等(2011)、余明江(2010)等也都提倡能力扶贫。例如,段世江等认为应从提高人力资本和社会资本两个方面实施反贫困措施,通过人的发展引领经济社会的发展。刘若兰(2004)、孙全敏(2007)分析了信息扶贫的运作方式和长效机制,认为信息扶贫在农村扶贫开发中具有重要作用。徐秀军(2005)指出扶贫必须兼顾环境保护,提倡绿色扶贫。张峭和徐磊(2007)研究了科技扶贫,他们把科技扶贫分为供给主导与需求主导两种模式,科技供给主导模式主要有科技推广、区域支柱产业开发带动和易地科技开发等;科技需求主导模式主要有龙头企业扶持、专业技术协会服务和小额信贷等。季曦和王小林(2012)、陆汉文(2012)指出,要利用碳金融创新发展"低碳扶贫",并探索了连片特困地区低碳扶贫的政策、路径。刘尔思(2007)以产业集聚理论为基础,以云南省花卉产业建设为例，分析了产业链建设对区域贫困治理的作用，以及产业扶贫的基础和条件，提出了产业扶贫的基本方法与风险防范。任登魁(2016)从贫困地区的视角研究产业链问题，分析了我国贫困地区产业集聚的阶段特征以及发展中存在的问题，提出了促进产业集聚发展的政策建议。

关于我国扶贫模式的优点与不足，余明江(2010)认为，我国的扶贫措施过于强调政府行为而忽略了市场机制，对"造血"功能的认识不够，不可能从根本上反贫困。张新文等(2011)认为我国的反贫困措施是"自上而下"的单向政府行为，目标群体利益表达不通畅，就会导致扶贫资源分布不均。张毅(2011)指出，政府主导的扶贫，在监管不完善的情况下，必然会出现寻租行为。杨军(2006)、张永丽和王虎中(2007)着重研究了"整村推进"的扶贫模式，认为该模式在实践中还存在较大的问题和矛盾。张建军等(2004)、徐孝勇等(2010)分析了我国西部农村地区的扶贫模式、绩效和存在的问题。王蓉(2001)比较了救济式扶贫、区域扶贫、直接扶贫到户三种扶贫模式，指出了扶贫模式的缺陷。

三、关于扶贫政策的减贫效应与政策困境研究

我国目前有两大类扶贫政策：普适性扶贫政策和瞄准性扶贫政策。普适性扶贫主要包括基础设施建设、教育、医疗、社会保障支出等，它是按照一定原则对所有个体实施的；瞄准性扶贫只针对贫困主体，主要是根据贫困主体实际情况进行的各种转移支付。

(一)政府财政支出的减贫效应

很多学者考察了政府公共投资促进经济增长，进而提高农民收入的减贫效应。樊胜根(2009)认为，政府的减贫政策分为直接和间接两种。直接减贫政策通过提供基础设施和公共服务，以及转移支付等方式直接提高贫困人口的收入；间接减贫政策通过各种途径提高贫困人口的劳动素质、增加农民参与市场的机会，主要是减轻和消除能力贫困和机会贫困。林伯强(2005)认为，公共投资是农村减贫的重要动力来源；农村教育和研发、基础设施建设方面的公共投资通过提高农村生产效率实现减贫。刘冬梅(2001)发现，扶贫信贷和以工代赈的扶贫资金，产生的减贫效果比财政扶贫资金要好。乔召旗(2009)发现，开发式财政扶贫资金的减贫效应大于经济发展。王娟等(2012)通过实证分析发现，农业性公共支出、社会救济支出和基本建设支出具有显著的减贫效应，而科教文卫支出的减贫效应不显著。刘俊英(2013)发现，公共医疗卫生支出和社会保障相关的公共支出可以显著减少贫困，而公共教育支出没有显著的减

贫效应。秦建军等(2011)认为,财政扶贫在短期具有显著的减贫效应,但从长期来看,其作用是衰减的。阎坤和于树一(2008)指出,国家财政和信贷部门是实施减贫措施的主体,难免有寻租或腐败活动,要加强对扶贫资金的科学使用和管理,提高扶贫专项资金的投入力度和准确性。许芬(2009)认为,减贫不能只依赖公共财政支出,应当引导社会资本介入,鼓励扶贫的慈善事业发展。

(二)社会保障措施的减贫效应

一些学者研究了社会保障措施的减贫效应,指出当前的社会保障扶贫具有保障标准偏低、减贫效应不明显等不足。陈立中(2008)认为,扶贫政策应当随着贫困的特点转变而转变,就目前的贫困形势来看,我国的农村扶贫政策应当把重点转向收入分配领域,以建立社会保障体系为重点。杜凤莲和孙婧芳(2009)、陈飞和卢建词(2014)认为,经济增长有助于减少贫困人口的总量,但收入分配会使贫困人口的贫困状况恶化,贫困人口对于收入分配的敏感度较高,扶贫要以提高贫困人口的收入为重点。张伟宾和汪三贵(2013)认为,当前的扶贫政策和收入分配政策有"益贫困地区"的趋势,但在政策实施过程中存在一定的瞄准偏差,扶贫政策需要更加精准。王冰冰(2010)把减贫效应分解成经济增长引起的减贫与收入分配引起的减贫,认为目前我国经济增长的减贫效应已经开始衰减,而收入分配的减贫效应还没有得到足够的重视。何晓琦和高云虹(2007)认为,我国目前的扶贫政策应当重点关注长期贫困群体,通过完善社会保障制度促进劳动力流动、增加向贫困地区的转移支付等公共政策来实现减贫。卢盛峰和卢洪友(2013)认为,社会保障、医疗保险等公共服务具有间接减贫的效果,而单纯的社会救助会增加低收入人群的依赖性,不是有效的减贫手段。苏明等(2011)、孙玉霞和刘燕红(2014)认为,公共服务非均等化是导致城乡差距的主要原因,基本公共服务均等化有助于缩小群体福利差距和地区差距,是有效的扶贫措施。文雯(2013)认为,我国的最低生活保障制度存在覆盖率低、保障标准低、识别不准确等问题,提高低保的最低保障标准能有效缓解贫困。薛惠元(2013)也认为,我国农村老年人口的养老金偏低,导致新农村养老保险的减贫效应十分有限。李海金等(2012)认为,我国农村低保制度属于"兜底性"扶贫政策,建议逐步提高低保力度,加大低保的覆盖面。黄清峰(2013)认为,我国社会保障支出的减贫效应并不显著,尤其是现在的低保制度还不能满足贫困人口的需求。葛霆(2015)认为,要发挥最低保障制度的减贫效应,还需要完善各种配套政策,如增加就业培训、提供就业岗位等。

近年来，一些学者逐渐将绩效评估的概念引入对政府政策的评价领域。卓越（2004）、张定安（2005）、田丹（2005）、周朝阳和李晓宏（2007）、辛兵海（2007）、戚振东（2008）等提出了政府绩效评估的指标构建方法。蔡立晖（2002）、王良健和侯文力（2005）、罗良清和刘逸萱（2006）指出了绩效评估的方法。庞守林和陈宝峰（2000）、张衔（2000）运用计量模型分析了扶持资金的效益。刘冬梅（2001）分析了中央扶贫资金对贫困地区发展的影响。朱乾宇（2004）评估了财政扶贫资金的减贫效应。杨照江（2006）、姜爱华（2007）、庄天慧等（2012）建立了分类指标，评估扶贫资金的绩效。李小云等（2005）、郭佩霞（2008）、叶初升（2012）等分析了扶贫瞄准的精度问题，认为我国扶贫瞄准有漏缺和溢出现象。

（三）当前扶贫政策存在的问题

章元和丁绎镁（2008）认为，目前我国农村扶贫存在资金投入总量不足、资金被挪用的问题。包月英等（2009）认为，我国的扶贫政策实施过程中问题较大，主要包括扶贫对象识别不精准、扶贫投资浪费大、扶贫资金被挪用、扶贫过程中不注意生态保护等。魏后凯和邬晓霞（2009）认为，我国农村扶贫的标准过低，扶贫的覆盖面偏窄，扶贫的实施效率低下，扶贫制度建设不完善。向德平和姚霞（2009）认为，我国现行的扶贫政策缺乏系统设计，扶贫政策之间衔接不完善，因而难以实现扶贫开发的目标。王朝明（2008）认为，我国扶贫政策重数量、轻质量，盲目追求脱贫的数量和速度，不注意扶贫的质量。韩嘉玲等（2009）认为，我国政府治理结构和制度设计上的缺陷，导致扶贫资金管理方面存在问题，影响了扶贫的效果。刘传岩和赵玉（2008）认为，扶贫是一项大型系统工程，强调扶贫政策相互之间协调配套来促进扶贫效益最大化。张晓亮和陈俊（2010）认为，我国的扶贫政策持续性差，主要表现为造血不足、宣传不够等。

学者们指出，扶贫政策应顺应形势发展的要求，根据区域经济社会发展需要进行调整和完善，以提高政策绩效。傅道忠（2009）指出，我国农村扶贫的对象应由贫困地区转移为贫困人口，扶贫的重点从解决生存型贫困转移为解决权利贫困和能力贫困，扶贫不仅是政府的责任，还要借助社会的力量，扶贫资金投入不断加大，扶贫的效果也要逐渐提高。韩嘉玲等（2009）认为，农村扶贫政策应该以弱势群体为中心，更强调公平，更具有包容性。李龙强（2008）认为，我国的扶贫政策要以城市化为导向，与城市化相结合。王卫群（2009）、黄科（2010）认为，要调整扶贫思路，转变扶贫开发方式，加快扶贫政策的管理体制和运行机制创新。

四、关于产业减贫与连片特困地区产业扶贫研究

产业减贫是我国扶贫开发的主要抓手。近年来，学者们开始思考产业结构与贫困减少的关系。例如，科曾斯和鲍勃（Cozzens & Bobb，2003）、穆雷桑和伊万（Muresan & Ivan，2009）认为，高科技产业具有较强的减贫效应，但是会加剧收入不平等。章元等（2008）通过文献研究发现，农业是农村贫困人口的主要收入来源，认为政府投资开发农业能够有效帮助农村减贫。张萃（2011）从经济增长的产业构成的角度，分析经济增长与减贫的关系。研究发现，虽然三大产业的增长都是经济增长的重要源泉，但在减少贫困方面，第一产业和第三产业增长具有非常显著的减贫效应，而第二产业只有微弱的减贫效应。汪三贵（2014）认为，劳动力密集程度越高的产业，减贫效应越好，因此，政府应当通过发展劳动密集产业进行产业减贫。也有很多学者对各类产业的减贫效应进行了具体分析。

（一）第一产业的减贫效应

大量研究指出，发展农业有显著的减贫效应。樊胜根（2005，2009）发现，政府在农业研究、农村教育、基础设施建设等方面的投资对农业生产率增长和减贫有重要影响。皮特斯（Pieters，2010）认为，农业技术密集度低，因此发展农业有助于降低收入不平等。一些学者认为，随着城镇化的推进，农业人口不断减少，而人们对绿色农产品、有机食品的需求持续增长，这为绿色农业发展带来了机遇。通过成立农业合作组织发展绿色农业，可以增加农村贫困人口的收入、减少收入不平等（Kimhi，2010；Pieters，2010；Mekvabidze，2012；Severini & Tantari，2013）。刘冬梅（2001）发现，投放到种养业的扶贫资金所产生的减贫效应明显强于投向加工业、工业和其他方面。王碧玉等（2007）发现，用来改善基础设施和生产生活条件、提高农民素质的扶贫基金对产出的影响较大，投放到种养业的基金对产出的影响很小，这说明财政扶贫基金只是从资金投入上帮助农民获得了收益，并没有起到开发扶贫的作用。

（二）第二产业的减贫效应

一些学者发现，制造业的发展有助于减贫（Brady & Wallace，2001；Demir et al.，2012）。还有学者认为，建筑是劳动密集行业，中国建筑业的发展吸收了大量的农民工，提高了农村人口就业率，起到了减少贫困、降低收入不平等的作用（Loayza & Raddatz，2010；Jiang et al.，2008；Nayyar，2014）。穆雅和克卢蒂（Mooya & Cloete，2010）认为，

房地产业的发展减少了贫困。李慧玲和徐妍(2016)通过研究省级面板数据发现,交通运输行业,特别是交通基建设施投资具有明显的减贫效应。还有学者认为采掘业有顺周期性,当行业景气时可以减少贫困,缓解收入不平等,行业不景气时,就会导致工人的收入下降,不平等加剧(Howie & Atakhanova,2014;Billon & Good,2016)。采掘业的发展主要使中高收入群体受益,会加剧不平等(Ge & Lei,2013)。

(三)第三产业的减贫效应

王英等(2016)认为,旅游业具有递进的减贫效应:旅游业发展初期减贫效应不明显,经过一段时间的积累以后,有显著的减贫效应。还有学者认为,旅游业可以减贫,但是会扩大收入差距(Lee & O'Leary,2008;Scheyvens & Momsen,2008)。由于教育资源的分配不平等,高收入人群更容易受到更好的教育,受教育程度越高,越能享受社会福利和获得超额资源,因此教育部门的发展会加剧不平等(Rolleston,2011;Cremin & Nakabugo,2012)。服务业分成知识密集型与劳动密集型两类,知识密集型服务业的发展会加剧不平等(Moller & Rubin,2008;Ji,2012;Kwon,2014)。刘渝琳和彭吉伟(2010)认为,发展资本密集型产业、知识密集型产业会扩大收入不平等,但是我国第三产业中劳动密集型产业的占比较大,因此发展服务业总体来说有助于促进收入平等。

大量学者对金融业的减贫效应进行了研究。一些学者认为,发展金融业不仅能减少贫困,还能减轻不平等(Uddin et al.,2014;Abosedra et al.,2016;Roine et al.,2009;Mookerjee & Kalipioni,2010;Lo Prete,2013;Shahbaz et al.,2015)。汪建新和黄鹏(2009)认为,金融减贫的原理在于,金融发展可以提高资源配置,缩小收入差距;金融业的发展可以促进投资,投资又会促进就业,产生涓滴效应,惠及低收入群体。高远东等(2013)认为,区域财政金融政策可以有效减轻本地贫困,但减贫的空间外溢效应不显著;在连片贫困地区实施特定的金融政策,有助于减轻片区的贫困程度。伍艳(2013)认为,总体来说,我国农村金融发展能够减少贫困;从地域上看,东部地区农村金融发展的水平最高,中部地区金融减贫的效应最弱。苏基溶和廖进中(2009)把金融减贫效应分成收入分配效应和收入增长效应,认为二者对减贫的贡献分别为31%和69%。刘二妹(2011)认为,金融扶贫首先要降低信贷门槛,为贫困人口提供无抵押贷款能够有效减贫。师荣蓉等(2013)认为,金融扶贫有明显的门槛,对于收入水平很低的贫困人口,金融扶贫没有显著的效果,当贫困人口的收入水平超过临界值以后,金融扶贫政策就会产生明显的

减贫效应。苏静等(2014)认为,农村非正规金融措施与减贫有显著的非
线性关系,先导致贫困水平恶化,随后产生显著的减贫效应;正规金融
对减贫有负效应。胡宗义等(2014)认为,正规金融只有短期的减贫效应,
而非正规金融无论在短期还是长期都有利于减贫。李智军等(2014)认为,
金融扶贫的主要问题是资金分配缺少指引,扶贫资金容易流向高收益领
域,很难普惠群众。刘克崮等(2016)认为,目前金融扶贫的主要问题是
缺少针对性,扶贫资金有限,金融产品错位。罗梅等(Rome et al.,
2009)指出,金融扶贫要与适当的税收政策相结合,政府要对扶贫资金进
行引导,使资金流向贫困人口。

(四)连片特困地区产业扶贫现状

如今,连片贫困地区按照《中国农村扶贫开发纲要(2001—2010 年)》
等文件精神,根据资源优势、区位特点和产业基础,以市场为导向,大
力发展优势特色产业,取得了一定的成效。各个片区的地理位置、自然
资源、经济基础不同,采取的产业扶贫政策也存在差异。下文以武陵山
片区为例,进行总结归纳。

第一,发展特色产业方面。武陵山片区把调整产业结构、推进产业
发展作为扶贫开发的重点工作,突出开发式扶贫。由于地理位置、生态
环境等因素的限制,片区不适宜大规模地发展工业,而是以茶叶、核桃、
中药材、生态畜牧业等作为支柱产业,产业扶贫呈现"提速发展、后劲增
强、增收明显"的良好态势。例如,湖南湘西土家族苗族自治州建成了优
质烟草、茶叶、蔬菜、水果、畜牧业、中药材种植业等特色农产品基地
240 余万亩;重庆市秀山土家族苗族自治县投入财政扶贫资金 2010 万
元,扶持金银花、猕猴桃、茶叶、土鸡、生猪等种养业发展;湖南湘西
土家族苗族自治州保靖县投入资金 2309.2 万元,发展种植业 24798 亩,
养殖业 88150 万头(只),特色农牧资源开发 11 个,手工业和零售业 2
个,旅游资源开发和服务 4 个。

第二,扶持龙头企业方面。武陵山片区积极支持农产品企业和合作
社发展,推广"公司＋农户"模式,通过扶贫贴息贷款等形式扶持龙头企
业,充分发挥龙头企业对产业发展和贫困户的带动作用,不断完善产业
链条,逐步形成产销一体化,增强扶贫产业的辐射作用,带动贫困群众
脱贫致富。例如,重庆市秀山土家族苗族自治县投入财政扶贫资金 563
万元,支持红星中药材公司、博瑞农业开发公司等龙头企业发展特色效
益农业;又以 270 万元贴息贷款撬动 5400 万元银行贷款,用于支持龙头
企业和专业合作社扩大产业规模,带动农户发展产业。

第三，旅游扶贫方面。武陵山片区拥有丰富的旅游资源，交通设施日渐完善，各片区县积极调整产业结构，以旅游业为龙头，开发乡村游、生态游等旅游产品，带动美食餐饮、工艺特产等服务业、手工业发展，拓展农民创收、就业空间，在产业升级中实现减贫。例如，重庆市武陵山片区面积仅 2.3 万平方公里，但拥有旅游资源 1780 个，包括 1 处世界遗产和 25 处国家级旅游资源区。2011 年，重庆市旅游局拨出 2900 多万元专项资金，支持重庆市武陵山片区旅游项目改造，建成秀山洪安边城景区、酉阳桃花源景区等旅游扶贫产业示范区；贵州省武陵山片区大力支持江口云舍土家村寨、务川龙潭仡佬寨等重点山地民族特色示范村寨、松桃腊尔山"千里苗疆"文化旅游区、务川—道真仡佬文化体验旅游区等乡村旅游示范区、旅游扶贫示范区的建设。

（五）连片特困地区产业发展中存在的问题

连片特困地区的产业发展取得了一定成效，但是制约片区区域发展和脱贫攻坚的深层次矛盾依然存在，产业发展的质量和水平不容乐观，突出表现在以下方面。

1. 自有资源利用不充分，特色产业发展质量和效益不高

根据国民经济发展整体布局和全面建设小康社会总体要求，加快贫困地区产业发展始终是扶贫开发工作关注的焦点，是各级政府全面落实"精准扶贫"方略的重点，只能进一步加强，决不能有丝毫放松，但从集中连片特殊困难地区产业发展实际看，大多还存在产业发展基础薄弱、主导产业优势不明显、产业体系不健全、产业配套不完善、产业内部不均衡等问题，突出表现在以下五个方面。

一是主导产业不强，产业布局分散。在产业结构调整过程中，相当部分的片区县选择主导产业没有突出"少而精"，而是盲目发展"多而全"。一方面，特色产业基地建设缺少特色，各地重点支持的产业极为相似，往往是茶叶、生态畜牧业、中药材、蔬菜、水果、食用菌等；另一方面，没有围绕主导产业发展相应的支持和配套产业，而是多个分散的、孤立的小型产业并行发展，产业趋同，恶性竞争。这种产业格局导致的直接后果是主导产业和非主导产业界限不清，同样产量小、商品率低、市场化程度弱，有产品无产业，特色产品优势不能很好地转化为特色产业优势，区域资源优势不能全面地转化为区域经济优势。

二是统筹规划不够，产业结构不优。在产业发展方面缺乏高起点的整体规划，没有形成跨区域、大面积、成规模的产业带或产业集群。各片区县的产业链相对较短，产业扶贫项目以产业基地建设为主，产业结

构以农产品、原材料或矿产资源输出为主，产业基地面积大幅扩张，后续加工产业发展没有跟上，缺少深加工产品，多数仍处于卖原材料阶段，处在产业链的最低端，产品附加值低。即使形成了少量的主导产业，也因上下游产业配套不够，难以形成规模效应和集群效应。

三是产业品牌不响，发展后劲不足。有的片区县有自己的特色优势产品，在小范围内美誉度高，但没能打造成知名品牌，品牌溢价程度低，一出省就卖不动，要贴上别人的名牌才能卖出高价。由于交通不便、自然条件恶劣和产业基础薄弱，连片特困地区对外难以引进大企业、知名品牌，对内无力做大做强已有产业，产业发展缺乏龙头企业带动，缺少主导产业规模支撑，产业发展后劲乏力。

四是重建设轻管理，配套服务不强。部分片区县热衷于争资争项，积极扶持新产业、新项目上马，忽视新产业与旧基础之间的衔接和配套；有的片区县在调整产业结构、选择项目时论证不够，市场认可度不高；有的片区县在产业建成后，不重视后续管理，致使产品市场率低，投产晚，规模效益无法实现。此外，贫困地区还有公共服务体系建设滞后、服务管理意识不强，物流、运输等配套设置发展未及时跟上等问题，难以满足产业发展的要求和需要。

五是安全意识不强，质量标准不高。部分片区县企业的质量意识不强，重数量轻质量，行业产业质量管理主动性不够。特别是特色农业发展方面，不积极主动申报无公害、绿色、有机食品品牌和地理标志；即使申报成功了，也不注意品牌管理，单纯追求产量，忽视质量安全，"三品"生产过程中施用禁用农药，导致农药残留高的现象时有发生；部分企业自律不够，未严格执行国家相关产品质量检验检测标准，质量自检体系不健全，质量管理可逆性不强，还不能自觉运用行业和产业标准与规范指导企业和产业提高产品质量、促进产业企业持续发展。

2. 产业发展科技含量和附加值不高

连片特困地区的产业发展大多仍处于资源耗费型发展状态，以传统农业、矿产资源开采产业、自然风光旅游和原生态文化产业为主，缺乏高水平高新技术产业和龙头企业，产业链条延伸不足，产业集群尚未形成，产品技术含量和附加值不高。比如，国家扶持培育的经济林果产业，仍然是以出售林果产品为主，仓储运输设备落后，深精加工不够，产业链条不长，产品附加值不高并向下游转移。以武陵山片区恩施土家族苗族自治州为例，全州农产品加工业产值与农业总产值之比为0.57：1，与全省0.95：1和全国1：1的平均水平还有较大差距，与发达地区的1：8

甚至 1∶9 相比差距更大。很多贫困地区，特别是武陵山片区，属于"富饶的贫困"，拥有丰富的矿产资源，但受到资金、技术和关联产业发展水平的约束，资源开采加工的能力有限，仍以销售原材料为主，局限在低水平循环陷阱中，资源优势未能转化为产业优势和经济优势。

3. 产品品牌资源不够且市场竞争力不强

贫困地区的企业还没有真正形成产品质量口碑和品牌优势，天然具有的环境生态、资源矿产优势，并没有转化为产业和产品市场竞争力。以特色农业发展为例，良好的生态环境所生产的无公害、绿色、有机特色农产品，因精深加工能力不足、营销管理实力不强，未能形成有影响力的特色产品品牌，产品和资源优势没有转化为真正的市场竞争力。另外，品牌资源不够又制约了当地企业的发展能力和规模效益，企业产能不能满足产品供给市场要求，只能被外来资本和企业品牌所利用，将利润拱手让人，削弱了贫困地区产业自我维持的能力。例如，武陵山片区恩施土家族苗族自治州生产的富硒茶天然无污染，质量优异价格低廉，但因缺少知名品牌、加工规模有限，大量的生态有机茶叶只能作为初级产品卖给外地客商，后者采购鲜叶及粗加工产品以后进行加工包装，打上他们自己的品牌，价格就翻上好几番。

4. 龙头企业数量少且带动力不强

贫困地区面向市场发展产业，离不开龙头企业的带领和示范。龙头企业在产业扶贫过程中具有开拓渠道、发展市场、提升技术、增加就业、开展金融服务、探索资源收益、参与公益慈善等作用。然而，总体而言，连片特困地区还很缺乏高水平有实力的龙头企业，没有形成成熟的产业集群，经济辐射作用不明显。

一是龙头企业整体规模偏小。在市场竞争中，大多数自生的龙头企业受到资金、技术、人才等因素制约，主导产品、支柱产业不够突出，规模效益不明显，大多数龙头企业没有形成完整的产前、产中、产后产业链群，缺少产业自我提升体系，产业发展基础薄弱，产品核心竞争力不强。

二是龙头企业技术创新能力弱。多数企业装备落后，技术创新能力弱，造成产品附加值较低，产品品种、质量和数量均不能适应市场需求，致使一些名优特产品规模上不去，资源优势不能转化为经济优势。

三是由于龙头企业经营的外向度不高，与国内大企业、大集团开展合资合作的还很少，很难融入国内大企业、大集团的产业链，更难融入现代市场和金融体系，自我发展能力不足，抵御市场风险能力较弱。

四是龙头企业与基地、农户的利益关联还不够紧密，龙头企业与农民的利益联结领域以初级产品收购为主，订单式、服务型、保护型联结方式不多，利益分配机制缺失，深度合作经营难以持续，农民收益空间受到挤压，企业运营和交易成本高昂。

5. 产业服务体系和利益协整机制不完善

一是产业发展的思想观念滞后。部分连片特困地区的干部群众还没有认识到产业发展对缓解贫困的重要意义，还存在"等、靠、要"的思想。观念落后、主动性不高制约了连片特困地区选择产业发展战略的眼界和持续发展产业的韧劲。

二是产业统筹发展的整体规划和实施能力不足。连片特困地区是在国家宏观政策扶持下建立的跨区域开发建设的经济协作区，各大片区对于产业发展都有一些顶层设计，但是在产业链和产业集群建设方面，系统思考和规划仍显不足。再加上片区没有有效的供需协调和部门协同机制，区域协调不畅，跨区域经济发展工作仍然缺乏统筹衔接，支撑转型升级的重大基础设施项目难以协调落地，未能实现"优势互补、资源共享、互利共赢"的目标。

三是公共服务、配套服务供给不足。大部分地区对于产业发展的扶持政策还停留在宏观服务层面，如税收减免、土地利用等，缺乏具体符合产业发展规律和需要的系统扶持措施与政策。由于受产业发展、经济发展水平制约，连片特困地区产业发展所需生产性服务设施体系建设仍不完善，基础设施落后，金融投资体系不健全，生活性服务设施建设落后，难以满足产业发展需要。

四是资金投入不足。连片特困地区的经济发展需要大规模的投资推动，促使基础设施、多个产业的上下游产业链同时发展，才能形成合力，实现自主发展。然而，到目前为止各大片区的实际资金投入还很不足。以贵州省武陵山片区为例，"十二五"规划投资4987亿元，实际完成投资2188亿元，完成率还不到50%。

五是产业发展相关利益主体之间效益分配不合理。部分地区为了招商引资、促进产业发展，制定出台了诸如廉价甚至免费使用土地、减免税收等优惠政策，这些政策在吸引和帮助投资企业发展方面起到了一定的作用，但却忽视了社会主体特别是农民等社会弱势群体的利益需求。正是政府、企业、社会主体利益之间协调不够，经常顾此失彼，产生了很多伤害群众利益的行为，引发了如土地纠纷等社会矛盾，既影响了区域社会发展稳定，也影响了投资主体产业发展的积极性和主动性。

五、研究的总体评价

30多年扶贫开发实践，促使我国学者在扶贫开发领域开展了大量的研究工作，取得了一些有价值的研究成果，这些研究成果对指导农村扶贫开发工作和完善扶贫开发政策发挥了重要作用，但仍存在诸多不足，尤其是产业扶贫研究不够，本研究是对这些不足的化解和弥补。

第一，从研究视角来看，对一个地区从整体的产业发展视角来研究扶贫开发不多，尤其是对连片特困地区这一扶贫攻坚的关键区域，缺乏对产业发展战略的系统研究，缺乏如何通过利用国家政策和自身的资源禀赋发展产业、促进区域发展与扶贫攻坚的研究。

第二，从研究方法来看，大多是基于个别区域或领域实际，以实证研究方法为主，规范研究方法使用比较少，理论研究深度不够、系统性不强，目前没有一本关于连片特困地区农业、工业、文化产业、旅游产业、商贸物流产业等完整产业发展研究的专著。

第三，从研究内容来看，大多局限于贫困问题、典型案例、宏观政策等研究领域，对扶贫开发实践中存在的关键性问题研究不够深入，普遍指导意义不突出。

正是基于上述理论研究现状，本书选择了产业发展战略设计问题作为研究重点。产业发展战略不明确这个问题在连片特困地区的发展中普遍存在，且是必须面对和解决的。产业发展战略的选择直接影响国家扶贫攻坚战略的实施质量和效果。我们的研究成果将对连片特困地区区域发展与扶贫攻坚具有重要价值，可丰富和发展我国扶贫攻坚战略选择理论，对落实我国连片特困地区政策具有十分重要的意义。

第四节 研究内容与创新之处

一、研究内容

本书综合运用产业经济学、制度经济学、社会学、风险控制理论和公共选择理论等基本原理和方法，基于"连片特困地区产业发展现实水平"，以武陵山片区为样本，重点从"连片特困地区产业发展总体战略选择""连片特困地区农业发展战略选择""连片特困地区工业发展战略选择""连片特困地区文化产业发展战略选择""连片特困地区旅游产业发展战略选择""连片特困地区商贸物流产业发展战略选择""连片特困地区产业发展战略实施风险与防范"七个方面研究了连片特困地区的产业选择与发展问题。

"连片特困地区产业发展现实水平",即本书第二章,从地理区位、资源禀赋、经济社会发展状况三个方面介绍了我国14个连片特困地区产业发展的现实条件,概述我国贫困地区产业扶贫的进程、主要做法、经验和模式,深入分析了连片特困地区产业发展的主要困难和矛盾,为后续各章有针对性地提出产业发展战略奠定现实基础。

"连片特困地区产业发展总体战略选择"研究,即本书第三章,为连片特困地区的产业发展战略提供了理论支撑。本章首先依据区域经济学、产业经济学,综合运用比较优势、经济地理、生态经济等理论,从产业发展的反贫困机理和省际区域协调发展原理两个角度,阐述连片特困地区产业发展的学理基础;接着以对武陵山片区为样本,用SWOT分析法从总体上概括连片特困地区产业发展的优势、劣势、机遇与挑战;最后根据国家"四个全面"战略布局和"创新、协调、绿色、开放、共享"的发展理念,按照"区域发展带动扶贫开发,扶贫开发促进区域发展"的基本思路,提出连片特困地区产业发展的目标、原则和选择策略。

"连片特困地区农业发展战略选择"研究,即本书第四章,分析了连片特困地区的农业发展战略。农业是连片特困地区区域发展与扶贫攻坚的基础和保障。连片特困地区发展农业,具有资源禀赋、政策支持、生态环境以及人们消费需求偏好等优势,也有其自然条件恶劣、综合服务体系落后、产业结构不合理、劳动力素质低、跨域边界切变等劣势。连片特困地区的农业发展,要充分利用连片特困地区的有利条件和优势资源,避开和补齐其存在的不足:一是立足"特色",调整农业产业结构,实施特色优势农业发展战略;二是优化区域优势布局,实施农业地域品牌发展战略;三是推进一二三产业融合,实施多功能农业发展战略;四是打造电商平台,实施"互联网+"现代农业发展战略。通过一系列农业发展战略,促进农业可持续、协同发展,最终达到区域发展与扶贫攻坚的目的。

"连片特困地区工业发展战略选择"研究,即本书第五章,分析了连片特困地区工业发展战略。工业发展是连片特困地区产业扶贫攻坚的主战场。以武陵山片区为例,片区应当根据《全国主体功能区规划》,在重点发展区域里,充分利用城镇空间和产业基础条件,克服短板,积极推进工业化、城镇化,适度集中人口、集聚产业,着力提高综合承载能力。武陵山片区要根据《武陵山片区区域发展与扶贫攻坚规划(2011—2020

年)》，使自身优势与环境机遇达到最佳匹配。具体来说，从发展模式上看，要坚持绿色工业发展战略；从产业选择上看，要选择具有特色的产业；从市场主体上看，当然要培育龙头企业，但更多的是要培育中小微型企业；从发展方式上看，要遵循循环经济发展方式。主导产业链战略则明显需要在一二三产业融合上做文章。要加强顶层设计，以高标准、高目标创建产业链，通过主导产业链，托起前端、激起后端，把片区的中小微型企业集群做大做强，形成产业循环闭环，实现大规模的绿色工业和特色工业。

"连片特困地区文化产业发展战略选择"研究，即本书第六章，分析了武陵山片区文化产业发展的优势、劣势和战略选择。连片特困地区的文化产业发展有着良好的政策环境、庞大的市场需求和丰富的文化资源，但是现行的文化产业制度缺陷、文化产业结构不合理，以及片区自身发展观念落后，人才、资金和产品开发运作能力匮乏限制了文化产业的发展。连片特困地区应当在国家文化产业发展战略的指导下，结合本地文化产业特点，科学设计区域文化产业的发展战略：充分利用科技优势对文化资源进行提质改造，加大人才培养力度为文化产业提供人才支持，大力实施"走出去"战略以扩大文化产业的市场影响力。

"连片特困地区旅游产业发展战略选择"研究，即本书第七章，以武陵山片区为例，分析了连片特困地区旅游产业发展的优势、制约因素和机遇，探讨了旅游产业结构升级方略。旅游产业是连片特困地区发展经济的先导产业和综合性支柱产业。旅游产业发展应当坚持政府主导与市场调控相结合、资源引导与需求带动相结合的发展战略；从区域开发整合化、旅游产品多元化、企业结构合理化、产业组织集群化、旅游接待散客化、旅游信息网络化、开发目标富民化等方向转型升级，通过特色小镇建设推动全域旅游发展。

"连片特困地区商贸物流产业发展战略选择"研究，即本书第八章，提出了连片特困地区商贸物流产业发展战略。商贸物流业是国民经济发展的先导产业，商贸物流产业发展既是产业结构调整升级的重要内容，也是促进产业发展的重要基础。武陵山片区是"富饶的贫困区"，资源丰富、区位优势明显，虽然交通、产业尚不发达，观念、人才有待加强，但国家的战略布局、交通规划、科技发展为武陵山片区的商贸物流发展提供了机遇。在区域经济发展的进程中，合理的商贸物流系统起着基础性的作用：物流成本下降，可以降低经济的运行成本，改变区域经济结构，优化区域产业结构，促进新的区域市场形成和发展。连片特困地区发展商贸物流产业，要立足于本地的实际需要，以本地特色产业发展推动物流发展；既要充分开发现有资源、以中心城市为重点进行建设，也要积极利用科技创新，建立新的电商平台，共同推进商贸物流发展；还可以借助地缘优势，发挥政府的主导力量，推动形成区域中转物流基地。

"连片特困地区产业发展战略实施风险与防范"研究，即本书第九章，探讨了连片特困地区产业战略实施过程中可能存在的各种风险，评估了相关风险的大小，并提出了防范措施。根据风险来源的不同，连片特困地区产业发展战略实施风险可以分为外源性风险和内源性风险。内源性风险主要包括结构性风险和网络性风险；而外源性风险主要包括同业竞争风险、生态风险、周期性风险及政策性风险等。我们采用多指标综合评价法对连片特困地区产业战略实施风险进行全面评估，研究发现，武陵山片区产业发展战略实施的结构性风险程度为Ⅲ级；网络性风险程度为Ⅳ级；同业竞争风险程度为Ⅳ级；周期性风险程度为Ⅰ级；生态风险程度为Ⅳ级；政策性风险程度为Ⅰ级；综合风险程度为Ⅳ级（Ⅰ级最小，Ⅳ级最大）。我们认为，武陵山片区产业发展战略实施中既受到内生短板的牵制，又被外生要素欠缺所影响，要克服困难、防范和规避风险，有必要未雨绸缪，做好制度安排。首先要统筹规划，科学编制片区产业发展战略；其次要构建跨区域联动机制，完善跨区域合作与协同治理；再次要完善产业发展的公共服务与补偿机制，营造良好的产业发展环境；最后要建立片区产业发展风险预警机制，提高风险应对能力。

二、创新之处

本研究的创新之处主要表现在以下两个方面。

一是研究内容创新。本研究最大的创新在于丰富和发展了产业扶贫理论研究体系。长期以来，我国理论界对于贫困地区产业发展战略的研究主要散见于一些有关完善扶贫政策的研究建议和贫困地区发展规划之中，一直缺乏对贫困地区特别是连片特困地区产业发展战略的系统研究。本研究则从连片特困地区产业发展战略一般理论、主导产业发展战略选择、产业战略实施风险等视角系统研究了连片特困地区产业发展战略理论，通过系统阐释我国连片特困地区产业发展战略的理论依据和现实基础，得出连片特困地区产业发展战略的总体思路，并以武陵山片区为例，系统提出了连片特困地区农业、工业基础产业，以及商贸物流、文化、旅游等优势产业发展的战略选择。这无疑是对我国扶贫开发理论研究体系的丰富和发展，有助于指导连片特困地区主动面对、妥善解决直接影响国家扶贫攻坚战略实施效果和贫困地区全面脱贫致富的关键问题,进而实现贫困地区产业与区域经济社会统筹发展。

二是研究方法创新。本研究采取社会学的视野,灵活运用产业经济学、制度经济学、管理学、金融学的理论和方法,克服了以往单一视角的研究缺陷,以武陵山片区为例,通过大量实地调查研究,充分体现了历史与现实、当前与长远、局部与整体的有机统一。在研究过程中,课题组综合运用了一般研究与典型分析、实证研究与规范分析、实地调研与政策剖析相结合的研究方法,改变了单纯实证分析或以个案为主研究贫困问题的研究格局。

第五节　研究基本方法和技术路径

一、研究基本方法

本研究采用的主要方法有:

第一,文献研究与实地调研相结合。在收集民俗和文化历史渊源、资源分布、国家政策等资料时,主要采用文献研究法;而在收集产业发展现状资料时,主要通过问卷调查、个别访谈、开座谈会等方法开展实地调研。

第二,一般研究与典型分析相结合。这包括两个层次:第一个层次是指在总体设计方面,通过武陵山片区产业发展战略选择的典型分析来研究连片特困地区产业发展战略的一般规律,体现了一般与典型相结合;第二个层次是指在研究武陵山片区产业发展战略选择时,首先研究产业发展战略和产业战略实施过程中风险防范的一般规律,然后是对各主导产业发展战略选择的具体典型分析。

第三,定量分析与定性分析相结合。即在分析产业现状、产业布局及风险规模等内容时,主要运用定量分析方法;而在研究产业发展规律时,主要采用定性分析方法。

第四,规范分析与实证研究相结合。即在研究一般性规律和普遍问题时,主要采用规范分析方法;而在研究产业发展战略中具体的、局部的问题时,采用实证分析方法。

二、研究技术路径

本研究因循的技术路径主要包括五个步骤。

第一步，通过文献研究和实地调查研究获取武陵山片区产业发展条件、基础和现状以及国家有关连片特困地区产业政策等相关资料，分析武陵山片区产业发展基础和存在的问题，并以此确定研究重点和领域。

第二步，在综合分析处理所收集信息资料基础上，开展研究内容和专题研讨，客观分析武陵山片区各主导产业发展存在的问题及根源，进而初步提出解决问题的基本思路和主要措施。

第三步，根据研究重点和难点，分解研究任务，配备研究团队，开展相关产业发展理论和一般规律基础研讨，在深入研究基础之上，形成各主导产业发展战略思路和具体选择方案。

第四步，深入武陵山片区相关地市州，广泛听取各界人士对研究方案、研究结论、建议措施的意见，并以此为基础，全面比较各种备选方案的合理性、可行性、操作性以及实施风险，选定研究方案，确定产业发展战略选择方向和依据，形成产业战略基本思路和具体内容。

第五步，积极争取相关地市州支持，选择样本地区开展试点实施验证，并及时总结修改完善产业发展战略。

具体步骤如图 1-1 所示。

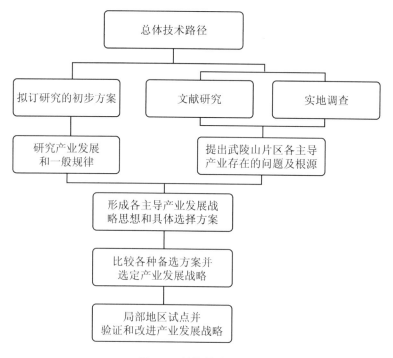

图 1-1　总体技术路径

第二章 连片特困地区产业发展现实水平

全面了解连片特困地区产业发展现实水平是提出该区域产业发展战略的前提条件。本章从地理区位、资源禀赋、经济社会发展状况三个方面介绍了我国 14 个连片特困地区产业发展的现实条件，概述我国贫困地区产业扶贫的进程、主要做法、经验和模式，深入分析了连片特困地区产业发展的主要困难和矛盾，为后续各章有针对性地提出产业发展战略奠定现实基础。

第一节 连片特困地区产业发展现实条件

2011 年 11 月，中国农村扶贫开发阶段性目标任务顺利完成，中国农村贫困人口的生存和温饱问题基本得到解决。随着贫困标准大幅提高，相对贫困问题更为凸显，绝对贫困人口在分布上呈现出向边远山区、民族聚居区、革命老区、省际交界区等区域集中的大分散、小集中的态势。2011 年 12 月，中共中央、国务院在《中国农村扶贫开发纲要（2011—2020 年）》中划分了 14 个集中连片特殊困难地区。这些地区从自然地理角度看，多为省际交界的山区，包括青藏高原、沙漠化区、黄土高原和西南大石山区等自然条件特别恶劣地区，资源约束性较强；从发展阶段看，基础设施薄弱、社会事业滞后、公共服务欠缺、产业发展不足；从社会角度看，多为革命老区、民族地区、边疆地区。总体而言，连片特困地区产业发展的现实条件呈现出地理分布连续性、区域分布边缘性、资源禀赋约束性、产业发展基础滞后性和贫困多样性等特征。

一、连片特困地区地理区位状况

（一）地理分布连续性

14 个连片特困地区基本涵盖了全国的主要山脉，虽然所处山脉不同，涉及区域有差异，面积有大有小，人口有多有寡，生态和资源约束也不相同，但均具有横跨多个省（市、区）集中连片分布的特征。如六盘山区以西北走向的六盘山山脉为中心，包括陕西、甘肃、宁夏、青海的 15 个市（州）的 61 个县（市、区），其中 8 个是牧业、半牧业县，土地面积约 15.27 万平方公里。这一地区基本包括了我国西北的主要干旱地区，沟壑纵横，植被稀疏，水土流失严重，是我国的地质灾害高发区。秦巴山区以东西走向的秦岭和大巴山山脉为中心，包括河南、湖北、重庆、四川、山西、甘肃的 75 个县(市、区)，土地面积约 22 万平方公里，气温随海拔而变化，形成山地垂直温度带，水资源丰富，地处我国自然环境的十字交叉带，具有复杂的生态环境特点，保护生物多样性与发展地区经济的矛盾比较突出，是重要的生态功能区。武陵山区以东北—西南走向的武陵山为中心，包括湖北、湖南、重庆、贵州四省市的 71 个县(市、区)。该区是我国跨省交界面积最大、人口最多的少数民族聚居区，一般海拔高度在 1000 米以上，呈喀斯特地貌发育状态，是我国的地质灾害高发区。该地区也是我国少数民族的主要聚集区，有 34 个民族县，同时也是革命老区县比较集中的地区。

(二)区域位置边缘性

我国连片特困地区虽然区域位置有差异，资源禀赋有优劣，经济发展有快慢，但均具有地理边缘区和省际行政边缘区的特征，都是多省(区)交界的地区或跨省(区)，在发展中成为各省政策的盲点。地理边缘区即不同地理要素交接过渡的场所。受自然条件和地形地貌影响，地理边缘区多为贫困地区。连片特困地区均是典型的地理边缘区，虽然具有种类繁多、开发潜力大的资源优势以及支持力度大的政策优势和后发优势，但也存在地理位置偏远、环境脆弱、灾害频繁等边缘劣势。如武陵山区位置偏远，重庆市黔江区到主城区 330 公里、湖北省恩施市到武汉市 601 公里、湖南省吉首市到长沙市 500 多公里、贵州省铜仁市到贵阳市也有 377 公里，难以接受经济中心辐射。省际行政边缘区是在跨省交汇处由两个及以上省级行政区所构成的特定地理空间。根据公平原则和国家治理原则所进行的行政区划，使我国跨省交界地区多为自然条件差、区位偏僻的贫困地区。除滇西边境山区外，其余 13 个连片特困地区都是省际行政边缘区。随着跨省交界地区交通、通信等基础设施的改善，区际开放程度的提升以及地方市场的形成，其区位、自然资源和生态环境优势将转化为经济发展优势，但也存在因行政区划壁垒、经济利益驱使和财政金融体制约束所导致的区位及资源优势难以发挥、区域整体效益难以实现、生态环境难以保护等问题(邓正琦，2015)。

(三)生态环境脆弱性

从自然环境上看，连片特困地区的地形地貌复杂，自然灾害频发，大部分地区又是片区乃至全国重要的生态涵养功能区，加快经济社会发展与生态涵养保护之间的矛盾凸显。与此同时，片区部分贫困人口生活在不宜人居的高寒山区、干旱缺水地区、滑坡泥石流等自然灾害特别严重的地区，易地扶贫搬迁任务艰巨。比如六盘山区水土流失严重；武陵山区呈喀斯特地貌发育状态；罗霄山区洪涝灾害和水土流失严重；乌蒙山区气候和自然环境恶劣多变，山高路险、交通不便，土地贫瘠，自然灾害频繁，地方病高发；滇桂黔石漠化区素有"生态癌症"之称，地形地貌复杂，生态环境脆弱，自然灾害频发，交通等基础设施薄弱；滇西边境山区，地形垂直分布明显，地质灾害严重，是我国重要的生态功能区，有 18 个陆地边境县，与越南、老挝等多国接壤，多数边境地段无天然屏障。

二、连片特困地区资源禀赋状况

(一)资源富足性贫困与资源约束性贫困并存

连片特困地区在资源禀赋与贫困上呈现出鲜明的特点：要么自然资源充足，但未能开发利用导致资源富足性贫困；要么自然资源匮乏导致资源约束性贫困。如极具潜在资源优势的秦巴山区，拥有品种繁多的矿藏资源，极为丰富的林草资源及土特产品，分布广泛的中药材资源，储量丰富的水能资源，但因缺乏资金和市场支持，还"捧着金饭碗受穷"。在《全国主体功能区规划》把连片特困地区均划为限制开发区后，片区很难单纯依靠农林牧业发展实现脱贫致富。例如，武陵山区拥有丰富的自然资源、矿产资源和旅游资源。相关统计表明，武陵山区已探明储量的金属或非金属矿产共有 40 多种，黄金、汞、重晶石、锰、大理石、铝土、硅石等矿产资源丰富。其中，湘西、恩施和黔江的锰矿等资源优势明显，为资源型加工业发展提供了坚实的资源保障。在旅游资源开发方面，湘西有属南长城系列的黄丝桥古城墙和城楼，有国家级历史文化名城凤凰县。又如，六盘山区集革命老区、西夏文化、黄河文化于一体，是古丝绸之路东段北道的必经之地，拥有丰富的地理历史资源、生物资源，拥有国家珍稀动物 30 多种。贵州省武陵山片区重峦叠嶂、河谷幽深，地势险峻，主峰梵净山海拔 2572 米，属亚热带向暖温带过渡类型气候。境内有乌江、锦江、舞阳河、洪渡河、芙蓉江等主要河流，水能资源蕴藏量大。土地资源丰富，矿产资源品种多样，锰、钾、铅等矿产储量大。旅游资源丰富，自然景观独特，组合优良，极具开发潜力。2015年，贵州省武陵山片区的森林覆盖率达 50%，生物物种多样，是我国亚热带森林系统核心区、长江流域中央的水源涵养区和生态屏障。而干旱少雨(年降水量300毫米、蒸发量2000毫米)贫瘠甲天下的六盘山区,基本不具备生产条件,特别是西海固地区,十年九旱,生态环境脆弱,自然灾害频发,被称为"最不适宜人类生存"的地区之一。

(二)生产性贫困与主体性贫困突出

生产性贫困的表现:一是山地区域地势起伏大,地形切割明显,适宜耕种的土地稀缺且破碎不连片,大多数耕地零星分布于陡坡、槽谷之中,肥力很差。加之从事农业耕作的仍然是人力、畜力,土地生产率和劳动生产率很难提高。二是以单一农业为基础性、主导性产业,受地形地貌和气候因素影响,农业具有极大的生态脆弱性,气象灾害、生态灾害和地质灾害频繁发生,使山地农业生产难以顺利进行。三是受传统单一农业发展模式影响,山地农业内部以传统种植业为主,忽视了发展适宜山地区域的林草业、畜牧业、养殖业和山地经济作物。而落后生产模式造成农业生产的规模化、产业化、集约化水平很低,使山地区域贫困落后状况难以改变。而主体性贫困表现:一是主体"短缺"。由于劳动生产率低,增收困难,大量青壮年男性劳动力外流,剩下老弱病残或劳动能力欠缺者,出现"人口劳力荒"。二是主体素质低下。受教育落后影响,人均受教育程度低,文盲和半文盲较多,参与市场竞争的能力很弱。加之职业教育水平低,科技意识薄弱,劳动主体职业技能差,获取经济效益的能力差,脱贫难度大。三是后备主体匮乏。农业是弱势产业,对年轻人的吸引力很弱,农村年轻人不愿意也不准备留在农村,不懂基本的农业生产技术,也没有从事农业生产的基本技能。这使得农村后备主体严重匮乏。没有后备主体的传承接力,脱贫将难以实现。

(三)政策性贫困问题突出与"贫困文化"根深蒂固

政策性贫困的表现:一是政策倾斜。新中国成立后为了推进工业化,国家制定了工业优先发展政策,通过工农产品价格"剪刀差"汲取大量农业剩余,支持工业化建设。而广大农村,特别是贫困山区为此做出了巨大贡献,而长期陷于贫困之中。二是政策滞后。《全国主体功能区规划》把连片特困地区划入限制开发区后,生态保护是第一要务。但相应的生态补偿政策机制还未建立健全,还难以使连片特困地区实现生态保护和经济发展双赢。三是政策执行偏误。我国历来重视扶贫开发,推出多项惠农政策扶持贫困地区脱贫致富。但在政策实施过程中,由于对扶贫政策理解不深入、宣传不到位、信息滞后或不对称,导致政策执行出现偏误,使惠农政策难以贯彻实施,未取得预期效果。而连片特困地区社会事业发展的滞后又在一定程度上导致其经济与信息的双重封锁，进一步加剧贫困。这正如美国学者阿瑟·刘易斯提出的"贫困文化"：社会上一些人之所以处于贫困在于这部分人已经习惯了贫困的生活方式，心甘情愿地生活在自己的贫困圈。连片特困地区相当多的居民思想封闭，"贫困文化"根深蒂固，人们习惯了世代贫困的生活方式，缺少主动脱贫的内在动力和活力(刘璐琳，2012)。

三、连片特困地区经济社会发展状况

(一)经济实力大幅提升，整体发展水平偏低

首先，经济总量快速提高。据国家统计局县(市)社会经济基本情况统计，2015年，14个连片特困地区生产总值41808亿元，占全国GDP的6.1%。其中，第一产业增加值9664亿元，占全国第一产业增加值的15.9%；第二产业增加值16240亿元，占全国第二产业增加值的5.8%；第三产业增加值15904亿元，占全国第三产业增加值的4.6%。公共财政收入2759亿元，占全国公共财政收入的1.8%；公共财政支出15326亿元，占全国公共财政支出的8.7%。全社会固定资产投资总额47903亿元，占全国全社会固定资产投资总额的8.5%。2015年，连片特困地区农业总产值5768亿元，占全国农业总产值的10.0%；粮食总产量10232万吨，占全国粮食总产量的16.5%；棉花总产量96万吨，占全国棉花总产量的17.2%；油料总产量692万吨，占全国油料总产量的19.6%；肉类总产量1937万吨，占全国肉类总产量的22.5%。

其次，居民收入和消费增长明显。2016年14个连片特困地区农村居民人均可支配收入8348元，比上年增加823元，增长10.9%，扣除价格因素，实际增长8.9%，实际增速比全国农村平均水平高2.7个百分点。连片特困地区农村居民收入水平相当于全国农村平均水平的67.5%。其中，人均工资性收入2846元，增长13.7%；人均经营净收入3429元，增长5.0%；人均财产净收入97元，增长16.2%；人均转移净收入1976元，增长18%。2016年14个连片特困地区农村居民收入增长速度均高于全国农村平均水平，分别为：乌蒙山区增长14.3%、四省藏区增长12.9%、大兴安岭南麓山区增长12.2%、武陵山区增长12.2%、滇西边境山区增长11.7%、南疆三地州增长11.6%、罗霄山区增长11.4%、燕山—太行山区增长10.4%、西藏增长10.3%、秦巴山区增长10.1%、滇桂黔石漠化区增长9.7%、吕梁山区增长9%、大别山区增长8.6%、六盘山区增长8.5%。2013—2016年，连片特困地区农村居民人

均收入年均实际增速比全国农村平均水平高 2.5 个百分点。2016 年连片特困地区农村居民人均消费 7273 元，比上年增长 10.7%，扣除价格因素，实际增长 8.6%。连片特困地区农村居民人均消费支出占人均可支配收入的比重为 87.1%，比全国农村平均水平高 5.2 个百分点。从结构上分析，2016 年连片特困地区农村居民人均食品烟酒支出 2575 元，占消费支出的比重为 35.4%，比全国农村平均水平高 3.2 个百分点；衣着支出人均 414 元，占 5.7%；居住支出人均 1519 元，占 20.9%；生活用品及服务支出人均 447 元，占 6.1%；交通通信支出人均 790 元，占 10.9%；教育文化娱乐支出人均 788 元，占 10.8%；医疗保健支出人均 623 元，占 8.6%；其他支出人均 118 元，占 1.6%。2013—2016 年，14 个连片特困地区人均消费支出累计增长 55.9%，年均增长 11.7%，扣除价格因素，人均实际增长 9.6%，比人均收入增速低 1.0 个百分点。

（二）基础设施明显改善，城镇化发展进程缓慢

2016 年连片特困地区基础设施建设稳步推进，道路通达情况继续改善，所在自然村通公路、所在自然村进村主干道路硬化、所在自然村能便利乘坐公共汽车的农户比重分别为 99.8%、95.6%、61.2%，比上年分别提高 0.1、1.9、2.9 个百分点。通信设施状况进一步改善，所在自然村通电话、所在自然村通宽带、所在自然村能接收有线电视信号的农户比重分别为 99.9%、77.4%、93.4%，比上年分别提高 0.2、7.4、3.0 个百分点。2016 年连片特困地区所在自然村通公路、所在自然村进村主干道路硬化、所在自然村能便利乘坐公共汽车的农户比重比 2013 年分别提高 1.8、7.2、7.7 个百分点；2016 年所在自然村通电话、所在自然村能接收有线电视信号的农户比重比 2013 年分别提高 1.8 和 16.6 个百分点。

生产生活条件明显改善，耐用消费品拥有量不断增加。党的十八大以来，连片特困地区农户居住条件明显改善，居住设施进一步改进。居住在竹草土坯房的农户比重由 2012 年的 8.1% 下降到 2016 年的 4.8%，下降 3.3 个百分点。独用厕所的农户比重由 2012 年的 89.9% 提高到 2016 年的 93.9%，提高 4.0 个百分点。炊用柴草的农户比重由 2012 年的 62.6% 下降到 2016 年的 52.0%，下降 10.6 个百分点。饮水安全不断提高。2016 年，连片特困地区农村饮水无困难、使用管道供水和使用经过净化处理自来水的农户比重分别为 86.9%、64.4% 和 38.5%，比 2013 年分别提高 6.9、13.8 和 9.2 个百分点。连片特困地区农村居民耐用消费品升级换代明显，传统耐用消费品拥有量持续稳定提高。2016 年，连

片特困地区农村每百户拥有洗衣机、冰箱分别比 2012 年增加 29 台和 27.7 台。反映现代生活的耐用消费品拥有量快速增长。2016 年，连片特困地区农村每百户拥有移动电话、汽车、计算机分别比 2012 年增加 63.3 部、7.9 辆和 9.1 台。

与此同时，连片特困地区城镇化进程缓慢，远远落后于全国平均水平。连片特困地区是我国贫困程度最严重的地区、生态脆弱的山区、省际交界的边缘区、民族聚居区，城镇化发展滞后，既是中国当前扶贫攻坚的主战场，也是城镇化工作的难点地区。特殊的自然、社会、经济特征使得连片特困地区的城镇化难以按平原地区、发达地区的同一模式推进。连片特困地区在中国城镇化战略空间布局中处于外围区域，不仅远离未来重点发展的 20 个城市群，还分布在各省际交界地区，与各省会城市、省域次增长极城市距离较远，城镇数量较少、分布密布低，城镇规模小、带动能力弱，集聚能力不强、缺乏内生动力，中心城市发展缓慢且片区间差异较大。具体而言，连片特困地区的城镇化进程呈现四大特征：一是设市城市数量少，城镇化进程缓慢。由于各连片特困地区多为山区，交通基础设施建设滞后，这使得在同样地理距离下所花费的通勤时间更长，即"时间距离"更大。而由于远离"中心"，连片特困地区的城镇化进程十分缓慢。二是城镇规模普遍较小，中心城市带动能力弱。39 个中心城市中，只有少数城市城区常住人口规模超过 50 万人。建成区面积不大，占比总体较低。三是城镇化集聚能力不强，缺乏内生动力。连片特困地区 39 个中心城市的人口密度明显低于全国地级及以上城市区域的人口密度。此外，第二、第三产业发展滞后，内生发展动力不足。四是中心城市发展缓慢，且不同片区差异较大。2004—2012 年，连片特困地区地级中心城市生产总值年均增速低于全国地级及以上城市生产总值年均增速约 10 个百分点，且增速有放缓的趋势（游俊、冷志明、丁建军，2017）。

（三）特色产业加速壮大，发展能力仍需提升

"十二五"期间，连片特困地区的特色产业加速壮大，生态建设成效显著。以武陵山区为例，"十二五"期间，湖南省武陵山片区实施特色产业项目 704 个，累计完成投资 1318.6 亿元。2015 年，三次产业增加值分别达到 875 亿元、1931.6 亿元和 2205.4 亿元。文化旅游、生态农业成为重要的特色产业和区域品牌，新材料、新能源、文化创意等一批新兴产业规模不断壮大，基本形成以文化生态旅游、农林产品加工、生物医药、边贸物流、水电、矿业、建材七大支柱产业为特色的产业发展新格局。

产业发展后劲明显增强，高新技术产业投资快速增长，增速明显高于全省平均水平。省级工业集中区等功能平台的设立和建设提速，园区经济呈现良好的发展态势。贵州省武陵山片区把调整产业结构、推进产业化扶贫作为扶贫开发战略性工作，突出开发式扶贫，核桃、中药材、生态畜牧业等十大扶贫产业呈现"提速发展、后劲增强、增收明显"的良好态势。"十二五"期间，贵州省武陵山片区积极支持农产品企业和合作社，推广"公司＋农户"模式，充分发挥龙头企业对产业发展和贫困户的带动作用，不断完善产业链条，逐步形成产销一体化，扶贫产业辐射作用增强，贫困人口脱贫致富奔小康能力增强。"十二五"期间，湖南省武陵山片区实施生态建设与环境保护治理项目 218 个，累计完成投资 220.9 亿元。片区整体被纳入国家首批生态文明先行示范区，怀化市、邵阳市、张家界市被纳入国家生态文明示范工程试点。实施生态公益林建设、巩固退耕还林成果、封山育林和人工造林工程，森林面积净增 300 平方公里。重金属污染治理、石漠化治理、水源地保护、矿山治理等生态修复工程取得新进展，累计完成石漠化综合治理面积 285 平方公里。贵州通过大力实施天然林保护、退耕还林还草、石漠化治理、生物多样性资源保护、防护林建设、水土流失综合治理等多项生态环境治理和保护工程，以及将生活在深山区、石山区、高寒山区和不具备生存条件的地质灾害易发区的农村人口搬迁到生活生产条件好的地区，使片区内生态环境得到更好的修复和保护、石漠化得到有效治理，森林覆盖率从 2010 年的47.9％提高到 2015 年的 50.0％，区域生态环境逐年好转。

受周边环境和气候的影响，连片特困地区经济结构相对单一，农业所占比重较大，"靠天吃饭"的现象明显。这在一定程度上增加了农户的风险和经济的脆弱性。由于经济结构单一，连片特困地区很难形成产业集聚的效益，产业结构趋同，重复建设，往往导致产能过剩，资源浪费，行业恶性竞争，农业增产农民不能增收。种植地远离公路的农户更存在销售困难的问题。经过近几年的发展，不少地区在政府的帮扶下有较为显著的提高和改善。中国自古就是小农经济，这种经济的主要特点是农户常常处于弱势地位，农业生产靠天吃饭，种植不稳定，单打独斗面对大市场，风险较大。而在连片特困地区，这种市场风险尤为突出。国内许多研究表明，小农户要面对大市场，分享市场所带来的好处，需要有公司或者致富带头人带领以降低风险。基于此，近年来实践中不断发展出来的"公司＋农户""能人＋农户""村集体＋农户"等多种方式带领小农户进入大市场。

（四）公共服务全面进步，社会发展相对滞后

连片特困地区教育和卫生条件进一步改善。《2017 中国农村贫困监测报告》数据显示，2016 年，连片特困地区农村居民教育条件逐步改善，所在自然村上幼儿园便利的农户比重为 79.6%，比上年提高 4.3 个百分点；所在自然村上小学便利的农户比重为 85.2%，比上年提高 4.0 个百分点。2016 年连片特困地区农村居民受教育情况较上年有所改善。2016 年，连片特困地区 7~15 岁非在校儿童比重为 2.0%，比上年降低了 0.4 个百分点；16 岁以上家庭成员均未完成初中教育农户比重为 17.0%，比上年降低了 1.1 个百分点；劳动力平均受教育年限为 7.4 年，比上年提高了 0.1 年。2016 年连片特困地区所在自然村上幼儿园便利和所在自然村上小学便利的农户比重比 2013 年分别提高 8.8 和 5.7 个百分点。同样，《2017 中国农村贫困监测报告》数据表明，2016 年连片特困地区所在自然村垃圾能集中处理的农户比重为 49.5%，比上年提高 6.4 个百分点。医疗情况较上年有所改善，2016 年连片特困地区所在自然村有卫生站的农户比重为 90.6%，比上年提高 1.4 个百分点；未参加医疗保险的人口比重为 0.8%，比上年降低 0.1 个百分点；有病不能及时就医的人口比重为 4.4%，比上年降低 1.2 个百分点；报销医疗费占医疗总支出的比重为 21.4%，比上年降低 0.1 个百分点。2016 年连片特困地区所在自然村垃圾能集中处理和所在自然村有卫生站的农户比重比 2013 年分别提高 19.2 和 7.0 个百分点。

当然，对于以武陵山区为代表的连片特困地区而言，社会事业的发展整体上仍是相对滞后的，主要体现在三个方面：一是教育事业基础较差。由于历史、地理的原因，这些地区办学条件差，学生上学远、上学难，师资力量薄弱，教育水平低。二是医疗卫生条件改善缓慢，卫生资源总量不足，结构不全。武陵山区不少地区千人执业医师、千人执业护士、千人病床、千人业务用房明显低于全国平均水平。部分人员因为贫困不能参加农村合作医疗，一旦遇上家里有重病病人就可能因病返贫，形成恶性循环。三是农村低保和养老保险有待进一步完善。目前，湖南省在省内贫困地区推行实施"两项制度"，即最低生活保障制度与扶贫开发政策有效衔接。

第二节　连片特困地区产业发展进程及经验

扶持贫困地区尽快改变贫穷落后的面貌，是党中央、国务院的一贯

方针。从新中国成立之初的紧急救援，到 1986 年大规模开发扶贫，到 1994 年《国家八七扶贫攻坚计划》，到 21 世纪初的综合开发，再到目前的扶贫攻坚决胜阶段，我国贫困地区的产业发展经历了从片区攻坚到与精准扶贫相结合、从区域开发到与生态建设相结合、从外部支持到与内生能力培养相结合的进程，各地积累了不同的产业发展经验。

一、连片特困地区产业发展进程

(一)从片区攻坚到与精准扶贫相结合

纵观我国扶贫事业的发展，在扶贫对象范围上，经历了由贫困县向贫困户不断精准和由贫困县向贫困连片地区不断扩大(泛化)的两条路线。前者表现为：从 1986 年起，虽有区域性扶贫概念，但落实在扶贫行动上，还是以县为主要单位。1986 年首先划定贫困县标准，却没有贫困户的标准；《国家八七扶贫攻坚计划》与 2000—2010 年都确定了 592 个国家级贫困县，此外，在 2010 年还确定了 14.8 万个贫困村，实施"整村推进"；党的十八大以后，尤其是 2015 年召开了全国扶贫开发工作会议，"精准扶贫"成为扶贫的重要方略。其中的逻辑是：当贫困还在普遍发生的时候，精准识别贫困户既困难又不必要，而当只剩下为数不多的深度贫困户时，精准扶贫的条件则成熟了。只有精准扶贫，才能保证所有贫困人口实现脱贫。

后者表现为：在过去以贫困县为主要单位的基础上，《中国农村扶贫开发纲要(2011—2020 年)》强调把连片特困地区作为扶贫攻坚的主战场，并采取强有力的措施组织实施：成立跨行政区划的扶贫领导机构，编制片区区域发展与扶贫攻坚规划，统一规划片区内基础设施建设，统筹发展片区内特色产业，加强片区生态文明建设，等等。其中的逻辑是：为了使贫困人口能够长期摆脱贫困，缓解相对贫困，做到贫困不传代，必须缩小这些地区与发达地区的发展差距。这些被人为划分为不同行政区划的连片特困地区山同脉、水同源、树同种、雨热同季，人们彼此认同度也很高，只有加强对这些连片特困地区扶贫攻坚统筹协调力度，加大投入和支持力度，才能从根本上改变贫困地区的落后面貌，解决区域性整体贫困。

随着上述扶贫思路的变化，我国贫困地区的产业发展总体上是着眼于片区攻坚，即着眼于贫困地区的经济发展，通过产业发展扶持贫困人口脱贫致富。《国家八七扶贫攻坚计划》将扶贫工作提升到了非常重要的地位，强调了"开发式扶贫"理念，鼓励企业社会组织参与扶贫，扶贫投入达到年度财政支出的 5%～7%，基层官员对扶贫的理解主要为争取国家资金项目。进入 21 世纪初的综合开发时期，我国的扶贫事业注重综合性扶贫开发：坚持开发式扶贫方针。以经济建设为中心，引导贫困地区群众在国家必要的帮助和扶持下，以市场为导向，调整经济结构，开发当地资源，发展商品生产，改善生产条件，走出一条符合实际的、有自己特色的发展道路。2011 年，中央扶贫开发会议把贫困标准从 2009 年的人均年纯收入 1274 元大幅提高到 2300 元，扶贫形势从绝对贫困转为转型性贫困，扶贫重点定位为连片特困地区片区扶贫攻坚，以此解决存在已久的区域发展不平衡问题；在措施上除了培育壮大片区的特色优势产业以外，还注重加快建设片区基础设施，促进片区基本公共服务均等化，加大教育卫生事业、就业社会保障等方面的支持力度，等等；在扶贫方针上，坚持开发式扶贫方针，同时注重与农村最低生活保障制度相衔接。

21 世纪头十年的扶贫开发，源于专家"谁是穷人、穷人需要什么、如何通过扶贫措施使其受益"的疑问，中央扶贫政策把目标降低到村级，实施"整村推进"。因为较之瞄准县，瞄准村级才能瞄准贫困人口，令他们真正受益。2013 年 11 月，习近平总书记在湖南湘西土家族苗族自治州花垣县排碧乡十八洞村调研扶贫开发工作时，第一次提出"精准扶贫"的概念，他表示，扶贫要实事求是，因地制宜，要精准扶贫，切忌喊口号，也不要定好高骛远的目标。此后，精准扶贫成为最重要的治贫方略，形成了"六个精准""五个一批""六项措施""九条路径"等思想系统，其核心内容是运用"六个精准"来解决"四个问题"，即"扶持谁、谁来扶、怎么扶、如何退"的问题。

精准扶贫方略具有特定的形成背景，深刻的特定内涵，系统的政策体系，丰富的基本内容，它反映了习近平总书记及党中央在扶贫开发问题上的认识轨迹，体现了我们党审时度势和不畏艰险的改革精神，蕴含了创新、协调、绿色、开放和共享的发展理念。自精准扶贫方略提出以来，连片特困地区的产业发展便与精准扶贫结合起来，使得产业扶贫效果更有效地集中在贫困人口身上。从方略的思想体系上看，"六个精准"中有"项目安排精准""资金使用精准"，"五个一批"中排在首位的就是"扶持生产和就业发展一批"，"六项措施"首先也是"产业扶持"，"九条路径"第一条也是"发展特色产业脱贫"，可见，精准扶贫不排斥产业发展、连片开发。着眼于片区攻坚的产业发展是实施精准扶贫的重要条件和途径，连片特困地区的产业发展必须将片区攻坚与精准扶贫结合起来。过去，连片特困地区的产业发展可能让非贫困人口受益更多，但在精准扶贫背景下，贫困地区的产业发展则要在更集中地帮扶贫困人口上做文章。

（二）从扶贫开发到与生态建设相结合

我国的扶贫事业从 1986 年承认贫困、成立国务院扶贫开发领导小组开始，基本上走的是一条开发式扶贫的道路，经历了从粗放的扶贫开发到与生态建设相结合的进程。随着计划经济和公有制度的削弱，贫困地区首先是农业获得大发展，此后，城市经济迅速增长超过农村，第二、第三产业大大超过农业，企业改革和发展进入新的阶段，收入分配机制的市场化进程加快，工业化和市场化带动区域经济发展的作用大大加强。尤其是 2001—2005 年，伴随着西部大开发的东风，贫困地区工业化发展主导方式快速扩展，依赖外延和规模扩大方式作用凸显，各种来源的投资也被大量用于工业发展，以规模扩大带动经济增长。

在相当长的扶贫进程中，"无工不富"的思想常常被欠发达地区的人们在致富道路上所津津乐道，而且，有些欠发达地区的发展也证明了工业致富理论的正确性。一些贫困地区热衷于追求 GDP 增长，在基础条件和资源禀赋都不具备的情况下大搞"工业立县""大招商""大引资"，结果经济没发展起来，反而破坏了生态环境，始终没有跳出"在落后中发展，在发展中落后"的怪圈。有些生态环境脆弱和水资源短缺的贫困地区，仍以工业化方式赶超跨越，以拼地价、牺牲环境等方式换取短期增长，在产业发展中出现一些急功近利甚至掠夺式开发的情况。由于没有找到恰当的思路，产业选择经常没有持续性，经常变换，不仅没有取得好的发展效益，而且浪费了当地的多种资源。

以武陵山片区的酉阳土家族苗族自治县为例，20 世纪八九十年代，该县把烟草作为支柱产业，大面积种植烤烟，建设烟厂。后来，国家对烟草行业进行整合，关闭小型烟厂，酉阳烟厂被并到黔江烟厂之中，酉阳县经济严重下滑。为了振兴经济，该县规划建设一个 30 万吨的纸浆厂。然而，每生产 1 吨纸浆，需要耗费 4 吨木材，30 万吨规模的纸浆厂，意味着每年要消耗百万方林木，而酉阳县的林木蓄积量仅有 900 万方，如此巨大的生态损失是该县无法承受的，酉阳县只得放弃造纸项目。2008 年，该县提出"工业强县、林木富县、旅游兴县、环境立县"战略，优先发展工业，并建设了"一区四园"。2010 年后，由于历史、区位、基础设施等多重制约，工业建设不仅没能实现预期效果，还产生了土地利用违规、财政负债上升过快等问题。

自工业化以来，人类与自然的冲突就没有停止过，并呈日益恶化的趋势，严峻的生态环境问题已经引发人们对传统经济发展观的深刻反思。2006 年，国家颁布"十一五"规划，将国土空间分为优化开发区、重点开发区、限制开发区和禁止开发区四种主体功能区，连片特困地区多属于禁止和限制开发。因此，这些片区就成为国家全面实施自然资源与经济社会和谐发展、区域均衡发展和发展方式转变的直接冲击和实验试点区域，片区产业发展方式出现重大转变。为了加大生态环境的保护力度，逐步改变生态环境脆弱的现状，片区要重点发展高效农业和第三产业。工业发展需加强节能减排的管理，禁止和限制污染型工业，工业发展要上规模、出特色，限制不符合主体功能定位的产业扩张。

以武陵山片区为例，武陵山片区整体上是限制开发区，具有保护生物多样性的基本功能，其中可用于工业发展的重点开发区只占总面积的 6％ 左右，其他区域大部分以保护生态环境为主要目的，属于农业生态区和生态保护区。因此，武陵山片区的工业发展，在追求经济效益之外，带有浓重的生态保护意味，必须坚守严格的生态保护标准，实现资源集约利用，积极推广低碳技术，坚持高起点、高标准、高水平建设，走新型工业化道路，促进经济发展与生态建设形成良性互动格局。黔江把生态发展战略作为继工业强区等战略后的第四大战略，大力推进产业发展生态化、生态经济产业化；深入实施蓝天、碧水、宁静、绿地、田园环保行动，加强重点领域污染治理，因此被联合国评定为"绿色中国·杰出绿色生态城市"，也成为国家生态文明先行示范区。恩施加快生态工业发展，大力推进开发区"绿色生态产城融合一体发展"试点建设，努力把开发区打造成生态新区、产业新区、城镇新区。铜仁严格执行环境影响评价和"三同时"制度，严守用水总量控制、用水效率控制和限制纳污控制"三条红线"，坚定不移推进生态产业化，在科学发展中筑牢生态屏障，在生态建设中加快转型跨越，实现发展和生态两条底线一起守、两个成果一起要。湘西突出生态保护，加快建设美丽湘西，宁愿工业增长为负（2013 年湘西的工业增长为－4％），也要有始有终整治锰矿产业，坚决不允许反弹（本书工业发展战略部分对"锰三角"治理有详细论述）。张家界坚持最严生态环境保护，"十二五"期间淘汰落后产能 21.2 万吨，全市森林覆盖率达到 69.72％，生态环境已成为最好的资源、最大的优势。怀化开展市区空气质量提升行动，市区空气环境质量不断提高，加强水环境污染治理，完成重金属污染治理项目 37 个，推进"生态怀化"建设。

（三）从外部支持到与内生能力培养相结合

扶的本意是"用手支持人或物，使不倒"，对于被扶的人或物来说，

"扶"本身是一种外力；同时，就被扶的人或物来说，他们自己不能站立不倒，必须要依靠外力。扶贫是帮助贫困地区和贫困人口摆脱贫困、发展生产的一种社会工作，目的是扶助贫困地区和贫困人口改变穷困面貌、改善发展条件。扶贫对于被帮扶的贫困地区和贫困户来说，也是一种外部支持；就贫困地区和贫困户来说，由于地理位置、自然禀赋、历史等方面的原因，他们只靠自身力量，难以发展起来。我国的扶贫事业首先实施的是纯粹外部支持的"输血式"扶贫。新中国成立之初，国家经济落后，财政紧张，没有能力也没有意识实施扶贫战略，对贫困人口的帮扶主要采取紧急救援的措施。1984 年，党中央、国务院发布《关于帮助贫困地区尽快改变面貌的通知》，其中虽然在理念上出现"纠正单纯救济"的观点，但扶贫手段主要是"进一步放宽政策""减轻负担"，扶贫力度与作用有限。

1986 年，有组织、有计划、大规模的扶贫拉开序幕，我国成立了国务院贫困地区经济开发领导小组，确定了开发式扶贫方针，安排专项资金，制定专门政策，促进地方经济社会发展，这就是所谓"造血式"扶贫。1994 年开始的《国家八七扶贫攻坚计划》，除了在国家层面投入巨额的财政资金之外，开始鼓励企业和社会组织参与扶贫，扶贫力量更加多元化，扶助目标也趋于多元化：加强基础设施建设，促进地方经济发展，提高贫困人口自身素质，等等。21 世纪初，《中国农村扶贫开发纲要（2001—2010 年）》发布，根据贫困地区与贫困人口的新特点，扶贫政策出现了两大变化：一是把扶贫目标由原来的县级降低到村级，在全国确定了 14.8 万个贫困村，实施"整村推进"；二是增加了有利于贫困地区和贫困人口自身提高的开发式扶贫项目（中国发展研究基金会，2007）。此后，注重提升贫困地区和贫困人口自身发展能力变得越来越重要。

2007 年，中国发展基金研究会组织撰写了大型报告《中国发展报告2007：在发展中消除贫困》，引起国务院扶贫办的高度重视。报告认为，在短短 30 年里，中国的扶贫取得了举世公认的巨大成就，但是，多年的扶贫政策只是关注生存贫困人口，没有关注处于发展贫困状态下的贫困人口，因而难以解决中国的长期贫困问题。关注发展贫困，应该使贫困儿童有平等的受教育的机会，使贫穷劳动力获得更多的受培训的机会，使得贫困人口拥有基本的医疗保障、文化生活与社会保障。因此《中国农村扶贫开发纲要（2011—2020 年）》指出新阶段的扶贫开发目标为：到2020 年，稳定实现扶贫对象不愁吃、不愁穿，保障其义务教育、基本医疗和住房。这样，"造血式"扶贫进入一个新的阶段。

随着从关注生存贫困发展到关注发展贫困，更确切地，贫困地区的产业发展经历从外部支持到与内生能力培养相结合的进程。开发式扶贫，本身就是从外部注入资金、项目、资源来发展产业，对于贫困地区来说，也经常是不加甄别地接受和主动招商，不太考虑自身的发展基础、产业配套及项目与当地经济社会发展的适应性，导致这些产业项目发展得并不是很好，产业效益不好又得增加新的产业项目。因此，贫困地区的主导产业一变再变，难以壮大，当地资源遭受破坏，与发达地区的差距越来越大。"八七扶贫攻坚"时期和 21 世纪的第一个十年，国家中东部地区市场经济得到轰轰烈烈的发展，西部地区和连片特困地区虽然得到了国家的大力扶持，但是由于自身条件的限制，随着全国区域间不平衡问题的日益突出，这些地区的贫困更加凸显。例如，《武陵山片区区域发展与扶贫攻坚规划（2011—2020 年）》表明：2010 年片区人均地区生产总值是全国平均水平的 33.76%，农民人均纯收入是全国平均水平的 59.1%，在 2001 年，这两个数据分别为 37.3%、62.68%，差距越来越大。

从外部注入资源来发展贫困地区的产业，虽然也是在"造血"，但这种"血"首先是外面注入进来的，它有可能激活当地的"造血"功能，也有可能没有激活当地的"造血"功能。当这些"血"被用完以后，这些地方再次陷入"贫血"状态。这其实是为产业发展而发展产业的做法，要知道，产业发展是有条件的。以工业发展为例，虽然发展工业被作为贫困地区致富的圭臬，但是，一个地区的工业化进程是有内在规律的，不会因人们求富心切而发生变化。根据配第、克拉克等西方学者的理论，工业化发展的不同阶段需要与该地区产业结构、人均 GDP、城市化率、就业结构等指标相匹配。2010 年，武陵山片区三次产业结构为 22∶37∶41，人均 GDP 约为 1400 美元，城市化率为 28%，就业结构不到 60%。综合这些指标可以判断，武陵山片区 2010 年处于工业化初期向中期发展的阶段，工业化发展需要一个循序渐进的进程，不能随意跨越。

2011 年开始的以连片特困地区为主战场的扶贫攻坚，其产业发展除了注重外部支持之外，特别注重产业内生能力的培养，首先表现为，这些地区产业发展建立在当地基础和资源优势之上。武陵山片区注重根据当地产业基础和资源优势，顺应产业发展规律，不断壮大主导产业，形成特色产业，为形成具有区域特色的产业体系和支柱产业打下良好基础。总的来说，农林产品加工业、生物医药产业、矿产资源加工业、机械工业、新能源、新材料、轻纺服装、电子信息成为武陵山片区普遍发展的支柱产业，同时，根据当地资源优势，各地的特色产业得到一定程度的发展。例如，恩施富硒产业加快发展，建成了国家富硒产品质检中心，成立了州硒研究院，成功举办了两届中国硒产品博览交易会，"恩施硒茶"等富硒农产品得到市场广泛认可，"世界硒都"已成为恩施一张亮丽的发展名片；武陵山片区交通不便，黔江在引进眼镜、钓具、首饰等物流不敏感项目上取得了实质性突破，引进浙江大洋公司带动形成桐乡丝绸工业园集群式产业链条，等等。

其次表现为，这些地方的基础设施不断完善。这不是直接发展产业，但是与产业发展密切相关。很简单的道理，如果贫困地区交通不便，需要的材料从外面运不进来，生产的成品从片区运不出去，运输一项就大大增加了企业的生产成本，产业的竞争力肯定就提升不上来，所以，基础设施是贫困地区产业发展的重要内生能力，这也是新时期扶贫事业以连片特困地区为主战场的优势所在，有利于从整体上改变这些地区的基础设施条件。有些地方基础设施改善成本很高，就只能通过"易地搬迁安置一批"。"十二五"期间，全国 14 个连片特困地区的基础设施得到了前所未有的改善。以湖南省武陵山片区为例，片区实施基础设施建设项目 626 个，累计完成投资 1247.1 亿元。沪昆高铁湖南段建成通车，怀邵衡铁路、黔张常铁路、武冈机场开工建设，怀通、张花、吉茶、吉怀、新溆等高速公路相继建成，累计建设农村公路 3800 多公里，通沥青、水泥路的行政村比重达到了 96.5%。积极推进水利设施建设，电网供电能力显著提升，通信网络升级改造全面推进。

再次表现为，这些地方的教育事业得到了很大发展。"扶贫必先扶智，治穷必先治愚"，要想让贫困地区真正"站起来"，而且"走得远"，除了经济补助和产业扶持之外，思想的力量亦不容忽视。这也不是直接的产业发展，但与产业发展具有密切关系。如果贫困地区的人的思想没有扶起来、立起来，总是存有依靠外部支援的想法，那么，这些人的"贫"很难脱得了。对于产业发展来说，它需要更高素质的产业工人、管理者、企业家，所以，贫困地区的产业发展必须注重内生能力培养，内生能力培养必须注重提高贫困人口素质，提高受教育水平。"十二五"期间，全国连片特困地区的教育水平等公共服务得到了很大提升。以湖南省武陵山片区为例，片区实施民生改善、公共服务以及能力建设项目 739 个，累计完成投资 1344.6 亿元。贫困地区医疗卫生条件不断改善，每千人拥有医疗机构床位 4.89 张、卫生技术人员 3.82 人。教育水平不断提升，适龄儿童入学率达到 100%，九年义务教育巩固率达 99%。社会保障水平稳步提高，新型农村合作医疗参合率达 86.2%，新型农村社会养老参保率达 53.6%。

二、连片特困地区产业发展经验

产业扶贫是一项复杂的系统工程。我国的产业扶贫实践，既要讲究产业发展效率，还要兼顾产业扶贫效果；既要壮大产业发展规模，又要考虑当地生态建设；既要注重从外部获得支持，又要注意当地内生能力的培养。在我国产业扶贫特别是连片特困地区的扶贫实践中，各地积累了许多不同的产业发展经验。

（一）罗霄山片区的"一村一品"产业发展模式

"一村一品"是我国现阶段大力推进的产业扶贫模式。它是以村为单位，根据本地优势资源和市场需求，通过市场建设和品牌管理，开发一个或几个市场需求旺盛、区域特色明显、附加值高的产品或产业。"一村一品"强调的是一个村至少有一项特色产品，并以特色产品为主导开发生产，形成主导产业。所谓"村"并不完全以村域为限，也可以灵活调整，发展规模经济，扩大到乡、县亦可。可作为"一村一品"的产品，应当是优质良品，实现规模养殖，产出达到全村各业总产出的一半以上，还要有全村6成以上的农户参与，并且农户从主要产业经营活动中获得的收入应达到家庭收入的70％以上。

罗霄山连片特困地区下辖的吉安市，利用当地的生态资源，以无公害蔬菜、肉牛、鲴鱼等为主导产业，大力发展"一村一品"，探索出了减贫、脱贫的有效途径。例如，泰和、吉安、安福等地围绕肉牛产业，建设专业乡镇20个、专业村60多个，人均养牛增收150元以上；永丰县围绕无公害蔬菜产业，建成专业乡镇9个、专业村18个，产值达到5.2亿元，人均蔬菜养殖收入近2000元；泰和县以传统优势产品乌鸡为主导，建成专业村10余个，养鸡户人均创收1280元；流坊村发动全村200多户从事花木种植，种植面积2000余亩，年产值300多万元，人均纯收入超过4000元。

（二）四省藏区的特色优势产业发展模式

特色优势产业是以比较优势为基础，以现代技术为依托，以市场经济为手段，围绕特色产品、特色资源进行综合开发形成的产业。其特征主要有：第一，明显的区域特色。不同的地理环境、资源禀赋、气候条件等为发展特色优势产业提供了资源基础。第二，较强的竞争优势。不具备竞争优势的特色产业是没有前途的。具有区域特色的产业，如果不被市场所接受，或同其他相似产品相比不具备竞争优势，产品的规模就不可能做大，因而也就不可能对区域经济的增长起到明显的推动作用。

第三，较强的发展潜力。对于某些产业而言，虽然目前的生产规模较小，但由于社会经济未来的发展对该产业有较大的远景需求，区域独特环境决定了其也可以发展成为特色优势产业。

甘南藏族自治州位于甘肃省西南部，青藏高原东北边缘与黄土高原西部过渡地段，属于四省藏区连片特困地区，有藏族、汉族、回族、土族、蒙古族等 24 个民族，是黄河、长江的水源涵养区和补给区，并被国家确定为生态主体功能区和生态文明先行示范区。该区以特色优势资源开发和转化为重点，以乳制品、肉类加工两大优势产业为龙头，以藏中药及保健品生产、民族特需用品和山野珍品加工为两翼，以黄金、水泥为依托，谋划论证一批辐射带动力强，对富民兴州有重要支撑作用的大项目、好项目，提升州内畜产品加工企业技术水平和产品档次，全面加快特色产业发展。

（三）大别山片区的产业融合发展战略模式

产业融合是指不同产业的动态发展、相互渗透、相互交叉，最终融合为一体。产业融合可分为三类：产业渗透、产业交叉和产业重组。产业融合不仅是一种发展趋势，在当前，产业融合已经是产业发展的现实选择。产业融合主要有三种方式：一是高新技术的渗透和融合；二是产业之间的扩展和融合，更多地表现在服务业向第一产业和第二产业的扩展和渗透；三是产业内部的重组和融合，例如，农业中的种植、养殖、畜牧等子产业之间的融合。

2016 年，国务院办公厅发布了《关于推进农村一二三产业融合发展的指导意见》。中央安排 12 亿元支持安徽、重庆等 12 个省市实施农村一二三产业融合发展试点项目。全国各地积极探索，大胆创新，总结出各种综合发展模式。这些模式包括：第一，农业内部有机融合模式。以农牧结合、农林结合、循环发展为导向，调整、优化农业耕作和养殖结构，发展高效绿色农业，大力发展新技术、新品种、新模式、高效益的农业，一些传统资源被综合利用，农业潜力被激发。第二，全产业链发展融合模式。从种植基地的建设、生产加工到仓库智能管理、营销系统、农业休闲、农村旅游、品牌建设、产业集聚等，形成一条龙式的"全产业链"发展。第三，农业产业链延伸融合模式，又可分为农业功能拓展融合模式、科技渗透发展融合模式。农业功能拓展融合模式是在稳定传统农业的基础上，不断扩大农业功能，促进农业与旅游、教育、文化和健康业的深入融合，建设具有历史、地区和民族特色的旅游城镇、乡村和农村旅游示范村，积极发展农业文化遗产，促进农业文化教育进入学校。科技渗透发展融合模式是在促进现代农业发展的同时,大力推广引入互联网技术、物联网技术,引进先进的生产和栽培技术,实现现代先进科学技术与农业的融合发展。

大别山片区是长江、淮河两大水系的分水岭和南北气候的交会点,是中部地区重要的生态功能区和资源富集区,而且是长江中游地区重要的生态屏障。2013 年以来,湖北英山县先农坛生态农业神峰山庄积极探索一二三产业融合、产销一体化,在生态农业、特种产品深加工、农村旅游等方面取得了一定成就。实践证明,农村一二三产业融合,对推进精准扶贫、精准脱贫具有显著作用。该公司的主要做法有:一是做大种养基地。在已有种养基地基础上,增加种养面积,连村成片,大力发展种养业和乡村旅游,打造万亩种养示范基地,同时也作为生态休闲农业观光带建设。二是做强加工基地。按照"农医同根,食药同源"理念,在已有农特产品加工基础上,该公司新增多种道地药材加工产品,目前该公司的加工品种达到 100 余种。三是拓宽市场空间。在已有直销店基础上,大幅增加直销店和销售人员数量,产业规模近年来翻了三番。四是把关产品质量。整村推进"公司＋基地＋种养合作社＋农户"模式,实行"三统一"管理,即果蔬种植统一不用农药化肥,统一猪舍、鸡舍建设标准,统一猪苗、鸡苗、饲料和销售。推行"猪—沼—菜"循环种植;猪舍、鸡舍都采用绿色钢构屋面、铝合金门窗,配套建设沼气池,以防虫网封闭,实行低密度分散养殖,预防疾病传播;公司接单,分配给养殖户喂养,喂养采用传统饲料,不加任何添加剂,公司和合作社实行双重监督。公司注重扶贫效果,"培养一名员工,脱贫一个家庭;定点一个专业户,致富一个农户;发展一个专业村,小康一片山村",通过事业发展惠及贫困人口,实现扶贫攻坚伟大事业。

(四)六盘山片区的生态循环产业发展模式

近年来,生态保护一再被扶贫工作政策所强调。2012 年党的十八大指出,扶贫开发工作要积累生态资源,实现绿色增长;2014 年的国家扶贫会议指出新阶段要进一步推进中国绿色扶贫开发事业的进程;2015 年习近平总书记在云南考察工作时强调,民族地区要把保护生态环境放在现阶段扶贫开发工作的新高度,要像保护眼睛一样保护环境,实现生态可持续健康发展。

六盘山片区覆盖宁夏、陕西、甘肃、青海的部分地区,共 61 个县(市、区),15.27 万平方公里,2031.8 万人,宁夏有原州、海原、西吉、隆德、泾源、彭阳、同心 7 个县区被划入该片区。片区贫困历史悠久,经济发展落后，基础条件比较差，资源贫乏。2014 年，宁夏首届减贫论坛明确指出，今后的扶贫工作不仅要创新政府制度与政策，大力推进扶贫攻坚进程，更要积极推动宁夏六盘山片区绿色发展与绿色减贫建设。近年来，宁夏六盘山片区坚持保护生态、促进经济社会和谐发展，先后实施了涉及退耕还林补偿制度、森林生态效益补偿制度、清洁发展机制等多项"扶贫项目"。这些项目以生态环境建设为核心，注重绿色发展理念，保护、积累了片区的生态资源，初步实现了开发式扶贫向绿色扶贫的转变，开创了该地区产业扶贫的新征程。

在探索生态循环经济的绿色产业发展做法方面，宁夏六盘山片区主要是探索构建树莓经济产业循环链。树莓，又名山莓，在美国，树莓被视为癌症克星，有着"黄金水果"的美誉。六盘山片区光照时间长，良化耕地资源充足，自然条件适合种植树莓，加之在宁夏六盘山片区的泾源县，曾经驯化试种树莓，并取得可喜成果。于是，树莓种植产业成为这一地区重点发展的产业。该地区在树莓种植过程中，推行绿色、低碳发展方式，注重使用有机肥料，实施大面积集约化种植，同时，促进树莓种植与其他种植、养殖、加工、乡村旅游等产业融合发展，探索构建以种植为核心的循环经济产业链，开辟了绿色扶贫新模式。图 2-1 为树莓经济产业循环发展路线图。

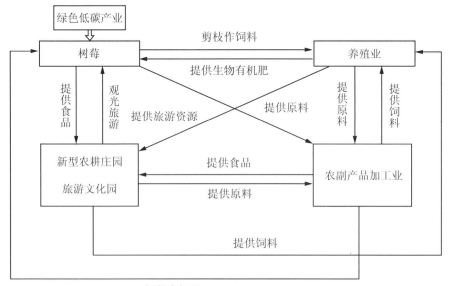

图 2-1　树莓经济产业循环发展路线图

第三节　连片特困地区产业发展的主要困难

连片特困地区的产业发展取得了一定的成效，但是总体来说，产业发展还没有形成规模，不足以带动广大贫困人口脱贫。连片特困地区的产业发展存在内容单一、主导产业雷同、覆盖面不广、未能真正惠及群众等症结。连片特困地区深陷贫困陷阱，既有自然环境条件差、经济社会发展落后等客观因素，还有人口文化素质低等主体因素。这些因素交织起来，使连片特困地区的产业发展面临以下困难。

一、地理因素导致产业发展能力缺失

一是连片特困地区的产业发展，受到资源禀赋的限制。14 个连片特困地区普遍具有资源禀赋匮乏、自然灾害频发的特点。例如，乌蒙山片区为喀斯特地貌的发育地带，"地无三尺平"，千沟万壑、支离破碎，被联合国教科文组织评价为不适宜人类居住的区域，土地开垦到了山顶，仍然"一方水土养不活一方人"，然而，就在这片伤疤一样的土地上，生活着 272 万贫困人口；武陵山片区平均海拔 1000 米以上，山地、丘陵面积占比 95％以上，大片耕地少，15°以上坡地、梯田多，土地承载力弱，呈喀斯特地貌发育状态，地质灾害频发，有 285 万贫困人口生活在偏远深山、高寒地区；六盘山片区包括了我国西北部主要干旱地区，年均降水量 350～400 毫米，沟壑纵横，植被稀疏，水土流失严重，是地质灾害高发区；甘肃临夏、定西等地古来就有"瘠苦甲于天下"之称，2016 年，片区还有 215 万贫困人口。连片特困地区的资源匮乏，客观物质条件难以维持人们的基本生活需要，更加不足以支撑产业发展。连片贫困地区的发展长期依赖对自然资源的掠夺性采伐，这进一步破坏了生态环境，必然会导致生态贫困。连片贫困地区又多属于生态脆弱区、自然灾害高发区，一旦发生灾害，致贫和返贫就无法避免。例如，向德平（2016）等对武陵山片区的调研显示，5 年内，124 个样本村庄共发生了 366 次水灾、290 次病虫灾、281 次风灾、280 次旱灾、169 次山洪灾、121 次冰雹灾、117 次霜冻灾和 66 次山林火灾，以及 28 次其他类型灾害。郑双怡（2017）从农户和村庄两个层面，分析了滇桂黔石漠化集中连片贫困地区农户因灾致贫风险的影响因素和作用程度大小。研究表明，长期性气象灾害对人体健康产生负面影响，对人力资本造成损耗；气象灾害冲击对农户返贫的影响较大，生活在高山区、荒漠区等自然环境恶劣地区的农

户较之平原地区的农户更易受到气候影响、灾害侵袭，从而造成长期贫困。

二是连片特困地区的产业发展，受到地理位置的限制。连片特困地区大多位于跨省交界地带，大山连绵，交通不便。对外，出境通道匮乏，快速交通枢纽尚未形成，铁路、公路密度较小，部分重要交通枢纽还没有通路；对内，交通网覆盖面不广，农村公路网络化程度和通畅率较低，部分自然村仍未铺设公路，部分自然村路面还没有硬化，近四成的农户乘坐公共交通工具不便。连片特困地区的本地市场有限，没有便利的交通运输设施，即使产业发展起来了，产品也难以销售出去，交通运输发展水平低进一步制约了片区的产业发展。例如，湖南省张家界市桑植县，既是革命老区、国家扶贫开发工作重点联系县，也是全国 500 个资源富县之一，被誉为"亚热带动植物园基因库"，水能资源与矿产资源都非常丰富。然而，桑植县长期无国道、无铁路、无高速，得天独厚的优质资源不能转换为产业优势和经济优势，直到近年才有所改善。2014 年，全国 14 个集中连片特困地区共完成公路、水路交通固定资产投资 41435 亿元，截至 2014 年年底，14 个片区的公路总里程达 127.93 万公里。然而，与全国其他地方相比，连片特困地区的交通发展水平还很落后，公路密度低，已建成的公路等级不高，特别是西藏片区，公路密度远远低于全国平均水平。

连片特困地区远离经济中心，缺少产业发展的区位优势和政治资本。连片特困地区下辖区县通常远离本省的省会城市、中心城市，经济体量小，人口规模不大，再加上交通不便，与外界的联系很少，缺少经济和政治影响力。地方政府在制定经济政策的时候，极易将连片特困地区边缘化，对连片特困地区的支持不够，或者仅仅把连片特困地区作为扶贫脱贫的工作对象，对连片特困地区的产业发展考虑不周到、工作不细致。缺少政策支持，加大了连片特困地区产业发展的难度。例如，武陵山片区位于湘鄂渝黔四省交界处，周围环绕着武汉城市圈"两型"社会综合配套改革试验区、贵阳市国家级循环经济试验区、长株潭城市群"两型"社会综合配套改革试验区和成渝城乡协调发展综合配套改革试验区四大国家级经济板块。四省的倾斜政策和资源调配自然优先考虑回报更大的经济板块，而武陵山片区既无政策扶持，也享受不到周边各区的辐射，成为区域协调发展中"被人遗忘的角落"。

二、精准扶贫"内卷化"导致产业发展缓慢

中国扶贫事业总体上取得了非常大的成就，但是从局部看，也在一

定程度上存在精准扶贫"内卷化"的困境，影响了片区产业发展进程。"内卷化"(involution)是美国人类学家戈登威泽(Alexander Glodenweiser)提出的一个概念，指一个系统在外部扩张受到限制的条件下，向内部精细化发展的过程。这个概念最初描述的是一种文化现象，说明文化在达到某种最终形态以后，既无法稳定下来，也不能使自己转变成新的形态，只得在内部变得越来越复杂(刘世定、邱泽奇，2004)。格尔茨(Geertz，1963)在研究爪哇农业经济时提出了"农业内卷化"，指的是在资本和土地资源给定的条件下，不断增加投入农业部门的劳动力，使得农业内部变得更精细、更复杂的过程。之后，内卷化的概念被广泛应用到经济学、社会学、政治学等各个学科。我国学术界对"内卷化"的研究影响主要来源于黄宗智和杜赞奇。黄宗智认为，"内卷化"指的是劳动力边际报酬递减，即劳动力"过密型增长"或"无发展的增长"。杜赞奇则用"国家政权内卷化"来描述民国前期国家权力向地方社会下沉的过程：国家财政多支出一分钱，都会带来各种非正式机构的收入增加，而国家对这些机构并无控制力；从政权的性质来看，地方社会的扩张和政府控制力的转移只是传统的国家与社会模式的重复、延伸和精致化(杜赞奇、王福明，1994)。

虽然对"内卷化"的概念目前还存在大量争议，关于它的内涵界定，以及学理上存在的必要性等问题，学术界至今并无定论，但是，借用这一概念来分析一些现象是具有一定工具价值的，能够为相关现实问题的解决扩展理论视野和实践空间。应该说，当前的精准扶贫在某种程度是存在"内卷化"倾向的。精准扶贫的"内卷化"是指，随着国家投入扶贫项目的资源不断增加，农村精准扶贫工作的整个内部系统变得越来越庞大、精细和复杂，但是却难以完全实现从"救济式扶贫"向"开发式扶贫"转变，不仅未能达成可持续发展的减贫目标，反而陷入刚性结构之中，导致开发扶贫进展缓慢。

精准扶贫的"内卷化"，也就是不断精细化和复杂化，首先表现在基层的反映，朝令夕改的政策和重复交叉填写的"精准"资料，同样一个问题先后填几份表册，同一份表册上级检查督导部门多层级多部门指导，耗费驻村干部和帮扶干部大量心血。有人统计，一个贫困户现在有二十几种表册，未来将达到九十多种，很多表册上都要求贫困户签字按手印，还有的表册要求扶贫干部和贫困户家庭成员在家里照相取证，一些在外打工的贫困户成员丢下手头工作不远千里回到家里完善材料。驻村干部和帮扶干部忙着写各种材料，应付上面的检查；虽然政策规定不能招待，但是实际上或者说是必要的各种招待工作还是不少。

精准扶贫的"内卷化"其次表现在扶贫项目上：一是项目来自不同部门，没有统筹，难免重复，必要的项目有时却没有；二是上级的项目往往需要贫困地区配套，贫困地区本来就困难，往往不能凑足配套经费，导致项目经费迟迟拨不下来；三是各地重点支持的产业雷同，项目开发具有盲目性；四是新的项目往往不能与已有产业形成产业链，产生关联，新的项目挤占了已有产业的发展资源和空间；等等。

精准扶贫的"内卷化"导致如下结果：

一是扶贫投资边际效应递减。虽然边际效应递减是一个普遍现象，但在这里体现得比较明显。近年来，中央和地方投入扶贫开发项目的资金逐年递增，农村贫困人口的总体规模逐年递减，但减少的速度已经明显减慢。扶贫投资对于提高贫困人口收入、减少贫困人口数量具有积极效应，但是这个效应正在减弱，扶贫资金的使用效率正在下降。国家扶贫资金投入还在持续增加，但是剩余贫困人口的脱贫难度也在加大，脱贫人口返贫现象也时有发生，扶贫强力"输血""造血"功能培养不足等问题正在加剧。

二是贫困地区基层政府执政用力不当。一方面，贫困地区政府竞相谋取上级财政转移支付的扶贫资金，把跑扶贫项目作为工作重点；另一方面，扶贫项目跑下来以后，还需要基层政府全力投入、用心经营，但是人的精力总是有限的，政府的精力更是如此，基层政府把大量的精力用在跑项目上面，能够投入项目实施的精力就非常有限，扶贫项目的实施效果普遍不佳。还需要警惕的是，尽管扶贫力度不断加大，转移支付的扶贫资金不断增加，但是大量的扶贫资源没能真正到达扶贫对象的手中，而是成为各级地方政府捞政绩的手段，精准扶贫"内卷化"趋势愈演愈烈。

三是贫困农村内部矛盾加剧。连片特困地区人民普遍贫困，对其中相对贫困的人口进行大力度的支持，而对其中相对富裕的人口则完全不予支持，一方面会在缓解贫困的同时加剧农村内部的收入不平等，另一方面也加深了被扶持的人口和未被扶持的人口之间的矛盾。现在，贫困人口要脱贫，不仅贫困人口要签字，而且非贫困人口也要签字，贫困人口在扶贫进程中得到利益，当然愿意签字，但是，非贫困人口签字成为村干部和帮扶干部的一项难点工作。同时，还存在贫困村和非贫困村中的贫困人口的矛盾。同样是贫困人口，贫困村的贫困人口能得到扶助，非贫困村中的贫困人口却不能得到扶助。

四是扶贫效果的可持续性弱。强力精准扶贫政策之下，有些贫困人口坐等扶贫干部来"扶",扶贫干部一走,他又陷于贫困之中。这种以强大外力达成的脱贫,要么还是传统的救济式扶贫策略,养"懒人";要么以牺牲生态环境为代价,花费了大量的人力、物力,只换取短暂的利益,得不偿失。这种粗暴、短视的扶贫行为,不仅无法达成使贫困人口稳定脱贫的目标,甚至连基本的温饱问题也不能妥善解决,还会导致贫困农户的依赖性加强以及反复扶贫返贫等复杂问题。

五是造血式扶贫举措流于形式。扶贫开发的核心思想是通过扶助贫困人口,实现经济开发,输血只能解一时之困,重点是培育造血功能,只有贫困地区、贫困人口的自我发展能力得到了开发,才能彻底摆脱贫困,实现可持续发展。国家设计了产业扶贫、教育扶贫、金融扶贫等各种扶贫措施,提倡扶贫先扶志、扶智,凡此种种都是为了实现造血式扶贫。但是,造血式扶贫措施通常需要长期投入和细心运营。由于公务员考核制度,和社会上存在的追求短期效益的风气,造血式扶贫工程往往在实践过程中异化为短视、盲目的行动;本应让被帮扶的农户主动参与到扶贫过程中来,结果却使他们沦为被动的客体,致使贫困人口形成对扶贫政策的强烈依赖。另外,区域扶贫与精准扶贫的对接还存在问题,区域扶贫容易忽视贫困人口的个体差异,精准扶贫又起不到产业规模发展的作用。总的来看,造血式扶贫的最初设想还没有很好地落实,诸多造血式扶贫措施还是走上了输血式扶贫的老路。

我国扶贫事业的精准扶贫方略经历了一个从"粗"到"精"的过程。我国扶贫事业的重要任务当然是实现农村贫困人口脱贫致富,从而有效缓解农村内部的分化问题。扶贫首先要解决的问题是,谁是贫困人口,于是专门设计了相应的瞄准机制,以期能够将有限的资源最大可能地投放给真正有需要的贫困人群。随着扶贫工作的进展,贫困人口越来越少,于是瞄准的点也就从"县域瞄准""村域瞄准"到"精准扶贫"的瞄准到户,但是,还有一条路线,就是从村到县再到连片地区,瞄准的范围反而扩大了。其中的道理在于,对于连片特困地区来说,要让整个地区发展起来,才是真正意义上的脱贫。

综上所述,精准扶贫存在一定程度的"内卷化",这种"内卷化"在一定程度上影响了片区产业发展进程。为了解决这一矛盾,一是要将精准扶贫与区域瞄准结合起来。为了提高扶贫资金的使用效率,让扶贫资源真正到达需要帮扶的贫困人口的手中,就必须提高扶贫瞄准的精度,瞄准到户是最好的选择。但是农户瞄准需要收集大量的信息,并长期跟踪受益群体,管理成本较高。因此,扶贫瞄准要在瞄准精度与管理成本之间权衡，找到最佳的结合点。二是要将项目输入与农民回应结合起来。贫困地区的基层政府为地区发展谋求资源，争资争项无可厚非，但是，要使扶贫项目真正普惠群众，还必须要让项目落到实处，使贫困人群确实参与到项目的实施过程中去，通过项目借力，实现贫困地区的发展。三是要将外力支援与内生发展结合起来。国家扶贫开发的本质是对贫困地区的外部干预，通过外部干预，推动贫困地区内生发展。扶贫极易遇到的一个问题是会引发贫困人口的依赖心理，自暴自弃，越扶越懒，越扶越贫，形成扶不起的恶性循环。因此，在扶贫进程中要更加强调发展的内生性，调动贫困人口的积极性，鼓励贫困人群靠自己的力量脱贫致富。

三、资本匮乏导致产业发展难以形成规模

一是资金供给不足，导致连片特困地区的产业发展难开展。连片特困地区社会经济发展水平落后，必要的基础设施和社会公共服务供给不足，制约了产业发展。交通、水利、通信、教育、医疗等社会分摊资本（social overhead capital）是发展经济所必需的基本条件与设施。这些项目间接提供生产服务，为产业发展创造机会，它们相互联系、相互依存，必须同时达到一定规模才能发挥作用，形成生产能力。因此，连片特困地区的产业发展必须要有足够大规模的投资来推动。近年来，我国虽然不断加大扶贫开发的工作力度，但扶贫资金投入仍显不足，公共事业建设未上台阶，妨碍了连片特困地区的产业发展。

连片特困地区不仅缺乏资金发展公共事业，也缺少资金进行产业投资。从资金来源看，连片特困地区产业发展的资本投入主要来自农户自身资本积累、银行信用贷款和政府扶持资金三个方面。连片特困地区的农户普遍收入较低，纯收入仅够满足日常生活消费支出，基本上没有剩余资金进行投资。银行信贷方面，金融机构在借贷的时候必然要对信贷资金面临的风险和预期收益进行考察。连片特困地区的农户收入水平低、抵御风险的能力差、偿债能力弱，使他们受到较大的信贷约束，很难从商业银行获得资金扶持。政府方面，连片特困地区的财政收入低，大多数贫困县都是财政赤字，本地政府缺少财政自给能力，更无力推动产业发展。近年来，国家逐年提高扶贫资金投入，但是各级政府对农村农业的财政投入总量仍然不足，有些国家拨款有地方配套资金的要求，地方政府捉襟见肘，拿不出配套资金，只好让扶贫资金闲置；另一方面错综复杂的部门扶贫资金缺乏有效整合，支出结构不合理，扶贫效益不高。

二是人才供给不足，导致连片特困地区的产业发展难落地。连片特

困地区的贫困群众整体素质仍然较低，表现在以下几个方面。首先，连片特困地区的农户健康人力资本差。连片特困地区生存环境恶劣、灾害频发，农户生活条件差，享受不到基本的医疗卫生服务，少数农户在饮水方面还存在困难，致使连片特困地区农户的健康水平较低。其次，连片特困地区的农户教育水平低。连片特困地区的教育普及度不高，教育投资有限，教育水平落后，农户受教育程度普遍偏低。大部分农户只有初中及以下的学历。连片特困地区的孩子接受高中以上的教育，对他的家庭是一项较沉重的负担。教育收益具有不确定性，由此产生的风险溢价是教育投资的额外成本，越是贫困的家庭，风险溢价对教育决策的影响越大，子女越有可能失学。此外，由于城市发展的虹吸效应，连片特困地区还存在人才外流现象。教育水平较高，或者有一技之长的农户，往往选择外出打工，片区留守的人口，平均人力资本进一步下降。再次，连片特困地区的农户学习能力弱。城镇早已迈入了信息化时代，连片特困地区的互联网和计算机普及率还很低，这使得本就闭塞的连片特困地区与外界的距离进一步拉大。连片特困地区的农户缺少与外界交流的平台，也缺少与外界交流的信心，学习掌握新事物的主动性和能力较弱；部分困难群众甚至认同自己贫困人口的身份，产生"等靠要"的思想，缺少脱贫致富的主体意识和参与动机。连片特困地区的产业发展，离不开龙头企业的示范和广大群众的积极参与，本地人力资本不足，产业发展难以落到实处。

三是科技供给不足，导致连片特困地区的产业发展难壮大。连片特困地区的农民科技文化素质普遍较低，农业科技推广难以深入。大多数农户习惯了传统种植方式，靠天吃饭，种植栽培粗放管理，产量普遍较低，优质品种比例较小，市场竞争力低。农畜产品市场价格受供需影响较大，连片特困地区的农户由于"信息贫困"，把握市场信息的能力较弱，难以摸清市场规律，盲目、被动地应对市场，无法规避市场风险，很容易出现生产快速发展、产品销售不出的现象。一次产业选择失败往往就会使农户备受打击，半途而废，很少形成有竞争力的主导产业。党的十八大以来，党中央、国务院提出了"科学扶贫、精准扶贫、创新扶贫、内源扶贫"等一系列脱贫攻坚战略思想。科技创新是产业发展的重要支撑。为此，片区要推进农业产业技术创新体系、科技知识传播体系和农技推广服务体系建设，加大校企合作、科技攻关的力度，完善科技创新与已有技术的组装配套，大力开展科技培训活动，增强农民科技脱贫能力，为现代特色农业发展提供科技支撑和社会化服务。

第三章 连片特困地区产业发展
总体战略选择

区域产业发展战略是一个国家或地区对一定区域内产业发展中有关全局性、长远性、关键性的问题所做的筹划和决策，它根据特定区域生产要素禀赋，分析构成产业发展全局的各个部分及要素之间的逻辑关系，确定区域未来产业发展的基本定位、核心目标、主攻方向和总体思路，以达到指导区域产业发展、促进区域经济发展的目的。任何战略的制定都需要一定理论来指导，区域产业发展战略研究需要区域发展、产业发展等相关理论做指导。产业发展理论就是研究产业发展过程中的发展规律、发展周期、影响因素、产业转移、资源配置、发展政策等问题。对产业发展规律的研究有利于决策部门根据产业发展各个不同阶段的发展规律采取不同的产业政策，也有利于企业根据这些规律采取相应的发展战略。当代区域经济学快速发展，基本形成了以区域经济发展理论、区域经济可持续发展理论为基础的理论体系。这些理论的研究应用和世界及中国的扶贫实践为连片特困地区产业发展战略提供了坚实的理论基础和实践经验的总结。

第一节 连片特困地区产业发展战略的机理分析

一、产业发展战略的学理支撑

（一）比较优势和竞争优势理论

比较优势理论和竞争优势理论是连片特困地区产业发展战略选择的重要理论基础之一。比较优势理论的发展大体经历了三个阶段。第一阶段以亚当·斯密和大卫·李嘉图为代表。亚当·斯密首先提出了绝对成本理论。他认为，每个国家都具有适合某些特定产品的生产的绝对有利条件。如果每个国家都按照对自己绝对有利的生产条件去进行专业化生产并进行贸易，那么它们都能充分利用自然资源、劳动力和资本，在此基础上提高生产效率，增加社会财富和福利。当然，要实现这一目标，其前提条件是每个国家都必须拥有有别于他国的自然禀赋，或者绝对有利的生产条件，也就是说它必须在某种产品的生产上具有绝对优势。但是如果某国在任何商品生产上都没有绝对优势，那么它是否可以参与国际贸易呢？亚当·斯密的后来者大卫·李嘉图提出的比较成本优势理论回答了这一问题。李嘉图指出，不管一个国家或地区的经济处于什么水平，即使总体上、大部分处于劣势，这个国家都可以从许多方面找到自己的相对优势，从而去生产那些比较利益较大或不利较小的商品，出口自身具有比较优势的商品，进口那些具有比较劣势的商品，在资本和劳动力不变的情况下，同样也能增加本国或地区的生产总量和提高社会福利水平。但是比较成本优势理论仍然没有解释每个国家在生产不同产品上的比较成本差别的原因。第二阶段以赫克歇尔和俄林为代表。他们提出的要素禀赋理论（H-O 理论）则回答了上述问题。H-O 理论指出，每个国家或地区的生产要素禀赋不同，以及不同商品生产在要素使用密集形式上的差别是产生比较优势的根源。因此每个国家应当出口那些密集使用本国相对充裕要素的产品，而进口那些密集使用本国相对稀缺要素的产品。第三阶段的理论是第二次世界大战以后崛起的以克鲁格曼为代表的各种新贸易理论。他们利用产业组织和市场结构理论、规模收益递增、差异产品等概念，从供给、需求、技术差距论等不同角度大大发展了比较优势理论。

1990 年，有着"竞争战略之父"美誉的美国哈佛商学院的迈克尔·波特教授提出了"国家竞争优势理论"，从而发展了比较优势理论。与比较优势理论只强调一个国家或地区处于相对优势的某个或几个行业和产品参与国际竞争不同的是，波特的国家竞争优势理论则强调一个国家或地区的所有行业和产品都参与国际竞争，并且要形成国家整体的竞争优势。其核心思想则是一个国家兴衰的根本在于在国际竞争中是否赢得优势，而一个国家竞争优势的取得，主要取决于生产要素、需求状况、相关及支持产业、企业战略、结构和同业竞争、机遇和政府六大要素。波特的国家竞争力钻石模型的主要观点如下：一是要素状况。生产要素可分为初级生产要素和高级生产要素。初级生产要素主要包括自然资源、气候、地理位置等；高级生产要素主要包括通信基础设施、复杂和熟练劳动力、科研设施及专门技术知识等。其中，高级生产要素对国家产业的竞争力会产生尤为重要的影响。二是需求状况。国内需求的构成在以下三方面对区域竞争力产生重要的影响。第一，需求的细分结构，即多样化的需求分布。市场细分有助于企业集中优势，形成有效的竞争战略，并发挥规模经济的作用，取得局部优势。第二，成熟的购买者。他们会对企业产生压力，迫使企业提高产品质量和服务的质量标准，努力降低成本，提升竞争力。第三，预示性买方需求。如果国内买方需求预示了其他国家的买方需求，这意味着国内买方需求向企业提供了关于未来买方广泛需求的早期信号，这不仅有利于开发新产品和新市场，而且有利于培养国内成熟的消费者。三是相关和支持产业。在国内拥有具备国际竞争力的供应商和关联辅助性行业，是一个行业能够取得国家竞争优势的又一重要条件。因为关联和辅助行业在高级生产要素方面投资的好处将逐步扩散到本行业中来，从而有助于该行业取得国际竞争的有利地位。并且行业发展的结果，就是国家内成功的行业趋向聚集，形成关联行业集群，更有利于提升该国产业的国际竞争力。四是企业战略、结构与同业竞争。波特指出，除了一个国家的管理意识形态有助于形成国家的竞争优势外，激烈的国内竞争也有助于提升国家或地区竞争力。因为激烈的竞争促使企业提高质量，降低成本，不断创新从而提升产业竞争力。五是机遇作用。一些偶发性的事件和机会也会对国家竞争力产生影响。它们可能使一些国家获得竞争优势，也可能使一些国家丧失优势，产生截然不同的结果。例如，某项重大技术革新，会导致某种进程的中断或产生突变的效果，从而导致原有行业结构解体与重构，为一国的企业提供排挤和取代另一国企业的机会。当然机会其实是双向的，它在产生新的竞争优势的同时，也可能使原有的竞争者优势丧失。六是政府作用。政府通过政策因素影响竞争优势，如政府实行补贴、教育、投资、控制资本市场、指定生产标准与竞争条例等，都将对前述要素状况、需求状况、相关产业和辅助产业及企业战略、结构与竞争等产生积极或消极的影响；而反过来，政府作用也受到它们的影响。

上述比较优势和竞争优势理论为后发国家和地区制定产业发展战略特别是跨越式发展战略提供了重要依据。连片特困地区的产业发展战略可从中得到以下几点启示：一是在研究区域比较优势时应由静态向动态转变。后发地区特别是连片特困地区在制定产业发展重点和政策选择时，不仅要研究本地区过去或现在所拥有的比较优势，还应考虑在未来一段时期内这些比较优势可能会发生的变化。原来本地区处于相对优势地位的资源，在未来一段时间内可能会由优势转化为劣势，或者现在尚处于劣势的，经过一段时间的发展，也会由劣势转为优势。二是比较优势的内涵由原来单一的某个方面的优势如劳动力优势，扩展成为劳动力、技术、资金、原材料等多因素的综合优势，特别是在当前形势下，某些因素如技术、人力资本的优势进一步凸显。由于信息化浪潮和知识经济的推动，资金、劳动力和原材料等一般生产要素对产业选择和发展的制约作用日益衰减，人力资本、技术进步和知识信息等高级生产要素成为产业选择的重要因素，进而比较优势由单一要素的优势比较转化为整个产业的竞争力比较。三是要由原来的适应比较优势向创造比较优势转变。比较优势随着时间的推移和条件的变化而变化，这就为后发国家和地区实现跨越式发展提供了可能。因此，后发地区特别是连片特困地区，要充分发挥自身的主观能动性，创造竞争优势。虽然自然资源难以改变，但人力资本素质则可以通过发展教育事业来提升。在信息经济时代，知识、信息和人力资本就是一个国家或地区最重要的比较优势。这也赋予了竞争以新的特征，使得竞争由以往的最终产品的竞争前移到产品开发甚至科学研究阶段，研发能力和创新显得越发重要。这些变化使资源和区位优势作用相对减弱，高级生产要素诸如知识、人才、科研开发以及信息网络的作用日渐突出。因此，后发地区要积极推进制度创新，努力创造这些高级生产要素，从而提高竞争能力，加快自身发展。四是要充分重视和利用连片特困地区自身的相对比较优势。连片特困地区在世界上或区域内可能没有任何绝对优势，但有可能拥有某项最先进的技术，那么就应该优先发展有相对优势的该项技术或产业。即使连片特困地区的某项技术与世界上最先进的国家或地区相比而言没有比较优势，但对于第三国或地区而言可能仍有比较优势，那么，连片特困地区仍然可以优先发展该项技术和产业。

（二）区域产业结构理论——特色优势产业选择和培育

产业结构分类方法有按照社会生产活动历史发展顺序的三次产业分类法，即第一产业、第二产业、第三产业；也有按照生产要素密集程度的产业分类法，即资源密集型产业、劳动密集型产业、资本密集型产业和技术密集型产业；还有基于各产业间的关联程度和方式，以及各产业在区域产业系统中的地位、作用和功能，将区域的全部产业划分为主导产业、辅助产业和基础性产业三类。连片特困地区选择什么样的产业结构，需要与经济发展相适应并不断演进。概言之，从产业垂直纵向发展看，产业层次由低级不断向高级发展；从产业横向发展看，产业与产业之间及产业内部各要素之间结构联系越来越紧密，产业链群化发展日趋成熟。产业纵横两方面的演进，不断推动产业结构日趋科学合理。从发展历程来看，产业结构理论主要经历了从配第-克拉克定理，到库兹涅茨法则，再到产业升级理论的发展过程。

1940年，科林·克拉克在威廉·配第的基础上总结出，随着经济发展和人均收入水平的不断提高，劳动力在第一、第二、第三产业间转移的规律。该定理认为，随着经济的发展，人均国民收入水平的提高，第一产业国民收入和劳动力的相对比重逐渐下降，第二产业国民收入和劳动力的相对比重逐渐上升；当经济进一步发展时，第三产业国民收入和劳动力的相对比重也开始上升。配第-克拉克定理不仅可以从一个国家经济发展的时间序列分析中得到印证，还可以从处于不同发展水平的不同国家在同一时点上的横断面比率中得到类似的验证。即人均国民收入水平越低的国家，农业劳动力所占份额越大，第二、第三产业劳动力所占份额越小；反之，人均国民收入越高的国家，农业劳动力在全部就业劳动力中的份额越小，而第二、第三产业的劳动力所占份额越大。

在配第-克拉克定理的基础上，美国著名经济学家库兹涅茨探讨了国民收入与劳动力在三次产业分布与变化趋势之间的关系，提出了伴随经济增长中的产业结构变化规律，即库兹涅茨法则。该法则认为：①农业部门实现的国民收入在整个国民收入中的比重及农业劳动力在总劳动力中的比重，均随着年代的延续不断下降；②工业部门的国民收入在整个国民收入中的比重大体上是上升的，然而，工业部门劳动力在全部劳动力中的比重则大体不变或略有上升；③服务部门的劳动力相对比重呈现上升趋势，但国民收入的相对比重却并不必与劳动力相对比重的上升趋势同步，综合起来看是大体不变或略有上升。

从宏观来看，产业结构升级指一个国家经济增长方式转变，即从劳动密集型增长方式向资本密集型、知识密集型增长方式转变；资源运营增长方式向产品运营、资产运营、资本运营、知识运营增长方式转变；经济增长动力由要素驱动向投资驱动、创新驱动转变。此外，对现有产业的价值链进行延伸，增加附加值也是产业结构升级的一种方式，如培育与当前主导产业有前向、后向和侧向联系的其他产业等。

区域产业结构的形成不仅取决于区域内部条件即区域自然资源状况、人力资源状况、资金供给状况、科学技术水平、原有产业基础和生产传统，而且也受区域外部环境社会消费(生产消费和生活消费)需求、国家产业布局规划和产业政策、区域间经济联系与区际分工、国际经济技术交流等的影响。合理的区域产业结构对区域经济增长和发展具有极其重要的作用。

根据上述理论，我们认为，在产业战略调整上，连片特困地区的产业结构优化应从特色优势产业选择和培育着手。

特色优势产业是由特色产业和优势产业两个概念综合而成的。特色产业是以"特"制胜的产业，是一个国家或地区在长期的发展过程中所积淀、成型的一种或几种特有的资源、文化、技术、管理、环境、人才等方面的优势，从而形成的具有国际、本国或本地区特色的具有核心市场竞争力的产业或产业集群。优势产业是指产值占有一定比重，采用了先进技术，增长率高，产业关联度强，具有较强的比较优势和竞争优势的产业。"特色优势产业"是20世纪90年代中期我国实施西部大开发战略促进西部经济发展的重要举措，后成为国家西部大开发文件中必不可少的词汇，更应该是连片特困地区重点发展的产业。学术界对此展开了广泛的探讨，比较一致的看法为，"特色优势产业"是指将特色产业和优势产业所具有的特征汇聚起来的既有特色又有优势的产业。

一般来说，特色优势产业不同于支柱产业。支柱产业一般是指在国民经济体系中占有重要的战略地位，其产业规模在国民经济中占有较大份额，并起着支撑作用的产业或产业群。大多数支柱产业是由以前的优势产业演变而来的，其振兴必须以优势产业的不断更新选择为基础；优势产业的选择和确定受时空条件制约，并不断向支柱产业转化。特色优势产业也不同于主导产业。主导产业是指处于主要的支配地位，比重较大，综合效益较高，与其他产业关联度高，对国民经济的驱动作用较大，具有较大的增长潜力的产业。在产业的生命周期中，主导产业处于成长期；处于成熟期的是支柱产业。一般来说，主导产业和支柱产业都是具有一定竞争优势的产业。特色优势产业具有以下三个明显的特点。

第一，较明显的比较优势。特色优势产业的第一个特点就是"比较优势"。比较优势又分为静态比较优势和动态比较优势。静态比较优势主要指该区域在静态条件下即土地、其他自然资源、劳动力、资本等生产要素供给基本不变自然形成的比较优势。它不仅具有区内比较优势，而且具有区际比较优势。动态比较优势则是指用动态的发展视角来看待，目前那些还处于劣势但未来具有比较优势，有可能成为带动本区域产业发展的幼稚产业，通过政府一系列政策扶持后可能具有较强的比较优势。连片特困地区很多区域具备这一比较优势，是发展特色产业的基础。

第二，鲜明的区域特色。特色优势产业的第二个特点就是"特色"。很明显，特色优势产业的"特色"主要体现为其以该区域特有的资源、独特的生产技术、生产工艺、生产流程等为基础，向市场提供具有鲜明特色的不可替代的产品或服务，满足人们的特殊需求，具体表现为"你无我有""你小我大""你劣我优""你贵我廉""你泛我专""你弱我强"（李明生，2007）。这是区域特色优势产业强大的竞争力所在。连片特困地区处于独特的地域，具备一般区域没有的资源，特色明显。

第三，产业发展的可持续性。特色优势产业在当前资源和环境日趋严峻的条件下，不仅要注意自身产业发展的内部可持续性，即产业发展具有良好的发展前景，能适应市场的需求和市场的变化，长期稳定地保持其特色有优势的地位；而且还要注重外部的可持续性，即产业发展的外部环境包括自然环境等要能支撑产业长期发展的需要，不破坏环境，在产业发展时注重环境保护和资源节约，推广清洁生产、低碳排放，实施生产全过程控制，力求人与自然和谐相处。

（三）区域产业空间布局的新经济地理学理论

长期以来，主流经济学忽略了对空间的关注，被人们称为"没有空间维度的仙境"。20世纪90年代初新经济地理学的出现，使经济学的空间维度重新受到关注。新经济地理学十分重视市场获得这一新要素在区域经济发展中的作用。新经济地理学家认为，一个地区产业结构的形成和演变在一定程度上取决于集聚力和分散力的作用机制。企业区位选择和空间分布主要考虑运输成本、生产要素的流动性、规模报酬递增三个关键要素。在规模报酬递增条件下，因企业生产所需的原材料及产品销售都存在运输费用，所以企业生产区位具有向接近要素市场或产品市场地区集中化的趋势，在后向联系效应下，下游产业产出的增加，通过扩大它所使用的中间产品的市场，从而导致相关企业在地理空间上相互接近，集中生产，企业获得规模经济效益。产业间的联系触发循环累积因果关系，即市场扩张→生产专业化/产品细分→外部经济加强→分工深化/厂商集聚→市场扩张。这种集聚力可促使企业在一个地区高度集中。但由于市场拥挤效应的存在，从而推动企业生产的区位选择存在分散力。如果集聚力大于分散力，生产要素流动的冲击会触发迁移自我强化循环，结果所有产业的工人和所有产业活动都将集中到一个区域，最终形成核心—边缘的分布结构。反之如果分散力大于集聚力，生产要素流动的冲击将降低一个地区相对于另一个地区的要素报酬，从而抵消了初始的冲击，产业布局的空间分散占据主导地位。

从实证研究来看，工业化是区域经济发展的必经之路，连片特困地区也不例外。但是由于受资源禀赋、比较优势、交易成本等的制约，落后国家和地区在当前经济一体化的过程中，出现了逆工业化和经济结构低度化的趋势（郑长德，2011）。因此，连片特困地区在产业布局和发展过程中，需要利用和提高自身的比较优势，选择那些能带来报酬递增、前向和后向联系能力大、集聚力强的产业，实施一定程度的产业保护措施，并主动承接周围核心区的产业转移。

（四）主体功能区协调发展理论

主体功能区是我国政府提出的创新概念。它属于一种典型的经济类型区，是在综合分析区域现有资源承载力、当前开发密度和未来发展潜力等要素的基础上，根据自然环境要素、社会经济发展水平、生态系统特征及人类活动形式的空间分异，所划分出的具有某种特定主体功能的地域空间单元（殷平，2013）。在综合考虑自然生态状况、水土资源承载能力、区位特征、环境容量、现有开发密度、经济结构特征、人口集聚状况、参与国际分工的程度等多种因素的前提下，国家统筹规划人口分布、经济布局、国土利用和城市化格局，从而确定各区域的主体功能，确定开发方向，完善开发政策，控制开发强度，规范开发秩序，最终形成人口、经济、资源环境相协调的国土空间开发格局（杨伟民等，2012）。根据开发方式的不同，主体功能区可划分为优化开发区域、重点开发区域、限制开发区域、禁止开发区域四类。优化开发区域是指当前经济水平比较发达、人口密集度高、资源开发程度较高、工业化城镇化水平较高、资源环境承载问题比较突出，但需要对工业化城镇化进行优化的城市化地区。重点开发区域是指具有一定经济基础，人口密度不高，资源环境承载能力较强、发展潜力巨大，需要进行工业化城镇化重点开发的城市化地区。两者主要承担提供工业品和服务的功能。限制开发区分为两类：一类是农产品主产区，主要承担保障国家农产品安全功能；另一类是生态功能重要但资源环境承载能力较低的重点生态功能区，主要承担水源涵养、水土保持、防风固沙、生物多样性保护等生态保护的功能。禁止开发区域则是指依法设立的各级各类自然、文化、资源保护区域或其他禁止进行工业化和城镇化开发，需要特殊保护的重点生态功能区，主要承担提供生态产品的功能。主体功能区协调发展，就是基于区域发展要素的差异性，通过区域内部和区域之间的分工合作，实现区域发展与生态保护的协调发展，形成区域经济社会开发和自然生态保护的最优配置，从而实现主体功能区的可持续发展。实现主体功能区协调发展的根本途径在于推进产业发展的转型。具体而言，微观层面，充分结合不同主体功能区的比较优势，科学选择主导产业，优化产业结构；中观层面，加强区域合作，调整区域内部的产业布局，形成省级层面的可持续发展经济；宏观层面，加强省际区域协调和合作，优化产业布局，实现区域产品安全生产、生态环境优化，经济社会可持续发展。

总之，根据主体功能区协调发展理论，连片特困地区产业发展战略亟须调整。第一，综合考虑产业关联、资源消耗、环境保护、劳动力就业拉动等因素，充分利用当地资源优势，选择和培育适合本地发展的主导产业，优先布局与发展生态效益和经济效益高的区域特色优势产业。第二，引导适合区域发展的国家级、省级重大项目，在该区域中心城市优化开发区域的布局，充分发挥其作为区域产业发展重心和增长极的集聚效应。第三，充分利用国家主体功能区战略的生态补偿政策，用更加严格的环保标准淘汰高能耗、高污染产业，改造传统产业和实现产业升级，积极发展高技术产业、创新型产业、现代服务业和生态经济产业，建设绿色产业集聚区，调整区域产业结构，优化区域产业布局。

二、基于产业发展的反贫困机理

反贫困历来是发展研究中的重要议题之一。很长一段时间以来，我国的扶贫方式以输血式为主，直接给予物质和其他形式的帮扶，对于贫困人群自身能力和发展机会的培养不重视，这就可能造成贫困人群"等靠要"的思想。近年来，开发式扶贫日益受到各级政府和学术界的重视，并迅速发展成为一种重要的扶贫方式。开发式扶贫（Development-oriented Poverty Relief）通常也被称为"产业扶贫"（Industrial Poverty Alleviation），由于以发展和扶持贫困区域的特色产业为手段而得名。产业扶贫的具体目标是大力扶持地方特色产业，提升贫困地区群众的自身发展能力，促进区域发展与扶贫攻坚。

（一）产业扶贫的内涵

2008 年 11 月，国务院扶贫开发领导小组首次提出"开发扶贫"概念，使得开发扶贫理论研究成为学界研究热点。有学者指出，"开发扶贫"常常也被称为"产业扶贫"。作为我国新时期扶贫开发战略，它是指以市场为导向，以经济效益为中心，以产业发展为杠杆，在政府主导下，通过对贫困地区培育新产业、改善原有产业、优化产业结构、完善产业链建设来推动区域扶贫的方式，促进贫困地区发展、增加贫困人口收入。这是一种有别于救济式扶贫的扶贫方式，通过开发促进发展，提高贫困人口的自我发展能力。

（二）产业扶贫的模式

21 世纪以来，产业扶贫作为具有中国特色的反贫困工作的重要举措，受到学界和社会的热切关注。大多数连片特困地区资源丰富，但由于处于产业链的下游、产业特色不明显、产业结构不合理等原因，未能形成特色优势产业，最终导致产业发展水平的落后，这是该区域贫困的一个重要原因。现有文献表明，我国产业扶贫的模式主要有：①新型产业培育模式：在原有产业基础上引入新业态、新模式来培育新兴产业，进而增强区域经济实力。②特色产业带动模式：充分挖掘当地自然条件和历史习俗等资源，利用比较优势培育和发展特色优势产业。③产业结构优化模式：通过产业之间和产业内部的结构调整，从而促进产业发展和经济增长。④产业整体转型模式：彻底抛弃原有产业或者放弃大部分原有产业，谋求高新技术产业来推进经济转型或者产业升级。因此，从反贫困的角度来说，连片特困地区的产业选择和发展除了需要遵循产业选择和发展的一般性原则外，还需要因地制宜，选择和发展能够促进本区域超越式发展和可持续发展的产业发展模式，从而带动本地脱贫致富，实现经济可持续健康发展。

（三）产业扶贫的关键

产业是发展的根基，也是脱贫的主要依托。如果没有产业带动，就难以保证彻底脱贫；如果缺乏产业支撑，持续脱贫就更难以言说。产业要真正成为脱贫致富的实现途径，关键在于加强产业链的开发建设。贫困地区的产业发展不能停留在简单的农产品种植和单一产品的开发上，必须通过延伸生产链、产品链的方式来实现产业开发建设。

产业链开发可有效利用优势资源集中生产，也可引入生产要素（如各类稀缺资源）从而生产衍生产品，进一步开拓市场，提高产业竞争力。其对贫困地区的扶贫开发工作起着相当重要的作用。①产业链建设能够转变资源禀赋的比较优势和竞争劣势这一产业分工怪圈。按照比较优势理论建立起来的国家分工格局中，凡是以资源的比较优势生产劳动密集型产品和资源密集型产品的，往往是经济落后地区，在产业结构上一定是缺乏竞争力的结构。但依靠产业链，许多贫困地区充分利用自有资源的比较优势，集中力量，重点扶持，使一大批有竞争力的企业脱颖而出，成为贫困地区经济建设的主力军，使资源优势变成了经济优势和竞争优势。②产业链建设能为资本和技术禀赋缺乏的贫困地区创造比较优势。产业发展离不开资本和技术的支持。一般来说，资本和技术是贫困地区的劣势，但是，产业链建设可以增强贫困地区对资本和技术等稀缺资源的吸纳效应，进而创造和提升自己的比较优势。③产业链建设还有利于贫困地区企业降低成本、提高企业竞争力。大多数贫困地区资源富集，资源成本、劳动力成本和土地成本都很低，因而企业经营成本低。产业链建设十分有利于企业集群，从而更加有利于企业降低成本，创造成本优势，进而提高自身竞争力。④产业链建设有利于贫困地区产业结构调整和优化升级。产业链建设有利于促进产业衍生，从而在原有产业基础上创造一些新产业，这更有利于贫困地区的产业结构调整，促进贫困地区产业优化和转型升级，从而促进贫困地区经济可持续发展。

总之，产业扶贫对于连片特困地区的脱贫致富有重要的指导意义，其关键在于产业链的建设。

三、省际边界区域协调发展理论

连片特困地区大多处于省际边界区域，需要跨域合作，有效配置资源，促进区域产业持续、协调发展。所谓省际边界区域是以省级行政边界为起点，向行政区内部横向延展一定宽度所构成的，沿边界纵向延伸的窄带型区域（陈钊，1996）。它主要具有以下特征：一是区位的边缘性和经济的欠发达性。省际边界区域在空间上远离行政区的核心区，地处边缘地带；由于历史、资源、交通等条件的制约，经济上表现出明显的欠发达性。二是行政治理的分割断裂性。出于自身利益的考量，各省级政府忽视了对省际边界区域的关注，使之几乎成为区域治理的真空地带。在各省的发展规划和产业布局中，边界区域很难得到应有的重视。区域整体开发政策的缺失和区域总体规划的滞后，造成了省际边界区域在基础设施、市场、经济要素、生态保护等方面联系的板块性断裂，制约了区域的协调发展，存在所谓"行政区边缘经济"现象。三是区域联系的中介性。省际边界区域位于相邻省份间人口、资源、信息等生产要素流动的通道区，可以凭借其区位优势便捷地获取经济要素流、信息流，从而为区域协调发展创造前提条件。四是区域关系的总和性。省际边界区域分属于不同的省行政主体，除了存在竞争关系外，随着经济一体化进程的推进，区域合作关系越发凸显，因此使得省际边界区域竞争和合作并存（朱传耿等，2012）。

区域协调发展理论是省际边界区域协调发展的重要理论基础。区域协调发展是指区域之间在经济交往上日趋密切，在资源、产业、技术、资金、人力资源等生产要素的利用上关联互动，分工日趋合理，发展水平和居民生活水平共同提高，发展差距不断缩小的过程。区域协调发展的核心是发展，目的是提升区域整体发展水平和综合竞争力，突破口在于增强落后地区的发展能力，路径在于建立完善区域生产网络，促进生产要素合理流动和优化配置。总体上看，区域协调发展的内容大体包括区域总量结构协调和区域关系协调两个方面，其中区域关系协调的重点在于区际产业结构协调。区际产业结构协调要求同一区域内地方政府按照合理分工、充分发挥地区优势的原则，统筹规划，摒弃各自建立自成体系和门类齐全的国民经济体系和工业体系的思想，彻底消除严重的区域产业结构趋同化现象，引导区域资源要素的合理流动和有效配置，形成合理的区际产业结构和分工体系（邓正琦，2012）。因此，推动省际边界区域协调发展的关键是建立各种不断解决矛盾、化解冲突的内在机制：一是建立以市场机制为主导的协调机制，各利益主体在市场机制作用下相互作用，利用价格信号促使资源配置合理化、经济效益最大化。二是建立合作机制，重在解决环境保护和经济可持续发展、失业和贫困、资源整合等问题。三是建立包括区域政府、参与治理的企业和非营利组织共同参与的治理机制，共同承担公共事务治理的责任。四是建立包含互助和扶助两种区域协调发展的援助机制。这为连片特困地区协同治理提供了理论指导。

第二节　连片特困地区产业发展的 SWOT 分析

目前国家集中连片扶贫战略所覆盖的连片特困地区大都是同一山脉的连绵地区，具有相似的自然条件。就武陵山片区而言，武陵山连片特困地区，同属于武陵山脉及其余脉，范围包括湖南、湖北、贵州、重庆四省市的 71 个县（市、区），国土面积达 17.18 万平方公里，集革命老区、民族地区、贫困地区于一体，是跨省交界面积大、少数民族聚集多、贫困人口分布广的连片特困地区。可以说这是一个拥有自然条件相似、生态环境相同、人文习俗相近、发展水平相当、经济联系紧密等方面共同特征的地理单元。下文以武陵山片区为例，运用 SWOT 分析法对武陵山片区产业发展的优势（Strengths）、劣势（Weakness）、机会（Opportunities）、威胁（Threats）进行分析，以求为该区域产业发展战略提供现实支撑。

一、优势分析

（一）资源丰富，开发潜力大

武陵山片区集中分布于武陵山及其余脉地区，地质条件和地貌特征相似，矿产、水、生物和旅游等资源富集，开发潜力巨大。

连片特困地区往往工业经济不发达，人类对自然的影响相对较小，加之水热充足，因此森林覆盖率高，生物资源丰富。以武陵山片区的几个典型地区为例：恩施土家族苗族自治州森林面积 147.34 万公顷，森林覆盖率达 61.54%；湘西土家族苗族自治州森林面积 92.15 万公顷，森林覆盖率达 59.6%；铜仁地区森林面积 86.41 万公顷，森林覆盖率达 48%；黔江地区森林面积 47.76 万公顷，森林覆盖率达 28.2%。

湿热的气候、高耸的山地、茂盛的森林与良好的生态环境为名贵中药材、反季节蔬菜、绿色无污染瓜果提供了良好的生长条件。武陵山片区分布高等植物 400 多种，国家收购的中药材 300 多种，包括茯苓、杜仲、天麻、朱砂、玄参、木瓜、银杏、黄连、厚朴、罗汉果等中药材产量颇丰。盛产木、竹、水果、蔬菜，包括猕猴桃、板栗、茶叶、柑橘、楠竹、核桃、烟草等。此外，境内草地广阔，动物种类多达 200 多种，有国家级保护动物华南虎、金钱豹、穿山甲、大鲵等，也适宜养殖牛、羊、兔等草食动物。

连绵的武陵山脉底下蕴藏着极为丰富的矿产资源，目前已探明矿种 80 种以上。其中，硒、汞、铜、铅锌、锰、重晶石、磷、煤、铁、钾、铝、硅石等矿产资源较丰富，在全国占有重要地位。湘西花垣、铜仁松涛、黔江秀山的锰矿储量分别达到 3112 万吨、5586 万吨、2400 万吨，是我国著名的"锰矿金三角"；湘鄂磷矿探明储量 11.77 亿吨，是我国乃至亚洲最大磷矿；铜仁汞矿储量 3 万吨，排全国第二。此外，花垣的铅锌、萤石、重晶石、大理石、煤等矿物储量也非常丰富。

武陵山片区山势较高，河流较多，落差很大，水能资源十分丰富，理论储藏量达 1400 万千瓦以上。其中，黔江地区流域面积大于 50 平方公里的河流有 93 条，河流总长 2741.7 公里，水能理论储藏量 205.56 千瓦；湘西土家族苗族自治州有 5 公里以上河流 445 条，水能理论储藏量 168 万千瓦。由于境内河流大多绕山而行，下蚀力强，形成深邃的峡谷、嶂谷，为筑坝建站、开发水能提供了极为有利的客观条件。

武陵山片区属于典型的喀斯特地貌，也是土家族、苗族等少数民族聚居地区，还是著名的革命老区，旅游资源极为丰富。武陵山片区位于我国第二阶梯向第三阶梯的过渡区域，地质地貌奇特，奇山、秀水、溶洞、峡谷，构成了诸多人间罕见的自然景观。该区域拥有武隆（渝东南）、武陵源（湖南张家界）、崀山（湖南邵阳）三处世界级自然遗产及天门山、梵净山、恩施大峡谷、清江画廊、乌江山峡、桃花源、猛洞河等 40 多处国家级资源区。另外，该区域是我国土家族的最大聚居地，同时还聚居着苗族、侗族等 30 多个少数民族。各民族神秘而奇特的风土民情、服饰民居、风物特产、歌舞戏曲、美食餐饮，为开发旅游项目提供了极为丰富的民族文化资源。武陵山片区还拥有凤凰古城、芷江和平城、德夯苗寨、恩施古城、巴东神农溪、建始直立人遗址等众多历史文化遗产。此外，该区域还有以贺龙、周逸群、贺锦斋、袁任远、廖汉生为首创造的"红色文化"。该区域旅游资源在构成和组合上形成了自己的特色，自然风景奇特，民族文化浓郁，资源叠加互补。因此，武陵山片区应充分发挥自身独特的旅游资源优势，大力发展旅游业；依托本地自然资源优势发展生态高效农业，大力发展现代特色农业；利用本区域锰矿、硒等矿产资源优势，走新型工业化道路。

（二）特色产业发展有一定的基础

自 2011 年被纳入国家扶贫攻坚规划以来，武陵山片区特色产业飞速发展。"十二五"期间，湖南省武陵山片区实施特色产业项目 704 个，累计完成投资 1318.6 亿元。文化旅游、生态农业成为重要的特色产业和区域品牌，新材料、新能源、文化创意等一批新兴产业规模不断壮大，基本形成以文化生态旅游、农林产品加工、生物医药、边贸物流、水电、矿业、建材七大支柱产业为特色的产业发展新格局。产业发展后劲明显增强，高新技术产业投资快速增长，增速明显高于全省平均水平。省级工业集中区等功能平台的设立和建设提速，园区经济呈现良好的发展态势。湖北省武陵山片区特色优势产业不断壮大。恩施土家族苗族自治州的特色农业发展良好。烟叶、茶叶、蔬菜、林果、药材、畜牧六大优势产业规模不断扩大，目前已建成全国最大商品药材基地和湖北省最大的烟叶、茶叶、高山蔬菜基地。以绿色食品、医药化工、清洁能源、新型建材、矿产开发、现代烟草等为支柱产业的新型工业体系初步形成，资源型新型工业发展势头良好。旅游产业也已成为州域经济新的增长极。贵州把调整产业结构、推进产业化扶贫作为扶贫开发战略性工作，突出开发式扶贫，油茶、核桃、中药材、草地生态畜牧业、蔬菜、乡村旅游、农产品加工等十大扶贫产业呈现"提速发展、后劲增强、增收明显"的良好态势。"十二五"期间，贵州省武陵山片区积极支持农产品企业和合作社，推广"公司＋农户"模式，充分发挥龙头企业对产业发展和贫困户的带动作用，不断完善产业链条，逐步形成产销一体化，扶贫产业辐射作用增强，贫困人口脱贫致富奔小康能力增强。武陵山渝东南片区则以发展草食牲畜、中药材、茶叶、高山蔬菜、木本油料等山地特色农业产业为抓手，打造特色农业基地和高效生态农业示范区；着力传承、弘扬和开发少数民族地区传统民俗文化资源，打造渝东南民俗文化生态旅游带，构建武陵山绿色经济发展高地。

（三）产业发展具有成本比较优势

如前文所述，武陵山片区拥有丰富、独特的自然资源，为该地区的产业发展提供了价格低廉的原材料。从产业成本的其他方面看，连片特困地区的土地、人力、能源（水能理论储藏量大）等方面的成本也较低，同时，由于国家实施的西部大开发战略，这些地区的交通状况得到了很大改善，产业发展的交通成本也大大降低。

武陵山片区，包括重庆、贵州、湖北、湖南四省市中的 71 个县（市、区）行政单元，其中，重庆 7 个、贵州 16 个、湖南 37 个、湖北 11 个，国土面积为 17.18 万平方公里。这些地区的土地利用远没有达到饱和状态，当地政府为了招商引资，发展产业，制定了优惠的招商政策，其中较低的土地价格就是重要措施之一，因此，境内产业发展的土地成本是比较低的。

武陵山片区拥有一大批具有特殊技能的人才。有些技术产生于特定的历史文化环境、自然生态环境、资源开发与市场消费环境之中。尤其是在历史的发展长河中形成和继承的一些传统产品，如家具、民间小五金、工艺美术品、藤器等，部分是特殊商品，生产工艺相当复杂，加工工艺很难用机械取代，甚至没有统一的工艺规程和质量标准，它们的生产完全依赖于代代相传的祖传工艺。

连片特困地区产业发展的成本优势还体现在能源方面：一是这些地区蕴藏着丰富的煤炭资源；二是水电产业的成本低。此外，人们常以为，连片特困地区产业发展的交通成本肯定很高，但是，得益于西部大开发战略和全国的交通战略，这些地区的交通状况得到了很好的改善。例如，湘鄂渝黔边区自古就是入川和进入大西南的重要通道，是连接中原和西南的重要纽带，有"全楚咽喉"和"黔滇门户"之称，属于交通要道。湘黔、枝柳、渝怀铁路和 207、209、309、320 国道及上瑞、沪昆、渝黔高速贯穿本区，沅水、乌江、长江形成较为发达的水路交通，张家界、铜仁、黔江建有支线机场，尤其是湘渝高速的全线开通，为带动该地区的经济发展提供了很好的便利条件。

（四）各地方政府协同合作意识和机制加强

基于地理、自然、历史及人文等原因，武陵山片区各地政府曾进行过一系列合作，改革开放以来，这些合作得到了进一步加强。例如，该片区相继成立了一系列区域协调机构，如湘鄂川黔武陵山区县政府经济技术协作会（1985）、渝鄂湘黔毗邻地区民族工作协作会（1989）、渝湘黔桂毗邻地区经济技术协作会（1990）、渝鄂湘黔四省市边区食品药品监督管理协作会（2006）。近年来，片区政府进行了包括基础设施、治安、旅游、环保等方面的一系列合作，签署了一系列相关协议。例如，《关于共同推进两省市(即渝黔)综合交通和能源建设暨产业协调发展合作的协议》(2004),《渝湘黔武陵片区旅游协作发展秀山宣言》(2006),《湖南、贵州、重庆三省(市)交界地区锰污染整治方案》(2006)。此外,它们还开展了形式多样的区域合作活动,如发展边界贸易、合作开发资源、开展投融资活动等(邓正琦,2012)。

2009 年 10 月,鄂湘渝黔 11 个地州区县政府,为进一步推进区域间的合作,在重庆黔江区专门召开武陵山经济协作区筹建工作座谈会。这次会议通过了《武陵山经济协作区章程》,签署了《武陵山经济协作区合作框架协议》。这标志着武陵山经济协作区的诞生。2011 年,国务院正式批复《武陵山片区区域发展与扶贫攻坚规划(2011—2020 年)》。该规划明确要求武陵山片区政府,突破行政壁垒,探索跨省交界欠发达地区经济一体化发展的新途径、新机制,以将该区建设成为"跨省协作创新区"。

自武陵山经济协作区成立和武陵山片区区域发展上升为国家战略以来,片区各级政府的协作意识日益加强,区域经济联合发展认识渐趋统一。在省级层面上,湘鄂、湘黔、渝黔、渝鄂政府相继签署了一系列战略合作协议,制定区域发展战略和经济一体化政策,为探索片区省际协作提供政策保障。在市级层面上,片区的各市州,为解决区域协作中的合作项目、产业布局、发展规划等具体问题,成立了专门工作机构,以进一步完善部门衔接、互访对话等合作协调机制。例如,2011 年,湖南湘西、湖北恩施两个自治州政府成立了"推进龙凤示范区建设领导小组",出台了《支持龙凤示范区建设的意见》,为创建龙凤示范合作区提供了坚强保障。在县级层面,片区各县域协作工作也取得了一系列进展。比如,石门与五峰、石柱与利川、秀山与花垣及松桃、凤凰与碧江区、新晃与大龙经济开发区等已经正式开展了基础设施建设、产业发展领域等方面的合作探索。贵州大龙经济开发区与湖南新晃县工业集中区,虽分属两省,但仅一条 320 国道相隔。两地都发展了以锰、钡、钾为主的矿产品精深加工、农产品精深加工、生物医药产业,经济同构,产业同质,具有良好的合作基础。2012 年 6 月,两地正式签订《关于建立武陵山大(龙)新(晃)经济协作示范园加强跨省合作的框架协议》,正式启动了大新经济产业示范园的建设。两地还成立了园区联合协调理事会、工业园双边工作委员会,标志着区域协作进入常态化、机制化。双方还将在政策、规划、基础设施、产业、环保、公共服务等方面加强合作,以实现合作共赢。

近年来,武陵山片区还进行了旅游方面的合作。2014 年 11 月,为整合武陵山片区旅游文化资源,实现区域旅游优势互补和共同发展,在湖南省张家界市旅游局的倡导下，武陵山片区 71 个县（市、区）的地级市旅游局及相关旅游区共同组成金武陵旅游合作联盟，签订了《金武陵旅游合作联盟协议》，共同打造武陵山片区的"APEC"。

二、劣势分析

虽然连片特困地区在产业发展上存在资源丰富、特色产业有一定的基础、产业发展成本低及政府合作意识和机制有所加强等方面优势，但其劣势也是比较明显的，主要体现在主导产业发展水平低、产业结构同质性强、产业发展支撑较弱、政府间协作体制机制不健全等方面。

（一）经济发展滞后，产业发展能力不足

自 2011 年扶贫攻坚国家规划实施以来，武陵山连片特困地区取得巨大的发展，但经济发展总量仍然偏小，与渝鄂湘黔其他地区相比差距很大，产业发展能力不足。

表 3-1　2015 年武陵山连片特困地区经济发展概况

项目	湖南片区	湖北片区	重庆片区	贵州片区
GDP（亿元）	5012	964.2	984.5	1139.5
占本省市 GDP 百分比（％）	17.3	3.3	6.3	10.8
农村常住居民可支配收入（元）	7205	7969	8855	7629
所在省市农村常住居民可支配收入（元）	10032	11844	10505	7386
三次产业结构	17.5：38.5：44.0	26.2：32.9：40.9	15.9：46.6：37.5	27.6：27.4：45.0
所在省市三次产业结构	11.5：44.6：43.9	11.2：45.7：43.1	7.3：45.0：47.7	15.6：39.5：44.9

注：根据各省市县 2015 年社会经济发展公报统计所得。

由表 3-1 可知，武陵山片区在各自所在省份 GDP 中所占份额较少，最多为湖南片区，片区 GDP 仅占全省总量的 17.3％；最少为湖北片区，仅占全省总量的 3.3％。经济总量非常小。湖南片区经济总量、人均量和发展质量与全省平均水平仍有较大差距。2015 年，人均 GDP 仅为全省平均水平的 55.3％，人均财政收入仅为全省平均水平的 38.6％，县级财力薄弱。其他片区也呈现经济总量小、与所在省份差距大的大体相似的特征。湖北片区的恩施土家族苗族自治州 2016 年经济总量在全省占比低。全州拥有全省13%的国土面积、近6%的常住人口，2016年全州仅创造了全省2.3%的地区生产总值和地方一般公共预算收入、2.4%的固定资产投资、3.2%的社会消费品零售总额、2.6%的存款余额、2.2%的贷款余额。人均发展水平也极为落后。2016年全州人均GDP在22047元左右，为全省地市州最低，刚刚达到全省人均GDP的四成，人均投资完成额不到全省的五成，农村常住居民人均可支配收入不到全省的七成。

根据配第-克拉克定律，随着社会经济的发展和工业化的推进，一个国家或地区的产业结构（包括产值结构和劳动力结构），会逐步由第一产业占优势比重向第二、第三产业占优势比重演进。反映一个国家或地区产业结构水平和层次的是第一产业所占比重的高低，但最具核心竞争地位的则是第三产业的体量和比重。从三次产业结构来看，武陵山各片区的三次产业结构明显低于所在省份的三次产业结构水平。除重庆片区依托重庆市的带动和依靠自身优势加速工业化发展、第二产业发展较好外，其他各片区工业"短腿"现象十分明显。湖南片区最高也只占38.5%的份额，贵州片区最低，仅占27.4%，明显低于各自所在省份的水平。第一产业所占比重明显偏高。最高为贵州片区达27.6%，最低为重庆片区，也达到了15.9%。湖北恩施从工业化水平看，仍处于工业化初期阶段。2016年全州三次产业比为20.7∶36.0∶43.3，第一、第二产业占比分别下降了0.8和0.4个百分点，第三产业占比提高了1.2个百分点。但农业占比仍然偏高，高于全省水平10个百分点、高于全国水平12个百分点；工业占比仅为29%，低于全省水平9个百分点；GDP占全省2.3%，工业仅占全省的1.7%，农业占比达到全省的4.4%，产业结构仍处于工业化初期阶段。因此，产业结构亟待优化和调整。

（二）产业同质性强

渝鄂湘黔武陵山片区，具有相同的自然地理环境、资源禀赋，由于缺乏统筹规划，当前已存在产业同质化问题。历史上，行政区划的壁垒、地区间的恶性竞争，进一步加重了产业同质化程度。为争夺产业发展的稀缺资源和销售市场而发生的资源大战和贸易大战，使得跨省毗邻地区产业互补性发展的可能性降低，而且还导致了产业同质化竞争和比较利益的丧失，进而毁损了区域合作的利益基础。我们可从武陵山片区各地区目前的产业发展得到印证。武陵山渝东南片区，按照与资源环境相协调、产业间关联作用大、产业带来的就业能力强的原则，主要选择了现代服务业、能源工业、矿产品开发与加工业、农副产品深加工业及特色山地农业作为本区域的主导主业。湖北恩施着力发展特色农业，壮大以食品、能源、烟草、药化、建材、矿产六大产业为支柱的资源型新型工业和以生态文化旅游业为主体的第三产业。黔东南州"十二五"期间着力发展壮大了新能源新材料产业、民族医药产业、装备制造业、文化旅游产业、林业产业、特色轻工业、特色生态农业七大主导产业。即使同一地区内部，产业发展趋同现象也较为明显。由于对主导产业的定位和规划缺乏整体的认识，湘西州产业园各园区产业优势不明显，产业集群效应无法发挥。湘西州的九大产业园区，除凤凰工业集中区是以特色旅游产品精加工为主外，其他园区都重点发展了矿产品加工、农副产品加工、生物医药等产业。由此我们可以看出，湘西州各园区的产业相似度极高，同质化竞争激烈。这也阻碍了园区优势产业的培育和产业竞争力的提高。

盲目跟风，产业同构、同质竞争现象严重，无法将比较优势转化为产业优势、产品优势和市场优势，产品经不起市场的风浪，跟风引起的产业同构，导致山区农业增产不增收，金银花产业便是一个典型的例子。金银花是武陵山的一大特色资源。近年来，湖南隆回、重庆秀山等地选择以金银花为特色优势产业，农民从金银花种植中获得了较好的收益。在效益的拉动和政府的推动下，金银花产业规模迅速扩大。然而武陵山片区其他区县，也纷纷大力发展金银花产业，结果市场饱和，价格大幅下跌，金银花因无人采收而烂在地里，整个金银花产业就遭遇了"滑铁卢"。在这一地区因盲目跟风而导致产业同构的远不止金银花，土鸡、水蜜桃、柑橘、高山刺葡萄等产业也不同程度出现了类似问题。

（三）产业发展支撑力量弱

连片特困地区产业发展不仅基础差、同质性强，而且产业发展的支撑力量极小。

一是传统自然资源优势逐渐弱化。连片特困地区的产业虽然在西部大开发战略和国家扶贫攻坚行动中有了较大的发展，但基本都是立足于本地区的优势资源发展资源的粗加工，产业结构层次低。然而，随着知识经济的到来，发达地区由于大规模采用新技术，知识密集型企业大量出现，它们对自然资源的依赖大大降低。这也就使得连片特困地区自然资源优势大为降低。

二是技术支撑有待提高。连片特困地区大部分地区产业科技支撑体系不完善，基础研究和应用研究投入不够，从事科技开发应用的人才不足，企业自主创新能力不够，缺乏自主研发的核心技术。企业大多具有显著的劳动力密集的特征，并且普遍缺乏技术创新能力，产业技术提升乏力。

　　三是金融支撑有待加强。目前，由于各种原因，武陵山片区银行机构数量少，网点密度低，金融创新动力不足。非银行金融机构发展相对滞后。小额贷款公司不仅数量少，而且规模小，业务能力不强，难以满足多元化实体经济的服务需求。融资中介机构总体水平也不高。担保公司、资产评估、会计师事务所等中介机构数量少、资质低、资本弱，加之收费偏高且不规范，增加了融资成本和处置抵债资产的难度。总之，金融机构远远不能满足该地区经济社会发展的实际需要。

　　四是基础建设有较大发展，但仍需加大建设力度。近年来，武陵山片区基础设施建设取得了重大突破，但是国家规划中"两环三横四纵"的东西互联、南北畅通的区域主干路网尚在建设中。此外，由于受自然条件、行政区划、历史欠账等多因素制约，片区内交通网络密度差，断头路和回头路多，彼此互联互通不畅。2016年全国政协委员田玉科等调研时发现，武陵山片区内有近一半县（市、区）还保持铁路零记录。湖南省武陵山片区公路密度只有64公里/百平方公里，远低于全省平均水平。水利设施不能保证需求，有效灌溉率不足40%，人均旱涝保收农田面积不足0.5亩，也低于国家最低标准；目前还有200多万农村人口存在饮水安全问题。

　　（四）政府间协作体制机制不健全

　　自2011年国家扶贫规划实施以来，一方面中央政府具有促进武陵山片区经济协同发展的政治愿望，但到目前为止，未能建立具有权威性、功能性的国家级协调机构，颁布和实施相关刚性约束的制度，以致区域经济协同发展步履维艰；另一方面由于武陵山片区各行政区利益诉求强烈，利益纠纷不断，片区各地方政府试图通过横向协调来解决区域利益冲突问题，然而效果欠佳。因此，虽然在中央政府及相关部委推动下，武陵山连片特困地区成立了武陵山经济协作区，制定了武陵山经济协作区发展规划，但区域协同合作仍难以取得实质性突破。武陵山片区各地分别属于湖南、湖北、贵州和重庆四省市，行政管理体制的不同必将导致区域资源配置效率下降。出于自利的目的，地方政府制定实施的一些政策和措施往往会造成区域内的无序竞争，所以各地方政府在区域内很难成为区域主体。区域内主体缺位，造成的结果往往是缺乏执行政策的主体，对地方经济的发展很难产生集聚和扩散效应。

三、机遇分析

　　"十三五"时期是中国经济新常态新发展理念下，武陵山片区实现后发赶超、与全国同步全面建成小康社会的决胜期，是转变经济发展方式的关键期，也是全面深化改革的攻坚期，更是推进扶贫开发的重要机遇期。

（一）新常态和新的发展理念带来的新机遇

新常态孕育新机遇。新常态下，我国经济发展表现出速度变化、结构优化、动力转换三大特点，经济增长方式从主要依靠资源和低成本劳动力等要素投入转向更多依靠人力资本质量和科技进步，为武陵山片区实行高端嫁接，加快绿色、低碳、循环发展，推动传统产业生态化、特色产业规模化、新兴产业高端化创造了良好机遇。消费需求从过去的以模仿型、排浪式消费为主转向以个性化、多样化消费为主，为武陵山片区充分发挥生态和文化两大优势，打造个性化、多样化的特色产业，走出具有山地和民族特色的新型工业化、新型城镇化路子创造了良好的环境。"互联网＋"行动计划的实施，为特色优势产品进入全国乃至世界市场开辟了新的高速通道，武陵山片区完全可以通过走高端化发展路子，做大做强特色优势产业。

面对经济社会发展新趋势、新机遇和新矛盾、新挑战，党的十八届五中全会针对全面建成小康社会存在的短板问题，提出以创新、协调、绿色、开放、共享五大理念引领发展，这有利于武陵山片区打好生态、文化、扶贫、民族"四张牌"。武陵山片区完全可以通过创新发展，在体制机制上实现与沿海发达地区一步接轨，甚至在某些领域成为全省全国的先行区、创新区；通过协调发展，处理好发展中的重大关系，促进四化同步发展，增强发展的整体性；通过绿色发展，着力构建生态经济，建设生态文明，把生态优势转化为经济优势；通过开放发展，积极参与国内国际合作，拓展资源配置和要素引进空间，增强发展内生动力。

武陵山片区既是少数民族聚居区和红色革命老区，又是中央关注西部开发的重要经济圈，其发展基础在生态、优势在生态。武陵山片区独特的地质地貌、良好的生态基础、丰富的自然资源、湿润的立体气候、潜在的产业优势，使其生态经济的发展具有得天独厚的先决条件。武陵山片区的优势在山水，就要在山水上做文章，变生态优势为产业优势，变产业优势为经济优势，从而形成以生态产业为主导产业的武陵经济特色。《全国主体功能区规划》将武陵山片区确定为生物多样性和水土保持主体功能区，更是为武陵山片区"产业开发生态化、生态建设产业化"提供了前所未有的机遇。

（二）集中连片扶贫战略的机遇

改革开放以来，中国扶贫事业取得了举世瞩目的巨大成就。目前，扶贫开发已进入巩固温饱成果、加快脱贫致富、改善生态环境、提高发展能力、缩小发展差距的新阶段,但扶贫对象规模依然很大,特别是集中连片特殊困难地区的扶贫工作任务十分艰巨。2011 年国家发布了《中国农村扶贫开发纲要(2011—2020 年)》,明确指出,武陵山区、六盘山区、秦巴山区等连片特困地区是今后一段时期内中国扶贫攻坚的主战场。省际边缘区域,大多位于行政管理和经济布局边缘地带,加上自然、历史、民族等多重因素交汇,集自然环境的"富饶性贫困"、历史认同的"偏差性贫困"、经济条件的"结构性贫困"、人文条件的"沉积性贫困"于一体(胡勇,2013),地区经济开发和脱贫致富单纯依靠常规的经济增长方式和普通的扶贫手段难以取得成效。因此,集中连片扶贫成为我国政府当前扶贫开发战略及路径的不二选择。

在全面建成小康社会进入决胜阶段、脱贫攻坚进入冲刺阶段之际,中央高度重视扶贫开发工作,做出了坚决打赢脱贫攻坚战的决定,特别是 2013 年以来,中央出台了《关于印发〈建立精准扶贫工作机制实施方案〉的通知》和《关于印发〈扶贫开发建档立卡工作方案〉的通知》等一系列关于精准扶贫的政策。2017 年 3 月,习近平总书记主持召开中共中央政治局会议指出,要"继续坚持精准扶贫精准脱贫方略,用绣花的功夫实施精准扶贫"。这些政策措施蕴含着大项目、大投资,只要连片特困地区紧跟中央的步伐,切实把脱贫攻坚作为"十三五"期间的头等大事和第一民生工程来抓,充分整合党建帮扶、对口帮扶、部门帮扶、外援帮扶等资源,以脱贫攻坚统揽经济社会发展全局,就会赢得加快发展的大机遇,就能打赢脱贫攻坚这场硬仗,与全省全国同步全面建成小康社会。

我国新一轮扶贫开发是一场攻坚战。为此,我国必将加大省际、部门之间统筹协调的力度,举全员之力,从根本上帮助这些地区改变贫困面貌,实现自身的真正发展。这一战略所颁布和采用的新政策和新举措,必将为连片特困地区的区域发展带来前所未有的机遇。

(三)承接国际和国内产业转移的机遇

第二次世界大战后经济全球化的一个重要标志就是一浪又一浪的跨国跨区域产业转移。产业转移推动了劳动力、资本、技术等生产要素的空间流动和配置。合理地承接产业转移能够带动承接转移地区经济的快速发展。"亚洲四小龙"因承接日本、欧美等发达国家的产业转移而实现经济崛起,中国东部地区因承接日本、欧美和亚洲其他发达地区的产业转移而实现了经济的腾飞。20 世纪 90 年代特别是进入 21 世纪以后,全球直接投资为国际产业第四次转移提供了强大动力。中国西部地区除了资源丰富、劳动力成本低廉外，近年来，还通过第二次西部大开发合理产业布局与完善基础设施建设，成为外商直接投资的重要区域。2013年6月6日到8日，主题为"中国的新未来"的《财富》全球论坛在成都举行。这表明跨国公司已将目光聚焦于中国西部地区。近年来，随着我国东部地区经济调整发展，产业结构调整和优化升级已成为必然，因此东部地区向中西部地区产业转移日益明显，转移规模也越来越大。为促进区域经济协调发展，推动东部地区产业转型升级，引导中西部承接产业转移，2010年8月国务院发布《关于中西部地区承接产业转移的指导意见》。这对于连片特困地区的发展来说，是一个很好的历史机遇。

更广泛地说，经济全球化、世界产业转移和国际分工的深化调整，为连片特困地区参与国际国内经济、技术合作带来新机遇，特别是"外资西进、内资西移"的大趋势为西部连片特困地区发挥后发优势，抢占产业高端和发展高端产业，深入广泛地参与全球分工合作，在世界大平台上谋求发展提供了前所未有的新机遇。同时，面对全球经济格局深刻调整和结构重大变化，国家把加快转变经济发展方式作为重要战略任务，经济发展由原来主要依靠投资、出口拉动向消费、投资、出口协同拉动转变；由主要依靠第二产业带动向第一、第二、第三产业协同带动转变；由主要依靠增加资源消耗向科技进步、劳动者素质提高、管理创新转变。这些发展方式的转变，有利于西部连片特困地区发挥资源丰富、市场潜力巨大、产业基础不断改善、科技资源不断提升等优势，加快优势特色产业和新兴产业发展，促进产业结构优化升级，提高区域经济发展竞争力。

四、挑战分析

当前形势下，连片特困地区的产业发展既面临新常态新发展理论、国家集中扶贫战略、东部产业转移带来的机遇，又要迎接东部快速发展和环境恶化等带来的挑战。

（一）东部地区及周边城市圈的虹吸效应

经济发达地区由于其所处的优势地位，会对周边欠发达地区的人才、资源、资本等要素产生吸纳作用，从而进一步减缓欠发达地区的经济发展，加大区域间的差距，这在区域经济学上被称为"虹吸效应"。武陵山连片特困地区，内有成渝经济圈、武汉城市圈、环长株潭城市群等六大国家重点开发区圆形环绕，外有长江三角洲和珠江三角洲两个特大城市群纵横交叉制约。区位发展的弱势地位决定了东部和周边国家重点开发区还将继续吸收武陵山经济协作区的可流动优质生产要素。只要环绕武陵山经济协作区的重点开发区还未达到规模，经济效益低，当地对外部生产要素的吸引力就难以提高。这可由武陵山片区历年来人力资源流动得到印证。据历年来的政府报告可知，武陵山片区一直是长江三角洲地区、珠江三角洲地区和周边重点开发区农民工等劳动力的重要供给地。此外，随着交通设施的改善，运输费用的降低，武陵山片区还将成为东部发达地区和周围城市群重要的原材料输出地。由此可知，东部和周围城市群的虹吸效应给连片特困地区的产业发展带来了巨大挑战。

（二）产业发展受生态环境制约

武陵山片区大部分处于高海拔山区，自然灾害多发，部分地区水土流失和石漠化现象严重，土地贫瘠，人均耕地只有 0.91 亩。生态脆弱，植被易破坏难恢复，生态环境承载力不强，经济发展与生态建设、环境保护矛盾突出，产业发展与结构调整制约较大。近年来，随着国际国内产业转移的加快，西部地区特别是连片特困地区承接的产业主要是劳动密集型和资源消耗型产业，如石油化工、天然气化工、煤化工、冶金、建材等高能耗高污染产业。尽管国家生态建设及西部地方政府在承接产业转移中对于环境的重视程度逐渐加强，但由于地区间环境标准存在差异，因此国内外企业仍将已经或即将淘汰的与对环境不友好的技术、产品转移到西部地区特别是连片特困地区。这必然带来环境保护的巨大压力。2013 年公布的《中国 300 个省市绿色经济与绿色 GDP 指数》（CCGEI2011）中，排在最后 10 位的都是中西部城市。

第三节　连片特困地区产业发展战略总体思路

随着中国经济发展迈入新常态，当前和未来很长一段时期，是武陵山等连片特困地区扶贫攻坚和全面建成小康社会的决战时期，也是该区域加快经济转型发展实现超越发展的关键时期。连片特困地区须抓住当前国家精准扶贫、产业扶贫战略和产业转移的新机遇，推动区域产业发展和优化升级，尽快脱贫致富。下文以武陵山片区为例进行详细阐述。

一、产业发展指导思想与发展目标

（一）指导思想

以党的十九大精神和习近平总书记系列重要讲话精神为指导，围绕"四个全面战略布局"，牢固树立并切实贯彻"创新、协调、绿色、开放、共享"五大发展理念,坚持精准扶贫、精准脱贫基本方略,守住发展和生态保护两条底线,按照"产业发展带动扶贫开发,扶贫开发促进产业发展"的基本思路,充分利用本地特色资源优势,紧紧抓住国家新一轮西部大开发、扶贫攻坚战略和世界产业转移机遇,着力培育和发展特色优势产业,实现产业结构转型升级;遵照国家主体功能区战略,加强生态修复和环境保护,提供良好的生态产品;加快体制机制创新,努力形成全社会扶贫和全方位协作新格局,实现连片特困地区区域发展与扶贫攻坚目标,力争将武陵山片区建设成为跨省经济社会协作创新区、国际知名生态文化旅游区、长江流域重要生态安全屏障。

(二)发展目标

到 2020 年,建设一批特色优势产业基地,不断优化产业布局,大力发展现代农业,利用高新技术发展新型工业,着力发展现代服务业,构建现代特色产业体系;不断提高生态产品生产能力,为长江中下游地区和中国内陆提供生态保障;不断提高当地居民自身发展能力,稳定实现扶贫对象不愁吃、不愁穿,保障其义务教育、基本医疗和住房;人均地区生产总值达到西部地区平均水平以上,城乡居民收入和经济发展实现同步增长,不断缩小区域发展差距。

二、连片特困地区产业发展模式选择:哑铃型产业发展模式

近年来,党和政府十分重视生态文明建设。党的十八大报告明确提出:"把生态文明建设放在突出地位,融入经济建设、政治建设、文化建设、社会建设各方面和全过程。"党的十八届三中全会将"加快生态文明制度建设"作为全面深化改革的一项重要任务,并强调坚定不移地实施主体功能区制度。2014 年政府工作报告再次要求推进生态保护与建设,落实主体功能区制度。

根据《全国主体功能区规划》,武陵山片区被定位为"生物多样性与水土保持生态功能区"国家限制开发区,片区内还分布着许多国家级自然保护区、世界文化自然遗产、国家级风景名胜区、国家森林公园和国家地质公园等禁止开发区。限制开发区和禁止开发区交错分布。因此,武陵山片区既不具备大规模高强度工业化和城镇化开发的条件,也不具备保障国家基本农产品安全的地位,按主体功能定位为国际旅游胜地、中国生态绿心、城际中央公园、碳汇储备基地。即使在重点开发的城市区,也需在开发建设中优先保持水土和保护生态多样性,走生态经济发展之路。因此,哑铃型产业发展模式是适合武陵山片区生物多样性与水土保

持生态功能区定位的产业发展模式。哑铃型产业发展模式是指三次产业
"两头大、中间小"的发展模式，也就是说，在区域 GDP 比重中，第一和
第三产业所占比重较大，第二产业比重较小。对于武陵山连片特困地区
来说，要重点发展第一和第三产业，适度发展第二产业。第一产业主要
发展特色生态农业和现代农业；第三产业主要发展旅游、人文民族文化
产业及生态观光旅游产业；第二产业则主要围绕第一和第三产业来发展
加工业，适度开采价值较高的矿产品和开发水能资源，适度发展制造业、
供应业和建筑业（解安，2014）。

（一）产业发展原则

根据产业发展和生态文明的双重要求，武陵山片区哑铃型产业发展
原则主要有：

一是因地制宜原则。充分利用连片特困地区的比较优势，选择和发
展适合本区域的产业。

二是突出特色原则。特色产业是连片特困地区发挥后发比较优势实
现区域经济赶超发展的重要途径。连片特困地区特殊的地理环境、资源
禀赋、气候条件、人文历史为其发展特色产业提供了独特的优越条件。
因此，区域特色是区分其他产业的根本所在，也是区域的比较优势所在。

三是优先富民原则。连片特困地区作为欠发达、欠开发的地区，贫
困面大、贫困程度深，当前的一个主要任务是帮助贫困群众增加收入和
提高自我发展能力。因此，产业扶贫必须优先发展那些惠及民生、能带
动就业和提高劳动者收入的特色优势产业。

四是凸显生态保护原则。目前我国连片特困地区大多位于生态主体
功能区限制开发区和禁止开发区，武陵山连片特困地区其主体功能定位
为我国水土保持和生物多样性区域，因此在特色优势产业的选择和发展
上尤其需要凸显生态保护，力求特色优势产业与主体功能区发展有机结
合，相得益彰。

（二）产业发展选择

在产业发展选择上，武陵山连片特困地区可从以下三个方面着手：

一是因地制宜，大力发展特色生态农业。平地梯田发展水稻种植业，
加强基本农田保护，确保粮食基本自给；坡度 25°以下的区域发展草质畜
牧业；不适合种粮、种草的地方发展木本油料、木本果木、木本能源、
木本药材等经济林业和民族药材产业。坚持退耕还林还草，经济建设与
生态建设协同推进，以节地、节水、节种、节能的资源综合循环利用和

农业生态环境建设保护为重点，发展生态特色农业、休闲观光农业，实现农业可持续发展。

二是从民族文化着手，大力发展富有武陵特色的博物馆、旅游等第三产业。第一，大力挖掘博物馆产业。充分挖掘武陵山片区 30 多个特有的原生态的多元民族文化资源，建设历史文化、民族文化博物馆；充分利用各民族的多元而又富有特色的建筑形式，如土家族吊脚楼，侗族的侗寨、鼓楼、凉亭、风雨桥等，建设一批少数民族建筑博物馆；利用极为丰富的亚热带金丝猴、珙桐等珍稀动植物资源，建设亚热带生物基因库博物馆；利用张家界武陵源、重庆武隆芙蓉洞、恩施梭布垭、鹤峰将军岩等典型的喀斯特地貌，建设喀斯特地貌博物馆。第二，大力发展红色旅游业。武陵山片区除了拥有丰富的自然旅游资源外，最具特色的是红色旅游资源。例如，湖北武昌中央农民运动讲习所旧址、八七会议会址、中共五大会址、红安黄麻起义和鄂豫皖苏区革命烈士陵园、湘鄂西革命根据地旧址群、湘鄂边苏区鹤峰满山红革命烈士陵园、大悟宣化店谈判旧址、咸宁北伐战争遗址等；湖南韶山毛主席故里、宁乡刘少奇故里、湘潭彭德怀故里、衡山罗荣桓故居、桑植贺龙故居、汨罗任弼时故居、芷江受降纪念馆等；重庆红岩革命纪念馆、渣滓洞、白公馆、歌乐山烈士陵园、新华日报旧址、宋庆龄故居、聂荣臻故居、刘伯承纪念馆等；贵州的遵义会议会址和红军四渡赤水遗址，等等。当地可利用这一系列的红色资源大力发展红色旅游。

三是围绕第一产业和第三产业适度发展资源型高附加值生态加工业。第一，着力发展富有特色的高附加值加工业，如农产品、医药品、木质品、畜产品、民间民族手工艺品加工业等。第二，适度发展矿产资源开采和加工业。武陵山片区锰、锑、汞、石膏、铝等矿产资源储量大、开采价值高，可利用高新技术在保护环境的前提下适度发展资源开采和加工业，发展新型工业。

三、连片特困地区特色优势产业集约发展战略

增长极理论告诉我们，区域经济增长常常通过一个或部分增长极，以各种方式向其他部门或地区传导，然后带动整个区域经济发展。这对于武陵山连片特困地区不乏指导意义。在当前我国两横三纵经济发展的战略布局上，武陵山片区各地处于第二、第三级结点与轴线位置。由于历史和行政各方面原因的制约，武陵山片区只集中培育一个增长极缺乏现实可行性，同时也不利于区域经济增长。因此，渝鄂湘黔武陵山片区，

可培育各省的中心城市作为不同层次的增长极，沿轴布点，集聚发展特色产业，从而促进区域经济发展。

（一）合理定位和布局六大区域中心城市产业

从发展现状来看，武陵山连片特困地区基本形成了六个区域中心城市，即重庆黔江，贵州铜仁，湖北恩施，湖南怀化、吉首和张家界，可以培育这六大区域中心城市作为武陵山片区多元增长极。

重庆黔江：培育和壮大"两烟"支柱产业，大力发展生态农业、生态文化旅游、生态种养殖等绿色产业，适度发展中密度纤维板、工程塑料、水泥制品等建材产业。

贵州铜仁：充分利用其生态优势，重点发展以梵净山为龙头的山地和民族旅游产业；做大以天然药材资源为依托的生物制药产业；大力发展以水电为主的能源工业；适度发展以锰、钾和短周期工业原料为主的原材料加工业。

湖南怀化：充分利用其交通枢纽地位，加大林产品、中药材、建材、生产资料等专业市场体系建设，建设武陵山片区的流通中心。

湖南吉首：利用其少数民族政治、文化中心地位，大力发展以粮油和林、果、药、茶、畜产品为主的特色农业；整合锰、铅锌、铝土及磷、汞等矿产资源，支持企业技术创新、精深加工、循环利用，推动产业转型和升级。

湖南张家界：利用张家界这一"世界旅游品牌"名片，强化其在武陵山片区内的旅游城市功能，进一步做大做强旅游产业，带动区域的"大旅游"的发展。武陵山片区的旅游产业可分三个层次发展：第一层以张家界市区为中心，连通武陵源、黔中郡遗址、千山湖、天门山、八大公山及周边的猛洞河、桃花源，构建湘西北旅游经济圈。第二层以重庆和张家界为基地，连通张家界、怀化、吉首、铜仁、黔江、重庆和张家界、恩施、黔江、彭水、武隆、重庆旅游线，构建武陵山旅游经济圈。第三层以武陵源风景名胜区为中心，与长江三峡、桂林、黄果树、九寨沟、西双版纳开展合作，构建辐射华中、西南旅游经济圈。

湖北恩施：恩施土家族苗族自治州，相对于武陵山片区其他中心城市来说，区位优势明显，其位于国家开发轴线长江经济开发带的中间地带。在产业发展上，恩施可着力发展烟草支柱产业，大力开发以丰富的水能资源为主的水电业，培育和发展以茶叶和山野特色菜为主的富硒绿色食品产业。

(二)协同规划集聚产业发展

一是集聚发展极富竞争力的旅游产业链。在区域范围内,片区政府需统筹规划,大力整合旅游资源,共同挖掘以土家族、苗族、侗族为主体的民族文化、服饰文化、宗教文化,以转角楼、吊脚楼等为标志的建筑文化,以革命老区为内容的红色文化,以"湘菜"和"川菜"为特色的饮食文化,集聚发展富有民族特色的文化产业,共同规划和设计精品旅游线路,开发区域一体化旅游市场,建设集神秘山水、原始生态、民族风情于一体的旅游黄金走廊。

二是集聚发展特色优势产业,促进产业可持续发展。充分利用区域资源优势和生态优势,选择和培育特色优势产业,集聚发展低碳化、无污染、无公害的山地绿色种植、绿色养殖、绿色酿造、绿色加工等低碳生态产业,将片区建设成为我国重要的绿色水果、绿色蔬菜、绿色中药材、绿色林产品等生产基地。

三是以生态工业园为载体,集聚发展资源加工业。大力加强生态工业园的建设,用循环经济理念加强对工业园区的布局,集中利用能源、技术,集中处理园区污水和固体废弃物,共享设施和信息,加强对空气环境质量监控。利用生态工业园模式对原有的资源开采业优化升级,适度开采和集聚加工,以生态环境保护为前提,提高资源综合利用水平和效率,实现集聚式园区化开发和加工,进而实现资源加工产业的可持续发展。

四、连片特困地区发展空间布局

在区域经济协同发展进程中,武陵山连片特困地区政府需树立全局观念,充分挖掘自身优势,协同规划和布局产业,从而推进区域经济一体化进程。武陵山连片特困地区必须结合区域资源禀赋的实际,遵循产业结构演变的一般规律,因地制宜地以产业结构合理化为基础,以产业结构的高级化为目标,以合适的区域主导产业发展为载体,实现区域产业结构转型和升级,最终构建能充分发挥自身比较优势的现代产业体系。根据目前各地产业发展的现实状况、业已存在的优势和《全国主体功能区规划》的要求,武陵山片区产业布局可以遵循以下思路。

(一)着力发展农林优势特色生态产业

武陵山连片特困地区应在低坡丘陵、河谷平坝区,积极发展种养殖特色农业和现代农业;在具备生产条件的森林、高山草场地区,适当发展特色种养业。具体而言，重点发展烤烟、高山蔬菜、魔芋、柑橘、中药材、油茶、茶叶、干果、楠竹和"节粮型"特色畜产品等就业带动力强和增收效应明显的优势特色农林产业（见表3-2）。

表3-2　武陵山片区特色农业基地布局

油茶基地。黔江、彭水、石柱、西阳、秀山、丰都、来凤、咸丰、鹤峰、恩施、宣恩、长阳、五峰、慈利、永顺、绥宁、邵阳、溆浦、沅陵、辰溪、中方、涟源、安化、会同、洪江、麻阳、泸溪、江口、石阡、松桃、铜仁、万山、玉屏、湄潭、凤冈、余庆、正安、道真、务川等油茶基地。

茶叶基地。武隆、西阳、秀山、印江、江口、松桃、道真、务川、古丈、沅陵、安化等地高山茶；保靖、利川、宣恩、鹤峰、巴东、恩施、利川、建始、秭归、五峰、长阳、凤冈、沿河、新化、洞口、桑植、慈利、会同、溆浦等地的富硒茶基地；石阡苔茶、江口藤茶、湄潭绿茶、正安白茶、余庆苦丁茶等特色茶叶基地。

蚕茧基地。黔江、武隆、丰都、石柱、巴东、来凤、长阳、龙山、沅陵、溆浦、正安、务川等优质蚕茧基地。

烤烟基地。黔江、西阳、武隆、丰都、彭水、建始、利川、鹤峰、巴东、咸丰、恩施、宣恩、秭归、五峰、来凤、龙山、中方、会同、新宁、思南、石阡、印江、德江、沿河、务川、正安、道真、湄潭、凤冈、余庆、慈利、桑植、隆回、邵阳、新晃、靖州、芷江等优质烤烟基地。

高山蔬菜基地。黔江、武隆、石柱、丰都、彭水、秀山、恩施、鹤峰、利川、宣恩、建始、巴东、咸丰、长阳、五峰、龙山、凤凰、保靖、城步、隆回、绥宁、通道、永定、桑植、辰溪、溆浦、洞口、务川、正安、道真、湄潭、凤冈、余庆、铜仁、德江、江口、印江、思南等高山蔬菜基地。

魔芋基地。印江、松桃、巴东、鹤峰、恩施、咸丰、建始、长阳、五峰、古丈、隆回、麻阳、桑植、彭水、石柱等魔芋基地。

柑橘基地。乌江、清江、沅水、澧水、资水流域柑橘产业带。

中药材基地。铜仁、江口、玉屏、石阡、思南、印江、德江、沿河、松桃、万山、务川、正安、道真、湄潭、凤冈、余庆、石柱、秀山、西阳、彭水、武隆、利川、恩施、建始、鹤峰、咸丰、巴东、宣恩、长阳、五峰、隆回、桑植、慈利、龙山、黔江、印江、江口、松桃、石阡、沅陵、通道、靖州、溆浦、中方、会同、辰溪、新邵、安化、永定区、古丈等特色中药材基地。

干果基地。黔江、彭水、武隆、丰都、西阳、秀山、恩施、利川、建始、巴东、宣恩、咸丰、来凤、秭归、五峰、长阳、正安、靖州、会同、保靖、凤岗、湄潭、沅陵、通道、石门、铜仁、江口、玉屏、石阡、思南、印江、德江、沿河、松桃、万山、务川、正安、道真、湄潭、凤冈、余庆等核桃、板栗基地。

肉类基地。石柱、酉阳、秀山、武隆、彭水、黔江、恩施、来凤、利川、咸丰、建始、巴东、鹤峰、秭归、永顺、龙山、慈利、洪江、辰溪、芷江、溆浦、新晃、邵阳、余庆、新化、通道、洞口、永定、桑植、铜仁、江口、玉屏、石阡、思南、印江、德江、沿河、松桃、万山、务川、正安、道真、湄潭、凤冈、宣恩、长阳、五峰、新宁、城步、安化、石门、涟源、吉首、泸溪、凤凰、古丈、花垣、保靖、沅陵、靖州、会同、麻阳、鹤城、中方、丰都等绿色环保生态型牛羊、生猪、禽畜等基地。丰都节粮型肉牛养殖基地。

优质楠竹基地。江口、思南、印江、德江、沿河、松桃、万山、正安、道真、湄潭、凤冈、余庆等楠竹基地。

资料来源：《武陵山片区区域发展与扶贫攻坚规划（2011—2020 年）》。

（二）共建生态旅游经济圈

生态旅游是指以可持续发展为理念，以保护生态环境为前提，以统筹人与自然和谐发展为准则，并依托良好的自然生态环境和独特的人文生态系统，采取生态友好方式，开展的生态体验、生态教育、生态认知并获得心身愉悦的旅游方式（苏洁，2014）。武陵山片区可立足本区域的优质旅游资源，以绿色开发的可持续发展理念为指导，坚持"开发和保护并重"的思想，开展多渠道多层面合作，共同建设武陵山生态旅游产业。因此，可从以下两个方面着手：第一，按照"点—轴—面"发展进行空间战略布局。"点"就是重庆黔江、贵州铜仁、湖南张家界、湖南吉首、湖南怀化、湖北恩施六大区域中心城市；"轴"则是指各区域中心城市因发展旅游产业而连接起来形成的资源或产业带；"面"则是指在整个武陵山片区积极培育多层次的旅游节点。第二，构建特色旅游区形成次级旅游中心。武陵山片区可积极培育和发展以张家界为中心的湘西风情旅游、以怀化为中心的湘西南山水文化旅游、以黔江为中心的渝东南山水生态旅游、以恩施为中心的渝东鄂西山水风情旅游、以铜仁为中心的梵净山生态休闲文化旅游（见表 3-3）。

表 3-3 武陵山生态旅游组团

渝东南山水生态旅游组团。以黔江区为旅游交通集散中心，包括武隆喀斯特、仙女山、乌江画廊、芙蓉洞、桃花源、龚滩古镇、龙潭古镇、郁山古镇、南天湖、雪玉洞、金佛山、黔江城市峡江峡谷、小南海、阿蓬江、濯水古镇、黄水国家森林公园、阿依河、摩围山、务川栗园草场等旅游景区。

续表

渝东鄂西山水风情旅游组团。以恩施市为旅游交通集散中心，包括恩施大峡谷、腾龙洞、恩施土司城、柴埠溪大峡谷、梭布垭石林、云龙河地缝、神农溪、咸丰坪坝营、咸丰黄金洞、建始直立人遗址、石柱黄水国家森林公园、西沱古镇等旅游景区。

张家界湘西风情旅游组团。以张家界市为旅游交通集散中心，包括武陵源、天门山、八大公山、五雷山、茅岩河漂流、凤凰古城、乾州古城、里耶古城、德夯风景名胜区、猛洞河风景名胜区、借母溪、芙蓉镇等旅游景区。

湘西南山水文化旅游组团。以怀化市为旅游交通集散中心，包括新宁崀山世界自然遗产、洪江古商城、黔阳古城、芷江和平城、城步南山、武冈云山、黄桑、怀化大湘西文化村、隆回虎形山花瑶国家级风景名胜区、新化大熊山和紫鹊界梯田、通道百里侗文化长廊、通道万佛山等旅游景区。

梵净山生态休闲文化旅游组团。以铜仁市为旅游交通集散中心，包括梵净山、乌江山峡、九龙洞、十里锦江、太平河、玉屏舞阳河、松桃苗王城、思南石林、石阡温泉群等旅游景区。

资料来源：《武陵山片区区域发展与扶贫攻坚规划（2011—2020 年）》。

（三）大力发展民族文化产业

武陵山片区聚居着土家族等 30 多个民族，拥有丰富的民族文化资源，要大力发展民族文化产业，可从以下几个方面着手：

第一，加强特色民族文化品牌保护与传承。大力挖掘、抢救、整理和保护少数民族非物质文化遗产，积极培育特色文化品牌和建设民族文化精品工程，弘扬民族传统文化。

第二，加强民族文化基础设施建设。目前可规划建设武陵山图书馆、武陵山博物馆、武陵山大剧院等文化基础设施。

第三，加强民族手工的传承与发展。积极支持具有浓郁民族风情和地方民俗文化特色的手工艺品、特色旅游纪念品发展，推进民族文化传承与发展（见表 3-4）。

表 3-4　武陵山民族文化产业发展重点

特色民族文化品牌保护工程。加强对凤凰古城、洪江古商城、通道侗族古建筑群、会同高椅古村、新化梅山武术、龙山里耶秦简、玉屏萧笛、傩戏、土家摆手舞、利川龙船调、肉连响、建始黄四姐、长阳山歌、南曲、巴山舞、秭归花鼓、石柱西沱古镇云梯街、黔江南溪号子、秀山及思南花灯、松桃滚龙、慈利板板龙灯、恩施撒尔嗬、苗族"四月八""上刀山"和"土家啰儿调"、张家界阳戏、桑植民歌等物质和非物质文化遗产资源保护和传承。

民族文化精品工程。积极扶持黔江武陵山民族文化节、梵净山旅游文化节、酉阳摆手舞文化节、丰都鬼城庙会、芷江和平文化节、通道芦笙节、沅陵全国龙舟赛、恩施女儿会、来凤土家摆手节、巴东纤夫节、秭归屈原端午文化旅游节、长阳廪君文化旅游节和张家界国际乡村音乐节和天门狐仙—"新刘海砍樵"、恩施"夷水丽川"、"印象武隆"等大型山水实景及精品演出。
民族文化设施建设。推进特色民族村寨保护与开发,改造建设中心城市及具有民族特色的重点城镇民族文化艺术馆,支持建设民族文化影视中心。
民族文化和自然遗产保护。重点支持武陵源、崀山等国家重大文化和自然遗产地、全国重点文物保护单位、中国历史文化名城名镇名村保护设施建设,推进非物质文化遗产保护利用设施建设。
民族工艺品发展。重点支持蜡染、制银、织锦、刺绣、根雕、石雕、民间剪纸、西兰卡普、油纸伞、傩戏面具、柚子龟、阳戏面具等民族工艺品的发展。

资料来源:《武陵山片区区域发展与扶贫攻坚规划(2011—2020 年)》。

(四)适度发展和升级改造资源加工业,发展生态工业

在当前生态发展和主体功能区建设背景下,武陵山连片特困地区原来那种以资源大量消耗和环境损害为代价的加工业发展模式难以为继。武陵山脉底下,蕴藏着极为丰富的矿产资源,目前已探明矿种 80 种以上。其中,硒、汞、铜、铅锌、锰、重晶石、磷、煤、铁、钾、铝、硅石等矿产资源丰富,在全国占有重要地位。湘西花垣、铜仁松涛、黔江秀山是我国著名的"锰矿金三角"。因此,武陵山片区可以以生态工业园区为载体,运用循环经济模式对特色资源加工业进行升级改造。此外,武陵山片区还可利用本区域丰富的水能资源,大力开发绿色能源,建成我国重要的绿色能源生产基地和低碳工业区,建设能源武陵和低碳武陵。

第四章　连片特困地区农业发展战略选择

农业是连片特困地区区域发展与扶贫攻坚的基础，是落实精准扶贫方略、夯实产业发展的保障，是稳定农村大局和确保如期完成全面建设小康社会目标任务的关键。通过近30年连续实施扶贫攻坚战略，特别是"十二五"时期发展，我国连片特困地区的农业取得了较快发展，取得了一些可喜的成绩。但是农业发展相对滞后，面临很多困难，制约着片区的发展。因此，连片特困地区亟须挖掘自身的资源禀赋和各种优势，补齐发展短板，选择适合的农业发展战略，实现发展与扶贫攻坚目标。

第一节　连片特困地区农业发展基础

一、连片特困地区农业发展现状

通过多年的努力，连片特困地区农业发展取得了一定的成就。"十二五"时期，连片特困地区特别是武陵山片区坚持以《中国农村扶贫开发纲要(2011—2020年)》为指导，按照习近平总书记2013年湘西扶贫调研时的"扶贫要实事求是，因地制宜。要精准扶贫，切忌喊口号，也不要定好高骛远的目标"讲话精神，加大主导产业培育支持力度，加快推进农业特色发展，取得明显成效。但是，这些成绩是局部的，是个别地区的尝试，才刚刚起步。整体而言，连片特困地区农业还处于一种较为落后的状态，不利于脱贫致富的实现。

第一，工商资本注入农业不断增加，经营主体多元化有所发展。近年来，在充分利用中央财政转移支付基础上，连片特困地区各级政府加大了投入，加强了基础设施建设，交通水利等农业生产设施明显改善，提高了连片特困地区农业资源综合开发利用效率和农业发展效益。同时，在支农惠农政策推动及农业科技创新驱动下，农业投资中民营工商资本数量快速增加。农业投资结构也发生较大变化，新型工商企业、农业产业化龙头企业、种植大户及以新型农民为主体的多元化生产经营与投资格局开始在连片特困地区出现，新型农业经营主体多元发展催生了新型业态萌芽，"互联网＋"农业等也随之出现(朱强，2016)。另外，新型农业经营主体可以发挥自身优势，结合区域经济发展和资源禀赋状况，利用资金、技术、装备和市场等，增强连片特困地区专业化生产和规模化经营，促进农业产业链群发展，农业生产组织化和市场化程度得到了极大提高，抵御市场风险能力有所提升，有利于农户脱贫致富和区域一体化发展。

第二，产业要素间的融合有所增强，农业产业结构呈现多样化。以"调结构，转方式"为主线，连片特困地区加大了农业产业结构调整。为了实施产业扶贫战略，加大了"一乡一业"和"一村一品"工程的推进力度，使得农业生产要素融合更加深入，改变了单一种植业结构，出现了特色畜牧、淡水养殖、经济作物等多样化农业产业结构。农林牧副渔多业齐头并进态势增强，提高了经济效益。农林牧副渔各产业规模化生产与市场化发展取得了进展，逐步完善了产供销、种养加产业链，加强了产业横向融合与纵向深化，提高了技术贡献率。另外，就农业与其他产业而言，农业与工业、服务业的融合、协作和渗透不断加强，农业产业链逐步延伸到其他产业，产业集群加快形成，规模贡献率逐渐提高。

第三，现代经营理念不断渗透，因地制宜的集约化生产经营取得一定的进展。各类资本在农业领域的投入，带来了现代经营理念，渗透到连片特困地区农业生产经营中。在国家政策的引导下，农地流转加快，农业产业分工深化，连片特困地区因地制宜的农业生产经营集约化程度有所提高。尽管连片特困地区差异巨大，但资金投入、技术投入、人力资本投入、装备投入逐渐成为影响连片特困地区农业发展的重要因素。片区根据自己的基础条件和资源禀赋，有效利用各类要素投入，因地域差异而呈现出地域分工格局，加快了特色农业产业发展，区域产业特色化已成为连片特困地区农业实现集约化发展的现实路径选择（朱强，2016），绿色环保、高品质和高技术含量的种养业及相应的加工业将是农业结构调整的趋势。

第四，政府职能不断转变，农业发展的政策引导成为主流。在支农惠农强农富农的大政策背景下，连片特困地区农业得到了一定发展。同时，政府职能发生了重要转变，政府不再直接干预农业生产，各级政府职能从农业生产的直接干预向农业生产经营项目的引导示范转变。政府采取政策引导，通过实行农业项目投资、推行项目化管理支持连片特困地区加快农业发展，对连片特困地区农业产业结构调整、规模比较效益扩大及农业科技含量提高方面发挥了重要作用。政府职能转变和政策引导，激发了农业生产经营者的积极性和创造性，促进了连片特困地区的资源开发利用，特色产业不断出现，有利于推动区域发展与扶贫攻坚。

连片特困地区农业发展所取得的以上成就，大多是局部的，不具有普遍性，也是个别地区正在进行的一种尝试，还处于初级阶段。就连片特困地区整体而言，由于先天不足的自然条件、脆弱的产业发展基础、宏观经济下行压力等内外因素影响，农业发展面临诸多困难，表现在：一是规模经营发展方面还存在诸多不足，如农业经营主体素质不高、公共服务不能满足需要、生产经营机制不完善。二是农业独有的产业优势没有挖掘出来。连片特困地区地势地形复杂、交通不便，既是发展农业的障碍，也是发展特色、绿色农业的独有条件。但在农业发展中，自然禀赋优势没有发挥，特色产业和特色产品开发不够。三是以初级产品为主，产业链还处在一个较低端的阶段，产品的附加值不高，影响了农民增收，不利于农民脱贫和区域扶贫攻坚。

二、连片特困地区农业发展优势

连片特困地区自然资源和劳动力丰富，独特的环境具备发展绿色农业的天然优势。国家对这些地区的连片开发政策，以及人们生活水平与生活质量的提高，居民对绿色环保产品的追求，大大促进了连片特困地区的农业发展。

（一）资源禀赋优势

第一，自然资源丰富。连片特困地区一般处在山区、革命老区、民族地区，地形地貌独特，开发较少，地区资源丰富。森林资源是最主要的资源，丰富的自然资源使得生物多样性在连片特困地区体现得较好。山区生长着各类植物，是很多动物包括珍稀濒危动物的栖息地，蕴藏着丰富的微生物资源。山区光、热资源充足，降水充沛，矿产丰富，发展农业具有得天独厚的条件。以武陵山片区为例，纬度范围是 $27°28'\sim30°05'$，充足的光热和降水有利于农业发展。武陵山处于我国地势分布的第二阶段，海拔差异较大，蕴藏着丰富资源，且分布广泛。茶叶、油茶、柑橘、猕猴桃和油桐等负有盛名。山区药用植物丰富，大黄、天麻、首乌、羌活、板桥党参和黄芪等名贵药材多达 2000 余种。野生动物资源也非常丰富，湘西土家族苗族自治州就有金钱豹、白鹤、云豹等国家级和省级保护动物 200 余种。

第二，劳动力成本低。一般而言，连片特困地区的工业与服务业都不发达，能给农村劳动力提供的就业机会较少，居民的外出意识相对欠缺，居民素质偏低，使得农村剩余劳动力转移相对较为困难，给农村和农业发展留下较为丰富的劳动力。武陵山片区的湘西土家族苗族自治州总人口 265 万，其中农业人口 221 万，约占 83%，大大高于全国平均水平。农村剩余劳动力也较多，尤其是留在农村的中青年劳动力远远高于我国一般地区的农村。除了部分劳动力外出打工外，滞留在农村未就业的剩余劳动力资源丰富。农村劳动力在这些不发达地区难以获得工作，价格也相对便宜。当地可以充分利用较低的劳动力成本发展精细农业和农产品加工业。

第三，特色农产品较多。如前所述，连片特困地区由于特殊的地形地貌、地理位置，资源非常丰富，尤其是特色农产品资源品种繁多。就武陵山片区而言，茶叶、油茶、柑橘、猕猴桃、油桐、中药材、烤烟和肉类等成为其主导特色农业。其特色农产品种养范围不断扩大，产量不断增加。武陵山片区肉类生产发展势头较好，目前 71 个县（市、区）中的 67 个有大面积的养殖基地。产量也迅速增加。几种主要的特色农产品的种养范围与产量如表 4-1 所示。不仅如此，这些地区的特色农产品知名度不断提高，比如湘西的古丈毛尖茶、老爹品牌猕猴桃等闻名世界。

表 4-1　2014 年武陵山片区主要特色农产品种养范围与产量

品种	大面积种养县（市、区）的数量（个）	产量（万吨）
肉类	67	177.61
无公害蔬菜	69	587.70
水果	70	402.78
烤烟	38	24.07
茶叶	36	9.28
中药材	32	—

注：根据 2015 年各县（市、区）统计公报整理得出，仅包括大面积种养的县（市、区）。有些缺失的数据是根据往年增长率推算出来的。中药材数据缺失较多，故无法统计得出。

（二）国家政策扶持优势

一方面，党和政府加大了对农村的政策支持。中央连续十多年出台"一号文件"，特别是党的十八大以来高度重视"三农"问题，提出了加大农业支持力度政策，明确了政府对农村、农业和农民采取"多予少取"；抓好农村扶贫工作，全面推进农村小康建设；深化农村改革，完善农村基本经营制度；实现农业现代化，确保粮食安全；加大新农村建设推进力度，实现城乡一体化。为落实惠农支农政策，国家加大了扶持力度，为"三农"发展创造了良好的政策环境和社会空间。与此同时，各级地方政府也加大了支农力度，出台了一系列惠农政策，有力地促进了农村经济社会发展，也为连片特困地区农业的发展营造和提供了良好的外部政策环境和重要发展机遇。

另一方面，党和政府为连片特困地区制定了专门的扶持政策。2010年颁布的《中共中央关于制定国民经济和社会发展第十二个五年规划的建议》把解决连片特困地区的贫困问题作为重要内容。2011年颁布的《中国农村扶贫开发纲要（2011—2020年）》明确指出要把连片特困地区作为未来扶贫攻坚的主战场，把改善连片特困地区的发展环境和条件作为抓手，实行整村推进，改变当地的生产和生活条件；强调实行劳动力培训，提高贫困人口的综合素质，加快转移贫困劳动力；推进产业扶贫，调整连片特困地区产业结构，增强经济发展活力。2011年11月，党中央和国务院启动了首个连片特困地区扶贫攻坚试点——武陵山片区区域发展与扶贫攻坚试点，出台了《武陵山片区区域发展与扶贫攻坚规划（2011—2020年）》，正式拉开了连片特困地区扶贫攻坚的大幕。2013年11月3日，习近平总书记在湘西扶贫调研时提出精准扶贫，强调"扶贫要实事求是，因地制宜"；2016年，国家为实现全面建成小康社会的奋斗目标，制定实施精准扶贫方略，为连片特困地区产业发展提供全力支持。另外，连片特困地区各级地方政府积极配合中央政府，制定了相关政策，尤其是加大了对农村特困地区的支持力度。中央和地方政府的扶持对连片特困地区的农业发展提供了机遇。

（三）生态环境优势

农业发展对自然依赖度很高，洁净的空气、优质的水源、无污染的土壤是发展高质生态农业的基础。连片特困地区主要分布在山区、革命老区、民族地区，自然资源丰富，地形地貌和地理位置特殊，人类活动相对较少，生态环境保护较好。就武陵山片区而言，一二三产业中，工业产值比重不到50%，而第一、第三产业比重超过一半，种植业和旅游业发展较快。独特的民族文化特点、欠发达的工业化水平及西高东低的地势，使其不容易受到东部工业发达地区的影响，比一般地区的生态环境好得多，加之具有丰富的农业自然资源，是发展生态种养的理想之地，为开发一些具有特色的生态农产品和优势产品提供了良好的条件，是生产无污染、无公害的绿色产品、野菜、名贵中草药、肉类产品等的理想之地。

（四）居民消费变化优势

随着经济发展和居民收入水平提高，"食不果腹""饥不择食"的生存经济时代已经过去，人们的消费观念发生了很大的改变。健康生活、品质生活的理念越来越深入人心，居民的消费偏好与消费结构也发生了变化，城乡居民的膳食要求也趋于多样化。保健食品、无公害农产品、绿色食品及休闲农业越来越受到消费者青睐，市场需求量不断增加。加上连片特困地区开发较少，环境优美，是提供特色产品、绿色产品的重要场地和发展休闲农业的重要场所。城乡居民消费观念和消费偏好的积极转变为连片特困地区绿色生态农业发展提供了广泛的市场空间和较大的潜力。特别是近年"互联网＋"的飞速发展，市场空间和区域壁垒全面突破，消费渠道快速便捷化发展，为连片特困地区绿色生态农业产品市场带来了前所未有的空间和前景。

三、连片特困地区农业发展制约因素

如上所述，连片特困地区农业发展有其优势，但恶劣的自然条件、落后的农业综合服务体系、不合理的农业产业结构、低素质的农业劳动力，严重地制约着农业发展。

（一）自然条件恶劣

连片特困地区主要处在深山区、石山区和高寒区，地表切割严重，地势险峻、交通闭塞，土壤贫瘠，耕地资源严重不足（如湖南湘西地区人均土地仅 0.8 亩），气候条件恶劣，是自然灾害的频发区。随着土地开垦和树林过度砍伐，自然环境遭到严重破坏，水土流失严重，出现了山体滑坡、土壤沙化和土质退化，影响了农作物产量，形成了"产出低—毁林开荒""毁林开荒—产出低"的恶性循环。暴雨、洪涝、干旱、冰雹、低温冷害、农作物和森林病虫害、地震、泥石流、山体滑坡、火灾等各种自然灾害不断发生，相应的防灾减灾措施不到位，严重影响了连片特困地区的农业发展。有些地区的农业停留在靠天吃饭的状态，造成当地人们生活困难。加之，连片特困地区大多位于大江大河发源地，还要承担艰巨的生态涵养和保护责任，部分地区是国家限制甚至禁止开发地区，更加提高了连片特困地区现代农业发展和脱贫攻坚的难度。

（二）农业综合服务体系落后

连片特困地区在中央财政支持下，通过多年建设发展，虽然基础设施有所改善，但农业综合服务体系仍然落后。

首先是基础设施落后，制约了连片特困地区农业发展。我国长期实行城乡分治二元管理政策，形成了城乡"二元经济社会结构"，生产要素、公共服务设施大量集中在城镇，农村基础设施建设资金投入较少，加之

家庭承包经营后的基础设施过度使用，造成农村基础设施脆弱，尤其是连片特困地区农村经济基础差、农业产业底子薄，无力依靠自身能力改进基础设施。因而，连片特困地区农业能源供电不足，农村道路交通落后，水利设施年久失修，水库和防洪工程脆弱，导致农业生产条件差、生产力水平低，农民生产规模小，农业单产很低。交通落后也是制约农业发展的瓶颈。以武陵山片区为例，公路运输路网密度低。有资料显示：武陵山片区公路交通线路综合密度非常低，仅为全国平均水平的21.5%和西部地区平均水平的31.9%。武陵山片区公路通达水平也很低，且还有30%乡镇没有通公路，边界地区断头路较多（谭银清等，2015）。铁路方面仅有枝柳、石长、渝怀等铁路穿境而过，加之纵横分割明显，致使已建成铁路的辐射面和带动能力有限。连片特困地区市场基础设施及交通条件滞后，致使很多优质农产品无法及时运送出去，尤其是高山深处的季节性鲜活农产品，通过肩挑手提输送的数量非常有限，一些鲜活农产品无法及时送到市场交易而腐烂变质，使生产经营者蒙受较大的损失。

其次是市场发育滞后，阻碍了连片特困地区农村市场体系发展。连片特困地区农村闭塞，广播、电视、通信设施等相对缺乏，农民的科学文化知识较少，信息不畅通，由此造成农民缺乏市场观念与竞争意识，市场相对狭小，真正的市场难以形成。正因如此，农民按照传统思维组织生产，农业生产具有盲目性，不能提供市场需要的农产品或生产出来的农产品不能满足市场的需求，农业也就难以实现经济效益最大化。连片特困地区市场主体的法律意识薄弱，法律应用能力有限，农民不能有效利用市场配置资源，无法利用法律、法规保护自己。农村市场缺乏监管，假冒伪劣产品盛行，欺行霸市现象严重，宗族垄断价格，无法利用价格机制实现竞争。

再次是农业科技服务体系不健全，阻碍了科技在连片特困地区的运用。由于基层农技推广时间滞后与手段落后，农技人员少，片区的贫困山区仍沿袭传统的生产方式。同时，农业科技投入不足，农技人员培训不充分，专业也不对口，严重影响了农业新技术的推广与应用。另外，连片特困地区由于经济不发达，增加收入的机会少，农村优秀人才大量流出，使用科技的载体缺失，留守妇女、老人和儿童难以适应科技的使用和传播，这对农业科技的推广和农业可持续发展极为不利。

最后是农民组织程度低，影响了农业生产经营。连片特困地区农业组织缺乏，农民分散，农业龙头企业少，使得农民难以应对市场风险。粗放型、小作坊式的生产是连片特困地区农业生产的主要方式，农产品加工主要集中在价值链的低端，农业竞争力弱，市场覆盖范围不大，"增产不增收"现象严重，持续发展的后劲不足，农业产业化、规模化难以实现，经营层次难以提高。

（三）农业产业结构不合理

连片特困地区的农村经济结构单一，仍然是沿用传统结构，以种植粮食为主，产业趋同化现象严重，特色不突出，难以形成新的经济增长点。连片特困地区由于市场不成熟，不能根据市场的需求来进行农业生产，改进农业产业结构。同时，当地政府也没有发挥其应有的作用，弥补市场发育不足的缺陷。一方面，政府对农户的控制力弱，不能强迫农民改变产业结构；另一方面，政府的引导有时候与市场的需求相左，反而起到负面作用。目前，由于农业生产是以家庭为单位进行分散生产的，市场规模小，商品化程度低，还处在"生产是为了维持自己生存"而不是为了交易的阶段。所以，连片特困地区农户完全是维持传统的种养业或者凭借自己的"感觉"来改变农业生产结构，没有考虑当地的自然条件、市场需求、技术水平等因素，产业结构调整不能有效地遵循经济发展的规律，存在一哄而上和一哄而下现象，加上缺乏政府或行业的统筹规划、分类指导、合理布局的发展思路，产业结构的调整趋同性明显，特色不突出。

（四）农业劳动力素质低

连片特困地区经济水平决定了其教育的落后，加之思想观念问题，居民受教育程度偏低，劳动力素质不高。同时，按照刘易斯理论，城乡收入的差距必将使劳动力由农村流向城市，而且流出去的是相对优秀的、文化素质较高的农村青壮年居民，留守农村的多为妇女、老人、儿童，农村"空壳化"现象比较严重。受思想观念和文化素质的影响，连片特困地区农村劳动力转移力度相对较弱，但是由于工业企业发展落后，农民增加非农收入困难，农村劳动力大量流入城市，导致从事农业生产的劳动力整体素质低，文盲和半文盲占农村总人口的比重依然很高，远远高于全国平均水平。对武陵山片区湘西土家族苗族自治州的 10 个村进行调查的资料显示(见表 4-2)：从事农业生产的劳动力文化程度偏低，小学及以下文化程度占 52%，初中文化程度占 37%，高中及以上文化程度占 11%；劳动力的年龄偏大，45 岁以上的中老年占 69%，18～45 岁的青壮年占 31%(远远高于较为发达地区的农村)。文化程度低、年龄偏大决定了他们的思想观念保守落后，小农意识浓厚，无法接受新生事物，不适应现代化农业生产手段和组织管理，不会运用增效节能的先进的农业科学技术，只能从事传统的简单的农业生产，收入低，甚至难以养家糊口，进而导致受教育程度低，形成了"受教育程度低—思想观念落后—传统农业生产—收入水平低—受教育程度低"的恶性循环。连片特困地区的农业生产发展缺乏人才和智力支持。

表 4-2　武陵山片区湘西州实际从事农业生产的农民文化程度与年龄调查

文化程度	人数	比重
文盲	11	9%
小学文化程度	51	43%
初中文化程度	45	37%
高中及以上文化程度	13	11%
18～30 岁	11	9%
30～45 岁	26	22%
45～65 岁	62	52%
65 岁以上	21	17%

注：调查样本数为 120 人。

（五）跨域边界的"切变"效应阻碍农业协同发展

"切变"效应是边界对两侧事物的约束与阻挡作用。"切变"效应理论认为，在行政区域内经济利益最大化的驱动下，各地不断从地区本位出发，提升边界功能，使其对相邻两省之间，尤其是边界区域内的空间联系与经济要素流动发生"切变"，表现在对基础设施"切变"、对市场"切变"、对经济要素"切变"、对产业扩张"切变"、对生态环境"切变"（张友，2013）。就农业发展而言，武陵山片区"切变"主要表现在各省通过设置障碍，构建"政策低洼"，争夺市场要素，限制资源流出省外，各省协同合作少，不能按照资源禀赋在武陵区片区内整合资源、调整产业结构，导致农业产业结构趋同和空间布局重复，无法形成合力的产业带。为了追求经济利益，各省都发展效益好的产业，发展无规划，竞相生产与销售，相互内耗，无限制地利用土地资源，形成了无特色"特色农业"，破坏了自然资源（李民、贾先文，2016）。

如表 4-3 所示，武陵山片区内各地区的农产品相近，农产品集中在柑橘、葡萄、西香瓜等方面，各地区的产品很多，没有协同形成专业化生产（童中贤、曾群华、马骏，2012）。

表 4-3   武陵山片区几个主要区域的农产品生产情况

区域	农产品
湘西州	椪柑、葡萄、西香瓜、生姜、烤烟、板栗、猕猴桃、金秋梨、茶叶、百合、辣椒、土豆
张家界市	柑橘、葡萄、桃子、李子、鸡、鸭
怀化市	柑橘、葡萄、生姜、板栗、柚子
铜仁地区	柑橘、西香瓜、乳业、竹松
黔江地区	柑橘、西香瓜、血豆腐
恩施州	柑橘、西香瓜、烤烟、水稻、玉米、红薯、甘蔗

第二节   连片特困地区农业发展的主体战略

连片特困地区农业发展的主体战略应是充分利用连片特困地区的有利条件和优势资源，避开和补齐其存在的不足，促进农业可持续、协同发展，最终实现区域发展与扶贫攻坚的目的，即：调整农业产业结构，实施特色优势农业发展战略；优化区域优势布局，实施农业地域品牌发展战略；推进一二三产业融合，实施多功能农业发展战略；搭建电商平台，实施"互联网＋"现代农业发展战略。

一、调整农业产业结构，实施特色优势农业发展战略

（一）稳定粮食生产，提升种养层次

首先，国家给予政策、科技与投入支持，鼓励农业生产者根据连片特困地区的地形地貌和气候特征，依靠有利的气候、水源和土壤条件，将一些相对平整的地区充分利用起来，稳定提高和持续发展粮食综合生产能力，保障这些地区的粮食能基本自给。其次，发挥区域自然资源、自然生态环境和独有的优良地方特色品种优势，建设天然牧场养殖基地，发展观光畜牧业、特色畜牧业和生态畜牧业。再次，针对目前连片特困地区生态恶化、自然灾害频发状况，加大生态农牧业投入，保护和合理开发利用水资源，搞好农田草牧场水利建设，积极兴建小型水源工程，大力推广节水灌溉，建设水源涵养草地，控制水土流失。另外，加强退耕还林还草及草原生态建设与保护力度，保护和合理利用天然草场，转变单纯依靠天然草场放牧的传统方式，采取季节性休牧或划区轮牧，并结合采取舍饲半舍饲方式。同时，将发展贫困山区畜牧业作为调整畜牧

业区域布局、提高畜牧业比重和保护草原生态环境的重要手段，构建畜牧业生产的合理格局。

武陵山片区地处山区，生产粮食的空间有限，但也必须充分利用条件较好水土，发展粮食生产，在此基础上合理利用地区资源优势，发展畜牧业。例如，推行种养结合、专业化养殖，强化社会化管理与服务，推进集约化、现代化畜牧业的发展模式，有效改善畜牧业生产条件，实现草地资源的合理利用，不断提高畜牧业的规模、质量和效益；依靠绿色、生态的养殖环境，提升养殖业的档次，获取优质肉源，打造肉类品牌，继续扩大原有的诸如黔江肉类加工、新晃牛肉加工的知名度，开发新型养殖产品，实现农民增收，促进区域发展。

(二)调整经济结构，发展特色产品

连片特困地区由于基础设施落后、市场主体缺位、信息不充分及技术落后等原因，经济结构单一，没有发挥特色经济的作用，没有显示出特色产品优势。这成为制约连片特困地区发展和农牧民增收的重要因素。因此，连片特困地区需要调整农业经济结构，发展特色农产品。一是充分发挥地区比较优势和资源禀赋，将各地优质生态环境、气候条件及丰富的动植物资源和草场资源有效利用起来，根据市场需求，调整品种、提高品质，大力发展无公害绿色食品，扩大果林、花卉、中草药和野菜等特色农产品种植面积。二是优化布局，形成具有地方特色的农产品商品生产基地。三是改变传统农牧业生产方式，全面实施生态农产品生产基地建设和生态功能建设，以科技进步为主导，优化品种品质结构，降低生产成本，逐步摆脱靠天种植的局面，形成农业企业核心竞争力。

在调整经济结构、发展贫困地区特色产品方面要因地制宜，不可一刀切，因为各地有各地的优势，应充分发展各地的优势产品。例如，大力开发大别山区的华山银毫、霍山黄芽、六安瓜片、大别山黄牛、舒城兰花茶、岳西翠兰、水库鲴鱼、鳙鱼、安庆山珍、霍山茯苓等农产品；充分发展武陵山湘西土家族苗族自治州的羊肚菌、松茸、黄牛肝菌、老人头菌、青冈菌，以及重庆黔江天麻和宝塔菜等纯天然原生态特色农产品；大力发展加工业，对这些农产品进行深加工，延伸其产业链，增加附加值。在目前居民收入水平提高、追求生活质量的情况下，这些特色产品由于环境无污染，品质非常好，因而市场潜力非常大，通过积极争取扶持，以特拓市，以优取胜，可以促进农业发展和农民增收。

(三)发挥旅游资源优势，发展贫困区休闲农业

利用连片特困地区自然资源与人文资源丰富的优势，积极发展山区、

红色革命区和具有民族特色旅游农业。借鉴已有的观光休闲农业模式，大胆创新，根据区域位置和资源禀赋状况，在连片特困地区建立休闲农业。一是在成熟的著名风景区周边或者沿交通线，建立休闲观光农业旅游示范点，拓展观光旅游和休闲旅游业。二是在具有鲜明民族特色或红色革命传统的连片特困地区，建立民俗文化旅游区或者发展红色旅游和怀旧旅游，可将红色革命区建设成为革命传统教育基地。三是在有特色资源或人文自然环境的连片特困地区划定一定范围，以其特色的自然风貌、乡村田园景观或农业生产经营为依托，开设"渔家乐""农家乐"等乡村休闲观光度假村，开展乡村旅游服务。

就武陵山片区而言，片区以土家族、苗族、侗族为主体，民族文化非常丰富，又属于革命老区，而且历史文化也较为丰富，可以开发生态旅游产品系列、民俗文化产品系列、红色旅游产品系列、遗产旅游产品系列、乡村旅游产品系列等特色旅游产品系列。其中的乡村旅游产品系列就属于休闲农业范畴。一是发展"古镇型"观光休闲服务。充分利用传统古镇保护抢救工程机遇，发挥古镇村寨、山乡田园优势，开发凤凰、芙蓉、龚滩、龙潭、茶峒、洪江、泸溪、辰溪、沅陵、溆浦等"古镇型"观光体验产品。二是发展"民族型"观光休闲服务。大力开发苗家山寨、土家文化主题公园、土家聚落等"民族型"主题社区乡村休闲度假服务。三是发展"田园型"观光休闲服务。大力开发果园茶园、农庄农场、主题牧场渔场和莼菜基地等"田园型"农业观光休闲服务。四是改进和提升"农户型"观光休闲服务质量。规范、提升已有的农家乐、林家乐、牧家乐和渔家乐等"农户型"休闲体验服务，促进服务质量的改善和业务量的提高。

二、优化区域优势布局，实施农业地域品牌发展战略

为了发挥资源比较优势，形成优势互补的农业区域格局以及优质特色农产品产区，推进农业综合开发，推动现代农业发展，促进农民增收，2014年农业部印发了《特色农产品区域布局规划（2013—2020年）》，重点规划了10类144种特色农产品。由于具备最适宜的自然生态条件和生产品质优良、风味独特的特色产品的生产条件，有生产传统、技术成熟和相对集中连片，市场半径和份额较大，连片特困地区很多特色农产品被纳入了规划。其中，武陵山片区有七类产品榜上有名：特色蔬菜类（魔芋、莼菜）、特色水果类（猕猴桃、蜜柚）、特色粮油类（木本油料）、特色饮料类（茶叶）、特色纤维类（苎麻）、道地中药类（天麻）、特色猪禽蜂类（湘西黄牛）等（李民、贾先文，2016）。这是武陵山片区农业发展的重大

机遇。片区应抓住机遇实施区域优势布局，防止区域间无序竞争，协同打造农业地域品牌，开发地理标志产品，实现区域协调发展，达到扶贫攻坚目标。

（一）合理布局区域特色农业基地

为促进本地区发展，连片特困地区各行政区大力推行产业政策，发展优质特色农业，希望通过产业实现扶贫。但各行政区之间产业恶性竞争较为普遍。为了避免"内耗"，连片特困地区应根据资源、气候和土壤条件、传统的习俗及已有的知名度等因素，规划一批区域性特色农产品基地，促进优势产品向优势区域集中，避免区域内结构雷同和恶性竞争。就武陵山片区而言，《武陵山片区区域发展与扶贫攻坚规划（2011—2020年）》是武陵山片区发展区域特色农业的指南。根据这一规划，武陵山片区要建立特色粮食、油茶、茶叶、烤烟、畜产品、中药材和生物医药等基地（李民、贾先文，2016）。这些基地具体到县。当地可根据布局发展这些特色产品，促进区域致富。但是，这样的布局太散、太多，有关部门应该重新规划特色产品布局，进一步浓缩，重点发展一些有优势和潜力的县，每一个县重点发展1~2个产业，促进专业化生产，形成更加合理的布局。

（二）协同打造农业地域品牌

连片特困地区都有各自的规划，对农业布局也进行了规定。但是，这些规定具有"撒胡椒面"的特征，与规划制定前的自然状态没有本质的区别，区域发展和农民增收不会因为制定规划而发生改变。

这些地区减贫的关键是协同合作，打造农业区域品牌或者地理标志产品，实现"创品牌、带产业、富农民"的效果。所谓农业地域品牌是指把农业地域作为品牌的象征，在一个特定的地域的众多农业企业或产品品牌基础上形成的整体性特色农产品的公共品牌形象，它是一个地域型整体品牌形象，支撑它的有众多的企业或品牌，是区域内专业化的产业集群（段超、沈道权，2013）。但连片特困地区特色农业经营的特点是规模小、分散，单家独户经营模式难以规模化，相互合作较为困难，共同培育品牌可能性不大。连片特困地区要实现地域创品牌的目标，就必须在政府引导与规划下，立足特色农业发展现状，打破行政区划的束缚，加强区域协调与合作，突破农户经营模式，大力培育龙头企业或者跨行政区合作社，加强产品推广，创建一个连片特困地区大品牌。

就武陵山片区而言，需加强四省市合作，各省市政府鼓励各县参与合作，争取71个县（市、区）全部加盟，形成跨区域经营企业或农业合作社，共同培育地域品牌——"武陵山牌"。该区域性的农产品品牌应是一个产业集群，是一个专业化和跨行政区划的品牌，包括片区的茶叶、油茶、山野菜、中草药、烟草、魔芋、蚕、柑橘、坚果和肉类等产品。在图4-1中，"武陵山牌"区域性农产品品牌包括11种特色农产品。这些农产品品牌应该为四省市共同拥有，由跨行政区域的企业或合作社经营，农民则是这些企业或合作社的一个组成部分。通过整合资源，打破行政边界，齐心协力，打造区域品牌，将武陵山与"武陵山牌"地域产品联结为一个整体，扩大产品知名度，使产品远销国内外，促进区域发展与农民发家致富。

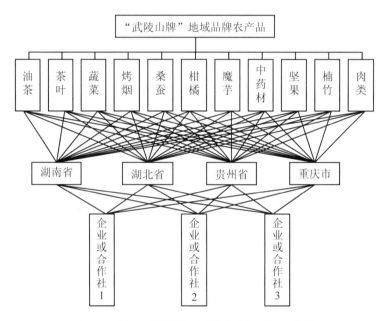

图 4-1　协同打造"武陵山牌"农业地域品牌模型

三、推进一二三产业融合，实施多功能农业发展战略

2015 年 12 月 30 日，《关于推进农村一二三产业融合发展的指导意见》由国务院办公厅颁布，其主要目的是：拓宽农民增收渠道、构建现代农业产业体系、转变农业发展方式、探索中国特色农业现代化道路。连片特困地区要尽快脱贫，防止脱贫后返贫，不能单纯依靠外力扶贫，而是主要依靠内生动力；不能仅仅依靠农业，但又不能脱离自己优势的资源禀赋——农业资源，加强一二三产业的融合，实现多功能农业发展。一二三产业融合是把二三产业引入农业发展中，充分发挥现有特色资源和闲置资源，在发展传统农业基础上，发展农产品精深加工、乡村旅游、

休闲娱乐等新业态、新产业，促进农业多功能发展（欧阳胜，2017）。连片特困地区一二三产业融合要根据实际情况，有效利用独有的资源，引导农业龙头企业、农民合作社、专业大户、家庭农场等新型农业经营主体参与，采用新的模式，拓展农业多种功能。

第一，纵向上延伸农业产业链，延展农业多功能。连片特困地区的农业不能仅仅停留在原始的生产与销售阶段，而应该根据现实条件，延伸农业产业链，形成"种养—加工—储藏—销售"完整的价值链条，推进农业产业向纵深发展，实现多功能农业发展。一是发展农业生产性服务，提供市场化和专业化服务。连片特困地区劳动力素质不高，年轻力壮的劳动力外流，农业生产发展受到了限制，出现了农业薄收，甚至田地荒芜。在政府协调和支持下，连片特困地区可以剥离一些服务，积极发展生产性服务业，提供统防统治、田地托管、代耕代种代收、技术市场化和专业化等服务。二是发展农产品加工，拓展农业产业链。连片特困地区自然资源丰富，绿色特产多，水果、中药材、肉类、茶叶等非常丰富。长期以来，该区域农民主要是直接销售初级产品，附加值低，而且由于信息不通畅，出现产品滞销和产品腐烂，农民损失严重。为此，连片特困地区应发展农产品加工业，提高农业附加值。通过政府补贴，完成农户对农产品初加工；积极推进农产品深加工，支持农村特色加工业发展，打造一村一品、一乡一业，逐步实现农业工业化和信息化，大力打造乡村手工艺品和农村特色产品品牌，促进片区农产品向优势产区和关键物流节点集中。三是发展农产品物流业，实现产供储销有机衔接。连片特困地区受经济条件的制约，物流不发达。因此，连片特困地区应由政府引导，以市场和社会为主，在农产品生产加工地建立批发市场，发展农产品冷链物流体系，促进储运加工布局与市场流通体系的有机衔接；发展销售市场，完善农产品营销体系，减少销售中介，缩短销售链，支持在人口密集的城市和乡镇市场设立鲜活农产品直销网点，推广"农市""农超"和"农企"等多种形式的产销对接，拉直销售"线路"，增加农民收益。在特色农产品较为丰富的发达集镇，可建立农产品集散中心、物流配送中心和展销中心，实现一条龙式服务。

第二，横向上实行产业对接，赋予传统特色农业新功能。《关于推进农村一二三产业融合发展的指导意见》提出，加强推进农业与旅游、教育、文化、健康养老等产业深度融合，对连片特困地区具有重要的指导意义和现实价值。首先，农业与旅游业对接，实现"农旅一体化"。连片特困地区拥有特色水果，不能复制的优质生态环境，农业具有天然的优势，发展旅游业也具有得天独厚的条件。连片特困地区可以推进农业与旅游深度对接，挖掘"农业＋乡村旅游"休闲观光功能，赋予传统特色农业新功能。例如，开设农家乐，建设一批具有自己历史、民族和地域特点的特色旅游村镇和乡村旅游试点；实行在线营销，在连片特困地区中心城市发展区域智慧乡村游，提高新型乡村旅游休闲产品深度发展。其次，农业与文化教育产业对接，实现"农教一体化"。连片特困地区物质文化遗产与非物质文化遗产丰富，也是国家优先重点保护对象。连片特困地区可以合理开发农业文化遗产，加强农村传统文化保护，大力推进农耕文化进校园，在具有革命传统、民族特色和地域特色的文化遗产村落建立学生教育基地、社会实践基地，对公众尤其是学生进行革命传统教育、农业科普教育和农事体验教育；在农业资源丰富、物种多样的地区建立农学院实习基地，对大学生进行专业教育。最后，农业与养老产业对接，实现"农养一体化"。连片特困地区洁净的空气、优美的环境和绿色的农产品是人们特别需要的，也是不可复制的，故此显得非常稀缺。在政府引导和市场运作下，连片特困地区可以发展养老产业，修建养老公寓，租售结合，长短期不限，灵活运作；利用特有资源，生产与销售健康特色产品；允许老人租地从事生产，既能锻炼身体又能体验劳动乐趣。通过这些健康养老服务，在提升老人生活质量的同时，延展连片特困地区农业功能。

四、搭建电商平台，实施"互联网＋"现代农业发展战略

2016 年 5 月 12 日，农业部、国家发展改革委、中央网信办等 8 部门联合印发《"互联网＋"现代农业三年行动实施方案》，提出加强农业与信息技术融合，提高农业信息化水平，有效推进"互联网＋"现代农业发展。对于连片特困地区而言，资金投入欠缺，农村信息基础设施薄弱，农民思想观念闭塞，是否没有必要也没有条件实施"互联网＋"现代农业发展？答案是否定的。"互联网＋"现代农业是农业新型业态，是农业发展的趋势。《"互联网＋"现代农业三年行动实施方案》提出了"因地制宜、循序渐进"。连片特困地区需要根据其现状，增加投入，搭建电商平台，推广运用现代技术，将互联网技术运用到计划、生产、销售、服务各环节，优化、提升农业产业链，发展新型高效的生产方式，提高市场效率，逐步实施"互联网＋"现代农业发展战略。

（一）促进"互联网＋"与农业发展各个环节的融合

"互联网＋"不仅仅涉及农产品销售，也关系到农业生产、供给、销售

与管理等整个流程。连片特困地区农业发展各环节要加强与"互联网＋"结合，搭建平台，实现农产品信息化，以及生产、销售与管理的数据化与在线化。

一是加强"互联网＋"与农业生产、加工融合，实现绿色化生产和个性化服务。连片特困地区农产品的优势在于绿色环保。社会看重农产品质量，希冀能了解农产品的生产，获得更加放心的农产品。由此，连片特困地区需要推进农业生产信息化，搭建信息平台，加强"互联网＋"与农业生产融合应用。例如：加强大数据与物联网建设，加快大数据、空间信息和物联网等现代信息技术与种养业、农产品加工业生产过程的全面深度融合；发挥遥感技术、北斗系统在监测苗情长势、农药化肥使用、病虫灾害、自然灾害、土壤墒情等方面的应用；加大物联网现代信息技术和种养机械设备相结合，有效配置农业生产所需要的机械设备；加快种养过程、农产品加工过程数据化，并录入上传至网络，甚至能同步上传数据，让居民、社会能看到生产的过程，按照农业产业链的顺序，建立农产品原材料、半成品、成品各生产环节的质量追溯系统，提高连片特困地区绿色农产品知名度、认可度；同时，根据社会和个人对连片特困地区特色农产品的需求，实行农产品在线定制，并利用网络实现农产品的生产全过程监控。

二是加强"互联网＋"与农产品流通的融合，实现流通的扁平化。农民增收难是影响连片特困地区脱贫的关键。其中，农产品流通难，尤其是流通的环节过多导致农产品的附加值降低，农民的收入减少。连片特困地区须建设农产品宣传与电子交易平台，推广在线销售，减少销售环节，扩大销售市场；通过互联网实现产需信息公开透明，农业生产者面对广阔的市场，避免信息失真；发挥"互联网＋"在农产品流通中的质量管理作用，依托物联网信息技术，建立农产品识别标志，对连片特困地区生产的农产品进行标签，尤其是特优农产品，建立 DNA 身份鉴定制度、信息代码制度，实现农产品流通的可追溯，保障农产品质量。

(二)促进"互联网＋"与农业生产要素的融合

实现"互联网＋"现代农业，必须促进"互联网＋"与农业生产要素的有机结合，推进农业资源数据化、开放化和共享化。连片特困地区须建立互联网平台，实现"互联网＋"与农业经营主体、土地资源、资金和技术的融合，促进现代农业的发展。

第一，"互联网＋"土地资源。建立大数据平台，将连片特困地区的农村土地网格化、数据化，建立集遥感影像、土地利用、地质环境及地质灾害防治等内容为一体的数据库。一方面有利于对土地的管理，保护连片特困地区的耕地和生态环境；另一方面通过互联网交易促进土地信息公开，减少供需双方信息不畅通，有利于土地流转。同时，通过物联网建立"农场云"，将分散农户的土地数据化，促进土地虚拟流转，实行农地生产云管理，即由大公司或大农场集中经营，而由分散的农户按照大公司或大农场的要求进行生产。

第二，"互联网＋"农业人才资源。现代农业需要现代农业经营人才，人才是实现现代农业的关键因素。农业经营人才首先应该具有物联网思维，掌握信息技术，将农业与互联网结合起来。连片特困地区须建设信息化培训平台，对农业经营人才进行信息化教育，将信息技术与农业结合起来，培养农业信息技术人才。同时，有效利用"互联网＋"进行社会分工，合理配置农业人力资源，将农业经营人才配置到最合适的生产、流通、技术管理岗位，优化人力资源。

第三，"互联网＋"农业金融。资金是连片特困地区农业发展的瓶颈。连片特困地区可以利用互联网创新金融产品。例如，通过互联网，组建资金借贷俱乐部，俱乐部成员之间互相借贷，解决借贷信息不对称问题，调节资金短缺。此外，还可通过众筹融资、供应链金融解决资金问题。"互联网＋"农业金融，不仅仅体现在筹资融资方面，还表现在农产品交易的支付上，如农产品交易中采用第三方支付，促进农产品交易顺利进行。

（三）创造连片特困地区"互联网＋"现代农业条件

第一，培育"互联网＋"现代农业新型经营主体。实现"互联网＋"现代农业，必须培育新型农业经营主体，以家庭承包经营为基础，打造以农业产业化龙头企业、农民合作社、家庭农场、专业大户为骨干及以其他组织形式为补充的新型农业经营体系。对新型经营主体提供移动互联服务、信息化培训，鼓励社会各界力量广泛参与，充分发挥连片特困地区各级农业部门和信息部门的作用，组织开展农民手机等移动终端应用技能培训，提高农民在手机上利用互联网促进生产发展与增收致富的能力和水平。通过学习培训达到：一是培养新型农业经营主体具备"互联网＋"现代农业的经营理念和思维；二是推动新型经营主体与互联网深度融合发展，掌握互联网技术，具备技术应用能力。

第二，为农业大数据发展创造条件。推动传统农业数字化和在线化是"互联网＋"现代农业的核心和关键。与其他区域一样，连片特困地区"互联网＋"现代农业的发展需要实现农业数据化，并实现数据上网，需要统筹连片特困地区各个行政区，共同统计数据资源，共同利用数据资源，实现数据区域共享、部门共享。要实现此目标，连片特困地区需要整合资源，建立跨行政区农业数据中心，组建农业智能模型系统研发应用队伍，建设农业数据智能服务系统，以网格化为依托打造农村服务平台，实施信息进村入户，进行数据录入，为"互联网＋"现代农业打下基础。

第三，夯实"互联网＋"现代农业基础设施建设。连片特困地区受地理位置和观念的影响，信息化水平非常低，基础设施建设难度很大，实施"互联网＋"现代农业受到约束。为此，国家在"十三五"农业农村信息化发展中提出了推动"宽带中国"战略深入农村，利用国家对贫困地区的优惠政策，实现未通宽带行政村实现光纤覆盖，采用移动蜂窝、卫星通信等多种方式实现连片特困地区网络的全覆盖；采取措施实现农田水利基础设施、畜禽水产养殖、农产品加工储运等基础设施信息化；对具备条件的连片特困地区，优先建设智慧农业生产、休闲农业和生鲜农产品冷链物流电子商务等的信息化基础设施，创设"互联网＋"现代农业条件。

第三节 案例分析

湖南省凤凰县廖家桥镇菖蒲塘村距凤凰县城七公里，全村共 619 户，共计 2775 人，是由菖蒲塘村、马王塘村、长坳村、樱桃坳村四个村合并而成的以土家族为主的少数民族聚居村。菖蒲塘村曾经是一个极其贫困的村庄，老百姓称"有女莫嫁菖蒲塘，塘上只长菖蒲草"。从 20 世纪 80 年代起，村民就开始摸索种植果木，但规模和效益都在低位徘徊。经过多年的奋斗，特别是习近平总书记视察菖蒲塘村当地猕猴桃、柚子等特色水果产业，做出了"依靠科技，开拓市场，做大做优水果产业，加快脱贫致富步伐"的重要指示后，该村得到了飞速发展，探索出了一条依靠特色优势农业产品、实施多功能农业发展、推进"互联网＋"现代农业发展的农业产业精准扶贫之路，具备了良性的造血功能。全村彻底实现了脱贫致富，并成为湖南省"新农村建设示范村"和"美丽乡村示范村"。

一、依托新型农业经营主体，发展特色优质"甜蜜"产业

菖蒲塘村经过两次产业结构调整，确定了以特色水果产业作为精准脱贫主导产业，依托新型农业经营主体，利用科技支撑，先行先试，不断摸索，找到了一条增产增收之路，顺利地实现了脱贫致富。

在20世纪80年代，菖蒲塘村以传统种植业为主，是全县的贫困村，房屋破旧，村级及村间道路均为土路，人均纯收入在600元左右徘徊。但是，村民有闯劲，为了摆脱贫困，在全县率先带头发展水果这一"甜蜜"产业。经过几年的不断改进，"甜蜜"产业越做越大，种植面积与农民收入迅速增加。1988年率先引入种植椪柑，1996年率先引进米良1号猕猴桃，2002年，改良椪柑、蜜桔品种，引种官溪蜜柚。2016年以来，菖蒲塘村种植水果面积达3745亩，年产1300万斤，农业生产总值达到了3500万元，农民人均纯收入7000元。水果种植人员的收入达3万元以上。农业发展带动农民生活水平提高和基础设施改善，目前自来水和水泥路入户率达100%，98%的农户实现了电气化，90%的农户建起了小洋楼，在连片特困地区脱贫致富中起到了示范作用。

在发展特色优质水果产业过程中，新型农业经营主体起到了非常重要的作用。2006年，根据本村水果产业发展中存在的问题，村支部发起组建了菖蒲塘猕猴桃专业合作社，社员达到200多人，采取"村支部＋合作社＋基地＋农户"运作模式。合作社实现村支部引领，由村支部书记任合作社社长，村支两委成员、村民小组长、党员组成合作社骨干，建立优质水果培育基地，带领农户共同发展。种植大户也迅速增加，达到30户，是该村重要的经营主体。一些公司也深入该村，与农户对接收购农产品，解决水果的销售困难。

菖蒲塘村注重科技在特色水果发展中的作用。在发展特色优质"甜蜜"产业中，菖蒲塘村积极与科研院所对接，实现科技下乡，改良特色水果产品，解决生产中的技术难题。通过政府和科研机构多方面的支持，以及村民不断学习提高，总结种植经验，菖蒲塘村产生了省级科技示范户2户，州级和县级科技示范户10多户，另外还有中级农技师20多人、初级农技师近50人，肩负着全村水果新品种的引种、试种和推广服务，也为周边村和周边乡村的水果发展提供技术支持和指导。由此，特色水果产品的科技含量明显提高，特色产品更加"特"和"优"，增产增收效果明显，20余大户的特色水果种植收入在10万元以上，一般种植水果农户收入在3万元以上。

二、推进一二三产业融合，实施多功能农业发展

一个地区依托农业产业实现脱贫致富，仅仅依靠生产农业初级产品是不可能的，也是极其不稳定的。实现一二三产业融合，实施农业多功能发展，才是农村致富之本。菖蒲塘村看到了这一本质，通过实现"农

旅"一体化、"农工"一体化和"农服"一体化，促进农民增收。

首先是"农旅"一体化。菖蒲塘村利用交通区位优势和产业发展优势，以特色水果为主题，打造"红心喜柚之福地，休闲观光之菖蒲塘"旅游思路，利用特色水果产业拓展旅游，旅游反过来又延伸了特色水果产业链，提升了水果的知名度。除了以特色水果为依托，菖蒲塘村还充分挖掘本村农旅休闲产业，设计了以"五区一中心"为主体的农旅一体化精品线。"五区"是指果苗基地育苗试种区、特色果品展示区、休闲观光采摘区、飞水谷景区和农产品物流园区，"一中心"是指现代农业科技服务中心。"农旅"一体化战略实现了旅游业与农业的双丰收。仅2015年，该村就有12万人次游客参观和体验，带动了农产品的销售，当年的农副产品额外销售收入超过了80万元，该村由此也获得省级"新农村建设示范村"和省级"美丽乡村示范村"称号，进一步促进了"农旅"一体化发展。

其次是"农服"一体化。菖蒲塘村果农通过这些年的学习与探索，熟练掌握了优质特色水果的栽种、嫁接与培育方法，不断向贵州、重庆、广西、云南、四川、陕西等地提供技术服务，帮助各地种植大户育苗、嫁接、修剪、管理。技术输出已经成为菖蒲塘村重要的收入来源和村民致富的新途径。最有名的是该村的"女子嫁接队"，这支队伍由拥有高超的果木嫁接和培育技艺、吃苦耐劳的妇女组成，成员由16人发展到一百多人，长期服务于附近的黔渝蜀滇各地，通过技术服务每年创收210万元，实现了脱贫致富。同时，"菖蒲塘模式"的嫁接技术也提升了周边各省水果产品质量，带动了各地脱贫致富。

最后是"农加"一体化。菖蒲塘村的发展没有停留在原地，而是不断思考和创新，谋划如何通过延长产业链增加产业附加值。合作社鼓励返乡农民发展加工业，将水果加工成果汁或者果干，扩展其销售深度与广度。当地村民周祖辉抓住了这个时机，2009年返乡创业，两年后创办周生堂生物科技有限公司，直营和加盟店有20多家，年产值1000多万元，将菖蒲塘村自产的蜜柚加工成蜂蜜柚子茶，这种纯天然特色饮品销路畅通，增加了菖蒲塘村的收入。

三、推进"互联网＋"农业发展模式

曾经，菖蒲塘村作为廖家桥镇水果种植面积最大的村，水果产量巨大，但增产而不增收，特色优质水果产业，尤其是主导产品——蜜柚——销售不景气。针对这一问题，村支两委和村民积极开拓，探索有效的销售渠道，利用电子商务，推进"互联网＋"农业发展模式。

菖蒲塘村在政府的支持下，实行电商精准扶贫全网销售菖蒲塘"湘西蜜柚"，知名媒体与电商企业大力支持菖蒲塘"湘西蜜柚"销售活动。该村邀请电商企业入村考察，促进网络营销合作。据湘西土家族苗族自治州政府官网：在实行在线营销策划和宣传后的 10 天内，达成预订销售意向 3000 件，其中发货 843 件，金额 33635 元；完成众筹销售额 45504 元，是市场销售额的 2～3 倍；130 多家媒体同时报道，点击率超过 100 万次，提高了品牌的知名度和美誉度。经过一个月的推广活动，菖蒲塘蜜柚销售量达 60 万斤，销售收入达 300 多万元。

在州县政府努力打造"互联网＋"农业发展模式的同时，村民自己也在探索电子商务销售。村民向黎黎凭借其在大学学习的扎实的电子商务专业知识，2013 年开始做电商，带动全村 50 多位年轻人一起走上电子商务销售之路。为了帮助全村种植户打开蜜柚销路，菖蒲塘村成立了千湘茗坊电子商务服务中心，全面启动蜜柚线上销售。为鼓励更多农民参与电商销售活动，营造电商氛围，电商企业"让利于民"，充分发挥公司的资源优势，扣除成本价，返利给村民，让其尝到电子商务的实惠与价值所在。千湘茗坊电子商务服务中心知名度不断扩大，销售品种与地域范围也日益增加，淘宝店"千湘茗坊"销售范围超出了当初设计的蜜柚，现在销售姜片、猕猴桃、猕猴桃干及其他农产品，不仅销售菖蒲塘村产品，也销售附近村镇农产品，月销售近万笔，曾经一次性就卖出了 10 万斤蜜柚，销售价格也比常规的销售价格高了近三成，成为村民销售农产品的重要渠道。

当然，菖蒲塘村"互联网＋"农业发展模式刚刚起步，就涉入的领域与地域来说，还没有充分发挥电子商务应有的作用。目前仅涉及农产品的销售，是远远不够的，需要向农业生产、管理纵深推进。同时，地域上也要打开局面，不能仅仅局限于本村或邻近村的农产品销售，要开放式发展。

第四节　连片特困地区农业发展的政策建议

为实现连片特困地区农业发展战略，政府必须从立法、规划与协调、新型主体培育与经营设施建设、土地流转等各个方面给予相应的政策支持，破解农业发展的瓶颈。

一、建立健全农业产业立法，为农业生产提供制度保障

发达国家农业产业立法非常健全，无疑对促进农业发展起到了很大

的作用。美国非常重视农业产业立法，从建国之初农业就得到了法律强有力的支持和保障，推动着美国农业迈向新的台阶。如《西北法令》《宅地法》《莫里尔法》《农业调整法》《公法 480》《1973 年农业法》《1985 年农业法》《联邦农业改进与改革法案》《2002 年农业安全及农村投资法》等，对土地的分配与使用、农产品资源配置、生态保护、农产品价格保护、农业技术支持和提高农业竞争力等问题做了详细的规定。美国农业立法的意图在于促进农业可持续发展，确保国民吃上安全、营养和健康的食品，通过农产品出口制约战略对手。日本的农业法律法规也较为健全，如《农业法》《粮食管理法》《农地使用促进法》《关于整备农业振兴地区的法律》等，对农业生产、流通、支持、保护等做出了规定，促进了农业的发展。欧盟各国都有自己的发展农业的法律法规。

近年来，我国不断完善农业法律法规，如《农业法》《种子法》《农产品质量安全法》等，但还有待继续加强，尤其是农业发展中法律法规的执行力较差，往往有法不依、执法不严，侵农害农现象严重。按照全面依法治国要求，针对连片特困地区的农业发展实际，当前我国亟须建立健全法律法规体系，切实维护和保障连片特困地区农业生产经营利益，从法律法规层面促进连片特困地区的农业发展。

首先，完善全国性的普遍适用的法律法规。颁布涉及农业生产、加工、销售、支持和保护等各方面的全国适用的农业法律法规，让全国人民都能够吃上健康、营养、安全的食品，促进农业可持续发展。

其次，建立健全跨界农业综合联动执法体系。由于存在跨界行政壁垒，各行政区各行其是，农业执法"屏障效应"明显。目前从国家农业部到省农业厅到市县都没有成立专门的联合执法机构。故此，我国应在诸如连片特困地区建立区域协同执法机构，在精简、统一、效能，避免机构重叠、职能交叉、人浮于事的基础上，建立健全上下联动、贯通一致、区域协同的农业综合执法体系，并加强执法力度，依法跨界联合打击制售假劣农资、坑农害农行为，保护农民的合法权益，实行农业综合执法。

最后，颁布连片特困地区的农业发展法律法规。针对连片特困地区的农业发展的困境，颁布专门的法律法规，扶持农业发展，促进连片特困地区基础设施建设、开展防灾减灾、发展科技服务、建设农村市场流通体系、培育有竞争力的市场主体、对农村劳动力进行培训及维护农民利益和保护生态环境等，进而促进连片特困地区的农业可持续发展。

二、规划与协调农业，促进区域农业协同发展

连片特困地区的农业大多处在传统粗放发展阶段，农业同质与无序

竞争严重，需要进行规划。但规划时也存在很多问题。比如连片特困地区一般跨多个省市，行政壁垒严重，区域农业发展协调困难，需要成立一个农业发展规划与协调委员会，片区各个省市的主要领导参与，有一套成文的协调机制，定时磋商农业发展问题，以统筹片区的农业发展。在这方面我们可以借鉴美国的农业规划委员会的做法，协同利用资源。美国根据气候、土壤、降水量、市场区位和销售条件，将全国划分为10个农业作物区。东部主要生产牛肉、水果、蔬菜、花生；北部和西部平原是小麦的主要产地；爱荷华地区是玉米的主要产地；密西西比三角洲主要生产大豆和棉花；山区各州大部分地区都饲养牛羊；太平洋地区生产马铃薯、水果、蔬菜和发展养殖业。在进行合理区域分工基础上，美国将农场分为商品粮农场、蔬菜农场、饲料作物农场、棉花农场、烟草农场、水果和坚果农场、奶牛场、畜牧场、家禽和养鸡场及一般农场十大类。

连片特困地区农业发展规划虽然不是全国性的，但是每一个连片特困地区跨度都较大，涉及的人口、面积、地形地貌存在差异，跨省市的农业发展规划与协调委员会规划可促进农业协调发展。

首先是农业自然资源的合作利用与保护。连片特困地区应坚持各行政区域协调发展，以节约为根本，以农业资源开发利用与保护并举为方针，大力提高资源利用效率；根据区域农业自然资源的特点和资源禀赋优势，对农业、林业、畜牧业资源进行合理配置，明确各自的发展方向，利用各自优势，形成自己最具特色的产业，防止产业趋同和无序竞争。

其次是规划设计生产结构体系。根据区域农业经济条件和生态环境条件，规划和设计具有不同特征可持续发展的农业生态系统的生产结构体系。统筹兼顾经济和生态效益，根据资源现状和经济指标，设计农业区域性开发规划，建立有特色的农业生态经济系统；在小范围内，建立良性农田生态系统，调整种植业、养殖业结构。

再次是协同保护农业生态环境。连片特困地区原生态是农业发展的优势，也是农业可持续发展的关键。一是在不断提高农业经济效益前提下，根据农业生产特点和农业生态系统实际，强化农业生产管理。二是摆正发展与生态建设的关系。在资源有效利用与保护中，坚持"治中求用，用中求治"方针。三是对自然灾害造成的农业自然资源损害，应建立政府主导的农业风险防范机制，通过工程和非工程措施提高防灾减灾能力。四是完善农业生态环境保护法律法规，加强法律法规宣传，增强农业生态环境保护执法力度，特别是加强各级领导干部环境保护意识和农村居民可持续发展意识，促进连片特困地区农业可持续发展。

最后是建立区域农业生态经济系统的环境体系。以水土保持林体系、水源涵养林体系和防护林体系为重点，建立区域农业生态经济系统的环境体系。凡宜林地域都应植树造林，注意发挥林业的多种效能。一是认真实施生态环境建设重点县工程、天然林保护工程、绿色扶贫工程、长防工程和长治工程，落实封山育林、封山绿化，减少水土流失，促进农业生态环境改善。二是完善退耕还林政策，延长退耕还林补贴期限，固化已取得的退耕还林成效。将退耕还林工程与生态农业建设有机结合，改善农业生态环境，实现农业可持续发展。

三、加强新型农业经营主体培育与经营设施建设，发展高效优质农业

2017 年 5 月 31 日，中共中央办公厅、国务院办公厅印发了《关于加快构建政策体系培育新型农业经营主体的意见》，大力扶持新型农业经营主体发展。针对目前连片特困地区经营主体存在的农民科技文化素质偏低、精壮劳动力过度转移、农民组织化程度低、农业产业化龙头企业发展不够成熟以及带动和辐射能力不强问题，连片特困地区亟待培育新型农业经营主体，促进高效优质农业发展。鼓励连片特困地区有知识、懂经营的青年劳动力回流，吸纳社会优秀人才，培育专业大户、家庭农场、专业合作社、农业产业化龙头企业等新型农业经营主体，发展多种形式的农业规模经营和社会化服务，提高农业生产效率。充分运用新型农业经营主体的优势，挖掘连片特困地区资源禀赋，促进特色资源、优质农业资源的开发，发展特色农业。鼓励农民开展多种形式的合作，发挥新型农业经营主体对普通农户的辐射带动作用，带动普通农户连片种植、规模饲养，通过提供技术指导、专业服务和生产托管等全程化服务模式，提升农业服务规模水平，实行标准化生产，提高农产品质量。

在培育新型农业经营主体的同时，连片特困地区根据农业经营条件现状，需要大力发展农业经营设施。首先，继续推进道路交通建设。"十二五"时期，连片特困地区道路交通建设取得了较大的发展，加大了国省干线公路建设投资，高等级公路增长速度快，路网结构进一步优化，县城对外通道建设不断加快，乡镇、建制村通达通畅水平显著提升，农村客运基础设施建设有力推进。但道路交通仍然不能满足农业发展需要，需要加大投资，加快高等级公路建设，解决乡镇、建制村公路通达通畅问题和部分"断头路"问题，在 14 个连片特困地区所有的乡镇建设客运站。其次，完善农田水利基础设施。连片特困地区公共服务欠账严重，

须加快完善水、电、路、通信等基础设施建设。搞好水利建设，加固水库和防洪工程，加强河道疏通，增强抗洪抗旱能力，提高抗灾防灾能力，改变靠天吃饭的局面。最后，建立健全乡镇农机站、农技站、水利站、林业站、水产站、畜牧兽医站、气象服务站及经济管理站，强化技术推广、良种供应、气象信息、病虫害防治、动物病防治及科学化管理服务。通过改进农业经营设施，促进高效优质农业发展。

四、创新土地流转机制，破解农业发展瓶颈

实现农业现代化、规模化和产业化及农业可持续健康发展，农村土地流转是前提和关键。目前土地流转渠道不畅、宏观政策不完善、农民社会保障制度缺乏，流转市场滞后、交易组织少、交易成本高，阻碍了农业规模化、现代化发展。创新农地流转机制，是破解农业发展的土地瓶颈的关键。

一是建立健全土地流转中介组织，建立土地流转交易平台，完善土地流转信息网络，发挥市场导向作用，实行自主服务、自负盈亏运行模式，解决土地流转中的供需信息不通的问题。二是加强政府引导，在县级政府建立土地流转管理办公室或者土地流转管理中心，对土地的流转进行背书，由政府发放土地租用证，保护租赁方和承租方的利益。同时，土地流转管理办公室或者土地流转管理中心负责处理土地流转中的问题，促进土地流转顺利进行。三是完善和创新土地流转程序，规范土地流转原则、监督、形式、条件和法律责任，将土地流转纳入规范化轨道，加强土地流转监管体系建设，建立健全土地流转纠纷仲裁机构，强化耕地保护，依法查处巧立名目改变土地用途或违背农民意愿强制流转的坑农行为，引导农地流向优质高效农业项目。四是建立和实施土地流转登记备案制度，建立和实施土地流转合同管理制度，加强对土地流转行为及收益的审计，确保流转主体和行为符合有关法律和政策规定，切实维护承包人和集体经济组织的合法权益。

五、建立农村电商服务体系，提高产供销服务水平

继国务院办公厅颁布《关于促进农村电子商务加快发展的指导意见》后，2016年商务部印发了《农村电子商务服务规范（试行）》和《农村电子商务工作指引（试行）》，就县级人民政府建设农村电子商务公共服务体系提出了六个方面的具体建议。结合商务部的通知，根据实际，连片特困地区需要重点从以下四个方面建立农村电商服务体系，以提高产供销服

务水平。一是建立县级农村电子商务公共服务中心。破除连片特困地区地形复杂、文化与思想观念落后、经济条件差的阻碍，采用政府购买或者 BOT（建设—经营—转让）等多种途径完善各类设施，建立农村电子商务公共服务中心，服务政府、企业及农民。二是建立农村电子商务培训体系。连片特困地区农民受教育程度低，懂电子商务的人少，缺乏会运用、能操作的电子商务队伍，故此，政府应给予经费支持，完善培训制度，加强与本地的学校和研究所合作，配备办公场地、培训场地和实训机房，组建培训工作团队和讲师团队，建立覆盖对象广泛、管理运作规范、培训形式多样和保障措施健全的培训体系，确保农民得到培训，具备电子商务运用能力。三是建立电子商务物流体系。针对很多农村还是快递物流的盲区，连片特困地区应整合当地邮政、各大快递物流公司，建设县乡村三级电子商务物流体系，建立农村物流仓储中心、农村物流信息管理平台、农村物流运输体系，促进物流配送与物流整合，提高物流效率。四是建立农产品电子商务营销服务体系。鼓励连片特困地区当地的网商、农业和旅游企业参与营销体系建设，运用手机 App、微信、微博、农产品垂直营销平台等电子商务营销手段，提高农产品的产业化、组织化程度，促进农业增效、农民增收，实现连片特困地区脱贫致富的目标。

第五章　连片特困地区工业发展战略选择

工业强则地区富，工业发展是连片特困地区产业扶贫战略主战场。在《全国主体功能区规划》里，连片特困地区总体上处于限制开发区和禁止开发区。这些地方在生态保护的基础上，在规划的重点开发区域里，充分发挥区域优势，坚守绿色发展理念，适度发展绿色工业。以武陵山片区为例，按照《全国主体功能区规划》，武陵山片区整体为限制开发区，应注重保护生物多样性和水土保持，以发挥生态功能。该片区依据整体保护、点状发展的原则，又分为三个区：生态保护区、农业生态区、重点发展区。重点发展区主要发展工业和城镇化，着力提高综合承载能力。

第一节　连片特困地区工业发展基础

目前，国家连片扶贫战略所覆盖的连片特困地区大都是同一山脉的连绵地区，具有相似的自然条件。就武陵山片区而言，武陵山片区横跨湘鄂渝黔，雨热同季，山清水秀，地阔天舒，可以说是山同脉，水同源，树同种，工业发展的优势、劣势十分接近。

一、连片特困地区工业发展优势

（一）生产原材料丰富

连片特困地区往往工业经济不发达，人类对自然的影响相对较小，加之水热充足，因此森林覆盖率高，生物资源丰富。湿热的气候、高耸的山地、茂盛的森林与优质的生态环境为名贵中药材提供了良好的生长条件，为这些地方的加工制造业提供了良好的原材料。例如，武陵山片区分布高等植物 400 多种，国家收购的中药材 300 多种，其中茯苓、杜仲、天麻、朱砂、玄参、木瓜、银杏、黄连、厚朴、罗汉果等中药材产量颇丰。盛产木、竹、水果、蔬菜，包括猕猴桃、板栗、茶叶、柑橘、楠竹、核桃、烟草等。

连绵的武陵山脉底下，蕴藏着极为丰富的矿产资源，为矿产资源产业发展奠定了良好的基础。武陵山片区目前已探明矿种 80 种以上，其中，硒、汞、铜、铅锌、锰、重晶石、磷、煤、铁、钾、铝、硅石等矿产资源较丰富,在全国占有重要地位。湘西花垣、铜仁松涛、黔江秀山的锰矿储量分别达到 3112 万吨、5586 万吨、2400 万吨,是我国著名的"锰矿金三角";湘鄂磷矿探明储量 11.77 亿吨,是我国乃至亚洲最大磷矿;铜仁汞矿储量 3 万吨,排全国第二。此外,花垣的铅锌、萤石、重晶石、大理石、煤等矿物储量也非常丰富。

(二)生产要素成本低廉

武陵山片区丰富、独特的自然资源,为该地区的工业发展提供了价格低廉的原材料。从工业成本的其他方面看,连片特困地区的土地、人力、能源(水能理论储藏量大)等方面的成本也较低,同时,由于国家实施的西部大开发战略,这些地区的交通状况得到了很大改善,工业经济的交通成本也大大降低。

武陵山片区包括四省市交界的 71 个县(市、区),国土面积为 17.18 万平方公里,国土资源丰富。这些地区大都是工业欠发达地区,土地的工业利用远没有达到饱和状态。当地政府为招商引资,发展经济,制定了优惠的招商政策,其中较低的土地价格就是重要措施之一,因此,武陵山片区工业发展的土地成本是比较低的。

《武陵山片区区域发展与扶贫攻坚规划(2011—2020 年)》于 2010 年年末开始实施,区内四省市的 71 县(市、区)总人口为 3645 万人。境内人力资源具有如下特点:一是多种少数民族聚居。境内有土家族、回族、苗族、白族、侗族和仡佬族等 9 个世居少数民族,尤其是湘鄂渝黔连片特困地区,在 1200 余万人口中,少数民族占 80% 以上。二是农村人口较多。武陵山片区 2010 年 3645 万人口总量中,城镇人口 853 万人,农村人口 2792 万人,农村人口占 76.6%,同时,随着退耕还林、退牧还草政策的实施,还会出现更多的农村闲散劳动力。三是人均年收入不高。2010 年,片区农民人均纯收入 3499 元,只占当年全国平均水平的 59%。上述三点决定了连片特困地区工业发展的人力成本必然是比较低廉的。据统计,西部地区劳动力优势依然明显,人均工资成本约为发达地区的 70%。

连片特困地区工业发展的人力资源优势,还体现在这些地区拥有一大批具有特殊技能的人才。在连片特困地区特定的历史文化环境、自然生态环境、资源开发与市场消费环境之中,形成和继承了一些传统产品,如民间小五金、藤器、工艺美术品、家具、文房四宝等。这些产品中有些是很特殊的商品,生产工艺相当复杂,加工工艺很难用机械取代,甚至没有统一的工艺规程和质量标准,它们的生产完全依赖于代代相传的祖传工艺，是我国民族文化的瑰宝。

连片特困地区工业发展的成本优势还体现在能源方面。这些地区蕴藏着丰富的煤炭资源，水电产业成本低。例如，武陵山片区山势较高，河流较多，落差很大，水能资源十分丰富，理论储藏量达 1400 万千瓦以上。其中，黔江地区流域面积大于 50 平方公里的河流有 93 条，河流总长 2741.7 公里，水能理论储藏量 205.56 万千瓦；湘西土家族苗族自治州有 5 公里以上河流 445 条，水能理论储藏量 168 万千瓦。由于境内河流大多绕山而行，下蚀力强，形成深邃的峡谷、嶂谷，为筑坝建站、开发水能提供了极为有利的客观条件。

此外，人们常以为，连片特困地区工业发展的交通成本肯定很高，其实，得益于交通扶贫工作的大力推进，这些地区的交通状况已得到很大的改善。2012—2015 年，全国 14 个连片特困地区完成公路水路交通固定资产投资 15329.4 亿元，年均增长 9.5%。公路基础设施特别是高等级公路发展速度持续高于全国平均水平，等外公路提级改造成效显著；国省干线路网技术状况明显提升，路网结构进一步优化，县城对外通道建设不断加快；农村公路等级路比重、沥青（水泥）混凝土路面铺装率持续提升；乡镇、建制村通达通畅水平显著提升，农村出行条件显著改善。以湖南省武陵山片区为例，沪昆高铁湖南段建成通车，怀邵衡铁路、黔张常铁路、武冈机场开工建设，怀通、张花、吉茶、吉怀、新溆等高速公路相继建成，累计建设农村公路 3800 多公里，通沥青、水泥路的行政村比重达到了 96.5%。交通条件的改善为这些地区的经济发展提供了便利条件。

（三）产品潜在市场广阔

国家之所以对连片特困地区实施连片扶贫开发战略，原因之一在于它们基本具有相同的自然条件，虽然被人为地区分为不同的行政领域，但实际上是统一的区域整体，甚至两省交界处的人们彼此认同感很强（例如，一河相隔的湘黔两地两个边城每年都聚会）。武陵山片区地质构造同属于大西南典型的喀斯特地区，气候同属于亚热带季风气候。境内多种少数民族聚居，拥有独特的历史文化，属于华夏大地最具特色的武陵文化区，形成了特色鲜明的民俗风情、服饰饮食、礼仪宗教、民居建筑、文学艺术等文化，更是形成了一致的潜在市场。

连片特困地区基本上属于西部大开发地区，这些地区拥有巨大的市场潜力。有数据表明，西部地区全社会消费品零售总额由 2000 年的 5954.3 亿元上升至 2009 年的 22882.1 亿元，增长了 284.30%，翻了近两番；全国该项指标由 2000 年的 39105.7 亿元上升至 2009 年的 132678.4 亿元，增长了 239.28%，低于西部 45.02 个百分点；发达地区该项指标由 2000 年的 20257.2 亿元上升至 2009 年的 76871.1 亿元，增长了 279.48%，低于西部 4.82 个百分点。西部地区社会消费品零售总额占全国比重较小，但总体呈上升的趋势，由 2000 年的 15.23% 上升至 2009 年的 17.25%，上升了 2.02 个百分点；发达地区所占比重巨大，并在 2000 年至 2007 年逐步上升，但从 2008 年开始出现下降趋势（方行明等，2011）。

西部地区居民储蓄存款余额由 2000 年的 11344.63 亿元逐年上升至 2009 年的 46929.3 亿元，增长了 313.67%；全国居民储蓄存款余额由 2000 年的 64332.4 亿元上升至 2009 年的 260711.7 亿元，增长了 305.26%，低于西部 8.41 个百分点。西部居民储蓄存款余额占全国比重较小，但略有上升，由 2000 年的 17.63% 上升至 2009 年的 18.0%，上升了 0.37 个百分点。从贫困地区的社会消费品零售总额和居民储蓄存款余额来看，这些地区的潜在消费市场非常广阔。

二、连片特困地区工业发展制约因素

虽然连片特困地区在工业发展的生产要素、潜在市场这两端具有一定的优势，但其劣势更是比较明显的，主要体现在工业生产这一中间环节，具体体现为工业发展基础较差、工业发展支撑力较弱、人力资源素质较低等多个方面。

（一）工业发展基础较差

就武陵山片区而言，工业发展基础较差主要体现在以下几个方面。

一是在产业结构中，工业占比偏低。总的来看，扶贫战略实施以后，武陵山片区的经济得到了很大发展。在连片特困地区扶贫攻坚规划实施前的 2001 年到 2010 年，片区地区生产总值增长了 3.57 倍，一二三产业结构比例也由 35∶30∶35 调整为 22∶37∶41。在连片特困地区扶贫攻坚战略实施五年后，湖南省武陵山片区 43 个县市区，地区生产总值年均增长 10.9%，高于全省平均水平 0.4 个百分点，2015 年，一二三产业结构比例达到 17∶39∶44（湖南省当年为 9∶41∶50）。贵州省武陵山片区 16 个县市区 2015 年一二三产业结构比例为 27.6∶27.4∶45（贵州省当年为 15.6∶39.5∶44.9）。虽然工业占比增长较快，但是，工业占比还是偏低，产业结构不够优化。工业发展的滞后，必然影响第三产业的发展。因为第三产业只有在工业发展到一定程度，对第三产业产生巨大需求时才能发展起来，并且，也只有在工业得到充分发展，人们具有较高的工资水平和消费能力时，才能对相关的服务业产生实际需求。

二是在工业布局中，城乡二元经济结构明显。所谓城乡二元经济结构一般指城市经济与农村经济并存的经济结构，城市经济以社会化生产为主要特点，农村经济以小农生产为主要特点。在连片特困地区的很多地区，传统的农牧经济长期处于绝对的统治地位，传统的手工业规模非常小，商业也不活跃。直到今天，连片特困地区的许多地方仍处于前工业化时期，甚至有些地方还处于以传统的农牧业为主导地位的状态。农民在农村集市上卖出自己生产的农副产品，换回外地生产的工业品。本地总量不大的工业经济集中在境内地级市政府所在地几个点，其他地区甚至是县政府所在地工业都很不发达，城乡二元经济结构的特征非常明显。

三是在工业体系中，产业分工水平低，产业关联度不高。在目前的工业体系中，各个企业只是价值链中的孤立的点，没有形成价值链。这些工业的发展，对当地人们的生活没有多少影响。本地生产的少量工业品，需要运销到中部和发达地区去寻找市场，卖出的价格很低；而本地的工业根本满足不了当地人们的生活需要，需从中部和发达地区买回工业品，甚至从外部购买水果、蔬菜、大米等农副产品。正因为工业产业的关联度低，这些地区类似于自给性的生产活动被隔离成一个个不相联系（或联系很少）的生产单元，这样的生产活动不具备自发积聚形成极化区（以城镇为标志）的内在动因，因此，那些便于分工和交换的设施和制度并没有在这样的地区广泛发展起来。

四是在市场体系中，市场主体的竞争力弱。低水平的分工和专业化限制了连片特困地区生产关系的发展和变革，阻碍着经济组织的进化，缺少有竞争力的市场主体。这些地区工业化发展不平衡，工业的内部结构不优化，传统产业比重高，国有经济比重低，工业发展的基础条件差。特别是，处于主导地位的产业、行业和产品没有形成，成长性差，效益不好；彼此之间关联度小，没有形成产业链；初级加工产品和资源产品占主要地位，呈现技术含量、附加值、消费弹性皆低的特点。

（二）工业发展支撑力较弱

连片特困地区不仅工业基础差，未来的发展也明显受到一些因素的制约。

一是传统自然资源优势逐渐弱化。连片特困地区的工业经济在扶贫开发战略中有了较大的发展，但主要是利用当地优势资源粗加工制造产品，产品结构层次低。随着知识经济的到来，发达地区由于新技术大规模的使用，出现了很多知识密集型的企业，它们对自然资源的依赖大大降低，例如，用强化塑料管代替镀锌水管，用新能源代替煤和石油，等等。这使得连片特困地区用自然资源生产的初级产品价格下跌，使拥有丰富自然资源的连片特困地区的优势降低。

二是技术支撑有待提高。连片特困地区很多地区基本上还是自然经济，技术性最强的还是代代相传的民间工艺。工业发展比较好的地区的企业，大多具有显著的劳动力密集的特征，并且普遍缺乏技术创新能力，产业技术提升乏力。这些地区的研究开发费用、研发人员数量、专利授权数量的增长不仅远低于全国水平，并且从基数上看，发达地区远远大于西部，且其差距有不断拉大趋势。

三是金融支撑有待加强。银行存贷款规模决定着用于生产活动的资金形成能力，因而也决定着一定时期的工业发展规模。从增长上看，连片特困地区金融机构贷款余额总体上呈逐年上升趋势，但低于全国平均水平；从基数上看，连片特困地区金融机构贷款余额占全国的比重很小，且呈波动下降趋势，与发达地区的差距不断拉大。同时，连片特困地区在资金吸引上也存在困难。

四是基础建设有较大发展，但仍需要加大建设力度。首先，交通网络有待进一步完善。虽然穿越武陵山片区的铁路、国道线、高速公路条数不少，但毕竟那是主干道，还有很大区域没有通公路，或者公路没有硬化，并且片区地貌山高沟深，交通建设困难较大。其次，医疗卫生条件差，设备档次、技术水平和医护人员素质相对较低，设立标准化卫生院的乡镇占比少。再次，部分地区的饮水问题还没有解决，有些地区常年缺水，水利设施不足和退化。最后，电力供给不足。尽管部分地区发电条件良好，兴建了一些水电站，但由于电网问题，尤其是农村电网老化，覆盖面窄，导致有些地方经常停电。薄弱的基础条件，影响了人们的思想观念和招商引资，影响了本地区的工业发展。

（三）人力资源素质较低

连片特困地区工业发展虽然在人力资源上拥有数量充裕、价格低廉方面的优势，但是在质量上还是存在许多劣势。

一是对外联系少，思想开放程度低。武陵山片区的核心地区历来为少数民族聚居区，在新中国成立前属于同一行政管辖，区内联系较为密切，与周边汉族联系较少。新中国成立后，这一区域归属四个省市管辖，但与这四个省级经济中心的联系仍然较少。改革开放以后，这些地区的对外开放程度仍很低。

二是受教育程度低，劳动力素质较差。武陵山片区虽然劳动力数量多，但劳动力受教育水平低，文化素质较差，科技人才奇缺。2015年，湖南省武陵山片区适龄儿童入学率达到100%，九年义务教育巩固率达99%，贵州省武陵山片区儿童入学率达到99%，九年义务教育巩固率达85%，可见还是有相当一部分的适龄儿童不能完成义务教育，农村教育条件有待改善。连片特困地区的地级市缺少高水平大学，一个地级市一般只有一所二本高校，甚至连一所完整的本科院校都没有。例如，张家界市只有吉首大学的独立学院，黔江区只有重庆旅游职业学院一所专科学校。

三是人才布局不合理，教育与经济联系不紧密。连片特困地区人才本来就少，且大多去往省会城市，以及中央部属企业。人才的待遇不高，人才流失严重。这些地区的教育不发达，高等院校缺少为地方服务的理念和行为，学科门类结构与地区经济社会发展所需人才不匹配，无法满足这些地区工业企业发展的用人需求。

四是高素质人才引不进，留不住。高素质、高技能人才是工业发展不可缺少的重要因素。在工业发展中，企业是技术和管理创新的主体，创新必须依靠高素质、有创新精神的人才。对于连片特困地区来说，既不能通过本土培养足量的人才，又由于处于偏远的西部，不能吸引外部优秀人才，导致高素质人才引不进，留不住。

三、连片特困地区工业发展机遇

（一）国家实施区域发展总体战略的机遇

国家长江经济带、西部大开发等推动区域协调发展重大战略的大力实施，为有效促进连片特困地区区域发展后发赶超提供了机会。长江经济带战略是在经济新常态下引领中国区域协调发展、推动发展向中高端水平迈进的重大战略举措，既有利于打破行政分割和市场壁垒，优化经济结构，打造新的经济支撑带和具有全球影响力的开放合作平台，又能促进经济发展由东向西梯度推进，缩小东中西部发展差距，推进贫困地区脱贫致富。武陵山片区位于长江经济带中部，在长江经济带建设中拥有承东接西、连南接北的区位优势，武陵山片区必须抓住此次机遇，全面融入长江经济带建设，并且，武陵山片区只有融入长江经济带体系才能获得快速发展。

长江经济带战略为武陵山片区创造了区域协作发展新空间。长江水道是我国国土空间开发最重要的东西轴线，长江经济带覆盖全国 11 个省市，面积占全国的 21%，人口和经济总量均超过 40%。长江经济带战略根据"生态优先、流域互动、集约发展"的思路，在占 1/5 强的国土面积上打破行政分割和市场壁垒，推动经济要素有序自由流动、资源高效配置、市场统一融合，促进整个长江流域经济协调发展。随着"一盘棋"思想的贯彻、统筹协同的加强、体制机制的理顺，长江经济带将形成"一轴""两翼""三极""多点"的整体发展格局。武陵山片区是长江流域的重要腹地，长江经济带战略的实施，使该地区得以立足本地、放眼长江流域，在更广阔的空间谋求协同发展。

长江经济带战略为武陵山片区带来了工业创新发展新机遇。长江经济带战略以长江为主轴线，向南北两侧腹地延伸拓展，横贯全国地理版图三大阶梯，跨越全国经济版图的东中西部。在这广阔的地理空间里，既有科技发达、产业优质的东部发达地区，又有贫穷落后的西部欠发达地区。长江经济带战略的实施，既要积极发挥上海等长江三角洲地区的引领作用，增强自主创新能力，促进对外开放；又要推进传统产业整合升级，引导产业由东向西梯度有序转移，打造新的区域增长极。这一产业布局优化进程，为武陵山片区借力东部，大力发展绿色工业，带来了许多新的机遇。

十多年的西部大开发取得了突出成绩，新一轮的西部大开发拉开了序幕。2015 年，西部大开发进入第 15 个年头。15 年来，西部地区经济社会等各项建设事业取得了很大的成就：特色优势产业快速发展，综合经济实力显著增强，基础设施建设获得突破性发展，生态建设和环境保护也取得了很好的成绩。未来的西部大开发，将会更加注重发展的质量和效益，以实现到 2020 年综合经济实力、人民生活水平和质量、生态环境保护更上一个大台阶的总体目标。未来的西部大开发，将会更加注重经济结构战略性调整，既强调一定的发展速度，更强调在"好"上做文章，坚持把后发赶超与加快转型有机结合起来，走出一条具有中国特色、西部特点的新路子；在开发方式上，更加注重充分发挥区域比较优势，坚持走新型工业化道路，大力提升产业层次和核心竞争力。新一轮的西部大开发为连片特困地区提供了新的发展机遇，连片特困地区要抓住这一战略机遇，以更加积极主动的态度实施开放战略，不断拓展新的开放领域和空间。

（二）国家全面实施脱贫攻坚战略的机遇

改革开放以来，我国的扶贫事业取得了举世瞩目的巨大成就，扶贫开发进入了一个新的阶段。新阶段的扶贫攻坚任务仍然十分艰巨，扶贫对象规模依然很大。由于地处国家经济发展的边缘，以及历史、自然、民族等多方面因素的共同作用，连片特困地区的发展靠现有的一些经济增长方式已无法带动，常规的扶贫手段也难以奏效，所以，集中连片扶贫成为新时期扶贫工作的重大战略。2011 年年底，国家发布《中国农村扶贫开发纲要（2011—2020 年）》，明确提出将集中连片特殊困难地区作为扶贫攻坚的主战场。

党中央、国务院对新阶段扶贫开发工作高度重视。党的十八大以来，习近平总书记多次对扶贫开发做出重要指示，十八届五中全会亦对精准扶贫提出了更高要求和期望，扶贫开发已上升为新时期国家战略。2015 年 11 月 29 日，中共中央、国务院颁布《中共中央 国务院关于打赢脱贫攻坚战的决定》，要举全党全社会之力，坚决打赢脱贫攻坚战。《中华人民共和国国民经济和社会发展第十三个五年规划纲要》指出，采取超常规措施，加大扶贫攻坚力度，坚决打赢脱贫攻坚战。为此，国家将进一步提高中央财政专项扶贫资金、中央基建投资用于扶贫开发的资金等的增长幅度，中央财政一般性转移支付、各类涉及民生的专项转移支付进一步向贫困地区倾斜，有助于片区补齐脱贫攻坚短板，有力推动片区贫困人口脱贫致富。

新一轮扶贫开发是扶贫攻坚的决胜阶段，从现在的情况看，确实动员了全社会的力量，利用了各方面的扶贫资源，同时，加大了片区各省之间、辖区各部门之间的协调统筹力度，以形成攻坚克难的强大合力，从根本上改变这些地区的面貌。这一战略也必将为连片特困地区的工业发展带来前所未有的机遇。

（三）承接发达地区产业转移的机遇

历史表明，承接经济发达地区的产业转移是经济落后地区发展的极佳机遇。20 世纪 90 年代以来，随着原材料价格上涨，能源紧张，劳动力价格上升，土地价格攀升，市场相对饱和，生产能力过剩，东部地区一些高能耗、吃原料、占地多、劳动密集型的产业纷纷向西部地区转移。对于连片特困地区的发展来说，这是一个很好的机遇。

更广泛地说，经济全球化、世界产业转移和国际分工的深化调整，为连片特困地区参与国际国内经济、技术合作带来新机遇，特别是"外资西进、内资西移"的大趋势为西部连片特困地区发挥后发优势，抢占特色产业和优势产业高地，更深入、更广泛地参与国际分工合作，在更大的空间范围谋求地区发展创造了机遇。

同时，随着全球经济格局深刻调整和结构重大变化，国内的经济发展方式也在进行深刻的调整，过去主要依靠投资、出口拉动，现在国内消费变得越来越重要；过去主要以第二产业发展为动力，现在主要以三次产业协同发展为动力；过去主要以资源消耗为方向，现在更加重视依靠科技进步、劳动者素质提高、管理创新增进发展。连片特困地区市场潜力巨大、资源丰富、产业基础不断完善，也为承接产业转移创造了条件。

第二节 连片特困地区工业发展的主体战略

连片特困地区有着各自的资源禀赋和不足，发展工业应合理利用优势，规避缺陷，走出一条符合自身情况的工业发展之路。武陵山片区在工业发展上拥有原材料丰富、市场广阔这"两头"优势，在工业生产这一"中间"环节存在劣势。武陵山片区要根据《武陵山片区区域发展与扶贫攻坚规划(2011—2020 年)》，寻求自身优势与环境机遇的最佳匹配。具体来说，从发展模式上看，要坚持绿色工业发展战略；从产业选择上看，要选择具有特色的产业；从市场主体上看，当然要培育龙头企业，但更多的是要培育中小微型企业；从发展方式上看，要遵循循环经济发展方式。

一、绿色工业产业发展战略

(一)绿色发展是连片特困地区工业发展的必然要求

绿色工业是在平衡工业化发展进程和资源、环境的关系时提出的一个概念，是在经济、环境、能源、社会全方位的既定投入下，生产运营过程最高效，各方面收益最大化，既不会造成物质能源及劳动力的过度消耗，又不会污染环境及危害社会稳定的工业发展模式(马广志，2010)。简言之，绿色工业就是指资源节约型、环境友好型的工业，包括两个含义：第一，企业在生产过程中做到节能环境友好；第二，生产出节能环保型产品。

传统工业的高速发展是把双刃剑，给经济发展带来巨大贡献的同时，资源消耗巨大，环境污染严重，成为一个重大的社会问题。一是产品生产制造了大量的垃圾，例如，笔记本电脑生产过程中产生的各种废料大约是笔记本重量的 4000 倍。二是产品使用难免排放废物，众所周知的汽车尾气，已成为大气污染的一大公害。三是产品弃置带来了严重的环境污染。1907 年，人类历史上人工塑料制品和一次性杯子产生，从此，各种一次性产品、塑料产品的弃置物泛滥，塑料产品完全降解需要 1000 年。同时，技术发展越来越快，产品的更新换代也越来越快，地球上 99％的垃圾都是使用不超过半年的物品。

国内外各界对绿色工业的重视源于对因过度消费引起的资源消耗、环境破坏的担忧。无限制的消费主义正结成恶果。经济的发展需要我们不断消费，需要我们不断购买和使用产品，需要我们不断淘汰产品，不断烧毁，不断穿破，不断替换，以更快的速度淘汰产品(Lebow，1955)；很多我们扔掉的东西，是我们买回来从没用过，甚至几乎不会用的东西(Leonard，2010)；在过去的 50 年里，我们所消费的社会资源和服务，是 50 年前所有的总和(Hawken，Lovins，and Lovins，1999)；从 1980 年到 2005 年，我们已经消费掉了地球上三分之一的资源，包括森林、渔业、矿藏(Radford，2005)；事实上，当人们对物质欲望的阀门打开之后，认为生活"非常幸福"的人数在 1957 年就已经达到了顶峰，而幸福却变成一个永远看不清的路标，人们对物质的欲望永远不会满足(Botsman，2010)。

资源浪费、环境破坏引起世界各国的重视。1987 年，为了避免工业产品中氟氯碳化物继续破坏地球臭氧层，联合国邀请 26 个会员国在蒙特利尔签订了《蒙特利尔破坏臭氧层物质管理议定书》，议定书要求各国必须共同努力，采取有效措施保护地球臭氧层。1990 年，联合国第二次蒙特利尔公约缔约国会议在英国首都伦敦隆重召开，会议大幅修正了协议内容，增加工业生产禁用物质 12 种。至今，议定书已经经历了四次大的修正及两次调整。我国作为有担当的国家，是议定书的缔约国之一。我国积极采取有效措施，主动将"禁氟大限"提前至 2007 年，比约定的 2010 年提前了三年。2015 年，我国工信部颁发《2015 年工业绿色发展专项行动实施方案》；2016 年，我国工信部颁发《工业绿色发展规划(2016—2020 年)》，以明确的发展目标、行动方案和规章制度引领中国绿色工业健康、稳定、永续发展。

环境污染的主要来源是工业，传统工业对资源的消耗也很大。过去，我国对环境治理采取"先污染、后治理"的思路。改革开放以来，只占 40.1％的工业却消耗了全国 67.9％的能源，排放出全国二氧化碳的 83.1％(陈诗一，2010)。为治理产业发展带来的环境污染，国家付出了沉重的代价。2015 年，国务院发布《水污染防治行动计划》，仅水环境改善这一项，国家就计划投入 2 万亿元，还有空气净化、土地改良等多方面环境治理，总的投入是非常大的。为此，有人将全国各地区工业模式分为 A、B、C、D 四种模式，其中 A 模式经济效率高，环境也友好，主要是北上广深等发达地区；B 模式经济效率低，但生态效率高，例如西藏，经济资源消耗偏高、经济效率较低，但在工业生产过程中注意生态环境保护；C 模式经济发展明显以 GDP 为导向，忽视了环境保护资源节约；D 模式则主要是拼资源的发展方式，资源利用率和经济效率都比较低，工业发展具有高消耗、高污染、低效率的特征。向绿色工业转型的路径也就有：A—A，B—A，C—A，D—A，D—B—A，D—C—A，等等（如图 5-1 所示）（刘师嘉，2012）。

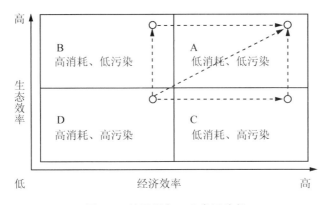

图 5-1　地区绿色工业发展路径

上述绿色工业发展路径，除了"A—A"，其他都可以归为"先污染（浪费）、后治理"模式。连片特困地区工业底子薄，工业发展要发挥后发优势，绝不能走"先污染、后治理，先粗放、后集约"的老路。连片特困地区是经济落后地区，也可以称之为后发地区。尽管后发地区在很多方面不能与先发地区相比，但是，它们在社会经济发展中也具有一定的后发优势。后发优势是美国经济史学家亚历山大·格申克龙在总结德国、意大利等国经济追赶成功经验的基础上提出的一个概念（Gerschenkron，1962）。后发优势主要体现在：一是后发地区历史负担不重，更有利于轻装上阵，有利于引进技术、设备和资金；二是后发地区有前车之鉴，可以根据自身的实际，吸收先发地区的经验，绕过先发地区的弯路，选择适合自己的、别于先发地区的发展模式和道路；三是后发地区在先发地区的激励下，往往具有更强的发展动力。后发地区能够利用这些优势，经济社会发展就可以站在相对较高的起点上，从而实现发展水平上的大赶超。

从发展要求上看，连片特困地区工业发展必须走绿色发展道路。武陵山片区区域发展目标是建成"国际知名生态文化旅游胜地",以及"长江流域重要生态安全屏障",在发展进程中要坚持加快发展与保护生态相结合、统筹协调与突出重点相结合的原则,要注意吸取人类社会对工业文明深刻反思的结果,避免走"先污染、后治理,先粗放、后集约"的老路,在发展中注意资源节约、环境保护,严守绿色底线,既要金山银山,更要绿水青山。要守住工业可持续绿色发展底线,制定最严厉的生态保护要求,在招商引资过程中坚持严格的准入制度,坚决拒绝高能耗、高污染项目。对于已有的高能耗、高污染企业,要坚决实施关停并转,以保护良好的生态环境,从而实现全面、协调、可持续的经济发展方式的转变。

（二）绿色工业发展面临的主要问题

虽然连片特困地区拥有一定的后发优势,同时,也必然要走绿色发展道路,但是,在东西部地区发展差距越来越大、竞争越来越激烈的情况下,在贫穷落后地区工业发展之初就要求高起点坚持走绿色发展之路,肯定会遇到很多重大问题。

1. 经济发展与生态保护存在短期矛盾

这是一个世界难题,中国也不例外,在连片特困地区这一矛盾会表现得尤其突出。陈诗一（2010）的研究表明,正确考虑了环境约束的DDF模型所估算的真实全要素生产率和技术进步率要比不考虑或者不正确考虑环境变量的估算值低很多。这意味着,如果不考虑环境因素,企业会发展得更好;如果考虑了环境因素,企业的发展就会艰难得多。因为生态保护是一种公益性的社会活动,或者说,生态保护具有很强的正外部性效应,对于企业来说,在很大程度上这是一种成本。生态保护利在千秋,利在整体,但在短期内对实施生态保护的局部地区的经济社会发展来说却是牺牲了一定的机会,使当地经济发展受到一定损失。例如,武陵山片区矿产资源十分丰富,硒、磷、锰等矿藏含量高,储量大,但是,由于是该地区整体上是国家划定的限制发展区,所以这些资源在短期内没有得到充分利用。

2. 绿色发展理念尚未普遍形成

绿色发展观念的形成是推进绿色发展的首要条件。目前,尽管低碳生活、生态保护、生态文明、美丽中国等口号已为广大群众接受与认同,但是离真正的深入落实还有很大的距离,社会生产生活方式依然粗放,公民绿色消费意识仍有待加强。这里面牵涉长期利益与短期利益、局部利益与全局利益的关系问题。生态保护无疑是个长期工作,在很长时期内，实施生态保护地区往往从中获得的利益很少，只有当生态保护与旅游等产业紧密结合起来，产生了经济效益，它的价值才能被当地群众所认识。生态保护是为了整个人类更好地生存和发展，但当地一些群众甚至是地方政府领导的头脑中往往缺乏这种全局观念，为了本地区局部利益最大化，不惜重复投资，同质竞争，造成资源掠夺性开发和浪费性使用。因此，绿色发展理念非常重要，只有转变以牺牲环境为代价换取眼前发展的观念，树立绿色发展意识，才能促进绿色工业的发展。

　　3. 贫困问题是绿色发展的"瓶颈"

　　连片特困地区的人们依然很穷。2015 年，湖南省武陵山片区的人口2108 万，占到湖南总人口的 31.08%。片区生产总值 5012 亿元，只占湖南省 GDP 的 17.3%，人均 GDP 仅为全省平均水平的 55.3%，人均财政收入仅为全省平均水平的 38.6%，县级财力薄弱。片区农村居民人均可支配收入 7205 元，仅为全省的 74.3%。未脱贫贫困人口 253.7 万人，占全省未脱贫贫困人口的 56%；贫困村 4884 个，占全省贫困村总数的61.1%；农村低保人口达 133.2 万人，占全省的 42.2%。与全国和所在省平均水平相比，其他连片特困地区城镇居民可支配收入、农村居民人均纯收入都有很大的差距。可见，连片特困地区消除贫困、发展经济的任务依然很重，在很长一段时期内，这些地区必须追求一定的经济发展速度。

　　必须正确认识和面对的是，扶贫攻坚和生态保护存在一定程度的矛盾。真正的贫困人口绝大多数在农村，在大山深处，在大湖环线。这里经济落后，工业不发达，远离现代工业文明，因而相对保持着原始的生态。这里的人们祖祖辈辈靠山吃山，靠水吃水，辛勤劳作。当人们意识到工业文明对资源的大量消耗、环境的严重破坏，需要进行资源节约、生态保护的时候，这些相对保持着原始生态的地方就率先成为生态保护的重点对象。于是，这里不能再像其他发达地方那样粗放地发展工业，农业的发展也需要符合生态环保的条件，进而为其他地区输送清新的空气、清洁的水源。生态保护的大多数地方，本来经济就落后，却要放弃发展工业的机会；这些地方的人民，本来就贫穷，却要肩负起生态保护的重任。而生态保护的效益，并不一定只为这些地方所享受，也并非这些地方人民的迫切需要，马斯洛需要层次理论告诉我们，生理需要是第一需要，可见，这些地方是为生态保护做出很大贡献的，因此，国家必须为这里的人民给予足额的生态补偿，给他们的绿色工业发展提供足够的支持。

4. 自我发展能力弱难改对政策的依赖

衡量一个地区自我发展能力，该地财政收入与财政支出的比例是个重要指标。比例低，意味着入不敷出，需要中央财政来支持当地经济社会发展。连片特困地区这一指标一般很低，例如，湘西土家族苗族自治州在武陵山片区很具有代表性，2005—2012 年，湘西州财政收入占地方财政支出比重基本上只有 20% 左右，比全省平均水平低 20～35 个百分点。在扶贫攻坚大背景下，国家和当地省政府对连片特困地区给予了大量的财政支持，培育当地自我发展能力、激发它们的经济发展的内生增长动力是这些支持的最终目标。但由于这些地区各方面底子太薄，需要支持的方面太多，增强自我发展能力的目标在短期内难以取得很好效果，反而在一定程度上加重了有些地区对上级政府投入的依赖心理。

衡量一个地区的自我发展能力，当地的教育事业发展也是一个重要指标。虽然在统计口径上，2015 年，武陵山片区适龄儿童入学率基本达到 100%，但是，九年义务教育巩固率有的地方只有 80%，适龄儿童失学情况比较严重，农村小学危房面积比较大，农村幼儿园和小学教师缺口大，优秀师资从农村向城镇集中的趋势没有改变。连片特困地区本地优秀子弟大学毕业后不回来，外地优秀人才引不进、留不住，本地高校人才培养质量有待提高。比较低的受教育程度，导致在扶贫攻坚进程中，依赖于当地政府工作人员的支持，甚至扶贫工作人员的积极性要远远高于当地贫困人口。这种依赖心理无疑是不利于当地发展绿色工业这样的高规格事业的。

(三)绿色工业发展的思路和举措

虽然连片特困地区绿色工业发展存在种种困难，但是，这是一条必须要坚持的道路，绝不能走"先污染、后治理，先粗放、后集约"的老路。连片特困地区要选择能发挥自身优势的主导产业，形成比较优势；要夯实工业园区主战场地位，充分发挥工业园产业集聚作用；要提升工艺技术含量，推进绿色生产；要不断补足短板，创造绿色工业发展条件。

1. 做强能发挥自身优势的主导产业，形成比较优势

绿色生产的初期，意味着更复杂的工艺、更高的成本(当然后期如能真正做到废气废料等循环利用，则有可能减少成本)，这些要求只有具有更高盈利能力的企业才能做得到。因此，连片特困地区绿色工业发展要选择并做强能发挥自身优势的主导产业，形成比较优势，扩大企业盈利空间。关于主导产业选择的理论，美国经济学家罗斯托(Rostow，1988)认为，在每一个成长阶段，众多不同的产业部门中都有与之相适应的起

主导作用的部门，而且能带动其他部门的经济增长；在经济起飞阶段，主导产业主要发挥后向联系效应、旁侧效应、前向联系效应；主导产业的形成需具备两个条件：一是增长势头较强，规模较大；二是旁侧效应与后向联系明显。

主导产业理论的提出，既为我国地区主导产业选择提供了理论依据，也促使主导产业选择的理念深入人心。连片特困地区的主导产业选择应该遵循如下原则：一是非均衡增长原则。非均衡增长体现了"有所为，有所不为"的精神，对欠发达地区来说，非均衡增长战略具有必然性，要能充分结合当地实际，发挥当地资源的优势。二是就业功能原则。连片特困地区的主导产业发展必然带有产业扶贫的性质，要充分考虑主导产业带动就业的问题。三是可持续能力发展原则。要不断提高地区的经济发展能力，提高造血功能；同时，要节约资源，保护环境。四是带动效应。主导产业的发展应带动前向、后向和横向产业的发展。

根据主导产业选择理论和地区实际，武陵山片区主导产业选择应克服当前主导产业过多及主导产业雷同的不足，重点选择农林产品加工业、生物医药产业、矿产资源加工业等特色产业作为主导产业。这些主导产业在各地又有不同的种类资源，如德江的天麻，酉阳的青蒿素，松桃、思南、隆回的金(山)银花，松桃和龙山的百合，张家界、五峰的五倍子，等等，一地一品，避免因产业雷同带来的市场风险。同时，依托中心城市的产业基础和人力资源优势，积极承接产业转移，发展农用机械、通用机械等设备制造产业，培育一批主业突出、管理先进、技术领先的机械工业龙头企业。

2. 夯实工业园区主战场地位，促进产业集聚

绿色工业的资源利用效率很高，所以需发挥工业的规模效应。工业园不仅能发挥投资的规模效应，而且是吸引资金、技术、人才、信息集聚的有效途径，是工业发展的重要载体，也是推进绿色工业进程的重要手段。第一，让企业在工业园里发展，可以充分发挥资金、土地、人才、信息、水、电等生产要素的集聚效益，使资源发挥更大效益。第二，工业园里的企业基本上是本地企业，是建立在地方资源优势之上的，工业园的建设可以使地方的资源优势得到有效配置，从而产生最大的资源集聚效应。第三，专业性的工业园，有利于促进产业相同、相近的企业集中起来实施规模发展，或者上下游企业形成产业链，产生规模效应。同时，企业在工业园内发展，对企业间信息交流、产权流动等活动更是极为有利，从而大幅提升企业的运营效率。第四，工业园区的企业集中连

片生产，有利于对生产排放的废气、废水、固体废弃物实行统一综合处理，从而降低治理成本，促进园区可持续发展。

连片特困地区工业的发展，首先要完善提升园区功能。按照产城融合、产业聚集的要求，统筹片区产业园区建设，加快园区水、电、气、路、通信等基础设施和教育、医疗、体育、文化等配套设施建设，优化园区经营环境，提高园区的综合承载能力，增强园区的吸引力，引导生产要素向园区集中、资源向园区整合、资金向园区流动、人才向园区汇集。其次要积极承接产业转移。根据区域主体功能定位和当地产业园区主导产业指导目录，创新招商引资方式，积极引进劳动密集型、资源精深加工型、新兴服务业等产业项目，推动大企业、大项目向园区集中，促进产业集聚发展。比如湖南省武陵山片区要重点培育薄板及加工、锰深加工、旅游商品加工、中药材精深加工、农副食品精深加工五大产业集群。最后要建立产业协作机制。积极探索不同产业之间、产业内企业之间协作发展的利益共享机制，优化产业布局，引导各园区优势互补、产业错位、协调发展。发展飞地经济，支持片区不同地方联合兴办产业园区。

3. 提升工艺技术含量，推进绿色生产

绿色工业发展，关键还是要落实在一个个企业中。企业要使用绿色工艺，开发绿色产品，创建绿色工厂，建立绿色工业链，同时开展绿色企业文化建设，提升企业绿色竞争力。一是使用绿色工艺。绿色工艺是指产品的生产工艺资源节约、污染很少。绿色工业主要体现在生产技术上，所以要从技术入手，尽量研发、采用资源消耗少、废弃物少、对环境污染小的生产工艺，如精确成形、干式切削、准干式切削、生产废物再利用、快速原型制造等新技术。绿色工艺要对生产采取整体预防的环境策略，从顶层设计上减少或者消除它们对人类及环境的可能危害。二是开发绿色产品。产品在使用过程中要做到低耗、节能、环保、无害化、高可靠性、长寿命，产品弃置时要做到易回收、无污染，以期达到资源消耗最低、生态环境破坏最小、可再生率最大的目标。积极推进绿色产品第三方认证，发布工业绿色产品目录，以此引导促进绿色产品生产。三是创建绿色工厂。要求企业按照绿色工厂标准建造和管理厂房，最大化综合利用厂区，企业要尽量实现厂房集约使用、原料无害利用、生产洁净进行、废物资源再利用的目标。四是建立绿色供应链。企业之间要形成绿色生产的链条，原料做到绿色化、信息可追溯；供应链上的企业共同保证产品质量，共同践行环境保护责任，在采购、生产、营销、回收、物流等环节综合实现绿色工业标准。

　　推行绿色生产，看似工艺技术含量很高，似乎在连片特困地区难以实现，实际上，考虑到连片特困地区主导产业的制造工艺实际情况，还是完全可以实现的，或者说，比较有可能达到比较高的绿色生产程度。武陵山片区的主导产业主要是农林产品加工业、生物医药加工业和矿产资源加工业，产业链条比较短，生产工艺比较简单，相对容易做到绿色生产。连片特困地区空气清新，水流清澈，土壤肥沃，加工业的原材料很容易保证是绿色有机的；在加工过程中，企业要注意使用绿色原材料，杜绝使用对人体有害的原材料，对各种物料要分别堆放，避免污染；同时做到加工卫生干净，少用甚至不用对人体有不良影响的添加剂；工业生产的废水、废料要做到无害化处理甚至再利用，降低厂界环境噪声；利用日照强烈、风力丰富的优势，建设光伏、风力发电站，提高再生能源的使用比例，等等。矿产资源加工业的产业链条不长，工艺也不复杂，武陵山片区"锰三角"地区实施"两型矿山"整治取得良好效果证明，在连片特困地区像矿产资源加工这样重污染、废资源的产业也是可以做到绿色生产的。

　　4. 不断补足短板，创造绿色工业发展条件

　　对于连片特困地区的工业发展来说，如果说发挥优势、抓住机遇主要是以企业为发展主体，那么，弥补劣势、迎接挑战则主要是政府要做的事情。放手让企业经营发展的同时，政府要为企业发展营造良好的环境。

　　一是转变政府职能，强化区域协作，服务片区工业发展。连片特困地区各地政府对片区的产业结构调整、工业经济发展要具有共识和高度的责任感、紧迫感，同时要响应中央号召，强化区域协调和互动观念，全面创造以服务为核心的管理体制，促进片区市场的统一和有关政策的协调，为片区提供更多的、统一的公共产品与服务，为片区工业发展创造必要的公平条件。

　　二是推动财税政策和金融体制改革，支撑片区工业发展。由于经济发展水平低、社会经济基础薄弱，连片特困地区更感资金匮乏，因此，工业发展更需要金融的强有力支持。在财政税收方面，要加大对片区的财政转移支付力度，加大对片区绿色工业发展的税收优惠力度，通过政府对片区的特色产业一定比例的强制性采购、财政补贴、贷款优惠、贷款担保及财政投资等方式对产业发展予以多方支持。金融是市场经济大动脉和经济发展的"催化剂"，推进金融改革和创新是片区工业发展的关

键，要通过多渠道建立片区开发基金，组建片区投资银行，切实转换片区农村信用社的经营机制，正确引导对待民间资金，加快片区中小企业信用担保体系建设等多种措施强化金融对片区绿色工业发展的支持。

三是提高科技水平，发展教育事业，支持片区绿色工业发展。科学技术是第一生产力，对于片区的绿色工业发展，要从一开始就明确把科学技术放在主导地位；要切实树立科技兴片区的战略思想，切实做好片区工业发展的重点科技布局和规划，立足自主创新，引进创新人才，支持高新技术开发，加强基层科技机构和队伍建设，加大与科研院所的合作；要大力发展片区教育事业，为地方工业发展源源不断地输送合格人才。例如，大力发展片区高等教育和中等职业技术教育，为地区工业发展提供高级、专门人才；普及九年制义务教育，提高地区人员素质；重视片区文化、艺术、体育的繁荣，为发展片区工业经济服务。

四是加强基础设施和市场体系建设，降低工业发展的交易成本。地区良好的基础设施是经济发展的前提，也是区域间公平竞争的必要条件。由于地处偏僻，武陵山片区的公共设施严重不足，在竞争中处于不利地位，因此，政府必须加强建设，尽量缩小其与发达地区的差距。加快片区综合交通设施建设，建立起以吉首、黔江、恩施、铜仁等城市为中心枢纽，集铁路、公路、航空、水运为一体的综合运输系统，构筑片区交通大通道和综合交通网络；坚持适度超前、统筹规划的原则，切实加大片区电信、广电、互联网的"三网融合"，实现与国内外信息的自由、快速、畅通、安全交流；统一规划片区的市场体系建设，畅通工业产品及生产要素的流动；通过建设与繁荣统一的商品市场、要素市场，培育与发展现代物流，建设片区工业产品出口基地等方式，降低工业发展的交易成本，促进片区绿色工业发展。

二、特色工业产业发展战略

（一）特色发展是连片特困地区工业发展的必由之路

特色产业是有别于其他地方的、具有独特品质的产业，往往基于当地特殊的自然资源和人文、历史基础，同时具备一定的生产规模和市场占有率，在地方经济发展中占有比较重要的地位。因此特色产业又可以分为两类：一是基于当地特殊的自然条件、地理环境不可转移的产业，又称之为"固定性特色产业"，如矿产资源、地理标志产品等；二是基于当地历史文化形成的可以转移推广的产业，又称之为"流动性特色产业"，如地方戏曲、地方菜、泥塑、剪纸、版画等。

总的来看，产业特色来自六个方面：一是来自资源禀赋，产品依托区域特色资源生产；二是来自市场需求，产品独特的功能能够满足用户特殊需求；三是来自生产技术，在生产过程中采用特殊工艺，生产出性能独特的产品；四是来自竞争能力，将区域资源优势转化为竞争优势，在一定的时空范围内，没有其他产品与之抗衡；五是来自产业关联，特色产业与相关产业具有较强的关联度；六是来自产业组织，产业组织独特，适合产业技术特征，适合产业的正常发展。

特色产业发展过程是一个受各种因素影响的复杂过程。在产业发展过程中，如果产业特色突出，且能满足市场需求，这个产业就能形成比较强的竞争力，并通过迅速吸纳社会资源、扩大市场占有率实现产业成长，进而走向产业成熟，在国内外市场竞争中处于突出的优势地位。因此，特色产业的发展需要建立良好的机制。特色产业发展机制主要体现在以下几个方面：一是动力机制。企业是逐利的，企业发展的动力主要来自利益。一般来说，投资回报率和利润率高的特色产业会得到迅速发展，反之则不然。二是供求机制。市场需求是特色产业发展的前提条件。当今时代，消费更个性化是全球消费的主要趋势之一（卢泰宏，2015），消费者实现个性化消费的条件越来越成熟，因此，消费的个性化倾向为特色产业发展创造了广阔的想象空间。三是内在机制。特色产业都有其自身的技术经济特点，有些技术进步快、科技创新活跃的产业也容易形成特色。四是外在机制。外部环境是产业发展的间接推动力。特色产业发展是目前连片特困地区扶贫攻坚的主要措施，这些地区的特色产业发展具有很好的氛围。五是决策机制。特色产业发展需要进行审慎论证，不能随"长官意志"而定，因政府的强力推行导致特色产业发展失败的例子并不少见。

连片特困地区具有生产原料丰富、生产成本低廉、产品潜在市场广阔等工业发展优势，但是，也具有工业发展基础差、工业发展支撑弱、人力资源素质低的劣势，因此，特色产业发展是连片特困地区工业发展的必由之路。事实上，不管是扶贫攻坚的规划、文件，还是片区各地的具体实施，都是很注意工业的特色发展的。

（二）连片特困地区特色工业发展现状

特色工业的发展呈现以下趋势：一是区域化发展趋势，即特色工业在一定的区域内发展，因为这样一些区域，提供了特定的自然资源、社会资源和经济条件。二是外向化发展趋势，即它的发展必须向外拓展市场空间，需要充分利用区内、区外两种资源。三是现代化发展趋势。特色产业也需要发展，不能一成不变，因此需要不断地进行科技、管理、体制等多方面的创新，以创新驱动动态改造其不太适应市场需要的部分，从而永葆特色工业的青春。

发展特色工业已成为连片特困地区发展的共识，各地纷纷发展区域的特色工业，与发达地区相比，连片特困地区的特色工业发展主要面临以下问题。

一是资金缺口较大，产业规模较小。就单个企业与整个产业来说，它们的发展需要更多的资金，但这些地区多数企业是民营企业，且规模不大，自有资金非常有限；又因为投资环境不太好，引资融资极为困难，面对较好的市场机遇，扩大生产经营规模乏力。

二是产品品种单一，产业实力太弱。目前连片特困地区特色工业产品品种不多，企业间缺少分工，企业"小而全"，产品自制率较高；特色产业与其他产业之间的关联度不高，往往呈现出"孤零零"的状态，缺少前向、后向、横向联系，产业链条不长，整个特色产业实力较弱。

三是技术水平不高，研发能力不强。连片特困地区工业基础差，技术研发力量弱，其中的特色产业基本上是初级产品，技术含量比较低，带给消费者的满意度不高。

四是高素质人才缺乏，特色工业技术与管理落后。无论是技术还是管理，连片特困地区的企业都非常缺乏高水平的人才。这是导致连片特困地区特色工业技术与管理水平落后的重要原因。其中，企业家人才尤其缺乏，因此，企业管理水平落后，生产经营问题突出，严重影响效益的提高。

(三)连片特困地区特色工业发展思路与措施

1. 总体思路

连片特困地区特色工业发展要以习近平新时代中国特色社会主义思想为指导，以区域特色优势资源为基础，以技术和管理创新为动力，以满足消费者需求为导向，以工业园区为载体，以民营企业为主体，以特色发展为方向，以增强区域经济实力为目标，以扶贫攻坚、提高人民生活水平为根本，推进品种特色化、布局区域化、基地规模化、产业集群化、生产绿色化、管理科学化、营销品牌化、服务社会化，培育和壮大县域特色工业产业。

2. 基本原则

连片特困地区特色工业发展需遵循如下原则。一是资源依托原则。连片特困地区的工业特色，首先来自这些地区的特色资源，要根据区域分工理论，审慎论证，看这些地方适宜发展什么就发展什么，不要跟风，也不能"空穴来风"。二是市场导向原则。连片特困地区特色工业的产品要能够满足片区内尤其是片区外广大消费者的需求，要充分发挥市场机制在资源配置中的基础性作用。三是差异发展原则。所谓特色，就是要避免雷同。各地区发展区域特色工业，要根据地区在区位、自然资源、交通条件和经济基础等多方面的不同，因地制宜、科学合理地选择产业发展方向，即便同是农产品加工业，每个地方加工的产品也应该不同。四是自主创新原则。要建立以企业为主体的技术创新体系。连片特困地区研发基础弱，所以首先要加强与高校和科研院所的密切合作，加强产学研合作，又好又快地解决特色工业发展过程中遇到的技术难题，同时加快培植科技创新的生力军。五是机制引导原则。要以科学、适用的机制，引导科学技术、人才、资本等方面资源向连片特困地区特色工业集聚，为这些地区特色工业发展提供有力支撑。六是可持续发展原则。这也是连片特困地区工业发展特别需要注意的地方，要做到经济效益和生态效益的有机结合，把节约资源、环境保护作为地区特色产业发展的基本要求。

3. 战略措施

连片特困地区发展特色工业的措施体现在要解决明确定位、规划项目、大力招商、扩大规模、提升层次、强化保障等一系列问题上。

一是明确定位，确立地方工业发展方向。发展特色工业的大方向定了以后，各地区要在具体方向上定好位，要根据地方资源和历史情况，找准产业定位，同时坚持高起点、高标准开发。

二是规划项目，加快地方特色工业集聚。特色是优势，项目是载体。各地政府要在专家的深入论证指导下，选择特色明显、适合地方发展的产业项目，加快产业聚集、项目聚集。

三是大力招商，加快地方特色工业发展。招商是实施规划项目的重要途径。连片特困地区特色工业的招商，要突出特点，创新机制，提供优惠条件，同时要坚守生态保护的底线。

四是扩大规模，实施特色品牌战略。特色产业的发展需要出品牌，产业特色也为企业创品牌奠定了基础。片区要通过招商引资、承接产业转移、积累发展等方式扩大企业规模，提升产品档次；要按照"规模企业创名牌，新上项目引名牌"的战略思路，建立区域党委、政府领导与特定企业联系制度，重点扶持规模企业打造名优品牌。

五是提升层次，增强地方特色工业竞争力。片区要大力促进产学研合作创新，把地区和高校科研院所合作作为区域特色工业发展的突破口，促进地方高校与地方产业协同发展；鼓励企业聘请知名专家做经济、技术顾问，想方设法提升产品的品位，增强产品的市场竞争力。

六是强化保障，为区域特色工业发展保驾护航。片区要重视培育和壮大县域特色工业发展的人力资源队伍，想方设法吸引外地优秀人才来片区创业、就业；要加强造血功能，加强在职人员的继续教育和职业技术培训，不断提升员工职业素养；要深入推进农村土地承包经营权流转，为特色工业发展提供土地保障；要优化特色工业的发展环境，全力打造无障碍经营环境，营造亲商、安商、富商的浓厚氛围。

三、中小微型企业发展战略

在企业"体量"上，连片特困地区适合发展中小微型企业，原因在于中小微型企业在这些地区发展的适应性及企业的成长规律。数量众多的中小微型企业发展起来了，就有可能出现大的龙头企业或企业集团。

（一）中小微型企业发展是连片特困地区工业发展的现实选择

大企业对地方经济发展的稳定和带动作用毋庸置疑，但是，连片特困地区地处偏僻，交通闭塞，产业基础差，发展的支撑力弱，本地企业发展比较缓慢，外地大企业招商困难，因此，中小微型企业发展是连片特困地区工业发展的现实选择。数量众多的中小微型企业为大型企业的诞生奠定了基础，也能够肩负促进地方经济发展的重任。

企业成长理论是学界关注的一个热点问题，研究的角度很多，内容很丰富。一些学者将企业成长的影响因素区分为外生因素和内生因素（李允尧，2007）。外生因素成长理论强调外部经营环境对企业发展的影响（肖小勇、肖洪广，2003）。但是，当代企业边界日趋模糊，所以应该还有处于中间的因素。也就是说，大体而言，企业成长有企业内部成长、企业外部成长、企业网络化成长三个途径，连片特困地区中小微型企业需要综合这三个途径实现规模扩张。

企业内部成长是依靠企业不断积累的成长。英国经济学家彭罗斯（Penrose，1959）认为，企业是由一系列生产性资源组成的集合，企业的成长遵循"企业资源—企业能力—企业成长"这一分析框架，企业能力决定着企业成长的速度、方式和界限，企业内部拥有的资源状况是决定企业能力的基础。彭罗斯进一步将企业的管理能力分为现有规模管理和扩张行为所需管理两方面的能力。企业内部成长是企业常规的成长，发展稳健而缓慢。在20世纪90年代，战略管理学家吸纳彭罗斯的思想，提出了"企业核心能力理论"与"企业资源基础理论"。

企业外部成长是通过兼并收购等方式实现的成长，可以分为横向一体化、纵向一体化。纵向一体化又可以分为前向一体化、后向一体化等。横向一体化又称为水平一体化、整合一体化，是指企业收购或兼并同类产品生产企业以扩大经营规模的成长路径；纵向一体化是指企业沿产业链不断扩展现有经营业务的成长路径，包括前向和后向两个可能的方向，其中前向一体化是面向分销商、零售商的一体化，后向一体化是面向原材料、零件供应商的一体化。企业外部成长是一种超常规的成长，规模扩张速度快，但是成长风险大，需要企业有较强的控制能力。在当今时代，企业外部成长得到了越来越广泛的运用。

企业网络成长是通过构建企业战略联盟网络实现的成长。过去，企业之间的关系要么是一体化，以行政命令为规则；要么是市场交易，以市场供需为准绳。企业组织发展到今天，在过去的一体化和市场交易之间，出现了一个新的状态，比市场交易的关系更紧密，比一体化的关系更松散，这就是战略联盟。各种战略联盟中，企业与企业之间的联系又具有不同的紧密程度，这样就构成了以企业和市场为两个端点的关系紧密程度不同的一个连续体。一个企业会和其他数量众多的企业产生合作和联盟关系，于是就形成了企业网络。企业网络对企业成长的促进作用主要表现在：一是网络组织有利于获取企业所需要的成长资源；二是企业之间合作有利于跨界创新，创造更多的发展机会；三是企业可以降低市场交易带来的风险，同时减少企业一体化带来的成本；四是企业在网络中可以明确自身定位，制定合适的成长战略。互联网时代，企业之间的联系更加便捷，企业网络成长战略得到普遍运用。作为企业成长的第三个途径，企业网络成长既兼具企业内部成长和外部成长的优势，也兼具企业内部成长、外部成长的劣势，因此需要企业拥有更强的管理能力。

（二）中小微型企业在连片特困地区发展中的适应性

1. 企业经营题材多但工业基础薄弱

连片特困地区拥有丰富的特色资源，这些资源为创立企业提供了题材。连片特困地区工业基础薄弱，企业发展相对缓慢，引进大企业的难度也比较大，可见，连片特困地区适合中小微型企业发展。创立企业除了要拥有土地、资金、人员等要素之外，关键是要确定生产什么，也就是要选择好经营的题材。迈克尔·波特认为要选择利润高、竞争不激烈的行业，波士顿矩阵将一个企业的产品分为金牛、明星、问题、瘦狗四种类别，这些理论都可以被看作解决的是企业经营题材选择的问题。连片特困地区一般是工业不发达地区，自然资源非常丰富。同时，这些地区在历史的发展中，也会创造一些甚至带有神秘色彩的传统产品，其中影响大者现在作为非物质文化遗产予以保护。自然资源中的各种动物、植物、矿物及传统产品都可以成为企业经营的题材。但是，在连片特困地区，即使发现并生产出来了这些产品，由于地区工业基础相对薄弱，很难一下子做大，又没有大型国有企业的支持，所以，这些地区的工业发展很适合中小微型企业。

2. 企业经营固定要素供应足但流动要素供应少

比照连片特困地区与工业发达地区的不同，我们可以创新性地将企业经营要素区分为固定的和流动的两种。土地是搬不动的，连片特困地区供应充足；自然资源作为工业原材料，也是难以大规模搬动的，至少在没有搬动之前，连片特困地区的供应是充足的；人力资源可以分为两类，一类是优质资源，它是能流动的，这些人大多离开连片特困地区了，实现了他们"不能改变故乡，但是可以改变自己"的人生目标，另一类素质相对较差，到外面难以谋生，于是就变成了"留守者"，这些人在连片特困地区相对较多。资金与人力资源不同的是，人是不同质的，所以有些人成为固定者，有些人成为流动者；而资金是同质的，它完全可以全部流动到发达地区去；技术也一样，当它在理论上既可以在连片特困地区生根也可以在发达地区运用的时候，它极有可能就留在了发达地区。在经济学上，这是发达地区对欠发达地区的"吸附作用"，能吸走的自然是能流动的要素。这样就导致了连片特困地区工业发展的固定要素供应足、流动要素供应少的现象。更严重的是，流动要素更加"嫌贫爱富"。相对而言，流动要素从发达地区到特困地区比固定要素从特困地区到发达地区更加困难。而对于企业经营来说，在某种程度上，流动要素更加重要。在这种经营要素不全的背景下，连片特困地区拥有原材料、土地等基本经营要素，缺乏技术、资金、人才这些能促进企业做大做强的要素，工业发展只能从中小微型企业起步，因为中小微型企业投资少、建设周期短、用工安排灵活，等等。

3. 连片特困地区的工业发展既是经济问题又是社会问题

目前，不管是国家还是地方，都希望本国本地拥有大型企业甚至是超大型企业。这些企业竞争力强，盈利及税收高，抗风险能力也强。这当然是好的一面，但是，大型企业也有不好的一面，比如，因为利益分配机制缺陷或者监管不力，企业创造的财富高度集中在少数高管手里，导致贫富差距悬殊。连片特困地区的工业发展除了要避免发达地区那种

"先发展，再治理"的环境污染处理模式之外，还要从一开始就注意避免贫富差距过于悬殊。同时，从西部大开发及集中连片扶贫战略的目的来看，工业发展既是经济问题又是社会问题，要使连片特困地区脱贫致富，增加就业和居民收入，同时也要使这些地区安定团结，社会秩序稳定，实现城镇化生活。而中小微型企业在拉动就业、增加收入、提高人民的幸福指数方面能起到很大作用。

(三)连片特困地区中小微型企业发展思路

1. 以创新战略提升企业技术、管理成长能力

企业要生存、发展，关键是要自己有能力。与上文的企业成长机制理论相对应，连片特困地区中小微型企业要发展，首先是要提升自己的成长能力，而成长能力的关键在于创新。虽然目前连片特困地区企业技术创新存在人才匮乏、资金短缺、信息闭塞等问题，但一定要增强企业决策者的技术创新意识，要认识到中小微型企业的技术创新并不一定亚于大企业；要重视企业技术研发人员和管理人员的成长，实施聘育结合的人才战略，对高素质人才不求所有，但求所用，对中级人才要自己培养，把企业的发展引向依靠技术创新的轨道；要创新思路，以资产为纽带，紧密联结企业所需各种资源和人才，以弥补技术创新投入的不足。

同时，企业也要实施管理创新。要根据企业实际情况实施制度创新；抓好企业的产品定位、制造质量及营销工作；实行"少品种、专业化、集中化"的经营战略，实现稳健发展；实现决策的程序化、科学化，注重各种规章制度的系统性与连续性，增强中小微型企业的竞争力。

2. 以支持战略优化企业经营环境

促进地方中小微型企业的发展，既要发挥市场的作用，又要发挥政府的作用，做到"两手都在抓"。在集中连片扶贫攻坚战略背景下，政府的作用主要体现在制定优惠的税收、金融、人力资源开发等方面的政策。联系到上文所论，就是要加强连片特困地区短缺的企业经营流动要素的供给。在税收上应本着"先予后取"的原则，充分发挥税收的杠杆调节作用；要想方设法吸引资金向这些地区流动，诸如实行差别存款准备金政策、差别利率政策、差别金融管理政策，发挥政策性银行的作用，等等；要多途径筹措教育款项，加速各类教育发展，尤其是对这些地区的成年劳动力进行必要的、有效的培训；因地制宜地调整专业结构，为连片特困地区中小微型企业的发展提供急需人才；加速科技体制改革，释放科技创新能力；制定灵活的用人机制，树立"候鸟型"人才观。

3. 以产业集群战略实现企业网络化成长

迈克尔·波特认为族群（cluster）是在某一特定领域内相互联系、在地理位置上集中的公司和机构的集合。族群其实也是企业网络，包括对竞争起重要作用的、相互联系的产业和其他实体，其中向下延伸至销售渠道和客户，侧面扩展到辅助性产品的制造商，以及与技术、投资相关的公司，还包括提供信息、教育、培训、政府相关部门等机构。单个企业在集群里极有可能产生网络化联系，从而实现网络化成长。

连片特困地区要实践中小微型企业的集群发展战略，一是为政者要有建好中小企业园区、以集群促企业发展的执政理念，做好产业集群的顶层设计，要在规划上避免集群只是企业地理聚集的现象，要实现真正意义上的集群，不要"集而不群"；二是培育产业集群结点，着力培养和引进一批科技型、环保型、外向型、带动型的骨干企业，打牢产业集群基础；三是要鼓励各中小微型企业错位发展，错位发展是形成产业链条的基础；四是加速产业配套，企业要敢于"外包"和承接其他企业的"外包"项目，要围绕重点项目和产业引进培育一批上下关联、专做产业配套的项目，形成专业化协作、规模化生产、社会化服务的复合型产业群；五是营造创新环境，鼓励园区发展科技企业孵化器、生产力促进中心、大学科技园、企业技术中心、创业服务中心等科技创新服务机构，发展与高新技术产业成果转化、产业化进程相配套的各类中介服务，在园区形成良好环境；六是要加快发展园区现代物流业，培植一批具有一定规模和实力的物流企业，为园区企业提供运输、储存、通关等一体化综合物流服务。

四、循环产业经济发展方式

在探索可持续发展的道路上，人们首先遵循"先污染、后治理"的"过程末端治理"模式，但技术难度大，成本高，并没有使经济效益、社会效益和环境效益得到整体提高。人们又创造了一条新的发展思路——循环经济（Circular Economy），它以最低资源的投入、最高效率的使用和最大限度的循环利用，达到减少污染物质排放、减少资源开采、改善环境的目的。《武陵山片区区域发展与扶贫攻坚规划（2011—2020 年）》专门在第九章规划了"生态建设和环境保护"的要点，那么，武陵山片区以及类似地区在工业发展上就要采取循环经济的发展方式，在工业发展的同时做到资源节约、环境保护。这一节与本章"绿色工业产业发展战略"相关，绿色工业的内涵更广，循环经济则重点强调在工业生产过程中如何让物质流动形成一个闭环。

（一）循环经济方式是连片特困地区工业发展的终极目标

国内外学者对循环经济下的定义很多，《中华人民共和国循环经济促进法》的定义是：循环经济是指在生产、流通和消费等过程中进行的减量化、再利用和资源化活动的总称。这个定义包括了生产、流通和消费三个环节，这三个环节组成一个完整的过程。严格意义上，这三个环节组成的过程不是线性的，而是循环的，其结构与生态系统的"生产者—消费者—分解者"类似，可以分为四个部分：资源输入—生产加工—产品消费—废物再生和再利用。

循环经济是一种生产方式，核心是 3 个"R"："减量化"（Reducing）、"再利用"（Reusing）、"再循环"（Recycling）。所谓"减量化"，就是在生产活动中尽量减少资源的消耗和废弃物的产生，在制造和使用过程中减少资源浪费和废物产生，从经济活动的源头注意节约资源、减少污染。所谓"再利用"，是指对废弃产品的再次使用或修复、翻新后继续使用，延长产品使用期限，减少垃圾产生。当下需特别注意的是，要减少甚至杜绝一次性用品的使用，对必要的包装物、旧货等要加以回收利用。所谓"再循环"，是指废物利用，变废为宝、化害为利，将废弃物最大限度地重新变为资源，既可减少原生资源的消耗，又可减少污染物的最终处置量。

在实施层面，循环经济又可以分为企业、区域、社会三个层面。企业层面的循环经济要求物质和能量在单个企业内部形成循环，这是循环经济在微观层面的表现形式，也是循环经济实施的基础。企业是消耗资源形成产品的地方，循环经济的实施必须从企业入手，运用循环经济理论指导企业运行，以科技进步为动力、以清洁生产为手段、以提高资源能源的利用效率、减少废物排放为目的。在具体操作过程中，企业产品的设计、生产、销售、废品回收各个环节都要考虑环保因素。单个企业的循环具有局限性，企业生产过程的循环不可避免地要到企业外部进行，这时，基于区域层面（比如工业园）的循环就是更大范围的循环。所谓区域层面的循环经济就是要求产业园内的企业与企业之间形成废弃物的输出输入关系，进而形成企业共生层次上的物质和能源的循环，实现物质闭路循环和能量多级利用。而社会层面的循环则关乎整个社会。循环型社会是指在整个社会中物质不同形态的流动形成一个闭环，总体上看，系统内部不同行为主体之间的物质流通量永远大于出入系统的物质流通量，也就是保证了大量的物质流动在内部进行，进而降低人类活动对外部环境的影响，它是实现社会可持续发展的高级模式。

实施循环经济需要产业之间形成完整的产业链，产业链下游需有足够的企业吸纳上游企业的物质流动，因此，循环经济方式是经济发展的高级形式。对于连片特困地区来说，短时间实现循环经济发展可能还不现实，但是，由于循环经济对生态保护的重要意义，连片特困地区有必要站在循环经济的高起点谋划片区整体产业发展。

（二）连片特困地区实践循环产业的必要性

有一种观点认为，连片特困地区因为资源丰富、暂时还没有环境污染，就可以在资源、环境方面做出一些牺牲以促进工业发展。其实，连片特困地区的生态也是相当脆弱的，从社会层面的循环来说，考虑到发达地区工业发展已经产生的资源浪费、环境污染的影响，连片特困地区工业应该实践循环经济发展模式。

连片特困地区经济落后，人们贫困，发展经济刻不容缓；同时，这些地区又是国家重要的生态保护区，工业发达地区已经产生了大量的资源浪费和环境污染，如果连片特困地区的环境恶化，从社会整体上看，无疑是加重了生态破坏的程度，不仅会影响这些地区的工业化进程，还会对经济发达地区的发展造成威胁，所以，连片特困的经济发展必须以保护生态环境为前提。

连片特困地区的中小微型企业因为还没来得及或者没能力顾及环境保护，在发展过程中难免存在以牺牲环境换效益的现象。借鉴我国发达地区和国外有关经验，这些地方的工业发展决不能走"先污染、后治理"的老路。因此，中小微型企业实施循环经济发展方式虽然艰难，但它是实现经济与环境和谐发展的必然选择，是这些地方工业发展的重要目标。

虽然我国经济的增长方式正在转型，但目前经济增长仍属于粗放型，消耗高、产出低、污染高、效益低。从我国整体的资源承载能力看，我国人口密度大、人均资源贫乏，随着人口增长和国民经济的发展，各种资源供给和需求之间的矛盾还将进一步突出。在全国范围内实施循环经济发展模式，是实现可持续发展的重要保证。再从连片特困地区来说，虽然有些动植物资源、矿产资源丰富，但另一些资源却相当匮乏。例如水资源，很多连片特困地区严重缺水；又如能源资源，连片特困地区虽然潜量巨大，但是有些地方还没有发电，照明依靠煤油灯；此外，由于过去相当长的一段时间的不当扶贫开发，连片特困地区有些地方土地沙质荒漠化、水土流失、森林资源和草原生态破坏严重。这些同样要求连片特困地区实施循环经济发展方式，以重新建立经济发展的外部优良环境。

（三）连片特困地区实践循环经济的基本思路

1. 指导思想和原则

以习近平新时代中国特色社会主义思想为指导，以"减量化、再利用、资源化"为核心，以提高资源的利用效率和减少废弃物排放为重点，以技术和制度创新为动力，以建立健全促进循环经济发展的运行机制为手段，以建设循环型企业、循环型产业和园区、循环型社会为途径，逐步形成节约资源和保护生态环境的产业结构、增长方式和消费模式，在实现扶贫攻坚目标任务的基础上，大力保护生态环境，在建设资源节约和环境友好地区的征程上迈出坚实步伐。

连片特困地区实施工业循环发展的基本原则如下。

一是节约优先，环保增效。在工业产品生产过程中，优先实施资源节约使用，减少生产过程中的废物产生，不断促进废弃物循环利用、再生利用，提高资源利用效率和生态效率。坚持消费环节与生产环节并重，提高人们的消费观念，通过消费结构升级减少消费过程中的资源浪费和废物排放。

二是突出重点，整体推进。不管是企业层面还是社会层面，循环经济都是着眼于整体的行动，但是循环经济不能在所有方面平均用力，尤其是对于连片特困地区这样的工业体系不是很完善的地方，更要注意从整体着眼，突出重点。要在工业生产的各个层次、各个环节抓住关键，监控重点企业的生产经营行为，发挥试点单位的示范作用，以重点工作为突破口，逐步实现点、线、面有机结合。

三是体现特色，力求实效。实施循环经济发展方式是一个长期而艰巨的任务，推进工作要符合当地实际，符合经济社会发展规律，切忌好高骛远，空喊口号。要落实抓好电力、有色金属冶炼、非金属矿物制品业等高耗能资源型产业以及农业生产的循环发展工作；充分开发利用水能，大力加强造纸业等行业的污水处理力度，努力做活"水"文章。

四是机制并用，形成合力。充分发挥市场机制与政府调控的作用，形成发展合力。加强管理协调，形成齐抓共管局面；充分发挥市场配置资源的基础性作用，以企业为主体，鼓励全民参与。重视科技创新和人才培养，形成强大的技术支撑；加快制度创新的步伐，形成更具活力的制度保障和政策环境。

2. 基本思路

一是整体转变生产消费理念方式。在生产过程中贯彻循环经济理念，实现产品周期全过程减量化、再利用和再循环；在消费过程中倡导绿色消费理念，推行绿色生活、低碳生活，逐步减少贫困地区流行的炫耀消费、攀比消费、面子消费等非理性消费行为。

二是立体构建循环经济发展体系。从宏观着眼、微观着手逐步构建由企业、园区、产业、社会四个层次组成的循环经济框架体系。企业层面重点推进企业的清洁生产和资源综合利用，园区和产业层面重点建设生态工业园区、循环型产业、循环型园区，社会层面重点建设循环型社区、城市和社会。从起点做起、点滴做起，着眼长远，逐步完善。

三是全面落实循环经济发展任务。连片特困地区工业发展要遵循与发达地区相同的节能降耗要求，坚决拒绝承接高污染、高能耗的产业转移；创造条件推行清洁生产，减少资源消耗，降低污染排放；积极探讨发展再生资源产业，最大限度地回收各种废弃物；鼓励片区群众继续发扬勤俭节约的优良传统，减少废弃物最终处置量；大力发展和利用生物质能源、沼气等新能源，积极探讨发展环保产业。

四是全程控制循环经济发展环节。连片特困地区往往蕴藏丰富的矿产资源，在矿产开采环节，要改变粗放的开采方式，提高资源综合开发和回收利用率。连片特困地区工业往往建立在本地区特色资源之上，在资源消耗环节，要加强对资源的节约利用，实现资源的高效循环利用。连片特困地区工业工艺往往比较落后，在废弃物产生环节，要加强对重点行业、重点企业的监督和支持，提高"三废"的再利用率。在废弃物的处理环节，要不断完善再生资源回收、加工、利用体系，大力回收各种废旧资源，尽量做到循环利用、废物利用。在消费环节，提倡绿色生活方式与消费模式。

3. 工作重点

用一句话概括就是：立体构建循环型工业体系。具体来说，就是以产品结构的绿色化为核心，推动制造业优化升级；运用市场手段，引导产业关联的企业构建循环产业链；加强园区水电等资源的节约使用，推进具有循环经济发展特征的工业园区建设。

一是促进企业内部循环。以规模骨干企业为龙头，推进企业生态化改造。第一，实现产品生态化。通过产品的生态设计，研发环境友好、资源节约型产品。第二，实现资源生态化。鼓励采购连片特困地区特有的绿色原材料，改善资源利用方法。第三，实现生产生态化。提高企业生产工艺水平，推行清洁生产，减少生产环节的资源浪费和废物排放。第四，实现废弃物利用生态化。通过延长生产链条实行废旧物品回收、处理、再利用，实现废弃物回收利用和无害化处理，加强工业废水、余热、余压的循环利用。鼓励企业开展环境标志产品、ISO14000 环境管理体系和其他绿色认证，利用第三方机构促进企业绿色发展。

二是构建循环产业链条。围绕烟草、冶金、食品加工、农林产品加工等主导产业，以骨干企业为龙头，以节能减排、产业链延伸和资源的循环利用为目标，培育横向关联紧密、纵向延伸拓展的产业网络；不断强化企业之间的关联性，通过配套、外包等途径不断细化社会分工，完善产业链条。产业关联、社会分工细化是发展循环经济的基础。

三是发展环保特色产业。有些产业链，虽冠以"循环"之名，但部分产业链并没有达到循环，只是产业链比较长而已。事实上，并非所有产业链都能达到完全循环，否则就不会有污染和废弃物。因此，针对不能完全循环的产业链最末端的废弃物，需要社会集中回收利用，这就需要大力发展环保产业，以实施终端控制。重点开展"城市矿产"工程，加快工业废弃物、废旧汽车和家电、废钢、废铜、废铅酸电池、废旧塑料轮胎等废弃资源回收再利用技术创新和产业化发展；发展利用工农业固体废弃物、建筑垃圾的刨花板、再生砖等行业；逐步加大垃圾焚烧发电比例，瞄准生物质发电、生物柴油和生物乙醇产业，大力发展生物质能源。

四是建设循环工业园区。连片特困地区的工业园基本上都处于兴建、发展阶段。工业园区建设要做到布局合理、功能互补、物尽其用，推进循环工业示范园区建设。重点抓好中心城市的工业园的相关项目建设，充分发挥其示范带动作用。园区基础设施要实现共享，积极建设集中治污和集中供热体系，逐步建立顺畅的园区内企业以及园区内外的废物交换体系，对各类废弃物要尽量拆解、回收、利用，对不能处理的要做好集中安全填埋，最终实现园区资源消耗和废物排放最小化。

五、主导产业链发展战略

如果说前文四种工业发展战略重点在工业发展范畴内展开讨论，那么，主导产业链发展战略则明显需要在一二三产业融合上面做文章。而在主导产业链条中，工业处于托起前端、激起后端、承前启后的重要位置。创建主导产业链，是落实一二三产业融合发展的主要抓手，也是连片特困地区产业发展的最终目标。虽然连片特困地区工业底子薄、基础差，但还是要有创建产业链的高标准、高目标。只有初步建成主导产业链，连片特困地区中小微型企业集群才能壮大，产业循环闭环才能形成，绿色工业生产方式才能实现，特色工业才能规模化。

（一）农林畜产品产业链发展思路

农林畜产业链是指由与农林畜初级产品生产密切相关的相互关联的产业所组成的网络结构，主要由"产前—产中—产后加工—流通—消费"等环节构成，每个环节又可以分为相关的子环节和不同的组织载体。例如，就农业来说，产前包括种子、饲料供应，产中包括田间管理和农用物资供应，产后加工包括产品分级、包装、加工、储藏，流通包括产品的储运、批发、零售。农林畜产业链具有以下特点：一是受自然资源条件和产品特性的影响较大；二是交易费用和管理成本较高；三是产业链稳定性差。创建农林畜产业链，显然需要一二三产业融合发展。

在这方面，武陵山片区已经有一些成功的经验。例如，湘西土家族苗族自治州近几年大量种植椪柑、猕猴桃、胡萝卜等农产品，并创办了以椪柑加工为主的"喜阳食品集团公司"和以猕猴桃精深加工为主的"老爹集团"，相继开发出果汁、果冻、果脯、果粉、果丹皮、果酒、果片、果酱、果仁油等一系列精深加工产品，深受国内外市场青睐。又如恩施土家族苗族自治州被誉为"世界硒都"。硒在追求健康、提高生活质量方面的功能受到当前人们的追捧。为满足这一广大的市场需求，恩施州发挥独特的资源优势，加速推进富硒产业发展，建成了一批富硒产品种植、养殖基地，加工成特有的优势产品，发展含硒绿色产品，因此成为恩施州脱贫致富、发展经济的重要支柱产业。此外，加工销售的黔江油桐、铜仁油菜、恩施红茶、古丈毛尖都成了知名产品或品牌。

农林畜产业链的优化可以有四个途径：产业链的接通、产业链的延伸、产业链的拓宽和产业链的打造。对于武陵山片区来说，可以按以下思路开发创建农林畜产业链。

1. 优化片区农林畜产品生产布局

根据当地的自然条件种植、养殖农林畜产品，优化生产布局。武陵山片区农田有限，在提高优质水稻种植的同时，可考虑利用大量山坡地发展旱土玉米，尤其要突出发展工业用玉米和饲料玉米。可以考虑把高山反季节蔬菜、有机蔬菜、无污染蔬菜和椪柑、猕猴桃、甜橙、板栗、薄壳核桃等果蔬基地布局在湘西、恩施、黔江等地，把茶油、桐油、高山云雾茶叶、油菜等布局在湘西、铜仁、恩施等地。在林业方面，可以发展速生林和竹林。在畜产品养殖加工方面，应调整种养结构和布局，培育改良草场，推广三元种植结构，实行粮草轮作提高土地的利用率，扩大草食牲畜饲料来源。大力发展历史上颇有盛名的湘西黄牛、马头羊、恩施黄牛、山羊、彭水长毛兔、瘦肉型猪，恩施、黔江、铜仁的黄牛、山羊、生猪等牲畜生产。

2. 打造龙头企业，拓宽产业链条

目前，尤其是武陵山片区的六个中心城市，各种农林畜产品加工企业数量不少，并且产品知名度较高，有些企业也有了一定的规模。但是，大部分企业规模都比较小，加工和包装技术总体上还远远没有达到国内一流和国际先进水平。因此，面对国内外激烈的市场竞争，片区必须通过资产重组、企业合作和兼并，形成几个规模较大、技术先进的农林畜产品龙头企业，依托龙头企业引进各种先进技术。例如：在玉米加工方面，要引进开发玉米油、玉米胚芽粕、玉米DDGS蛋白饲料等深加工先进生产技术；在蔬菜方面，要引进脱水技术、先进的冷冻保鲜技术、加工保藏技术以及蔬菜安全国际标准；在水果加工方面，要突出引进水果保鲜、储藏运输技术，以及果脯、罐头、糖果、果冻尤其是市场畅销的果汁先进生产技术；在油料作物方面，要突出引进精炼油的现代加工技术，以及油茶、油菜的现代药物生产技术、油菜化工技术；在林产品生产方面，要大力引进竹子在建筑、建材、手工制品、乐器制造、造纸、食品、室内装饰等方面的现代先进技术，生产低浆竹地板、竹编胶合板、竹材层压板、竹材胶合板、竹材碎料板、竹条装箱板、竹木复合胶合板、高级竹材集成地板，以及高级竹工艺凉席、空心保健凉席等方面的产品；在畜牧产品加工方面，要大力引进先进的肉类保鲜、储藏技术和血粉、骨粉、各类肉制品现代加工技术，以及牛羊猪皮革、羊毛、羊绒深加工技术和利用牲畜内脏进行生物制药等方面的现代技术。

3. 细化社会分工，延伸产业链条

当前工业经济的竞争，已经不是单个企业的竞争，而是产业链的竞争。农林畜产品都能以农民的种植、养殖为起点，形成完整的产业链。例如：在玉米加工方面，可形成生产玉米油、玉米胚芽粕、DDGS蛋白饲料、色拉油、玉米乳、果萄糖浆、玉米酒精等产业链；在蔬菜加工方面，可形成加工生产脱水蔬菜、干菜、冷冻蔬菜、酱菜等产业链；在水果加工方面，可形成加工生产果脯、果汁、糖果、果冻、果汁饮料、碳酸饮料、果奶饮料、果类啤酒饮料、果类红酒饮料等产业链；在竹木生产加工方面，可形成优良速生苗木培育基地、优良竹木生产基地、竹木原料加工、竹木浆造纸、竹木人造地板、竹木房业和其他建筑业、竹木家具、竹木工艺品等产业链；在畜牧业生产方面，可形成包括牛羊猪优良品种试验繁殖场、牛羊猪优良品种养殖基地、优良饲料生产基地、牛羊猪肉加工、冷冻、储藏、保鲜、运输、销售，以及牛羊猪皮革和毛加工、牛羊猪内脏制药、牛羊猪防疫检验、畜医、中介、科研等方面及服务在内的产业链。连片特困地区在发展特色农林畜产品生产中，要在打造产业链方面下功夫，延长深化产业链，向精密生产深加工高附加值方向发展，这是连片特困地区脱贫致富的一个现实方向。

(二)生物医药产业链发展思路

生物医药产业的含义有广义和狭义之分。广义而言，生物医药产业是指在国民经济中从事药品生产、分销和使用的所有企业和组织的集合，可以分为三个层次：核心层，即药品的生产行业；支撑层，即原材料供应、药品流通、药品设备制造等上游和下游产业；相关层，即医疗服务机构、药品监督管理机构和医务人员培训教育机构。狭义的生物医药产业即其广义中的核心层，指直接从事研究、开发、制造和销售人用药品的生产企业和组织的集合。理论界对生物医药产业的研究普遍采用狭义界定。生物医药产业价值链可分为四个环节：药物发现、临床前试验、药物制造和药物销售。生物医药产业链具有以下三个特征：一是链化周期长；二是制药企业垂直一体化特色明显；三是产业价值分配遵循"微笑曲线"。

武陵山片区物种非常丰富，特别是药用植物和动物品种繁多，蕴藏量大，具有发展现代生物医药产业独特的生物资源优势。恩施素有"华中大药库"美称，有野生药材植物 168 科 854 属，2000 余种，占《中华大辞典》收藏的全国中草药种类的 46%；已制作中药收购的约 300 种，占全国中药收购品种的 56%。黔江境内有野生、家种中药材 672 个品种，50%以上的全国大宗常用药材在黔江都有较大的生产。铜仁地区药用植物有1000 多种，传统外销药材有天麻、杜仲、金银花、桔梗、吴茱萸等。丰富的生物资源给连片特困地区各地州开发森林药业、发展化工和医药工业提供了良好的资源基础。目前，武陵山片区在中药材医药化工和生物化工产业方面已开始起步，不少县把中药材作为特色产业大力发展，运用现代科技和化工生产技术，建立现代化生产基地，既可保护原生中药材，也可通过基地使用符合国际标准的现代种植栽培技术，迅速扩大生物医药产业。

对于武陵山片区来说，可遵循下列思路发展生物医药产业链。

1. 按国际标准和市场需求提升生物医药产业原材料品质

武陵山片区之所以盛产生物医药产业原材料，是因为其独有的温度、湿度、地形等条件和空气土壤无污染。但是，这些原材料能否在国际上受到欢迎及能否卖出一个好价钱，还取决于它们是否符合国际标准及能否满足国际市场需求。因此，提高原材料品质，使原材料符合国际标准，是发展武陵山片区生物医药产业链的基础。同时，生物医药原料种植品种和数量也要与国内外市场需求匹配。对于药用价值广、近期和中期国内外市场看好、片区又有显著的种植生产比较优势的药材要增大种植规模。

2. 内外开放、资产重组，接通、拓宽生物医药产业链

武陵山片区不能局限在基地生产、卖原药材或粗加工阶段，而是应扩大区内区外开放，通过内外关联引进国内外制药生产优势企业集团共同发展，接通生物医药产业链；通过资产重组、建立制药龙头企业，增加企业规模或数量，拓宽生物医药产业链。只有企业数量多了，产业链才能完整；只有企业规模大了，产业链才有足够的竞争力。

在这方面，武陵山片区已开始起步，如恩施土家族苗族自治州已引进外资和民间资本，组建了八峰药化公司、施恩堂制药有限公司等企业集团；湘西土家族苗族自治州也组建了湘源植物生化有限公司、湘泉集团制药公司、吉首制药厂、泸溪富泰生物科技开发有限公司、湖南猛洞河天然植物制品有限公司，并引进了湖南本草制药有限公司、华吉制药有限公司等制药企业；黔江地区也组建了酉阳药业、车田药业、南海制药厂等企业集团，并引进了重庆曼地亚药业公司、重庆世纪华信生物工程有限公司、重庆润华中药材开发有限公司、重庆恒星生物制药有限公司、四川省自贡市绿色生物药业有限公司等制药龙头企业集团；铜仁地区建有铜仁制药厂、印江中西药制药公司、梵净山中药材开发有限公司等制药企业集团，并引进了贵州神奇、广州本草、重庆红星、上海黄河、湖南正清等药业集团，投资兴办中药材加工企业集团。

3. 加强产品创新，延伸生物医药产业链

在经济学上，创新与发明、研发的含义不同，创新是发明、研发及其后期的商业化运作。武陵山片区的生物医药产业发展，在拥有了符合国际标准的原材料和初级加工产品之后，就要加强研发新的产品，并加强研究成果的转化，将这些成果尽早、有效地进行商业化运作，从而使生物医药产业链得到延伸。

例如，湘西湘源植物生化有限公司规范化种植生姜、红车轴草、黄精、黄姜、贯叶连翘、紫锥花等植物药材，开发了"白条党参""参之宝酒""参之宝花茶""参之宝袋泡茶""参之宝饮液"等产品；恩施峰岚板桥党参有限公司创建了 GAP 示范基地，严格执行 SOP 规程，研究开发出"板党花蜜""白条参""板党酒"等板党系列，产品行销全国，远销东南亚等

地，现已成为恩施药业产业的龙头企业之一；等等。

4. 采用国内外先进技术，提高生物医药产业竞争力

目前，我国中药的生产方法仍以传统提取方法为主，难以符合国际制药标准，这也是我国中药竞争力弱的又一原因。因此，武陵山片区要依托龙头企业，加强国际交流合作，加速引进和开发中药及其提取物生产的国内外先进技术。例如，中药提取中的超临界流体萃取法、超声提取法、旋流提取法、密闭动态提取法，中药分离精制生产中的絮凝沉淀法、超滤法、大孔树脂吸附法等先进制造方法，在全国范围内的应用都不多，在武陵山片区则更少。生物医药产业作为片区工业发展的主导产业，必须要在新技术应用上走在全国前列。

此外，片区还要认真学习和引进国外的科学管理方法和制度，建立生物医药生产标准体系，在采用国际 ISO9001 标准的同时，有必要借鉴诸如 GAP（药材栽培管理规范）、GLP（药品研究开发管理规范）、GMP（药品生产管理质量规范）和 GSP（药品经营管理质量规范）等具体的药物管理规范；建立切实可行、合理的质量保证体系，提高企业各岗位、各环节的质量意识，提高生物医药生产的标准化水平和质量水平。

5. 加大营销力度，提高生物医药产品的知名度

只拥有好的产品还不行，还要提高这些产品的知名度，让消费者买得到，产品卖得好，这就是品牌、广告、渠道等营销问题。武陵山片区生物医药产业不但要生产出好产品，还要让产品卖得好，要让片区的生物医药产品与消费者产生强烈的情感联系。

一是要运用现代信息技术打破连片特困地区远离市场的不利条件，迅速向国内外发布片区特色中药材、中成药和医药化工、生物化工产品信息，通过电子商务平台拓宽销售渠道，支撑片区特色中药材、中成药和生物化工产品生产。二是要举办或利用有关"会""节"，突出宣传连片特困地区中药材及其加工制品的优良品质，扩大片区中药及其加工制品的销售。三是要实施名牌战略，创立片区中药材、中成药以及医药化工、生物化工产品的各种名牌，靠质量打天下，带动片区中药材、中成药及医药化工、生物化工产品的销售。

(三)矿产资源产业链发展思路

矿产资源产业链是上游和下游企业围绕某一种矿产品的勘探、开发、利用和再循环，一般可分为矿产资源勘查、矿山资源开发、矿产资源利用、废弃资源的回收和利用等环节。其中，矿产资源勘查是矿产资源开发利用的基础，矿产资源开发是矿山建设项目的实施阶段，矿产资源利

用主要是指工业生产部门对能源、矿产资源的消耗以及矿产品的深加工利用，废弃资源回收和循环利用包括矿产开采过程中共生、伴生矿和尾矿的回收与综合利用，是环保型矿产资源产业链的重要环节。

矿产资源产业有如下两个特点：第一，矿产资源产业以矿产品开采为基础，矿产品开采必然对周围生态环境造成不同程度的破坏；第二，大多数矿产资源不可再生，且日益稀缺。因此，矿产资源的开发利用总体上有两个要求：一是矿产资源的综合开发利用，二是减少矿产开发对生态环境的污染，以缓解我国经济发展中矿产资源的不足和生态环境压力。

武陵山片区是我国中西部矿产资源富集的一个地带，矿产资源丰富，黑色采矿业、有色采矿业、尤其是有色金属冶炼业在连片特困地区具有比较优势。湘西已发现矿产地 485 处，品种有煤、石煤、碳沥青、铁、锰、钒、铜、铅锌、铝、钨等 50 余种，其中，锰、汞、铝、紫砂陶土矿居全省首位，锰的探明工业储量居全国第二，汞远景储量居全国第四，磷保有工业储量居全国第三。铜仁地区已探明的矿产有 40 多种，其中，汞、锰、铅锌、萤石等是优势矿产。恩施已发现矿产 60 多种，其中有 8 种矿产的储量居湖北省第一，此外，恩施是世界上最大的富硒地区。黔江已发现矿产 30 多种，已探明储量的有 16 种，其中，汞、锰、铝土、重晶石、萤石、大理石等储量在全国或全省市名列前茅，煤、磷、硫资源亦十分丰富。尤其是锰矿分布较集中，湘西花垣、铜仁松桃、重庆秀山构成了全国著名的"锰矿金三角"，经过 20 多年的发展，冶炼加工技术已初具规模，其主导产品"三角牌无硒高纯电解锰"远销欧美、日本等地。

矿产资源不可再生，由于工业进程中对矿产资源的大量消耗，不少发达国家的矿产资源已经濒临枯竭，所以对矿产资源采取了禁采保护措施，弱化了这一产业的竞争压力。武陵山片区工业化程度低，又拥有丰富的矿产资源，科学发展和延长片区的矿产产业链，把武陵山片区的矿产资源优势转化为经济优势，是武陵山片区经济发展的增长点。

1. 加强勘探，科学规划

虽说武陵山片区矿产资源丰富，但也应吸取资源型地区经济发展的教训，尤其是有些地区盲目开采、粗放冶炼、浪费资源（特别是稀有的伴生矿的浪费）等教训，从开始时就要注意摸清家底，做好规划，避免盲目开发和粗放利用。目前，我国的地质探矿技术日益发展，尤其是利用了当代的卫星遥感和计算机等尖端技术，对矿产的探察更为科学和准确。片区可在加强勘探的基础上，建好、完善矿产资源区域系统，建立包括地质特征、开发现状、社会经济效益、供求形势的分析预测等内容的数据库，并对各种资源的数据及时更新；做好矿产资源勘查的经济评估和技术评估、矿山建筑项目的实力数据库，做好矿产资源开发利用的规划；有计划地开采重要的战略矿产资源，做到开采利用和战略资源保护相结合。

2. 扩大企业规模，提高经济效益

矿产资源产业是资源型产业，技术与资金门槛都不高，只要当地拥有某一种资源，买一些机器，雇几个人，就可以创办开采加工企业。正因为这样，各地政府或民间企业各自开采，采掘和冶炼企业小而多，粗放经营，效益不高。例如，"锰三角"各地都有锰矿开采冶炼加工企业，且企业数量众多，但规模都不大，布局分散。这种情况对于矿产资源的集约开发非常不利。片区可考虑通过资产重组做大做强矿产开采冶炼企业。这类企业高度雷同，完全有可能通过股份制成立大公司，并争取上市以实现规模开采和深度冶炼，整体面向国内外市场，有效避免乱采滥挖、无序竞争。

根据矿产资源储藏量的不同，各地要打造不同矿种的龙头企业，实行错位发展。例如，硫铁矿主要分布在恩施、彭水，硒矿、磷矿主要分布在恩施，可考虑以恩施为中心发展化工工业基地和龙头企业集团；汞矿主要分布在铜仁、湘西等地，可考虑在铜仁建立汞矿开采及其化工基地；铝土矿主要分布在湘西，可考虑在湘西布局铝土矿开采和化工基地。武陵山片区应以这些基地和龙头企业为核心，通过市场运作国内外资产和要素重组，整合和做大做强采矿业及其深加工业，提高规模效益和集群效益，提高武陵山片区在国内外市场和整体区域中的竞争力。

3. 加强技术创新，提高深加工附加值

企业的兼并重组、股份制合作扩大规模，为武陵山片区矿业生产变粗放生产、卖原料为集约生产、深加工创造了条件和基础。但武陵山片区矿业经济发展壮大的关键仍在于依托龙头企业和基地，采用高科技进行深加工，提高产品附加值。例如，对于磷矿冶炼，在采选方面，武陵山片区磷矿氧化镁含量较高，磷矿物和脉石矿物共生紧密，嵌布粒度细，可采用浮选法获得较好的分离效果，综合利用伴生资源。而在生产磷肥、饲料添加剂、洗涤剂及化工、轻工、冶金、半导体、医药、国防等方面，武陵山片区都可以根据龙头企业的实力和国内外市场需求情况相机开发和延伸产业链条，对磷资源深度加工，从而获得高附加值。

在这方面连片特困地区有些实力较强的企业已有了好的开端。例如，湘西花垣锰业近年加强技术改造，引进国际先进技术，年产电解锰已达14万吨，产量居全国第一，品质已达99%，畅销国际市场。

4. 实行清洁生产，发展循环经济，实现矿产资源产业可持续发展

武陵山片区的矿业发展绝不能走发达地区"先污染、后治理"的传统工业化道路，而是要用科学的发展观指导，在发展中注重资源节约、环境保护。一是实行清洁生产，不断完善矿山冶炼设计，采用先进的工业设备，加强生产管理，从生产源头和生产全过程采用先进技术和工艺流程，尽量减少或避免污染物的生产和排放。二是提高矿产资源的利用率，围绕矿产开采、冶炼、加工，布局企业，形成矿业的企业集群，在矿区范围进行矿产资源的综合利用和循环使用。三是制定和颁布清洁生产、保护环境的制度政策和法规，对浪费资源和严重污染环境的落后生产技术、工艺、设备和产品实行关停淘汰；对先进、环保技术的研发和采用予以鼓励。四是加强对矿产资源的循环利用。循环利用矿产资源是发展循环经济的必要条件。片区应开展节能、循环利用技术的研究与开发，促进资源循环利用技术转让和转化，建立资源循环利用技术推广应用信息网络，健全资源循环利用体系，发展清洁产业。

第三节 案例分析

自连片特困地区作为新阶段扶贫攻坚的主战场以来，连片特困地区工业获得很快发展，加快了脱贫致富步伐，激发了广大群众参与发展的积极性和创造性，有力推动和加快了片区发展，涌现了许多成功案例与经验。位于湘渝黔三省市交界处的"锰三角"地区曾因严重的锰污染而备受中央、省地及沿江几十万群众的关注，一场整治锰污染的攻坚战在这里打响，蓝天碧水得以重现，是实现工业发展与生态保护相结合的典型案例。

一、"锰三角"矿山治理的缘起

(一)"锰三角"概况

"锰三角"位于湖南、重庆、贵州三省市交界处，由湖南省湘西土家族苗族自治州花垣县、贵州省铜仁地区松桃苗族自治县、重庆市秀山土家族苗族自治县三县组成。三县人口超过 160 万，总面积近 7000 平方公里，聚居着 10 多个少数民族，以苗族为主。

该地区锰矿和锌含量丰富，已探明储量超过 1 亿吨。其中，秀山县已探明的锰矿储量约为 5000 万吨，居全国之首，享有"世界锰都"的美誉；花垣县锰矿储量约为 4500 万吨，居全国第二位；松桃县锰矿储量与

花垣县相近,故称"锰三角"。该地区是中国最大的锰矿和电解锰生产基地。以2005年为例,我国电解锰产量共55.64万吨,其中"锰三角"的产量就达43.67万吨,占比78.49%。

(二)"锰三角"矿山治理的缘起

"锰三角"锰产业的开采、冶炼起步于20世纪90年代。当时,国内外电解锰的价格猛涨,锰矿石由每吨40多元上涨到每吨400多元,涨幅10倍以上。"猛(锰)发财,发猛财"的口号响遍"锰三角"地区。自2000年以来,"锰三角"出现近千家大中型矿山企业和初级加工企业,"锰三角"也迅速发展成为国内产量最大、分布最密集的电解锰生产基地,也是世界上最大的锰矿石和电解锰生产基地。

由于长期粗放型经营、规划不合理、片面追求经济增长、企业环境保护意识差及监管不力等原因,锰行业在开采、生产等过程中污染十分突出。首先为废水废气污染。"锰三角"地区有条河流,流经三地被称为不同的名称。在松桃县内被称为松江河,流经花垣县两河乡境内被称为清水江,清水江流经著名的边城茶峒、保靖的毛沟镇、花垣县城后,再更名为花垣河。在锰产业发展之前,这里山清水秀,空气清新,透过清澈的河水,可以清楚地看见河底色彩斑斓的沙石。锰矿开采以后,为了取得良好的经济效益,该地区数十家电解锰厂全力投入生产。工厂冒着黑烟,天空变成"黑天",碧水变成"黑水",河流中锰、氨、氮等金属含量严重超标(高出限值180倍),区域生态环境遭到破坏,沿海居民的生活受到严重影响,河水洗过的衣服穿在身上都会发痒长疮(贾先文、李周,2015)。

其次是锰渣污染。"锰渣安全处理到底有多难?行内人说叫难于上青天。"锰渣处理之难,主要体现在三个方面:一是数量太大,每吨电解锰产品都会产生9吨尾矿渣;二是处理难,要做到无害化处理,需要10个以上的程序,每一个程序都不容易;三是成本高,根据当时的技术手段,从锰渣中提取锰、铅、镉、锌、铬等重金属离子和氨氮元素并不难,但成本是天文数字。当时锰渣处理的方法是简单地将它们倒进锰渣库。每个锰渣库有几十亩地那么大,10多米高,渣库里全是黑黝黝半流质状锰渣,在阳光的照射下散发出难闻的气味。渣库的底部和边缘,用黑色的塑胶密封着,防止渣液渗漏,渣库兴建和维护成本非常高。当时"锰三角"地区共有上百个锰渣库,成为"环保定时炸弹"。这些重金属污染对人体危害极大,可能导致皮肤溃烂、毛发缺损、四肢麻木、协调能力减弱、四肢知觉缺失及瘫痪等。

此外，乱挖滥采导致生产安全事故频繁发生。2010年7月20日，花垣县猫儿乡的一家锰矿公司挖掘了另一个暂时停产的锰矿，导致锰矿积水突然冲出，13名矿工被困地下，经过12天的艰苦救援，只有3人成功获救，时称"7.20"矿难。

"锰三角"导致的严重污染引起党中央、国务院的高度重视。2005年8月6日，胡锦涛同志就《"锰三角"的剧毒水污染问题亟待解决》一文做出了"环保总局要深入调查研究，提出治理方案，协调三省市联合行动，共同治理"的重要批示。26日，胡锦涛同志再次批示："要明确职责，加强督察，务见实效。"2006年，"锰三角"污染问题被国家环保总局、监察部列为当年首批挂牌督办案件。不久，在湖南花垣举行了三省市副省（市）负责人会议，从此，"锰三角"污染整治工作全面启动（贾先文，2015）。

二、"锰三角"矿山治理过程与措施

（一）"锰三角"矿山治理过程

根据治理主体行为不同，历时10余年的"锰三角"区域环境治理分为以下三个阶段（周建鹏，2013）。

第一阶段为"自发阶段"（2000—2005年）。自2000年以后，清水江沿岸民众发现江水污染越来越严重，生活受到严重影响，他们开始到相关政府部门反映情况，寻求解决办法。为此，镇政府多次召开座谈会，国家环保总局也派人到现场视察，但收效甚微。伴随着人们对环境治理的微弱呼声，"锰三角"三县因矿产资源的大量开采经济指标快速提升。2004年，花垣县成为全国经济增长速度百强县，松桃县由国家级贫困县变为经济较为发达的县，秀山县当年财政收入增长幅度高达200%。锰矿冶炼成为"锰三角"地区的经济命脉，为当地政府带来了巨额的财政收入。由于反映问题没有效果，村民调整了自己的行为，成立草根环保组织——"拯救母亲河行动小组"，希望以此促进该区域污染得到有效治理。看到自身抗争乏力，当地群众也千方百计寻求媒体支持和报道。2007年7月7日，《南风窗》杂志发表了一篇题为《剧毒水污染的"民间解决"》的文章，一石击起千层浪，再次引起中央高层的注意，将"锰三角"矿山治理推进到第二阶段。

第二阶段为"整顿关闭"阶段（2005—2008年）。"锰三角"污染受到中央高层关注以后，2005年8月，国家环保总局确定了三年内解决"锰三角"环境污染问题的目标。围绕这个目标，财政部计划投入3000多万元资金，国家发展改革委制定了《电解金属锰企业行业准入标准》，国家环保总局制定了一系列整改文件。中央政府派遣高级别官员实地督查，召开现场办公会，要求三县政府进行有效沟通协作，实施了两次大规模治理行动，并保证专项资金投入，提高环境监测水平。三省市政府高度重视，掀起"铁腕治理行动"，积极派人督查，落实减排考核制度。地方政府官员本来与矿业开采有着千丝万缕的联系，在这一治理阶段中"寻租"现象严重，在治理过程中被动应付的成分比较多，对锰渣污染只是进行"运动式"治理，同时，地方政府间开始寻求合作，但是治理成本很高。因此，通过三县政府的协调合作促使三地同时走出困境的治理思路开始实施。

第三阶段为"整合推进"阶段（2008—2015 年）。针对在"整顿关闭"过程中出现的污染的反复性、地方政府治理态度不积极、屡次发生的溃坝事件，2009 年，中央政府开始调整管理方式和干预战略，采取多种激励政策和激励措施，探索污染控制和环境质量改善评估的新机制。在国家、省级政府的大力推动和严令要求下，地方政府的态度由被动转为积极主动，加大了行政问责力度，做出"不达标绝对不允许恢复生产"的决定；加大了电解产业整合力度，谋求地方经济转型发展；将科研机构纳入区域环境治理过程，邀请了国内著名大学科研人员参与锰渣技术处理和电解锰产品升级问题。随着区域环境治理的不断深入，"锰三角"三县政府的合作、沟通和承诺机制逐渐形成。

（二）"锰三角"矿山治理措施

"锰三角"地区三县政府深刻地认识到，只有打赢矿山整治整合、生态环境综合整治这一战，才能促进矿业健康发展，引导矿业持续发展、快速发展。他们按照中央、省市要求，以壮士断腕的决心，对境内矿洞、污水处理、生态修复等进行了全方位整治，取得了显著成效。

一是打击取缔非法矿洞。对 2000 多个铅锌矿洞和锰矿洞，全部一次性封堵，一律停产停运，没有纳入整合的矿洞，用水泥浆石永久性关闭，不按要求参与整合的矿山企业，一律停水停电，依法注销证照。

二是整合合法矿山企业。经过 10 来年的攻坚克难，矿山整治整合取得决定性胜利，锰矿山由 350 多个矿权整合为 15 个左右，铅锌矿山从 3227 个矿洞减少至 300 个左右，集中划分采区全面完成整合。投资近 12 亿元，对 108 座尾矿库进行整治，并落实"六个一"的监管机制。

三是加强矿山生态环境建设。锰矿区域和铅锌采区全部完善环评手续，并实施环境治理；加大投入，建成 10 余个锰矿山废水处理工程；总投资 10 多亿元全面进行"锰三角"区域环境综合整治，境内流域由原来的劣Ⅳ类提高到Ⅲ类水质。

四是推进"两型"矿山建设。对矿区锰矿坪进行治理，修建矿山废石打砂场，尾矿库实施覆土植树，矿区森林覆盖率提高到 50％以上，矿山生态建设基础进一步夯实，整理矿山巷道、锰矿区和铅锌采区，完善废弃矿石堆放场和废水收集处理设施。在推进矿山整治整合的同时，同步推进矿产品加工企业的战略整合，优化资源配置，使生态建设和污染整治由"治标"向"治本"转变。

三、"锰三角"矿山治理效果

经过 10 多年的整顿和控制，三县地方政府根据中央和省市政府的环境控制战略和评估方法，加强了区域环境治理工作，"锰三角"区域环境问题由"久治不愈"转向"成效显著"（见表 4-1）。

表 4-1　"锰三角"矿山治理区域环境质量变化

类型		治理前	治理后
水质		劣Ⅳ类地表水水质；锰离子、六价铬超过国家标准 50 倍以上	稳定在Ⅲ类地表水水质标准，环境得以恢复，居民可以洗菜、洗澡等
大气质量		二级天数不足 200 天	二级天数 290 天以上
除尘、废水处理		除尘、废水处理基本设备设施紧缺，废气、废水直排空中、河里，环境监测设备短缺	全面落实"三同时"制度，不达标绝不允许生产
锰渣利用		大型锰渣库，简单囤积	废渣变废为宝：新型工业水泥、地板砖、建筑空心砖等产品
三县环境监测站建设		三县环保部门工作人员每县平均约为 10 人	三县环保部门专业人才比例提高，每县平均约为 50 人
三县锰矿企业数量变化	秀山县	约 120 家	电解锰企业整合至 5 家，锰粉厂 4 家
	花垣县	约 130 家	电解锰企业整合至 5 家，电解锌企业 4 家
	松桃县	约 100 家	电解锰企业整合至 5 家，锰粉厂 4 家

资料来源：根据有关文件资料整理。

"锰三角"区域环境整治，核心工作是敦促该三省市交界地区重点电解企业开展清洁生产，减少污染。经过艰苦的污染整治攻坚，该地区电解锰企业按照国家环保总局提出的具体整改意见逐一整改。

在"锰三角"区域环境治理过程中，锰渣处理是个难题。真正意义上的提取，由于成本问题，很难做到。目前的做法主要是资源化利用——用这些废渣做建筑材料。松桃县汇丰锰业公司在这方面做出了有益的尝试。该公司开发了真正意义上的锰渣综合利用工业项目——废渣蒸压砖。整个工序被分为四个部分，混料设备将锰渣、山砂、石灰、水泥等原料按照一定比例混合，履带传输至静置区进行无害化处理，然后机压成型，送入隧道状的蒸压炉制成成品。据质量技术和环保部门数据，废渣蒸压砖的物理指标、毒性、放射性等各项指标全面达到质检要求，抗压、抗腐蚀、几何尺寸等部分指标大大优于目前使用的各类标准砖，其中抗压系数达 23 兆帕，大大优于目前同类建材 12 兆帕的标准值。目前，该公司年产能达到 1 亿块砖，每年为企业带来 1000 万元左右的综合效益，更重要的是，这个项目具有巨大的环保效应。

曾经"一锰独大"的贫困地区如何走出"黑色 GDP"怪圈？三县政府在推进区域产业体系构建方面也做出了许多有益的尝试。秀山县在通盘考虑区位优势和资源禀赋后，重点发展以农副产品深加工为主的消费品工业，以 16 个专业市场为载体打造武陵山片区物流高地，以"边城"为依托融入秀山—凤凰古城—张家界—梵净山"大武陵"旅游圈；积极挖掘资源优势打造生态经济，依托全县 30 万亩金银花基地，建设从金银花中提取绿原酸的生产线，延伸成为年产出百亿元的产业。一些被关停的锰加工企业也在寻求绿色转型，种植在化工、医药等行业广泛应用的经济作物，不仅具有较高的经济效益，而且可以恢复采空区的生态，治理石漠化，防止水土流失。

如今的"锰三角"，环境空气质量明显改善，饮用水源水质达标率为 100%，主要河流水质达到规定的水质标准。通过整顿，企业的环境保护意识大大提高，企业的环境管理水平显著提高。昔日深受锰污染困扰的江河大地重新焕发了生机，"黑色 GDP"蜕变成了"绿色 GDP"，"锰三角"重见碧水蓝天。

第四节　连片特困地区工业发展的政策建议

经过前文的理论研究和案例探讨，总的来说，连片特困地区工业发展具有很大的特殊性。连片特困地区在工业发展的必要性上要有适度发展的清晰认识，在如何发展的道路上要有决然的态度、有效的抓手，在发展目标上要坚守经济增长的扶贫目标，在发展视野上要进一步扩大协作范围、促进对外开放，在发展条件上要争取更加全面的改善。

（一）正确确定连片特困地区工业发展的地位

这是指在连片特困地区工业发展的必要性上要有适度发展的清晰认识。《武陵山片区区域发展与扶贫攻坚规划（2011—2020 年）》以及 2016—2017 年武陵山片区四省市各自发布的本省市武陵山片区区域发展与扶贫攻坚"十三五"实施规划里，没有特别强调本地区的工业发展。《湖南省武陵山片区区域发展与扶贫攻坚"十三五"实施规划》重点强调发展文化生态旅游业，工业方面只是指出要发展加工制造业；《武陵山片区（贵州省）区域发展与扶贫攻坚"十三五"实施规划》重点强调发展山地高效特色农业，只是在林产业里说到要发展农林产品加工业，没有用专门章节规划工业发展。也有不少专家认为，连片特困地区不要发展工业。但是，工业对一个地区的经济发展具有重要的推动作用，因此，连片特困地区各级政府对工业发展的必要性要有清晰的认识。

连片特困地区要从产业融合和发扬本地资源优势的角度正确认识适度发展工业的必要性。当前，产业融合不仅仅被作为一种发展趋势来讨论，产业融合已是产业发展的现实选择。如果连片特困地区没有加工业，这里的特色农业产品将很难储存，利润不高，这里的中药材植物只能作为其他地区药企的原材料，这里的旅游业只能销售其他地区的产品；这里有丰富的矿产资源，总不能让它们"长眠地底"；这里有一定的装备制造产业，总不能听任其自然发展。因此，连片特困地区的工业发展是要为这里特色农业产品寻找一个更好的去处，为这里的旅游产业发挥最大综合效益，为这里的自然、资源优势得到更好的发挥，甚至"无中生有"地创造适合当地发展的工业产业（如贵州省的大数据产业）。

（二）科学制定连片特困地区绿色工业发展的有效抓手

这是指在如何发展连片特困地区工业的道路上要有决然的态度、有效的抓手。国内外工业发展的历史表明，工业发展对区域经济发展的贡献很大，同时带来的环境污染也很严重，这也是各种扶贫规划没有特别强调"工业强区"、不少专家不主张在这些地区发展工业的原因所在。因此，坚持"加快发展与生态保护相结合"，"走新型工业化道路，切实转变经济发展方式，促进经济发展和生态建设形成良性互动格局"，也不仅仅是被作为一种发展要求来讨论，而是连片特困地区工业发展的现实选择，已经深入如何科学制定绿色发展有效抓手的执行层面。

连片特困地区要以清洁生产、园区建设、循环经济、主导产业链建设为抓手,切实落实绿色工业发展方式。第一,提高工业企业环评准入门槛,提高工业企业生产工艺科技含量。第二,完善工业园区基础设施和配套设施,优化园区发展环境,提高园区的综合承载能力和吸引力,引导生产要素向园区集中、资源向园区整合、资金向园区流动、人才向园区汇集,提高生产要素、资源的利用价值。第三,从循环经济的高度尽量完善主导产业链,促进原材料的有机绿色生产,从源头上保证工业产品质量;产品生产过程力行资源节约,减少污染排放;加大工业废弃物资源化再利用力度,在企业、园区、社会三个层面构建循环经济的物质循环。第四,加强信息技术在工业发展中的应用,加强互联网与工业化的进一步融合,加强电子商务在工业产品销售中的作用。

(三)坚守连片特困地区工业发展的扶贫目标

这是指在连片特困地区工业发展的目标上要有一定的特殊性,不能像工业发达地区那样单纯为经济发展而发展工业,导致贫富差距越来越大。工业扶贫是产业扶贫的一个重要组成部分,是以市场为导向,以经济效益为中心,以产业发展为杠杆的扶贫开发过程,是促进贫困地区发展、增加贫困农户收入的有效途径,是扶贫开发的战略重点和主要任务。产业扶贫进程中,只有有工业产业的加入,才能降低农业产业的风险,增加现代服务产业的效益。

连片特困地区应坚持"资金跟着穷人走、穷人跟着能人走、能人跟着产业项目走、产业项目跟着市场走"的"四跟四走"产业精准扶贫思路,着力发展优势工业产业。第一,探索开展资产资源作价入股、扶贫资金量化入股、贫困户享利益分成试点,完善建档立卡贫困户与工业企业利益联结机制,通过农林产品加工业的带动,形成横向和纵向一体化产业扶贫链条。第二,提高有劳动能力的贫困户的生产能力,拓展贫困人口发展空间,实现"大产业带动区域发展,小产业帮助农民脱贫"的目标。第三,加快一二三产业融合发展,创造片区贫困户增收条件,采取订单帮扶模式对贫困户开展定向帮扶,让更多贫困户分享全产业链和价值链增值收益。第四,扶持贫困乡村发展小微企业或工商户,以"大众创业"促进"万户增收"。

(四)深化连片特困地区工业发展区域协作与对外开放

这是指在连片特困地区工业发展的视野上要进一步扩大协作范围,促进对外开放。这也是国家扶贫攻坚战略从过去的"点"转变为新阶段的"片"的原因所在。连片特困地区贫困面积大,贫困程度深,依照以前的扶贫攻坚政策无法使这些地区脱贫致富，因此，必须加大力度，强化手段，以区域发展带动扶贫开发，以扶贫开发促进区域发展。而在由一二三产业组成的产业体系中，工业的产业链条最长，企业协作发展的机会最多、要求最高，因此，连片特困地区工业发展更要抓住连片特困地区扶贫攻坚战略、国家区域发展战略的机遇，进一步深化区域协作和对外开放，促进区域经济发展。

武陵山片区要在全区范围内加强工业布局规划，完善片区经济协作机制，协调好工业产业项目建设合作，突出跨区合作，实现资源共享；着力打造区域协作新平台、新模式，全力推进湘鄂、湘渝、湘黔等省际示范合作工业园区建设，开创跨省协作新局面；创新对口帮扶方式，支持帮扶方和受帮扶方共建产业园区，推动招商引资、企业合作和利益共享；鼓励各类教育科研机构在人才培养、技术研发等方面与片区展开深度合作。国家长江经济带战略创造了区域协作发展新空间，带来了产业创新转型升级新机遇。武陵山片区工业发展要以绿色环保为根本，利用自身资源禀赋，瞄准长江经济带各地的比较优势，促进产业对接。片区应深化向东开放，积极承接国际和沿海产业转移，着力引进更多的战略投资者；促进向西开放，推动本地优势企业和产品"走出去"。

（五）强化对连片特困地区工业发展的支撑

这是指在工业发展的条件上连片特困地区要做出更多的改善。较之发达地区，连片特困地区工业发展基础差，工业发展支撑弱，人力资源素质低。对于工业发展，发达地区也许只要做出发展规划，制定引导政策，而连片特困地区却需要进行更小心的维护、更大力度的支持。较之农业和服务业，工业发展投入的生产要素更多，生产链条更长，涉及的工艺技术和流程更为复杂，面临的竞争也更加激烈，连片特困地区需要更加全面地改善支撑条件，投入更多的努力。

连片特困地区应强化工业发展组织协调与规划管理。第一，严格落实省负总责、市县抓落实的工作机制，相关部门要按照各自职能分工，负责项目和任务的落实落地，合力推进工业发展。第二，加大财政投入力度。积极争取中央财政专项扶贫基金，省财政要加大投入力度，市县要将扶贫资金纳入本级预算，财政投入要向工业重点项目适度倾斜。第三，加大金融支持力度。鼓励和引导各类金融机构加大对贫困地区工业发展的金融支持，鼓励社会投资；鼓励有条件的地方设立扶贫开发产业投资基金，支持片区符合条件的企业通过股票市场进行股本融资；加大专项资金项目对片区优势工业产业、新兴工业产业的支持力度。第四，实施差别化产业扶持政策，重点支持具备资源优势、有市场需求的矿产资源深加工、农林产品加工业项目发展。第五，强化人才支持。依托国家重大人才工程，支持片区各类人才队伍建设。进一步优化人才发展环境，完善人才引进、培养和使用的激励机制。积极拓宽各类科技人才培养资金投入渠道，切实加大对科技人才发展的资金投入，为科技人才培养创造条件。

第六章　连片特困地区文化产业
发展战略选择

文化产业提供的不是一般的物质产品，而是精神产品，满足的是人们精神上的需求。随着连片特困地区温饱问题的解决，除了物质需求，人们更多地渴望获得更高层次的精神上的满足。同时，文化产业是朝阳产业，对促进连片特困地区调整经济产业结构，提高劳动就业率，拉动经济增长，提升连片特困地区的综合竞争力，推动区域经济发展与扶贫攻坚具有重要战略意义。

第一节　连片特困地区文化产业发展基础

连片特困地区具有浓厚的文化底蕴和独特的自然资源禀赋，拥有发展文化产业的优势和机遇，当然也面临诸多制约因素。

一、连片特困地区文化产业发展优势

（一）国家文化产业发展战略为连片特困地区文化产业发展提供了政策基础

发展文化产业是时代之需。从目前形势来看，发展文化产业关系到经济发展方式转变和经济结构调整，关系到实现全面小康社会的建设目标；从长远来看，关系到中华民族的伟大复兴和中国特色社会主义事业的发展；从国内来看，关系到民族素质的提高和人民群众精神生活需要的满足；从世界范围来看，关系到我国文化软实力的提升和国家文化的安全。

文化产业发展受到党和国家的高度重视。2002 年 11 月，党的十六大首次将商业性文化产业与公益性文化事业区分开来，破除了对文化产业发展的认识束缚；开始于 2003 年的文化体制改革在于打破文化产业发展的制度障碍；国家将文化产业发展提升到国家战略的高度，并于 2009年发布了《文化产业振兴规划》；2010 年国家在制定第十二个五年规划时提出了"促进文化产业成为国民经济支柱产业"的发展目标。2012 年党的十八大报告提出"将文化产业培育成为国民经济支柱性产业，扎实推进社会主义文化强国建设"。2017 年党的十九大明确了文化建设在中国特色

社会主义建设总体布局中的定位，提出了新时代文化建设的目标、着力点和基本要求。

各地或各部门也加强推进文化产业发展的摸索和部署。自国务院出台《文化产业振兴规划》以来，财政部、海关总署、文化部、工商总局、税务总局等职能部门先后出台了发展文化产业的促进政策。同时，很多省、市、自治区也陆续出台了发展文化产业的促进政策，内容包括土地供应、市场准入、税收减免、财政投入、人才引进、投资融资等方面。

国家发展战略为连片特困地区文化产业发展提供了条件。党和国家颁布的政策措施，对连片特困地区开发优质的文化资源提供了政策支持。同时，为促进文化产业发展，国家给予连片特困地区以特殊的优惠政策。为探索连片特困地区扶贫攻坚的新途径，在 2011 年年底，国务院批复了《武陵山片区区域发展与扶贫攻坚规划（2011—2020 年）》，开启了武陵山片区区域扶贫与发展的试点工作，其中明确提出要大力支持民族文化精品工程，利用独特而丰富的民族文化资源，建设国际著名生态文化旅游区，开启了片区文化产业发展新的里程碑。

（二）居民文化需求为连片特困地区文化产业发展提供了市场基础

我国拥有众多人口，国内市场对文化产品的需求巨大，对文化产品的消费需求日益旺盛。目前，我国的消费结构正处于转型升级的节点，结构性过剩问题存在于绝大多数的物质产品的生产过程中，而文化产品的需求和供给存在很大差距。我国经济的快速发展和居民收入水平的提高，为发展贫困地区文化产业提供了广阔的市场空间。

我国文化产业发展的最大优势是庞大的市场需求。40 年改革开放带来我国经济的持续高速发展，人民收入不断提高，文化消费需求稳步上升，为文化产业发展创造了十分有利的条件。目前，居民消费正由生存型、温饱型向小康型转变，人民群众精神文化需求呈"井喷"之势，文化消费出现一个"爆炸效应"是大势所趋。

提高基层文化消费水平，培育新的文化消费增长点，努力扩大文化消费，是我国政府发展目标。政府应提高广大社会居民的社会保障水平，增加对民生事业的投入，推动居民消费结构转型和消费水平的提高，以内需带动文化产业和文化消费的发展。文化产业通过增强消费愿望挖掘居民消费潜力，可以创造出过去没有的消费形式和消费品，以其特有的渗透力和感召力，传播和展示新的消费模式和消费品，引导消费，创造消费。文化产业能够通过塑造商品品牌，影响人们的消费思维和观念，将人们的储蓄意愿转变为消费动机，改变人们传统的消费观念，从而增加人们的消费需求范围和选择范围，增加居民文化消费潜力，提高居民消费愿望。

(三)连片特困地区丰富的文化资源为文化产业发展提供了资源基础

连片特困地区丰富的文化资源为发展文化产业提供了坚实的基础和充分的内容，但丰富的文化资源并不能繁荣文化产业。众多文化资源仍处于待开发状态，所开发的文化资源产业大多是肤浅的、初步的。利用众多文化资源创作的文化产品不多，具有群众吸引力和市场号召力的作品数量较少。连片特困地区古代文化典籍众多，是发展文化产业的重要方向。连片特困地区的传说故事浩若繁星，是文艺创作和影视生产用之不竭、取之不尽的素材。连片特困地区的非物质文化遗产众多，是开发文化市场的重要基础。与过度开发、自然资源匮乏和后续资源匮乏等制约相比，开发文化资源的比较优势十分明显，决定了在选择产业上，连片特困地区应把文化产业作为实现经济可持续发展和调整优化经济结构的战略性新兴产业，给予产业政策上的重点扶持，转变经济发展方式，使文化产业成为连片特困地区经济支柱产业。

(四)国家和地方文化产业发展实践是推动连片特困地区文化产业发展的实践基础

改革开放以来，文化产业的定位发生了根本性变化：从"文化搭台，经济唱戏"(1980年)，到"文化也是生产力"(2002年)，再到"文化产业应该成为支柱产业"(2007年)，最后到"文化产业是经济转型升级的引擎"(2011年)，地位从边缘到中心，文化产业逐渐成为我国经济社会发展的一项重要内容。发展文化产业是提升连片特困地区文化软实力的重要渠道，是拉动经济转型升级的重要动力，是实现文化民生的重要保障。

创造适合企业公平竞争和产业发展的外部环境是政府的责任，政府是推动文化产业发展的重要力量。政府应该将文化产业上升到国家战略的高度，顺应世界经济发展的趋势，制定有针对性的战略规划和产业发展政策，引导文化产业实现快速、持续、健康、协调发展。

在文化产业发展的资金方面，政府出台了各类优惠补贴政策，如《国务院关于进一步完善文化经济政策的若干规定》和《财政部关于开征文化事业建设费有关预算管理问题的通知》，都明确提出了促进文化事业和文化产业发展的一系列金融政策，包括开征文化事业建设费、鼓励对文化事业的捐赠、继续实行财政优惠政策及建立健全专项资金制度等。在我国文化产业政策的指导下，各地出台了一系列扶持文化产业发展的政策，特别是文化产业专项资金这一最直接的手段。目前多数专项资金主要采用的是奖励、支持、贴息、补贴等形式。设立专项资金对发展文化产业产生了许多积极影响。许多项目在促进当地文化产业发展方面发挥了重要的作用。

文化产业与当代文化发展的重要特点不仅仅是依靠国家支持，而且是在市场需求的刺激下进行，其生产和消费规律都发生了巨大变化。现代文化产业以工业文明为基础，以高科技为背景，因此在生产和流通上也就具有根据工业标准进行生产、再生产和组成文化产品与服务的特征。标准化、规模化和专业化，连续性的生产和流通，大大提高了现代文化产业的生产和流通效益，成为现代文化产业与传统文化产业的重要区别。

随着我国文化体制改革的进一步深入，国家开始出台各类产业政策以吸纳非公有制经济成分参与到文化产业与文化事业发展中来，逐步消除民间资本与境外资本进入文化产业领域的障碍。吸收民间和社会其他资本进入文化市场是改革投融资体制、活化文化市场的重要举措。单一依靠政府拨款的传统投资方式被多元投资思路所取代，并在投资渠道方面形成了财政性投入、政策性投入、社会性投入、自身投入四种投资方式，在投资机制上建立起文化基金、文化投资及资本市场运作等多元投资主体（刘强，2015）。从法律和制度方面营造有利于文化创意产业发展的产业环境，其中文化创意产业的核心要素是知识产权，是发展文化创意产业的关键。

国家和地方文化产业发展实践，不仅为连片特困地区发展文化产业提供资金、技术和政策支持，也为其文化产业发展提供了借鉴。连片特困地区总结我国文化产业发展的经验和教训，借鉴前人的实践经验，可实现文化产业发展的赶超。

二、连片特困地区文化产业发展制约因素

（一）文化产业存在制度缺陷

当前，一些地方政府没有将文化产业发展纳入经济发展的考量指标，各职能部门将文化产业链进行分解管理，不同的文化主管部门通常根据各自的价值取舍制定各自的文化产业进程与文化产业政策，所出台的政策通常缺乏管理内容上的协调性与统一性，在实际运行的过程中被削减，从而失去功能性。这不但会弱化政府的政策执行力和影响力，而且增加了管理部门的政策成本，无疑制约了连片特困地区文化资源的开发和文化产业发展。

（二）文化产业发展观念落后

连片特困地区作为文化资源丰富的地区，如何用好丰富的文化资源

是一个十分重要的问题，而发展观念落后是制约文化产业发展的重要因素。一些地方发展文化产业是以金钱利益为最终目标，不科学地开发传统文化资源，造成了对传统文化资源的破坏，从而导致文化产业发展质量不高。有些地方的文化资源呈散落状分布，不利于文化产业的可持续发展，很难形成文化产业的效益化和规模化。如何在科学发展观的正确指引下、从消费市场和产业角度提炼文化资源的市场价值并进行有效的开发和利用，是文化产业发展面临的难题。连片特困地区文化产业的未来，必须建立在对传统文化资源科学的产业整合基础上（郑喜淑，2010）。

（三）高素质的文化产业人才缺乏

文化产业崛起，人才是关键，文化产业的整体发展是由人的素质决定的。产业竞争力的源头在于人才竞争力，文化产业要实现振兴，必须加强对专业人才的培养、整合。目前，连片特困地区人才规模较小且地区分布不均衡，高素质文化产业经营管理人才尤其匮乏，从业人员的类型结构也不尽合理。在文化人才方面，连片特困地区缺乏高端人才，全国有影响的文化名家少，缺少文化领军人物。人才缺位已经成为制约连片特困地区文化产业规模化、高层次发展的重要因素。

（四）投融资体系不健全，投资渠道单一

目前，连片特困地区文化经营单位资金来源主要是政府投入，以公有制为主体，投资主体单一，社会资金进入文化产业的领域大多集中在娱乐、广告等少数行业，而且社会资金进入限制过多、过死。现在国内上市融资的文化产业公司已有 30 多家，而在连片特困地区还比较少。在融资方式上，多渠道融资格局没有形成，资本融资、金融信贷、投资控股等手段发展缓慢，连片特困地区大多数文化企业的自身资金十分有限，财务状况不尽如人意，很难为企业开发文化产品和扩大再生产提供资金支持。资金短缺成为连片特困地区文化产业发展的瓶颈。

（五）文化产业缺乏知名文化品牌，综合开发能力不强

随着连片特困地区进行文化产业开发，文化建设得到深入开展，不少地方依托本地文化资源举办特色文化活动，对于弘扬本地文化、促进文化产业发展是十分重要的。在市场经济条件下，品牌就是市场，品牌就是效益，品牌就是竞争力，打造精品、培育品牌是提升文化产业核心竞争力的重要手段。连片特困地区文化资源丰富，但是没有得到有效的开发利用，这对连片特困地区文化产业发展不能不说是一大遗憾。

（六）文化产业结构不合理，创意文化产业发展滞后

2016 年，连片特困地区文化产业占当地经济总量比例较低，远远低

于发达地区的比重，文化产业规模较小，总量偏少，产业集中度低。这与连片特困地区将文化产业培育成支柱产业的目标还有很大的差距。连片特困地区文化资源极为丰富，但无论是影视表演、出版还是旅游产业都是在各自领域发展，没有形成综合性平台。另外，连片特困地区文化产业的结构性矛盾也很突出，体现出以下特点：文化核心产业比重低，主导产业比重不高，难以发挥作用。连片特困地区文化产业主要体现的是"文化服务业"，文化休闲娱乐服务业和新的互联网信息服务占文化产业的比重较小。这些都是连片特困地区文化产业发展的薄弱环节，也是连片特困地区文化产业人均效能低的原因所在。文化产业是知识经济形态，而创意则是文化产业的核心。文化产业中的内容生产日益重要。目前，媒体数字技术已经形成前所未有的生产、传播、发行文化产品的能力，可以说，文化产业的生命力和竞争力取决于文化产品内容的创新性。文化产业忽视产品内容的开发和创意，重视文化产品的生产，这不仅是连片特困地区文化产业发展的缺陷，也是我国文化产业整体的缺陷。

（七）居民消费水平偏低，需求拉动作用不明显

文化产业是消费拉动型产业，需要有一定的消费能力。连片特困地区是我国典型的深度贫困地区，人均收入不高，人们挣扎在基本的生存线上，只有在满足一定物质消费水平条件下，广大人民群众才会追求更高层次的精神文化生活。2016年连片特困地区城镇家庭每年文化消费支出远低于全国平均水平，只相当于全国水平的62％，与文化消费密切相关的交通信息消费也低于全国平均水平。相对较低的文化消费制约了连片特困地区文化市场的发展。

三、连片特困地区文化产业发展机遇

"十三五"时期是发展文化产业的历史机遇期，国家在"十三五"规划中重申，到2020年把文化产业建成国民经济的支柱产业，连片特困地区应推动文化产业转型升级提质增效，结合自身实际情况及时调整发展策略。"十三五"期间，我国加快转变经济的发展方式，经济进入新常态，发展连片特困地区的文化产业将面临许多新机遇，形成新的经济增长引擎。

（一）"互联网＋"为连片特困地区文化产业集约化经营、全方位创新提供了新机遇

随着国家投入的增加和基础条件的改善，连片特困地区"互联网＋"得到了较快的发展。"互联网＋"以移动和无处不在的网络、超强的大数

据处理能力和庞大的数据库代表一种新的经济形态，推动了互联网与连片特困地区诸多传统产业跨界融合。文化产业是以创意和知识为主要资源的产业，"互联网＋"为连片特困地区创新文化产业提供了低成本、多渠道、方便的技术平台；同时，对传统的信息传播模式进行深度转型，从根本上促进连片特困地区文化产业实现更高层次的科学化管理、专业化发展和集约化经营。

（二）深化文化体制改革为连片特困地区文化产业提供了更大的发展空间

党的十八届三中全会做出了全面深化文化体制改革的决定，国家连续下发许多与之配套的政策文件，对文化领域深化体制改革提出了具体要求。党的十九大提出了文化建设的定位、目标、着力点和基本要求，指导文化产业发展。这些文化产业改革措施，为连片特困地区文化产业提供了更大的发展舞台。

同时，"十三五"时期是全面建成小康社会的重要历史时期，也是人民群众多层次的文化需求不断得到满足的时期。消费市场的不断扩大为文化产业做大做强提供了新机遇。随着人们物质生活的不断改善，我国已经成为仅次于美国的全球第二大消费市场，但第三产业的消费占比与发达国家相比还有较大差距，因此推动文化产业的发展，必将拓展连片特困地区的文化消费市场的空间。

（三）"一带一路"倡议为文化产业走向世界和跨地区融合提供了新机遇

"一带一路"是一个立体化全方位的产业格局，既包含经济交流，也包含文化交流。文化产业可以突破产业门类的分割和行政区划的阻隔，在此格局下以线性带状分布代替传统区域的环状分布，通过整合国际化资源，以国际化视野开拓国际市场。"一带一路"倡议给文化产业的发展和中华文化走向世界提供了新机遇。"一带一路"倡议将带动连片特困地区跨区域融合，促进区域文化资源开发，推动片区文化产业走向世界。

四、连片特困地区文化产业发展态势

信息化将改变文化产业的发展业态，促进包括连片特困地区在内的文化产业呈现互联互通的态势。

（一）跨界化文化生产

文化资源的跨时空整合、文化生产可以突破在地文化生产（印刷包装、装备制造等）、在线文化生产（互动娱乐、数字内容等）、在场文化生产(会展、放映、表演等)等不同的门类,形成包容、开放、多元、立体的系统和链条。这种生产模式,打破了以往金字塔型的管理形态,与各类院线、开发公司、网站等形成智能型连接,高密度地交换创意、技术、信息和其他要素,进行合作,推动文化生产力的快速提高,尤其是对基础差的连片特困地区发展,可以起到重新构建文化资源的供应链、文化生产的价值链、文化服务的品牌链作用。在互联网时代,文化创意产业并不局限于文化产业内部的跨界融合,而正在数字内容产业和工业、现代农业、城市建设业等相关行业跨界融合,促进连片特困地区文化多业融合,促进文化产业繁荣。

(二)信息化服务平台

大数据处理能力的应用和信息技术的全方位渗透,创造了前所未有的服务形式,为文化产业发展提供了崭新的支撑平台,几乎涵盖了文化产业中文化活动和文化产品的全部生命周期,包括多元化投融资平台、协同创新平台、信息发布平台、信息集成平台、在线交易和消费评价平台等,能够发挥更多的功能,如交易配对和资源集聚功能、跨业融合和集成创新功能、国际交流和贸易功能、企业孵化和产业培育功能等,从横向和纵向两个维度加快了资源的整合、流动和集聚。信息化服务平台有利于破解连片特困地区的服务平台缺乏困境,促进片区文化资源整合和开发。

(三)迭代化科技研发

迭代是重复反馈过程的活动,采用可量化的精确市场定位技术,通过大数据的采集和分析,其目的是更快地接近预定的目标。每一次对过程的重复称为一次"迭代",而每一次迭代的结果会当作下一次的初始值,在重复过程中达到一个更高的商业和技术层次。随着现代技术更新速度的不断加快,全球范围内的文化企业正在不断地迭代更新,迭代反馈的频率越来越高,形成一个可持续的迭代生态系统,可以促进连片特困地区深度开发。

(四)体验化文化消费

新网络技术的应用极大地促进了全新个性化体验形式的出现,如移动式景观、虚拟世界、扩增实境和电子游戏等,使消费者角色得以转换,即从一个被动的接受者,成为体验者和主动感受者,甚至可以是参与文化生产的创造者,获得参与体验的乐趣。在文化产业领域已经出现的"消费即生产"的形式,引发了文化产业发展的新一轮变革,从而促进"个体创造"和"大批量定制"时代的到来。

（五）虚拟化文化产品

文化产业除能够提供有形的文化产品外，不同于传统产业，还可以生产大量具有象征意义的无形产品，如声音、符号、图像和文本等。在新媒体和大众媒介建立的仿真社会下，这些无形产品能够快速传播，能让人们在缺席于某种场景时，获得临场的感官享受和神经的快感，在契合大众消费心理的同时引发新的消费热点，扩大了人们的娱乐和视听空间，可以促进连片特困地区文化产品的生产和传播。

（六）国际化文化贸易

连片特困地区借助文化贸易推动"文化走出去"的节奏正不断加快，这表明连片特困地区文化得到发扬光大和保护机会的增加，习俗、文化、风格、艺术、思想和观念等将更多参与国际化。文化产业的国际贸易有望进入新的快速增长期和历史节点。这为连片特困地区文化产业在国际文化市场布局提供了有利条件。

第二节　连片特困地区文化产业发展的主体战略

连片特困地区的自然资源和人文资源是发展文化产业的基础，依托地方文化资源优势，打造文化品牌十分重要，本着发展"人无我有，人有我优"的特色文化产业理念，深入挖掘本土文化资源，贴近大众，适应时代，适应市场，把文化资源上升为文化产品，创造一系列社会效益和经济效益俱佳的文化品牌，提高本地的美誉度与知名度，促进本地经济发展。

一、合理布局文化产业

规划好产业布局是连片特困地区文化产业持续健康发展的基础。本节将以武陵山片区为例，分析连片特困地区文化产业发展布局。

（一）湖南省

1. 湘西土家族苗族自治州

湘西土家族苗族自治州应整合开发凤凰古城的沈从文故居、熊希龄故居、北门城楼、东门城楼、连接两城楼的城墙、虹桥、万名塔、文昌阁、里耶镇、芙蓉镇、古镇、浦市镇、捞车村、边城镇和老司城等人文景点资源，发展具有历史文化特色的项目；整合现有文物古建筑、古遗址等历史文化名镇的资源，培育发展相关产业；依托商贸古街、货运码头等传统商贸聚集区推动文化用品集散贸易；做好文化设施配套建设工作，发展相关文化休闲娱乐产业，形成知名文化品牌，形成核心竞争力、吸引力和辐射力。

2. 怀化市

怀化市应加强侗族、苗族、瑶族、土家族等40多个少数民族文化的保护利用，如傩文化、巫文化、盘瓠文化。怀化市的洪江古商城是一座完整保存着明、清及民国时期建筑风格的湘西古城，行走其中，犹如观看一幅鲜活的明、清、民国社会市井版《清明上河图》，是我国保存较完整、内容较丰富的古商城之一，是我国近代商业发展的一个标本，被誉为"中国第一古商城""中国内陆地区资本主义萌芽的活化石"，极具历史文化保护和旅游开发价值。

3. 张家界市

张家界市应大力发展文化演艺产业（现已经形成《武陵魂·梯玛神歌》《张家界·魅力湘西》《天门狐仙·新刘海砍樵》等文化演艺品牌），依托丰富的文化资源，利用自身优势，引进国内外知名动漫、网游企业，打造"演艺之都""中国文化产业之都""爱之都"；坚持走高端、原创、国际化发展之路，突出开放、创新、时尚特色，努力建设成为文化创新的重要策源地、文化创意精品的研发制作基地和文化产品的展示与集散地。同时，张家界市应充分利用武陵源风景名胜区拥有的资源，如张家界国家森林公园和天子山自然保护区、索溪峪自然保护区、杨家界、"武陵之魂"天门山国家森林公园、八大公山国家级自然保护区、"南武当"五雷山、"百里画廊"茅岩河、万福温泉、普光禅寺、玉皇洞石窟群、老院子等，提升文化产业的层次和规模，深入挖掘旅游文化的丰富内涵，形成独具特色的文化景观群。另外，保护开发红二方面军策源地及长征出发地——桑植县刘家坪白族乡（湘鄂边、湘鄂西、湘鄂川黔革命根据地的策源地和中心地），桑植县洪家关村贺龙故居等，建设红色文化景观群。

4. 邵阳市

白水洞风景名胜区位于湘中新邵县境内，核心景区在严塘镇白水村。风景区有480多处景点，一级景点30处，省、市重点保护文物8处。自然景观有"高峡平湖""流泉飞瀑""地下溶洞群""一线天""洞天门""白龙洞"等。人文景观有宗祠、寺院、名人故居、牌坊等。崇木凼村位于虎形山瑶族乡，村寨内有上百座瑶族民居木楼群和成片的千年古树林，其中最古老的一座是沈姓迁居此处第二代先祖的住房，历经200余年风雨，仍保存完好，还有将军印、古树群、木鱼石、天眼石等数十处景点。邵阳市应以历史文化遗迹为中心整合开发各种文化资源，密切联系地区经济发展，策划举办多种形式的文化活动，进一步树立地区形象。

5. 石门县

石门县是江南著名的柑橘产区，先后被国家有关部门评定为"全国园艺产品（柑橘）出口示范区""中国早熟蜜橘第一县"和"中国柑橘之乡"等。湘冠牌柑橘是石门柑橘的品牌，被中国绿色食品发展中心认定为绿色食品 A 级产品。石门茶成名于宋代，"北祁红，南宜红"名闻遐迩。石门县是"中国名茶之乡""中国茶禅之乡""全国绿茶出口基地县""全国三绿工程茶业示范县"和"全国茶叶优势区域重点县"。

6. 安化县

茶马古道景区为国家 4A 级景区，主要包括关山峡谷、川岩江、永锡桥、洞市老街、陶澍故里、唐家观、黄沙坪古茶市等景点。唐家观是最有文物价值的古代民俗文化村，是目前资江流域益阳境内唯一保存下来的古街和古商业码头，被誉为"中国商业发展的活化石"。黄沙坪古茶市是一个因茶而兴的小集镇，是历史上资江中下游的第一个商埠重镇，这里曾是万里茶马古道的南方起点。

7. 娄底市

娄底市应保护开发曾国藩故居、紫鹊界 8 万亩秦人梯田、历史文化名镇杨市镇、名村三甲古村落，三甲共产主义示范村、毛泽东游学伏口遗址和开国上将李聚奎故居，以及蔡和森、罗盛教、成仿吾、陈天华、湘中八女杰等故居。地方政府可兴建紫鹊界民俗文化演艺中心，组建艺术团和紫鹊界民俗文化表演队，专门为游客表演新化山歌、梅山武术等独具特色的民俗文化。

（二）重庆市

1. 黔江区

黔江区应保护开发小南海、阿蓬江、濯水古镇、蒲花河、武陵山、灰千梁子、八面山、仰头山等景点；提升小南海国家级地震遗址保护区、国家地质公园、黔江国家森林公园、阿蓬江国家湿地公园的文化含量和服务水平，打造中国·武陵山民族文化节国家级品牌；充分开发武陵山民俗生态博物馆（全国唯一的土家族原生态博物馆）、城市峡谷峡江、原始大峡谷神龟峡、地球同纬度唯一保存的原始森林灰千梁子、蒲花暗河和天生三桥等自然地质奇观和武陵山等资源。

2. 彭水苗族土家族自治县

彭水苗族土家族自治县的"黔中文化"，包括"中国溪洞文化""百溪千洞"等多种形态。古迹有唐开元寺(后黄庭坚居);唐长孙无忌碑;建筑仿土人造像、历代独特的寺庙;壁画、岩画;万天宫、万足场民居;宋羊头铺老桥;吊脚楼、清乱石坝苗族民居群三十栋;元三潮水民居;两千年公、母盐泉;宋元苗洞骷髅;倒驴山、唐驴滩、三国庞滩;张飞岈等。非物质文化遗产有鞍子民歌及娇阿依、民间歌舞、溪洞苗族风俗等。

3. 石柱土家族自治县

一是开发万寿山。万寿山也被称为万寿寨,为县级文物保护单位,是以明代秦良玉筑寨御敌古战场为主的历史文化景区,位于重庆石柱县城东部 20 公里处。二是开发秦良玉陵园。秦良玉陵园位于重庆石柱县城东 3 公里,占地面积 8 万平方米,始建于清顺治五年(1648 年),为市级文物保护单位。三是开发西沱古镇。西沱古镇是历史文化名镇,其中云梯街是重点文物保护单位,由巴盐古道、明清商铺、会馆驿站、特色民居、宗教建筑等建筑群组成,包括北龙眼桥、下盐店和南龙眼桥等 43 处重要文物。

4. 丰都县

丰都名山由双桂山国家森林公园、鬼国神宫、名山风景名胜区组成,有奈何桥、天子殿、望乡台、五云楼、二仙楼、百子殿、寥阳殿等景点。其中,奈何桥建于明朝永乐年间(1403 年),桥面呈弧形,桥长 7.2 米,拱高 2.55 米,跨度 3.3 米,宽 2.5 米,桥下为血河池,原为明蜀献王朱椿香火庙的附属建筑。

(三)贵州省

1. 铜仁地区

一是保护花灯、傩戏、书法、箫笛、山歌、滚龙、龙舟赛、木偶、说春等非物质文化,充分利用苗族"四月八"、土家族"过赶年"、侗族"赶坳节"、仡佬族"敬雀节"、羌族"羌历年""毛龙节""花灯节""摆手舞节""龙舟节"等 20 余个民俗节日和被誉为戏剧"活化石"的傩戏,将丰厚的文化资源优势转化为产业优势。二是充分开发利用梵净山国家级自然保护区,以及穿越思南、石阡、沿河、德江四县,形成"百里乌江画廊"的乌江。三是开发铜仁革命老区。铜仁是红军长征前全国八大红色根据地之一,1934 年,贺龙、关向应等在铜仁创立了黔东革命根据地,有周逸群故居等国家级文物保护单位,黔东特区革命委员会旧址、枫香溪会议会址等省级文物保护单位。

2. 遵义市

一是红色文化:遵义会议会址,娄山关红军战斗纪念碑,四渡赤水纪念馆，遵义红军烈士陵园，红军街，红军遵义总政治部旧址，毛主席旧居，红军遵义警备司令部旧址，苟坝会议会址，中华苏维埃国家银行旧址，博古旧居，遵义会议陈列馆，娄山关摩崖石刻等。二是自然景观：中国侏罗纪公园，绥阳九道门，栗园草场旅游度假区，宽阔水自然保护区，习水长嵌沟景区，红石野谷（杨家岩）景区，五柱峰景区，赤水桫椤国家级自然保护区，余庆飞龙湖，双河溶洞国家级地质公园，三岔河旅游度假区，赤水十丈洞景区，云门囤旅游度假区，遵义三阁公园，遵义枫香温泉，凤凰山森林公园等。三是历史遗迹：赤水古城、玛瑙山军事营盘、湘山寺、桃溪寺、海龙屯军事遗址、丙安古镇、杨粲墓、金鼎山等。

（四）湖北省

1. 恩施土家族苗族自治州

恩施土家族苗族自治州需要保护开发的文化很多：土司城，仿古土司庄园的建筑群，建有土家族、苗族、侗族的传统建筑，核心景点是九进堂；小鸡公岭摆手堂，土家人跳摆手舞的场所；文昌祠，又名文昌宫，为清代佛教建筑；腾龙洞，世界最大单体溶洞；鱼木寨，景区内城堡寨墙、雄关栈道、古墓石雕都保存完好；龙麟宫，集水洞、迷津洞、干洞为一体的天然大型溶洞；大水井，由李氏宗祠和李氏庄园两部分组成，属清朝建筑，其规模在湖北古建民居中首屈一指；连珠塔，建于清道光年间，是恩施的标志性建筑；仙佛寺，中国开凿年代最久远的石窟寺之一。恩施有着光荣的革命历史，贺龙、董必武等老一辈无产阶级革命家曾在这里领导人民浴血奋战。抗日战争时期，恩施是第六战区司令部和湖北省政府所在地。恩施的青山下长眠着刘慧馨、何功伟等革命先烈，叶挺将军曾被国民党反动派软禁于此。

2. 宜昌市

这里人杰地灵，孕育出民族和亲使者王昭君，历史文化名人屈原，以及闻名中外的学者杨守敬等诸多先贤名流，杜甫、李白、欧阳修、白居易、陆游、苏轼等历代著名文人也多会于此。他们陶醉西陵风光所写下的诗文，游览西陵山水所留下的胜迹，为宜昌增添了宝贵的文化财富。古典名著《三国演义》中有三十六个故事发生在这里，因此宜昌还以"三国故地"而著称。这里建有气势恢宏的关帝陵，是关公文化的考察研究之地。

二、以科技提升文化产业发展水平

党和国家十分重视科技在文化产业发展中的作用，提出促进科技和文化融合，发展新型文化业态，提高文化产业规模化、专业化、集约化水平。总体上看，连片特困地区文化产业在全国价值链中处于中低端环节，尚处于初级发展阶段，迫切需要转型升级。

（一）文化产业发展需要科技创新的有力推动

随着数字技术的不断发展，科技创新在提高文化产业竞争力、优化文化产业结构等方面发挥了重要作用，使文化产业成为新的经济增长点。近几年，我国文化产业比同期国内生产总值增速高 6 个百分点，年均增长都在 15％以上。动漫等新兴业态迅速崛起，文化骨干企业不断壮大，呈现出"融合趋势加快，新旧业态并存"的局面。一方面，文化产业传统业态发展乏力，纸质报刊受互联网冲击越来越大，实体书店频现"退出潮"，传统出版业赢利空间较小；另一方面，出版领域的自助出版、数字出版，电视互联网、网络媒体领域的手机院线、微电影、云电视等新业态不断产生，预示着新业态与旧业态的融合日渐加快。科技创新在文化产业发展中起到了非常大的作用。连片特困地区经济发展水平低、科技人才缺乏、文化产品科技含量低，在文化产品发展中要增加科技投入，实行文化产品创新，增加产品的科技含量，利用科技促进连片特困地区文化产业发展。

（二）文化产业转型升级依靠科技创新的有力推动

我国文化产业结构落后，需要通过科技创新推动文化产业升级。对比发达国家文化产业发展情况，我国科技创新还有很多不足，科技创新对文化产业的推动不够。现阶段我国依旧存在"多学科、多领域的高新技术对传统文化产业的改造力度不够，科研成果转化为现实文化生产力的速度不够，文化企业原始创新能力不强、参与国际科技创新的意愿不够，文化科技创新体制机制完善程度不够"等难题（王梦娜，2016）。2011 年《中共中央关于深化文化体制改革、推动社会主义文化大发展大繁荣若干重大问题的决定》指出："加强核心技术、关键技术、共性技术攻关，以先进技术支撑文化装备、软件、系统研制和自主发展，重视相关技术标准制定，加快科技创新成果转化，提高我国出版、印刷、传媒、影视、演艺、网络、动漫等领域技术装备水平，增强文化产业核心竞争力。"这为文化产业转型升级提供了强大的动力。连片特困地区需要把握好文化产业转型升级机遇，争取政府支持，创造环境，大力发挥科技创新在文化产业发展中的作用，推动文化产业转型发展。

三、以人才培养推动文化产业发展

连片特困地区的文化产业要实现良性发展，不能单纯依靠原材料投入和固定资产积累，而是要更加注重人力资源的开发及人力资本的投入，整合人才培养"源流"，制定文化产业人才规划，构建文化产业人才培养体系。即从宏观上调控文化产业人才的培养，制定文化产业人才发展的长期规划，使之达到供求平衡。改革机制，整合人才培养的"源流"，多方位培养文化产业发展所需的创意设计、经营管理、生产制作、市场营销人才，摒弃传统的分行业人才培育模式，早日形成包含短期培训、高级人才培训、产学研一体化基地、学历教育的立体化培训体系。

一是加大扶持力度，建立连片特困地区文化产业资助体系和人才培养基金。把引进文化产业人才，上升到与经济上招商引资同等重要的地位。增加发展文化产业的专项资金，将企业赞助、政府拨款、自筹资金、社会捐助等多种方式作为融资渠道，并从服务和政策方面加以支持。资助文化产业创作、演出或科研项目，奖励为发展文化产业做出贡献的人才，解决引进急需人才工作中遇到的困难，解决培养人才参加国内外文化产业交流活动，以及进修、出版科研成果经费不足及培训等问题。

二是建立连片特困地区文化产业人才协会，监督指导文化产业培育过程，担负起人才资格认证、等级认证方面的工作，让行业协会发挥作用，建立健全人才培训评价体系和信用体系，确保人才培训的效果与质量。构建文化产业人才培养的长效机制，设置合理的高校课程体系，既要开设培养艺术素质和文化底蕴的课程，也要开设经济管理类课程，所开设的课程应结合文化产业行业的特点，还应开设科技类课程，如网络技术、数字化技术和信息技术等。

三是突出应用培养能力，加强连片特困地区文化产业人才实践基地建设。建立文化产业仿真或模拟、文艺鉴赏和创作、动漫设计室、数字化技术等各类实验室。参与研究咨询、采用社会调查、学生自办企业、企业代职实习等多种实践教学手段和方式，积极探索如何建立跨国文化产业实习基地，探索联合培养学生的途径。

四是拓宽连片特困地区文化产业人才培养渠道。营造创意设计氛围，通过走进连片特困地区大中小学举办活动，设立有关文化创意机构，吸引广大师生积极参与，并对有关创意实施奖励，激发他们的创造力。可以将一些创意转换成文化产品，增加创意来源，更重要的是形成鼓励创新的氛围，为连片特困地区文化产业的未来发展培养人才。

四、实施文化产业"走出去"战略

文化产业作为朝阳产业，在国民经济发展中发挥着越来越重要的作用。文化产业发展不仅要有内需的拉动，而且也要有外需的拉动。推动中华文化更好地走向世界，是实现国家利益的现实要求，是维护我国"文化安全"的重要内容和保障措施。自实施国家"文化走出去"战略以来，在国家的政策支持和地方各级政府的推动下，连片特困地区文化服务和产品"走出去"节奏不断加快，呈现出规模化、精品化、品牌化发展，社会效益与经济效益兼收的大好局面（龙艳，2015）。

连片特困地区文化产业实施"走出去"战略，必须有一个全球文化市场概念，培育和发展国内外两个市场，必须积极利用国内外两种资源，加快特色文化产业的发展，努力发展文化服务和文化产品的出口渠道，充分利用连片特困地区丰富的文化资源，积极主动参与国际市场竞争，在竞争中壮大文化产业。

文化品牌既是民族文化走向世界的窗口，也是文化企业的无形资产。连片特困地区文化产业要努力打造民族文化品牌，在激烈的文化产品竞争中，多生产、创作一些像《印象刘三姐》《张家界·魅力湘西》《云南映像》《武陵魂·梯玛神歌》《丽水金沙》《天门狐仙·新刘海砍樵》等既有市场需求又有艺术品位的文化产品，做大做强一批对外交流的文化品牌，扶持有发展潜力的企业，把反映当代中国风貌与连片特困地区文化特色的文化产品及服务推介到国际市场的文化交流中。

虽然连片特困地区拥有丰富的文化资源，但在出口文化产品方面却远落后于一些经济发达地区。为改变这种情况，片区要积极加强文化产业方面的合作与交流，不断扩大连片特困地区文化产品的世界影响力，使文化产业适应国际市场的竞争环境，让更多的文化品牌走向世界，提升文化产业的国际竞争力。片区不仅要认真研究国外市场的消费心理和文化需求，还要在原创文化产品和开辟市场方面与国际经营模式和运行机制接轨，缩小文化产品贸易逆差，大力支持民族文化产品的对外输出。

第三节　案例分析

文化产业对提升区域和城市竞争力具有战略意义。近几年来，张家界市围绕"对标提质、旅游强市"发展战略，通过发展旅游文化产业，深耕民族文化，取得显著成效。张家界文化产业在产业规模、就业人数和单位数等各个方面保持较好的发展势头，进一步优化了文化产业布局，对全市社会和经济发展的贡献进一步扩大，但也存在很多需要解决的问题。

一、张家界文化产业发展概况

张家界文化底蕴深厚，文化资源丰富，且极具民族和地域特色，其文化演艺产业萌芽于 20 世纪 90 年代，兴起于 2006 年到 2007 年，现已基本形成文化产业体系，并形成了《武陵魂·梯玛神歌》《张家界·魅力湘西》《天门狐仙·新刘海砍樵》等文化演艺品牌。2013 年张家界利用这些文化资源，引进国内外知名网游、动漫企业，打造了"中国演艺之都"和"文化产业之都"。2016 年，张家界文化产业实现产值 35 亿元，较上年增长 15%，占全市 GDP 总量的 8.5%，位居湖南省第二。文化产业已经成为张家界市经济新的支柱性产业，并呈现出文博会展渐成气候、文化演艺异军突起、节庆文化异彩纷呈、休闲娱乐形成规模、创意策划世界瞩目、工艺美术方兴未艾、民俗体验产生影响的张家界特色（米晓燕，2015）。张家界地区主要文化产品如表 6-1 所示。

表 6-1　张家界地区主要文化产品

文化产品名称	类型	演出地点	特色内容
武陵魂·梯玛神歌	实景演出	张家界宝峰湖景区	由梯玛神歌文化传播有限公司进行运作，宝峰湖风景区整合资源，将传说《梯玛神歌》作为题材，讲述土家族起源、生活生产、战争等内容
天门狐仙·新刘海砍樵	实景演出	天门山峡谷剧场	根据湖南传统花鼓戏《刘海砍樵》的故事改编，是一部具有完整情节的大型音乐山水实景剧
张家界·魅力湘西	剧院演出	张家界魅力湘西大剧院	收集、整理土家族和苗族民俗文化素材，并对其进行艺术加工
烟雨张家界	剧院演出	张家界哈利路亚音乐厅	是由天下凤凰传媒公司投资建设的民俗舞台剧
印象张家界	剧院演出	张家界大剧院	展现地域内苗族、土家族、白族、瑶族、侗族等多个少数民族的经典民俗文化

二、张家界文化产业发展模式

(一)历史与现实的结合

张家界景区旅游演艺在整体设计上保持历史与现实相结合的特点。在节目编创中运用了大量的湘西历史,如《张家界·魅力湘西》中的《千古边城翠》就是以沈从文的代表作《边城》为原型改编的,反映了现实生活中湘西人的性格。《千古边城翠》再现了《边城》中凄美的爱情故事,歌颂了纯真不被世俗污染的爱情,与现实社会的一些爱情观形成鲜明的对比(张英,2007)。

(二)自然与人工的结合

张家界文化产业在设计上注重自然与人工的结合。《天门狐仙·新刘海砍樵》是张家界文化产业自然与人工结合的典型。张家界天门山大峡谷是天然的,演艺的设计者对天门山大峡谷进行了人工改造,通过自然与人工的结合,达到了"天人合一"的艺术境界,让天门山大峡谷既保留了独特的自然风景,又成为演出的剧场。游客在欣赏天门山优美风景的同时欣赏演出。

(三)契合市场需求

张家界文化产业在设计上十分注重现代与传统的结合,在保留传统民间艺术的基础上,提高演艺的文化性和观赏性。当前人们希望感受不同的文化气息,文化需求趋于多样,文化体验成为人们重要的娱乐方式。《天门狐仙·新刘海砍樵》公演后,全国各地的消费者专程前往张家界观看实景演出。演出以主题提炼和剧情设计为着力点,融合当地自然和人文特点,山水实景突出了地域的唯一性,具有明显的地域特征,在内容和形式上独具特色。山水实景演出提升了文化品位,避免了文化产品同质性引发的市场无序竞争(霍芳芳,2013)。

(四)跨行业资源充分利用

1982年9月,张家界建立了我国第一个国家森林公园,并大力发展旅游业,到2016年游客量已突破2800万人次,这为当地文化产业的发展提供了客源基础。旅游市场的快速发展促进了文化产业的发展。另一方面,当地文化产业近年来的高速发展又提高了张家界的旅游影响力。

三、张家界文化产业存在的问题

(一)文化创意产业集群规模小

2016年,张家界文化创意产业产值约为3.65亿元,占张家界文化产业生产总值的 6%～9%。文化创意产业在发达地区可达地区文化产业总值的 20% 以上，例如，上海的文化创意产业产值占文化产业总值的 25%，北京的文化创意产业产值占文化产业总值的 21%。可见，张家界文化创意产业集群的发展与发达地区相比差距较大。

（二）文化产品层次不明确，民族文化资源价值挖掘不足

目前在张家界民族文化旅游资源实施开发的过程中，文化资源管理混乱，对传统的特色民族文化资源挖掘不够，已开发的民族文化产品价值层次较低。张家界文化产业主要以当地少数民族传统文化和自然资源作为发展重点，当地的文化产业形式以观光民族传统技艺、建筑和自然风光等形式为主，游客很少有机会真正融入其中。当地在节庆文化产品的设计过程中没有体现其特色性，当地文化商品等被赋予的民族文化理念较少。

（三）政策保障有待加强，资金投入不足

目前张家界民族文化创意产业抵御市场风险的能力较弱，从投资机构获得的资金也相对较少。由于资产总量有限，截至 2016 年，张家界民族文化创意产业投资项目只有投资 1.3 亿元的《烟雨张家界》和《天门狐仙·新刘海砍樵》，投资 1.6 亿元的《张家界·魅力湘西》，投资 1.2 亿元的《圣歌武陵》民族歌剧等。根据统计数据分析，外部资金只占张家界每年民族文化产业建设总投资的不到 2%，扶持资金仅占总投资的不到 10%，该区域民族文化创意产业集群的投资主要来源于演艺场所和旅游景点的门票收入。从外部因素来看，政府是主要因素之一，由于在制定文化资源开发规划时缺乏有效沟通和协作，导致政府职能部门对该地区文化产业鼓励和优惠政策不足。

（四）发展文化产业所需专业型人才短缺

专业型人才是任何产业发展的必备条件，文化产业从业者最大的特点是将创新意识和思维通过文化产业变为现实。因此，创意人才是实现文化创意产业与民族文化产业相结合并不断发展的关键。

（五）文化创意产业集群的联动机制不完善

在张家界民族文化创意产业集群的发展过程中，媒体、表演、影视、图书和设计等联动产业对发展当地经济的作用并不强。以《张家界·魅力湘西》《天门狐仙·新刘海砍樵》等民族文化创意产品为例，前者引导游客感受本地传统文化，展示特色的民族文化，后者描述的是刘海与狐仙之间的爱情故事，由于故事的既定性，一定程度上缩小了发展空间。虽然可以在一定时期内，围绕此内容开发一些文化产品，但随着民族文化的

不断挖掘，也会造成审美疲劳，使市场吸引力下降。因此，张家界应以现有民族文化资源为基础，构建创新机制，力求给顾客不同的文化体验（王光昊，2013）。

第四节   连片特困地区文化产业发展的政策建议

一、打造民族文化创意产业集群品牌

连片特困地区虽然横跨多省市，但文化一脉相承，文化产业发展是一个整体。区域协同发展模式是促进连片特困地区民族文化创意产业集群发展的重要选择。要形成文化品牌必须加强区域间的协作，要利用当地文化资源和相关政策，通过地方政府之间的通力协作，重点做好整体布局、创新观念、地方立法、组织机构、市场一体化、协作机制、协作目标等具体工作，为文化产业集群的发展清除市场和体制等方面的障碍。打破区域限制，建立民族文化产业的一体化机制、开发机制、相关产业链利益互补机制及品牌共享机制等，更好地推进民族文化创意产业集群的发展，建立当地文化产业品牌。

二、开创多渠道投融资模式

连片特困地区应尽可能争取国家对文化产业的资金投入，以及国家专项扶持资金。例如，争取商务部在外贸活动中对武陵山片区民族文化手工艺品的宣传与推荐等，争取文化部加大对武陵山片区少数民族文化发掘、研究、保护和抢救的资金支持力度。发展连片特困地区民族文化产业还要充分借助金融市场（陈少峰等，2011），如允许外商在民族文化产品等方面进行合资开发，建立多元化的投资模式，吸纳民间资金投入。

三、引进和培养文化产业专业人才

专业人才是发展连片特困地区文化产业的重要因素之一，不仅包括文化产品的艺术家、工艺师和设计师等，还包括营销和经营人才。专业人才的来源是企业内部培养和外部引进。连片特困地区文化企业须加强与文化研究机构和高等院校的联系，将人才的培养立足于本地；建立人才培养的长效机制，为本地文化产业的长远发展提供智力支持。

四、建立文化产业经济增长机制

促进连片特困地区文化产业发展的有效机制主要是价值转化机制和

外延机制。当前的营销和推广手段主要有电视、广播和网络等。连片特困地区应充分运用外延机制，大力发展传媒产业，重点发展网络、媒体和出版等产业。通过外部的文化产品来提高自身的精神境界，建立健全连片特困地区文化产业的价值转化机制，转变个人或群体的价值观念，通过对文化产品的吸收转化，在知识层面、创造力和技术上得到提高，从而更好地推动连片特困地区文化产业的发展。

第七章 连片特困地区旅游产业
发展战略选择

当前，我国扶贫攻坚行动已经步入精准扶贫阶段。有效利用连片特困地区发展旅游业的优势，选择合理的发展模式和战略，大力推进旅游产业发展，增强连片特困地区"造血"能力，实现区域发展与扶贫攻坚目的，是精准扶贫的重要抓手。

第一节 连片特困地区旅游产业发展基础

和其他贫困地区不同，连片特困地区均是交通十分闭塞、工业资源极度缺乏和经济文化非常落后的地区，因而常规扶贫措施和产业发展策略往往难以奏效。然而，由于旅游产业具有特殊性，加之连片特困地区发展旅游产业具有较大的可行性，连片特困地区旅游产业的作用和功能与其他地区亦有显著不同。按照连片特困地区旅游扶贫思路，一般将旅游产业定位为连片特困地区的先导产业、支柱产业。

具体来说，一方面，旅游产业具备明显的产业特殊性，非常适合在连片特困地区发展。第一，旅游消费方式具有特殊性，旅游产业是一种资源再生型产业，换言之，旅游资源如山水景色，一般是可重复利用的可再生资源。这意味着，对于工业基础薄弱和工业资源极度缺乏的连片特困地区而言，开发旅游资源对于产业结构转型升级具有十分重要的意义。第二，旅游产业是一种环境依托型产业，旅游产业发展与环境质量改善呈显著正相关关系。原因在于，只有环境优美的地区才能为旅游者带来良好的心理感受，才能使旅游产业兴旺发达。第三，旅游产业是一种差异体验型产业，环境差异、文化差异与风俗习惯差异等是触发旅游动机和影响旅游目的地选择的主要因素，例如，"乡里人进城，城里人下乡，平原人爬山，山里人看海"便是传统观光旅游的基本模式。第四，旅游产业是一种行业复合型产业，涉及"吃、住、行、游、购、娱"等多个方面，具有极强的产业联动性，旅游产业与酒店服务、特色农产品加工销售、旅游商品制造销售、文化创意产业、娱乐休闲业、区域交通运输业、安全设施产业、保险业以及房地产建筑业等均有密切联系。由此可知，旅游产业具有的产业特性和产业带动性，使其成为连片特困地区推动扶贫开发和发展地方经济的先导产业、支柱产业。

另一方面，从可行性角度来说，连片特困地区适宜大力发展旅游产业，具体而言，主要体现在以下五个方面。第一，连片特困地区旅游资源和环境具有明显特色，对城市居民具有强烈的吸引力。从我国旅游资源的地理分布来看，旅游资源与贫困地区特别是连片特困地区的地理重合度较高，全国现有 832 个贫困县分布在国家生态功能区内，近 300 个县属于国家主体功能区的限制开发区，这些地区虽然经济发展较为落后，但是生态环境保护良好，遍地是青山绿水，风景宜人。第二，随着经济发展和城镇化进程进一步加快，人民群众物质生活条件不断改善，城市人口日益增多，旅游消费需求会越来越大。第三，由于日常生产生活环境的显著差异，城市居民作为旅游市场消费主体，对连片特困地区特色旅游产品具有较大的消费偏好，旅游热情很高。第四，随着经济发展和交通技术进步，连片特困地区交通面貌正在逐渐改善，旅游可进入性不断提高。第五，近年来尤其是党的十八大以来，各级党委、政府对扶贫特别是连片特困地区扶贫工作高度重视，把扶贫脱贫作为一项重大政治任务和重点民生工程，以精准扶贫、精准脱贫为基本方略，积极推进扶贫攻坚战，显著加大了对连片特困地区的政策支持和财政扶持。

综上所述，在扶贫攻坚战中，旅游产业应当成为连片特困地区发展经济的先导产业和综合性支柱产业。进一步地，基于产业经济学的角度，结合旅游产业相关特征，本章从以下几个方面界定连片特困地区旅游产业的基本功能。

①扶贫增收功能。旅游产业发展可以创造较高的经济价值和经济效益，当地贫困人口能够快速获得可观的经济收益，直接推动连片特困地区脱贫致富。

②促进就业功能。旅游产业属于劳动密集型服务业，具有就业容量大、就业门槛低、就业类型多等特征，能够有效增加连片特困地区就业岗位。

③产业升级功能。连片特困地区由于发展第二产业资源和生产要素不足，以第一产业为主，导致经济结构升级瓶颈，发展旅游产业可以有效推动产业结构转型升级。

④改善环境功能。旅游产业发展与环境改善一般呈正相关关系，合理规划旅游产业发展能够全方位改善区域生态环境和自然环境。

⑤文化提升功能。发展旅游产业，可以带动文化交流，在一定程度上提升区域人口的文化素质，同时也有利于对优秀的特色鲜明的民族传

统文化进行深度挖掘、整理和保护。

⑥产业集聚功能。旅游产业作为一种复合型服务行业，能够有效带动与之相关的交通、娱乐、商贸、餐饮、特色农业、加工业和房地产等产业实现集聚发展。

⑦和谐发展功能。在连片特困地区发展旅游产业，推动落后地区经济社会快速发展，能有效缩小城乡差别和区域经济发展不平等，促进社会公平和谐。

⑧人口城镇化功能。在连片特困地区发展旅游产业，一方面能够促进第一产业劳动力向第三产业转移，提高人口城镇化水平；另一方面也能带动第二、第三产业聚集，实现经济城镇化，进一步带动人口城镇化。

本节将以武陵山片区为例，考察连片特困地区旅游产业的发展基础，主要包括连片特困地区旅游产业发展的优势、制约因素和机遇。

一、连片特困地区旅游产业发展优势

当前连片特困地区发展旅游产业的优势主要体现在以下几个方面。第一，近年来特别是党的十八大以来，党中央、国务院和各级党委政府对连片特困地区的旅游扶贫工作高度重视，同时，随着我国综合国力的显著增强，国家有能力、有条件加大对连片特困地区旅游资源开发的扶持力度，为连片特困地区发展旅游产业提供了重要的政治保障和财政支持。第二，崎岖的山地、复杂的生态环境、奇特的自然景观、丰富的生物物种及民族历史人文资源，为连片特困地区特色旅游产业发展提供了丰富的要素禀赋资源。第三，连片特困地区交通闭塞，工业发展滞后，制约了连片特困地区经济发展，但同时也使得区域内自然生态环境免遭污染和破坏，山清水秀的自然环境大大增强了特色自然景观的旅游吸引力。第四，连片特困地区由于交通不便和经济较为落后，许多地方仍然保持着传统的生产生活方式，民风较为质朴，风俗习惯特征明显，为发展特色民俗文化旅游产业提供了独特的人文资源。

依托自身所具备的优势条件，一些连片特困地区在脱贫实践中积极开发特色旅游产业，显著加快了当地脱贫步伐，旅游扶贫成为连片特困地区脱贫的主要途径之一。旅游产业由各地零散的地方自我行动向有组织的整体开发方向发展，成为连片特困地区的先导产业和综合性支柱产业。

武陵山片区素有"中国旅游第一走廊区""中国生态绿心"之称，自然风光独特，居住着大量少数民族，旅游资源十分丰富。

从旅游资源角度来说，武陵山片区旅游资源主要具有以下五个方面的显著特点。

一是数量丰富、种类齐全。根据国家质量监督检验检疫总局颁发的《旅游资源分类、调查与评价》所制定的相关标准，武陵山片区旅游资源有8大主类，占国标类别的100%，29个亚类，占国标类别的93.55%，101个基本类型，占国标类别的65.16%。

二是特色鲜明、不可替代性强。武陵山片区地处我国地形地貌第二级阶梯向第三级阶梯的过渡地带，自然景观和生态环境变化的梯度较大，多元民族文化兼容共存，形成了特色鲜明的自然和人文旅游资源。从自然旅游资源来看，世界自然遗产武陵源的石英砂岩峰林举世无双；武隆天坑地缝无论从规模还是典型程度来看均是同类喀斯特地貌的世界之最；崀山是我国面积最大、景观最奇特、发育最典型的丹霞地貌；德夯的流纱瀑布是全国落差最高的瀑布；猛洞河漂流因"山猛似虎，水急如龙，洞穴奇多"而得名，号称"天下第一漂"；红石林则兼具路南石林的风貌和丹霞地貌的神韵。从人文旅游资源来看，凤凰古城是南方最美小城，亦是文学之城、艺术之乡；南方长城是中国南方的唯一长城，对深刻理解长城文化内涵具有十分重要的意义；里耶古镇是出土秦简最多的地方，对于恢复因"焚书坑儒"而形成的秦前历史断层意义重大；芷江机场作为中国的"凯旋门"，见证了抗日战争中中华民族不畏侵略、自强自立的光辉历程。此外，作为民族交界交汇区，武陵山片区形成了特色鲜明的文化，反映了我国西南多元民族文化分合发展的历史，是领略和研究不同民族文化之间矛盾、冲突、借鉴、融合和发展的最佳场所。

三是资源品位高、质量优。武陵山片区旅游资源享誉全球，现有世界自然遗产3处，分别是武陵源（湖南，1992年12月）、中国南方喀斯特（重庆武隆，2007年6月）和中国丹霞（湖南崀山，2010年8月）。武陵山片区还拥有大量国家级的历史文化名城、名镇和名村。其中，国家级历史文化名城1处，即凤凰古城；国家级历史文化名镇5处，分别是重庆市石柱土家族自治县西沱镇、重庆市酉阳土家族苗族自治县、湖南省龙山县里耶镇、湖南省永顺县芙蓉镇、湖南省泸溪县浦市镇；国家级历史文化名村5处，分别是湖南省会同县高椅乡高椅村、湖南省辰溪县上蒲溪瑶族乡五宝田村、湖北省宣恩县椒园镇庆阳坝村、湖北省恩施市崔家坝镇滚龙坝村、贵州省石阡县国荣乡楼上村（楼上古寨）。武陵山片区有国家地质公园10处，分别是湖南张家界砂岩峰林（2001年）、湖南崀山（2002年）、湖南凤凰（2005年）、湖南红石林（2005年）、湖南乌龙山（2009年）、重庆武隆喀斯特（2004年）、重庆黔江小江南（2004年）、重庆酉阳(2011年)、贵州思南乌江喀斯特(2009年)和湖北五峰(2011年)。此外，武陵山片区有国家级自然保护区13处，国家级森林公园15处，以及国家级重点文物保护单位29处。

四是资源互补性强。从旅游资源结构来看，武陵山片区旅游资源自然、人文和谐统一，山色、水景错落有致。自然旅游资源以奇山、幽谷、溶洞为主，高山平湖、人工水库点缀其间；人文资源有古城、古镇、古村等聚落景观，有苗族、土家族、侗族、亿佬族等民族风情，有历史文化、古商文化、长城文化等高品位的文化。这种类型齐全、结构合理、层次分明、地区特色鲜明的旅游资源结构具备很强的优势互补效应，有利于区域内旅游资源的联合开发。

五是分布联片组团、相对集中。从整体分布来看，武陵山片区旅游资源既广泛分布，又相对集中，形成了一区两组团式的分布格局。一区指片区中部的核心三角区。三角区东角以张家界武陵源为极点，西角以武陵天坑和仙女山为极点，南角以铜仁梵净山、九龙洞为极点，中部以吉首凤凰为中心，几乎包含了片区主要的高级别景区。其中，张花高速、包茂高速、杭瑞高速分别将核心三角区主要的景区连成一体。两组团包括北部组团和南部组团。其中，北部组团主要有鄂西的土司城、神龙溪、屈原故里、王昭君故里等景区，沪渝高速是主要交通轴线；南部组团主要包括湘西南地区的崀山、洪江古城、梅山龙宫、云山、南山等景区，包茂高速、沪昆高速、娄怀高速可作为主要的交通轴线。总体来看，这种依托高速公路分布的组团式格局，非常有利于片区旅游组团式开发，走出全域旅游的新路子。

另外，从经济、社会、交通和技术等方面来看，武陵山片区旅游产业发展的优势主要体现在以下几个方面。

一是经济发展方式转变为旅游产业发展提供了机遇。党的十八大将生态文明纳入"五位一体"总体布局，十八届五中全会把"绿色"作为"十三五"规划五大发展理念之一，生态环境质量总体改善被列入全面建成小康社会的新目标，这意味着，我国将通过绿色发展和生态文明建设改变经济发展路径，实现经济发展方式转变。绿色发展理念要求进一步调整经济结构，使经济发展和环境可承受力协调一致，实现绿色发展、可持续发展。在这一大背景下，武陵山片区旅游产业的发展正好与国家推进生态文明建设、实现经济发展方式转型等目标完全一致。

二是交通运输的发展改善了武陵山片区的交通通达状态和可进入性。随着国家西部大开发、中部崛起战略和精准扶贫战略的实施，武陵山片区交通运输条件得到了明显改善。从航空运输来看，1993年恩施许家坪机场建成通航，2003 年芷江机场重建，2008 年铜仁凤凰机场扩建，2010 年黔江机场建成，武隆仙女山机场和湘西机场也即将通航，此外，"十三五"期间张家界荷花国际机场将进行改扩建，变成大型 4D 旅游机场和重要干线机场。高(快)速铁路方面，黔张常快速铁路已于 2014 年 12 月开工，设计时速为 200 公里，这是武陵山片区内连接湘西北、鄂西南和渝东南交界地区的重要运输通道；2016 年 12 月 18 日张吉怀高速铁路正式开工建设，设计时速为 350 公里，张吉怀高铁连接了武陵山片区内的张家界、凤凰古城等核心旅游景点；2017 年 12 月 26 日长益常高速铁路正式开工建设，设计时速为 350 公里，其与黔张常快铁和张吉怀高铁形成联结，并对接重庆、长沙两大中心城市，使片区内高(快)铁网络初具雏形。高速公路方面，常张高速 2005 年通车，常吉高速 2008 年通车，包茂高速重庆到凤凰段 2012 年已经拉通，沪昆高速湖南贵州段已于 2011 年全线通车，沪渝高速湖北段 2010 年通车，吉恩高速、吉怀高速、杭瑞高速贵州段、恩黔高速、张花高速等都在"十二五"期间通车。在不久的将来，本片区高速公路、高(快)速铁路将连成网络，串联起主要的风景名胜区，为片区旅游产业的融合开发奠定良好的交通基础。

三是片区旅游产业前期的发展成果为转型奠定了坚实的基础。和其他连片特困地区相比，武陵山片区旅游开发成绩斐然。武陵源、武隆、凤凰等主要景区的旅游开发产生了较好的经济效益和社会效益，带动了周边农民脱贫致富和相关产业发展，促进了区内经济社会的发展。

四是现代信息技术为旅游产业转型提供了有利条件。近年来，新科技革命兴起，信息技术日新月异，给人类经济活动和生活方式带来了深刻变革，旅游产业也不例外。现代信息技术使旅游产业更加技术化，对旅游产业转型具有显著影响。随着"互联网＋"时代的来临，线上旅游平台飞速发展，旅游产业新业态不断涌现，改变了旅游产业的整体格局。因此，在新科技时代，片区旅游开发会涌现出大量新机遇，用好这些机遇可以促进片区旅游产业发展实现快速转型升级。

五是旅游需求的变化为旅游产业发展提供了大量新的契机。第一，居民收入增长会促使旅游意愿常态化，提升旅游总体需求。第二，随着社会文明程度的提高，旅游方式和旅游动机将日趋多元化，对旅游产品的多元化开发提出了新的要求。第三，散客已成为旅游市场的主角，自驾游成为重要的旅游方式，对目的地接待能力和水平提出了更高的要求。第四，信息技术迅猛发展促进了旅游资讯技术化，将极大地影响旅游开发、目的地竞争、市场营销、旅游者出游方式选择和新旅游业态的形成。

二、连片特困地区旅游产业发展制约因素

近年来，连片特困地区旅游产业发展虽然取得了明显进步，呈现出强劲态势，但仍然存在诸多问题和不足，显著制约着连片特困地区旅游产业做大做强。概括而言，主要体现在以下几个方面。一是景区建设普遍品位不高。主要原因在于，受制于区位条件、交通条件、落后观念等因素，连片特困地区旅游产业发展整体起步较晚，尚处于产业发展低端阶段。与旅游发达地区相比，在旅游产业发展整体规划、景区景点打造、配套服务设施等方面存在明显不足，导致旅游产业整体实力不强，旅游资源优势没有完全转变为产业优势、发展优势。二是文化元素融入不够。虽然注重了特色民俗、历史文化在景区景点建设中的个别运用，但从整体上对连片特困地区文化旅游资源挖掘的深度和研究的系统性仍然不够，文化产业、旅游产业发展在一定程度上存在各自为政的现象，未形成文旅融合发展的聚合效应，文旅融合亟须全面推进。三是资金投入渠道不畅。部分地方在推进旅游产业发展的过程中，缺乏对市场手段的深度研究和充分运用，资金投入瓶颈制约明显。四是政策扶持力度不大。虽然各级政府出台了一系列支持连片特困地区加快发展的政策措施，但仍然缺乏有针对性地扶持鼓励连片特困旅游产业发展的政策措施。

以武陵山片区为例，依托于一些特色鲜明的旅游资源，近年来武陵山片区的旅游开发取得了明显的成效，武陵源、武隆喀斯特、凤凰古城等都相继发展成为国内国际知名风景区。然而，武陵山片区旅游开发尚存在明显的问题与不足之处，主要表现在以下几个方面。

第一，旅游产业发展北强南弱，尚未实现协同发展。由于资源分布不均，交通和区位优势存在差异，以及旅游开发的力度和效率不尽相同，武陵山片区旅游开发的水平存在十分明显的地域差异。从年旅游接待人次分布来看，年接待人次在 1000 万以上的只有武陵源、武隆、永定区三处，600 万～1000 万的只有凤凰一处，300 万～600 万的有恩施、吉首、新化、丰都、石柱、巴东、长阳等地。从区内旅游开发的空间格局来看，显现出明显的北强南弱的特点。其中，湘西南和黔东区域的旅游开发水平明显低于旅游资源的开发潜力，例如，江口的梵净山、洪江的古商城、新宁的崀山、城步的南山等优质旅游资源的开发力度不够，部分旅游资源闲置，经济效益发挥不充分。

第二，旅游开发的层次较低，人均旅游消费水平不高。除张家界、武隆等少数高级别景点外，武陵山片区的旅游开发整体上仍处于低级的景区

开发阶段，旅游基础设施、服务设施和水平明显跟不上旅游产业发展需要，难以满足城乡居民旅游消费需求，且旅游产业收入来源构成较为单一，表现为过度依靠门票收入。例如，在武陵山连片特困地区概念被提出的当年（即 2011 年），武陵山片区共接待旅游人数 1.3 亿人次，旅游总收入 722.5 亿元，人均旅游消费仅为约 487 元，远低于相关省市和全国的平均水平（见图 7-1）；从区域内的情况来看，碧江区、永定区、凤凰县游客人均旅游消费水平最高，分别达到 871.76 元、795.65 元和 738.33 元，而新邵、花垣等县游客人均旅游消费水平仅为 100 元左右（见表 7-1）。

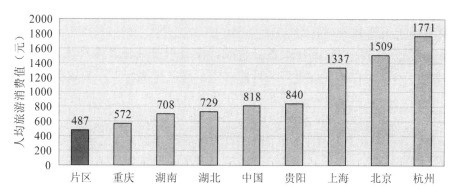

图 7-1　2011 年武陵山片区游客人均旅游消费值与其他省市的比较

表 7-1　2011 年武陵山片区主要市县区游客人均旅游消费水平　单位：元

序号	市县区	人均消费	序号	市县区	人均消费	序号	市县区	人均消费
1	碧江区	871.76	16	新化县	532.71	31	中方县	345.10
2	永定区	795.65	17	巴东县	515.88	32	会同县	333.94
3	凤凰县	738.33	18	安化县	504.98	33	芷江县	330.41
4	洞口县	717.92	19	石柱县	499.82	34	黔江区	317.34
5	涟源市	707.49	20	武隆县	494.51	35	靖州县	307.99
6	洪江市	686.11	21	武冈市	492.37	36	鹤峰县	279.40
7	城步县	666.67	22	沅陵县	487.53	37	五峰县	269.00
8	恩施市	654.51	23	通道县	478.81	38	丰都县	266.67
9	绥宁县	622.28	24	桑植县	449.03	39	龙山县	226.87
10	隆回县	621.43	25	保靖县	435.71	40	新宁县	212.77
11	江口县	593.22	26	秭归县	427.67	41	邵阳县	132.50
12	慈利县	581.62	27	石门县	418.82	42	花垣县	126.10
13	长阳县	564.60	28	永顺县	410.92	43	新邵县	62.50
14	玉屏县	549.50	29	武陵源区	405.83	片区平均		487.17
15	吉首市	538.95	30	古丈县	398.48			

数据来源：根据各市县区国民经济与社会发展公报相关数据测算而得。

第三，旅游产品种类单一，同质化竞争严重。观光旅游产品是武陵山片区的主打旅游产品，其他旅游产品，如康养旅游产品、文化旅游产品、会展旅游产品、探险体验旅游产品的开发尚未起步或处于襁褓阶段，有待进一步开发。

第四，旅游企业规模小、实力弱，旅游产业集群程度不够。武陵山片区旅游企业不论是宾馆、酒店、景区、旅行社还是旅游交通企业，多属中小型企业，缺少一批实力强劲、影响力大的大型企业或企业集团。同时，与旅游产业相配套的各种基础和服务设施也不完备，旅游产业集群程度不高，导致旅游的产业聚集功能、城镇化功能和和谐发展功能尚未得到充分有效发挥。

第五，片区内旅游开发各自为政，没有形成区域整合开发的势态，全域旅游发展程度远远不够。目前，张家界武陵源—永顺县猛洞河—芙蓉镇—凤凰古城的旅游带已进入整合开发阶段，但全区域的旅游合作仍没有取得实质性进展，尚未建成区域旅游集散中心。

第六，旅游资源开发与保护之间的矛盾亟待进一步化解。武陵山片区很多重要的旅游资源均属于保护要求很高的世界自然遗产地和重要自然保护区。因此，对这类旅游资源开发利用时需特别注重对旅游资源与自然环境的保护（秦远好等，2016）。在这方面，张家界自然遗产的旅游开发走了一段弯路，造成了巨大经济损失和不良社会影响，这应成为武陵山片区旅游资源开发的前车之鉴。

三、连片特困地区旅游产业发展趋势

对旅游需求方而言，旅游是一种待购买的服务，因此，居民消费能力的持续提升，是我国旅游业发展的最主要驱动力。具体来说，旅游作为非生活必需品，需求收入弹性较高，即旅游需求对居民收入较为敏感，直接取决于居民收入水平。此外，消费能力的持续提升会推动旅游消费升级。目前，我国经济步入新常态，进入经济增长速度调整换挡期，但在未来很长一段时间内，我国经济增长仍然极具潜力，居民消费能力依然会处于稳步增长阶段。随着居民收入水平的不断提升，旅游业必然是我国发展势头最强劲的产业之一，加之国家高度重视发挥旅游产业的扶贫功能，连片特困地区旅游产业会迎来高速增长期，成为连片特困地区的综合性支柱产业。下文以武陵山片区为例，阐述连片特困地区旅游产业的阶段性特征和未来发展趋势。

（一）武陵山片区旅游开发的阶段性特征

随着居民收入水平的逐步提高、国内旅游市场的拓展、旅游资源开

发的深化及交通软硬件设施的改善，武陵山片区旅游开发呈现出明显的阶段性特征，大致可以划分为三个不同阶段。

①点状开发阶段（1980—1996 年）。从 20 世纪 80 年代中期开始，以我国第一个森林公园——张家界森林公园的旅游开发为标志，武陵山片区旅游开发开始起步。在 1992 年张家界被列入世界自然遗产名录后，武陵山片区旅游开发加速，但区域内旅游开发总体上仍呈点状开发状态，旅游开发仅在少数的几个点上展开。

②点轴开发阶段（1996—2005 年）。20 世纪 90 年代中后期，在导演谢晋的作品《芙蓉镇》的带动下，芙蓉镇成为旅游热点，猛洞河漂流兴起，"张家界看山，猛洞河玩水"渐渐演变成湘西旅游的精髓。随后，2001 年"苗疆边墙"被定位为"南方长城"，凤凰古城晋升为国家级历史文化名城，黄龙洞和凤凰古城旅游联动开发，梵净山旅游逐步兴起，武陵山片区旅游开发开始沿着枝柳铁路和 S308 省道构成的交通轴线展开，形成了典型的点轴式开发模式。

③网络开发阶段（2005 年至今）。2005 年后，由于居民收入水平进一步提高，旅游需求继续增强，同时随着西部大开发的实施，武陵山片区交通面貌日益改善。武陵山片区内各地发展旅游的热情空前高涨，建成黔江小南海、乌江画廊、洪江古商城和里耶古镇等一大批旅游景点。此外，2007 年武隆天坑成功申遗和 2010 年新宁崀山成功申遗，极大地提升了武陵山片区的旅游知名度，片区旅游产业进入网络状全面开发阶段。

从图 7-2 中不难发现，张家界、凤凰、武隆三个景区旅游接待人数增长的情况很好地反映了片区旅游开发的阶段性特征。

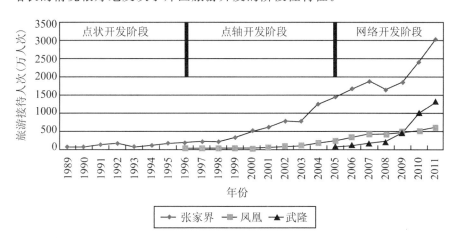

图 7-2 张家界、凤凰、武隆旅游接待人次的变化

（二）未来武陵山片区旅游产业的地位

根据相关统计结果，2011 年武陵山片区共接待国内外游客近 1.3 亿人次，实现旅游总收入 722.53 亿元，约占本区 2011 年生产总值 4346 亿元的 16.62％，而同期全国旅游收入仅占 GDP 总量的 4.80％。同时片区旅游产业收入占 GDP 的比重也明显高于相关省市的平均水平（见表 7-2）。从片区内部各市州的情况来看，张家界市旅游收入占 GDP 的比重达到了56.07％，铜仁市为 31.57％，湘西州和恩施州也都在 20％以上（见表 7-3）。

表 7-2　2011 年武陵山片区与相关省市旅游收入占 GDP 的比重

区域	旅游收入（亿元）	旅游收入占 GDP 的比重（％）	区域	旅游收入（亿元）	旅游收入占 GDP 的比重（％）
武陵山片区	722.53	16.62	中国	22700.00	4.80
重庆属区	126.30	19.32	重庆市	1270.52	12.70
湖北属区	112.20	18.80	湖北省	1931.80	9.86
湖南属区	364.80	14.08	湖南省	1785.78	9.10
贵州属区	119.23	23.56	贵州省	1429.48	25.01

数据来源：根据各市县区国民经济与社会发展公报相关数据测算而得。

截至 2016 年，武陵山片区内旅游产业取得了长足发展，旅游产业的地位越来越高，扶贫效果显著。其中，张家界 2016 年实现接待旅游总人次 6143 万，旅游总收入 443 亿元，同比分别增长 21％、30％；统计公报显示，2016 年凤凰县全年共接待中外游客 1250 万人次（其中乡村游接待游客 376.23 万人次），实现旅游收入 115 亿元（其中乡村实现旅游收入 5.6 亿元），分别增长 16.04％和 26.4％，门票收入达 2.34 亿元；2016年，重庆市武隆加快打造 7 条精品线路，50 个乡村旅游示范村（点）启动建设，新增乡村旅游接待户 1506 户，《印象武隆》演出实现收入 4948 万元，全年共接待游客 2450 万人次，较上年增长 13.5％，实现旅游总收入75.16 亿元，较上年增长 15.2％。"十二五"期间，湖南省通过旅游业带动 70 多万贫困人口实现脱贫，占全省脱贫人口的 15％，其中，武陵山片区通过旅游发展带动 42 万贫困人口实现脱贫，占全省旅游脱贫人口的 60％。

表 7-3　2011 年武陵山片区相关市州区旅游收入占 GDP 的比重

省属区	市州区	旅游收入（亿元）	GDP(亿元)	旅游收入占 GDP 的比重(%)
湖南属区	张家界市	167.31	298.40	56.07
	湘西州	76.88	361.36	21.27
	怀化市	70.27	674.92	10.41
	邵阳属区	12.70	541.60	2.34
	益常娄属区	37.65	713.75	5.27
湖北属区	恩施州	86.45	418.19	20.67
	宜昌属区	25.77	178.61	14.43
重庆属区	渝东南区	33.31	387.02	8.61
	武石丰区	92.97	266.50	34.89
贵州属区	铜仁市	112.73	357.12	31.57
	遵义属区	6.50	148.91	4.37

数据来源：根据各市县区国民经济与社会发展公报相关数据测算而得。

第二节　连片特困地区旅游产业发展的主体战略

一、借鉴国内外主要旅游发展战略类型

基于国内外旅游发展实践，旅游产业发展战略主要包括四种类型：政府主导型战略、市场主导型战略、资源引导型战略、需求引致型战略。其中，政府主导型战略和市场主导型战略主要讨论区域旅游产业发展过程中资源配置方式，资源引导型战略和需求引致型战略主要关注区域旅游产业发展过程中处于支配地位的要素特征。

（一）政府主导型战略

政府主导型旅游发展战略是当今世界许多国家政府所采用的旅游发展战略。其核心是政府利用政策、法律、行政和经济等手段，为企业投资和经营创造良好的环境，引导旅游业健康发展（王娟，2001）。当然，在坚持政府对旅游经济起主导作用的同时，该战略也充分强调市场机制的作用，以实现旅游资源的合理配置和优化组合。

虽然各国在国情、文化、政治制度等方面不尽相同，但是，在制定旅游发展战略时，各国普遍接受政府主导这一模式，这种现象的出现有

其客观必然性。经济学理论认为，如果市场机制不够完善，则政府有必要参与调节经济，纠正或弥补市场机制不完善问题。特别是对于外部效应的防止、公共品提供以及克服垄断等问题，政府的作用十分重要。

具体来说，在旅游产业发展过程中，政府的积极作用表现在以下几方面。首先，政府需要投资建设和完善基础设施，如建设旅游接待地的能源、交通、通信、供水等必需的基础设施。其次，政府需要拟定区域旅游发展规划，制定相关的旅游政策、法令和法规，通过相关的行政和行业管理手段进行管理和监督，并管理、塑造和传播旅游地区整体形象。再次，政府需负责旅游人才的引进与培养。最后，政府可以运用各种政策工具鼓励旅游企业发展，协调旅游产业相关者的关系和利益，创造旅游协作系统，以推动全域旅游发展。

(二)市场主导型战略

对我国来说，市场主导型战略是社会主义市场经济不断发展的必然产物，反映了发展旅游产业过程中政府与市场关系的重大转变。其核心体现于市场在旅游资源配置中的决定性作用，因而与政府主导型战略存在较大差别。但是，应当特别注意的是，市场主导型战略绝非对政府主导型战略的否定，而是继承、发展与完善政府主导型战略，这主要体现在以下几个方面。首先，市场主导型战略并未否定政府对旅游产业发展的调控作用，政府可以继续发挥而且必须履行其应有职能。其次，政府主导型战略也同样强调市场的作用，政府主导是在市场基础上的主导，是按市场规律行为的政府主导。再次，与政府主导型战略相比，市场主导型战略更加突出市场的作用，和对政府行为边界的界定。最后，市场主导型战略能够有效克服地方政府在旅游产业发展中片面追求政绩和违背市场经济规律过度干预市场经济活动等问题（章尚正，1998）。例如：有的地方政府拘泥于地方的眼前利益，搞各自为政、条块分割，宁可进行低水平重复建设，也不愿与其他地区联手共同实行区域开发；有的地方政府则喜欢把"政府"意志强加于企业，采取赞助、摊派等手段干预企业经营。

市场主导型战略中，政府继续发挥其所具备的调控职能，主要包括：第一，负责旅游法律体系建设；第二，提供和完善旅游基础设施；第三，提升和宣传国家整体旅游形象；第四，加强对旅游资源的保护，实施可持续发展战略；第五，发挥协调职能，让各利益相关方实现有效分工协作，避免恶性竞争，共同营造一个有利于旅游产业长期健康有序发展的大环境；第六，强化监督检查，对旅游企业进行检查询问、督导监察；

第七，及时全面收集发布旅游市场信息，解决旅游市场上长期存在的信息不对称问题，杜绝旅游欺诈、旅游宰客现象发生，保障游客合法权益。

和政府主导型战略相比，市场主导战略中市场机制的作用领域和力度都更大，旅游产业发展主要依靠市场力量推动，市场的作用集中体现在：第一，旅游企业向集团化、网络化方向发展；第二，旅游企业自行宣传和提升自身整体形象；第三，旅游发展资金主要来源实现市场化；第四，市场主体主导旅游资源开发与管理等。

(三)资源引导型战略

资源引导型战略是指通过对区域内优质旅游资源进行高效地开发，形成相关产业集群，进而带动区域旅游产业和社会经济发展的战略。总体来讲，资源引导型战略强调旅游资源的空间整合和服务设施的空间整合，是区域旅游开发的基础性战略。

高品位的优质旅游资源是旅游产业良性发展的基础，因此，资源引导型战略一直都会有其适用性。在我国改革开放初期，大众旅游刚刚起步，国内旅游产品总体上供不应求，已有景区无法满足日益增长的国内旅游需求，而边远地区的很多优质旅游资源却未被开发，大量高品位旅游资源被闲置。同时，许多地理学家开始关注和研究旅游，地理学的相关理论(区位、规划、资源)被大量地运用于旅游开发和旅游规划，形成了资源引导型旅游发展战略，国内众多知名景区均是在这一时期通过资源引导型战略发展起来的。资源引导型战略主要关注资源的调查、分类和评价，以及资源开发的规划，强调对区域旅游资源、交通服务设施和旅游中心城市进行统筹规划和开发。

然而，资源引导型旅游发展模式亦存在一些根本问题，主要表现在将旅游资源推向市场之前缺少一个对资源深入精细化地挖掘、加工、塑造及旅游产品开发的过程。20世纪90年代中期以来，大众旅游迅猛发展，旅游活动日益频繁，成为人民群众重要的休闲方式。随着区域旅游竞争日益激烈，旅游买方市场形成，市场需求对旅游发展影响日益增大。此外，传统的高品位旅游资源基本上已开发完毕，故而资源引导型战略对我国旅游资源开发的适用性有所下降。但是，对于旅游资源品位高、吸引力强的传统旅游地带，该战略仍具有重要指导价值。

(四)需求引致型战略

需求引致型战略立足于当前旅游市场的市场需求，随着旅游市场潮流变化不断开发适销对路的旅游产品，带动旅游产业和社会经济的发展。该战略关注的焦点是短期内旅游市场需求分析和旅游产品的特色与创意，在人口密集、交通方便、区位优越、资本和技术实力雄厚的都市区域，是旅游产业发展的首选战略。总体而言，该战略具有短期性、周期性、区域性和不稳定性等显著特征。采用需求引致型战略指导旅游产业发展的一个典型例子便是目前正处于快速发展中的康养旅游。

当前，在工业化、城镇化进程中，环境污染加剧，老龄化加快，再加上许多工作具有节奏快、压力大的特点，亚健康、慢性病、精神疾病等问题日渐普遍。在这种情形下，健康养生需求旺盛起来。因此，将旅游和健康养生有机结合起来的康养旅游，渐渐成为时下旅游产业中的热门领域，由需求带动起来的康养旅游市场规模会越来越大，成为旅游产业的新业态。根据相关统计，在2015年，全球医疗健康旅游产业的规模达到6853亿美元，且发展前景非常光明。

根据连片特困地区旅游产业发展的实际情形，上述四种战略各有千秋，均有用武之地。具体来说，由于连片特困地区经济发展水平相对落后，市场微观主体力量薄弱，同时需要增加大量基础设施建设投入，这意味着，政府需在连片特困地区旅游产业发展过程中承担重要角色。但是，在市场经济下，政府作用有其边界，不能靠政府包办一切解决所有问题，需要采用市场机制激励微观主体从事旅游经营开发活动，充分调动各方市场主体的积极性，才能实现旅游产业健康快速发展。连片特困地区拥有大量珍贵的自然人文旅游资源，这些旅游资源中一些尚处于未开发或者未完全开发状态，因此，资源引导型战略在连片特困地区的作用十分明显。当前我国旅游发展已步入新时代，各种旅游需求层出不穷，未来旅游产业发展的核心应是更好地满足差异化的旅游消费需求，这意味着，需求引致型战略亦对连片特困地区旅游产业发展具有十分重要的指导价值。

二、实现连片特困地区旅游产业多业态发展

(一)连片特困地区旅游产业发展的传统业态

从本质上看，旅游活动以游客的空间移动为前提，旅游产业便是为移动中的游客提供从信息整合、行程安排，到在目的地期间的餐饮、住宿、交通、游览、购物、娱乐、商务活动和休闲体验等方面的服务。就旅游服务机构的组织形态来看，旅行社一直是我国尤其是连片特困地区旅游经济系统中的代表性业态，并伴随着旅游市场的繁荣扩张而不断发展、演化，出现了旅游批发商、旅游经营商、旅游代理商、旅游组团社、旅游接待社、门市部等功能不同、种类繁多的旅游服务组织。

　　然而，近年来，传统的旅行社在运行中出现了诸多问题。一方面，传统旅行社规模参差不齐，一些中小型旅行社散小弱差、管理手段落后，导致运营成本居高不下，对游客的吸引力逐步减退；另一方面，受地域限制，旅行社上下游之间存在大量信息不对称状况，降低了旅行社运行的经济效率。另外，许多旅行社由于缺少渠道及平台，无法获得充足且具有优势的上游产品资源。特别地，由于受旅游电子商务企业冲击，以及家用汽车的普及化，旅游散客化、自由行趋势加强，旅行社的客流量越来越难以保证。

　　在旅游形式方面，一直以来连片特困地区旅游的形式以观光旅游为主，缺乏多样性，且几乎都是围绕自然景观和历史资源来开发旅游产品，产品整体层次较低，被形容为"白天看庙，夜晚睡觉，白天疲劳，夜晚无聊"，导致游客审美疲劳，旅游消费欲望较低，且往往是一锤子买卖，难以吸引到大量"回头客"。随着人民群众收入不断提高，闲暇时间增多，人们更偏好多样的旅游形式，旅游产品急需多样化和层次升级，这是未来连片特困地区旅游业发展的主要趋势。

　　(二)连片特困地区旅游产业发展的新业态

　　随着信息化时代的到来，旅游产业作为典型的信息密集型和信息依托型产业，与电子商务有着天然的紧密联系，互联网变革孕育出了丰富的旅游新业态，正在重新构建旅游业的产业链条(张文建，2011)。从市场主体发育来看，新型的旅游电子商务公司开始成为旅行社业务的重要经营者，一批旅游在线运营商迅速壮大崛起，在线旅游供应商及平台发展迅猛，业务增速明显高于传统组团式的旅行社。此外，诸多国内外大型网络企业集团也都在通过各种途径进军国内在线旅游市场。

　　实践证明，随着经济发展和技术不断进步，旅游产业也会不断发生业态变迁，并非只有传统的旅行社组团观光旅游一种业态。目前，随着我国经济持续保持中高速增长，居民收入水平稳步提升，居民消费结构转型升级，国民的旅游需求持续旺盛，同时，游客散客化的消费方式越来越占据主流，技术进步带来的商业模式创新也在显著影响旅行产业的业态变迁。总的来说，我国旅游产业形态迎来了一个发展变革的历史机遇期，连片特困地区也不例外。

　　当前，我国旅游业进入了新的发展阶段，旅游个性化趋势日益增强，旅游业呈现出高度化发展、融合化发展、专业化发展的特点，旅游新业态不断兴起。在部分连片特困地区，多种形式的旅游新产品如雨后春笋般涌现出来，如文化游、康养游、科考游和探险游等。这些旅游新业态虽然历史较短，但发展潜力十足。旅游新业态的不断涌现不仅能拉动第三产业发展，促进扶贫开发和经济增长，还能提升消费层次，实现消费结构转型升级，大大提高人民群众的生活水平。

从旅游组织形式来看，我国旅游产业的整体业态变迁出现了三大重要趋势。第一，线上线下融合趋势已经延续多年，并且仍将在未来一段时间里保持。第二，互联网金融和旅游结合，"互联网金融＋旅游企业"的组织模式是未来的发展趋势。第三，分享经济成为一种新业态，有利于盘活闲置资源，满足人们多样化的住宿需求。举例来说，2012年年初共享房屋传入我国，短短几年之后，这种分享经济模式已成为当前我国旅游行业中最火爆的领域之一。

对连片特困地区来说，旅游新业态的出现既是机遇，也是挑战，对发展旅游产业提出了更高要求和新的标准。因此，连片特困地区必须主动适应新业态，用好新业态。从本质上看，只有真正立足于满足游客核心旅游需求，旅游景点和旅游企业才能适应不断变化的旅游市场，在激烈竞争中出奇制胜，立于不败之地。

具体来说，对于连片特困地区而言，可从以下两个方面着手。一方面，政府应加强对旅游新业态的调查研究，结合本地实际情况，为旅游新业态构建良好的发展环境，营造支持旅游新业态的发展氛围，扶持当前在本地已经出现的旅游新业态产品和新业态企业，全力帮助其发展壮大；另一方面，在巩固新业态旅游产品本地市场的同时，依托各种信息交流媒介，搭建线上线下交流合作平台，加强对外交流，不断延伸旅游产业链条，扩大新业态旅游产品的市场规模和影响，推动旅游新业态发展壮大，并实现合作共赢。

三、促进连片特困地区旅游产业结构升级

下文以武陵山片区为例，探讨连片特困地区旅游产业结构升级战略。针对武陵山旅游产业发展现状和存在的问题，结合目前产业升级的背景和条件，武陵山片区旅游产业可从以下几个方向进行结构转型升级。

（一）区域开发整合化

通过建立区域间协调组织和机制，组织制定和实施片区旅游产业的整体规划，实现片区旅游景点主题开发、宣传营销、线路组织、交通网络建设的统筹安排。根据片区资源特色、分布和交通状况，重点开发北部、南部和中心三角区三大旅游组团，推出12条精品旅游线路，合理布局和建设旅游集散中心，促进片区旅游产业向整合开发的方向发展，实

现区域旅游开发总体效益的最大化。

（二）旅游产品多元化

在完善目前观光旅游产品的基础上，针对旅游市场的发展趋势，进一步细分市场，构建主题明确、特色鲜明、目标明确的多元旅游产品体系。针对年轻人群开发休闲购物、特色菜品尝、森林探幽、溯源探险、登山露营、科普考察或农家生活体验、乡村采摘与野外写生等旅游活动；针对生活性服务需求开发养老旅游、体育旅游、购物旅游、演艺旅游和影视旅游等产品；针对生产性服务需求开发商务旅游、奖励旅游、会展旅游、培训旅游、咨询旅游与考察旅游等产品；针对公共性服务需求开发工业旅游、农业旅游、科普旅游、节事旅游和红色旅游等产品。

（三）企业结构合理化

加大旅游企业国有资产改革重组力度，通过行政手段与市场机制相结合的方式，培育一批区域性的大型国有旅游企业和服务品牌。鼓励和支持民营企业进军旅游产业，推动各种所有制企业公平竞争和优胜劣汰。加大对旅游企业金融支持力度，加强企业品牌建设，持续提升企业竞争力，尽快形成一个"以大型集团为主导、中小企业活力充沛、新型业态持续涌现"的旅游产业新局面。

（四）企业组织集群化

大力推进旅游企业的有效集聚，使旅游要素企业、关联企业、辅助企业和相关机构向优势旅游资源或区位条件优越的旅游目的地集中，形成空间地域集聚体，实现旅游产业的聚集效益。

（五）旅游接待散客化

由于社会经济的发展，居民生活水平和文化层次不断提高，旅游需求日益个性化，原来的组团旅游正逐步被个性化的散客旅游所取代。特别是高速公路时代，自驾游日渐普遍。为适应旅游市场需求的变化，旅游的组织、接待和相关的基础与服务设施也需相应改变，例如，停车场、汽车旅馆的规划建设，汽车租赁、汽车维修服务，以及各类标识指南的完善，等等。

（六）旅游产业信息化

将旅游产业和信息技术有机结合起来，通过信息化改变传统的旅游产业格局，促进旅游产业结构转型升级，不断培育旅游产业新业态，使片区旅游产业发展迈上新台阶。

（七）开发目标富民化

把扶贫富民作为武陵山片区旅游开发的首要目的，积极动员目的地社区居民和周围农民参与旅游开发活动，使旅游扶贫真正落到实处。

第一，吸引当地贫困人口积极参与本地旅游项目开发，为其创造更多脱贫方式。在连片特困地区，贫困往往并非单纯的物质缺乏，更深层的是信息、观念、教育和技能的缺失，即人力资本相对不足，导致贫困人口本身创造财富的能力不够。这意味着，许多贫困群众无法一蹴而就地参与到复杂的旅游产品开发经营活动中，因而必须实事求是地寻找接地气的切入处。例如，生产出能体现当地自然、人文特色的土特产、手工艺品、服饰和小吃等，为游客旅游购物提供特色产品。

第二，构建灵活多样的旅游扶贫经济组织形式，推动旅游产业发展。本着有利于促进当地旅游产业快速发展的基本原则，股份制、股份合作制、"公司＋农户"等经济组织形式都可以不拘一格地广泛利用起来，以实现居民增收脱贫致富。例如，采用城乡股份合作制的形式成立旅游扶贫股份公司。具体来说，政府以旅游资源、土地等资源作为股份入股；企业或投资者以资金、旅游开发项目和旅游市场开拓等作为股份；本地农民则用劳动入股，把"工时"折算成股份。各方凭股份分红。这种新型组织形式可以显著提高农民参与旅游开发的意愿和能力，使其在旅游开发中直接实现增收。

四、推进连片特困地区特色小镇建设与全域旅游发展

（一）推进连片特困地区特色小镇建设

2016 年 7 月 1 日，住房城乡建设部、国家发展改革委、财政部共同发布《关于开展特色小城镇培育工作的通知》，决定在全国范围开展特色小镇培育工作，计划到 2020 年，培育出 1000 个左右各具特色、富有活力的休闲旅游、商贸物流、现代制造、教育科技、传统文化、美丽宜居等特色小镇，引领带动全国小城镇建设。紧接着，2016 年 10 月 14 日，住房城乡建设部公布了第一批中国特色小镇名单，共涉及 32 个省（区、市）的 127 个镇。从各自特点来看，我国现有的特色小镇可分为十大类型，包括历史文化型、城郊休闲型、新兴产业型、特色产业型、交通区位型、资源禀赋型、生态旅游型、高端制造型、金融创新型和时尚创意型。不难看出，其中的历史文化型、城郊休闲型、生态旅游型和时尚创意型特色小镇与旅游产业直接相关，特别是生态旅游型特色小镇的主要目的便是发展特色旅游产业，是名副其实的旅游小镇，而其他几类特色小镇亦具备发展旅游服务业的潜质。

既然是特色小镇，顾名思义，其应该位于乡村地带或者是城乡接合

部位，因此，特色小镇建设与发展乡村旅游之间存在天然的相生相依关系，二者相互促进和共同发展，而且特色小镇对产业的要求与乡村旅游的核心就是解决产业的问题不谋而合。目前，乡村旅游以民宿、果蔬采摘或者一个乡村景区带动的模式很难实现乡村产业特别是连片特困地区乡村旅游产业的可持续发展。因此，片区结合国家大力推广的特色小镇建设，可以探索并找到带动连片特困地区乡村旅游可持续发展的新模式。在目前我国所规划的众多特色小镇中，有很多是结合旅游资源、乡村资源来打造的，特色小镇建设的核心就是产业，是解决目前新型城镇化产业发展的新途径和新模式。按照规划要求，特色小镇应是产业与城市功能的结合体，是融合了"生态、生产、生活"三生一体的特色区域，满足一系列对于旅游要素功能的要求和标准。

一方面，由于特色小镇特色足、要素齐备、环境好，很容易成为目的地的统筹体验中心，特色小镇作为产业地区域，所形成的旅游目的地一定是产业经济的概念，而非单纯的门票经济，更容易实现从门票经济向产业经济转变。最终，依托特色小镇，连片特困地区可以实现从旅游企业单打独享到社会共建共享转变的全域旅游开发方向。另一方面，相比景区和度假区，基于游客对当地生活体验需求和消费需求，特色小镇更有利于实现及贯彻"菜场即景点，城市公园即景区"的理念，带给游客更好的全域全要素旅游体验。目前来看，现有的城市建设中，公共服务设施普遍相对弱化，旅游者和当地居民共享空间较差甚至缺失现象比较普遍。特色小镇作为城市和乡村的连接体、黏合体，结合全域旅游对乡村旅游发展的要求与新型城镇化的发展趋势，更容易在空间及要素上实现全域旅游的核心特征，突破一般乡村旅游发展面临的制约。

对于连片特困地区而言，打造高品质特色小镇，并以此作为推手助力旅游产业发展，可以从以下几个方面入手。

第一，结合地方特色，合理规划布局，建立完善基础设施。特色小镇布局和建设应与周边自然环境协调一致、相得益彰，实现特色小镇宜居、宜业、宜游三大目标，通过特色小镇建设拉动区域旅游和相关产业同步发展。一般来说，连片特困地区的"特"主要体现在自然风光"特"、地方文化"特"两个方面。因此，片区在建设特色小镇过程中，应始终坚持环境优先、生态为本，严守环境底线，绝不能让自然生态环境遭受破坏。此外，特色小镇建设应突出地方文化特色，修缮和保护历史文化遗迹，深入挖掘本地文化内涵，将特色小镇旅游打造成一道风味独特的文化大餐。

第二，在连片特困地区，建设特色小镇需要进行思维创新，不断解放思想，采用新理念、新思路。和其他地区不同，连片特困地区经济发展落后，缺资金、缺人才、缺产业，存在诸多发展瓶颈。因此，连片特困地区发展特色小镇需要大力招商引资，首要的就是引入一批发展潜力大的企业和战略投资者，共同出资开发特色小镇。同时，要通过各种方式纳才引智，尤其是经验丰富、德才兼备的高层管理人员和市场营销人员。此外，需制定适合本地特色的产业政策，力争通过特色小镇建设带动本地产业集群发展，充分发挥特色小镇的整体经济效益。

第三，注重将"产、城、人、文"有机结合，以特色小镇群和文化古村群为突破口，促进文化旅游产业与城乡一体发展深度融合，打造一批特色明、产业强、环境美的特色小镇，增强旅游资源的市场核心竞争力。

（二）推进连片特困地区全域旅游发展

全域旅游是指在一定区域内，以旅游业为优势产业，通过对区域内经济社会资源尤其是旅游资源、相关产业、生态环境、公共服务、体制机制、政策法规、文明素质等进行全方位、系统化的优化提升，实现区域资源有机整合、产业融合发展、社会共建共享，以旅游业带动和促进经济社会协调发展的一种新的区域协调发展理念和模式。

对连片特困地区而言，当前发展全域旅游具有显著的现实意义和必要性。一方面，当前我国旅游市场正在发生明显转变，发展全域旅游是推动连片特困地区旅游业转型升级和可持续发展的必要途径。例如，2015 年我国国内游达到 40 亿人次，其中，自助游超过 85％，自驾游超过 60％，意味着我国旅游市场正处于蓬勃发展和深度变革之中，自助游、自驾游逐渐成为人们旅游出行方式的主要选择。在自助游、自驾游的旅游新时代，游客的旅游活动面积不断扩大，行程自由程度大大提升，与景区所在地社会的互动交流亦会显著加深。因此，与以往的跟团游时代显著不同，一个景点的旅游质量，不再单一地取决于景点的吸引力度和景点所在地的旅行社、酒店以及景区本身的服务质量，而是和整个大区域的综合旅游环境息息相关，"鹤立鸡群"式的旅游景点受欢迎程度会逐步下降。这意味着，连片特困地区应树立"大旅游"思维，从全域整体通盘考虑，优化整体旅游环境，改善旅游全过程，包括配套公共服务体系、旅游基础设施和旅游服务基本要素等。另一方面，随着我国旅游产业开发步入热潮，旅游市场竞争日趋激烈，发展全域旅游有助于提升连片特困地区旅游产业的市场核心竞争力。和其他区域相比，连片特困地区不仅自然遗产和历史文化遗产十分丰富，而且旅游资源分布呈现连片组合，在旅游新时代存在显著比较优势。因此，发展全域旅游是连片特困地区顺应旅游业发展新趋势、发挥自身资源比较优势的最有效途径，是打造连片特困地区旅游产业市场核心竞争力的重要之处。

对连片特困地区而言，要实现景点旅游向全域旅游转变，可以从以下几点出发，为全域旅游发展构建适宜的发展环境。在宏观层面，全面整合片区所有旅游资源，进一步优化旅游资源配置和交通路线设计，以充分发挥旅游产业对整个片区扶贫开发和经济发展的作用。在微观层面，逐步统一片区内景点景区的建设和服务标准，实现景点景区服务质量无差异，着眼于提升游客体验满意程度，从整体上优化旅游环境和提升旅游服务质量。在政府管理层面，设立跨省市的联席会议和政府合作平台，构建片区全域旅游综合协调管理体制。此外，应充分发挥"旅游＋"功能，使旅游业与片区内其他相关产业进一步加深融合，充分发挥连片特困地区的旅游产业扶贫带动作用。

（三）推进连片特困地区特色小镇与全域旅游融合发展

"小镇故事多，镇小机制活。"当前，连片特困地区应积极探索以特色小镇建设为载体传承传统历史文化，接轨未来、孕育新经济，把特色小镇建设作为全域旅游的试验田和示范地的新做法，致力于把特色小镇打造成区域内全域旅游发展的一张金名片（钟娟芳，2017）。

一方面，特色小镇是发展全域旅游的重要载体和主要抓手。特色小镇依靠当地特色产业和优势环境，打造具有明确产业定位、文化内涵、旅游特征和一定社区功能的综合开发体，实现旅游景区、消费产业聚集区、新型城镇化发展区三区合一，推动产业生活生态一体化、城乡一体化发展。

另一方面，未来全域旅游的发展，可依托特色小镇形成旅游者休闲集散综合服务的中心，如美国的对冲基金小镇格林威治、法国的骑士爱情小镇普罗旺斯等，给旅游者非常舒服的体验，以小镇形成目的地的概念，以小镇形成对于周边资源的整合带动，尤其是对于乡村产业的带动，以及周边旅游景点、度假区、风景廊道、营地等旅游产品的带动，从而实现乡村旅游产业的可持续发展，实现区域旅游从单一景点景区建设管理到综合目的地统筹发展的转变。

总的来说，特色小镇是美丽乡村建设与全域旅游发展的重要依托。以特色小镇建设为载体推进乡村旅游与全域旅游，是加快区域产业转型及旅游发展的重要突破口。未来，特色小镇将成为全域旅游"产业域、空间域、要素域"全域发展的结合体，成为落实全域旅游理念、助推乡村旅游发展的重要载体。

第三节 案例分析

本节以位于武陵山片区内的重庆市酉阳土家族苗族自治县为例，探讨连片特困地区旅游产业发展和旅游扶贫的实践经验。

重庆市酉阳土家族苗族自治县位于重庆市东南部，地处武陵山区腹地，是出渝达鄂、湘、黔的重要门户，素有"渝东南门户、湘黔咽喉"之称。酉阳东邻湖南龙山，南与秀山、贵州松桃、印江接壤，西与贵州沿河隔乌江相望，西北与彭水，正北与黔江、湖北咸丰、来凤相连。至2014年年底，酉阳的面积为5173平方公里，辖39个乡镇，常住人口为56.24万人（户籍人口86.04万人），共18个民族，以土家族、苗族为主。

酉阳是渝东南人口最多、面积最大的县。酉阳地形属于非常典型的喀斯特地貌，"天无三日晴，地无三里平"，山高沟深，耕地土壤贫瘠，导致农作物产出率低，复种指数不高，农业发展困难重重，发展工业更是无从谈起。酉阳一直是国家级贫困县，也是重庆市贫困面最广、贫困程度最深的贫困县之一。

但是，在酉阳这片贫瘠的土地上，却有着非常丰富的旅游资源。酉阳地处渝、鄂、湘、黔四省市边区接合部，生态环境优美，绿色旅游资源十分富集，民族风情独特，古色旅游资源独具特色，是中国土家摆手舞之乡、中国土家文化发祥地、中国著名民歌之乡、中国原生态旅游胜地。另外，酉阳是重庆市唯一的老革命根据地，红色旅游资源弥足珍贵。

近年来，酉阳逐步明晰了自身发展的比较优势和方向，开拓了一条适合自己的脱贫致富之路。具体而言，酉阳结合自身独特的旅游资源和文化资源，打造了具有土家文化特色的旅游产业，以旅游产业带动相关产业发展，促进经济快速增长和贫困人口减少。2016年，酉阳实现地区生产总值129.48亿元，年增长率达到了10.1%。其中，第一产业实现增加值27.71亿元，增长了5.6%；第二产业实现增加值54.53亿元，增长了12.2%；第三产业实现增加值47.24亿元，增长了10.3%。按常住人口计算，人均GDP达到23370元，比上年增加2462元，年增长率为11.8%。在旅游发展方面，酉阳2016年共接待游客1019.34万人次，比上年增长25.1%，实现旅游综合收入46.0亿元，比上年增长46.6%。

近年来，酉阳紧紧抓住全国旅游产业快速发展契机，大力拓展全域旅游，实现了境内旅游产业飞速发展，旅游产业已经成为酉阳扶贫开发和地方经济发展的综合性支柱产业。具体来说，以桃花源景区作为核心旅游产品，全力打造全域桃花源，通过精品核心景区景点增强旅游吸引力，辐射带动了龚滩古镇、龙潭古镇、阿蓬江、河湾山寨等其他重点景区建设。更重要的是，酉阳各级政府部门大力引导，促使一批重点企业直接参与当地旅游产业扶贫开发，通过旅游产业创造新的就业岗位，提高了贫困人口对旅游产业的参与度，带动贫困人口实现就业脱贫，让贫困群众在旅游产业发展中得到实实在在的获得感。

特别地，酉阳把乡村旅游开发作为助推美丽乡村建设和推进"旅游扶贫工程"的重要载体，大力发展乡村旅游，结合市级美丽乡村建设和传统村落保护，围绕吃、住、行、游、购、娱六要素，建设完善星级农家乐、旅游厕所、步游道、旅游公路、旅游标识，加快促进乡村旅游进入发展快车道。截至目前，酉阳县涉旅乡镇已达 17 个，乡村旅游村示范点 5 个，从事乡村旅游村 46 个，农家乐 350 余家，旅游从业人员 50000 余人，已有 5 个乡镇、20 个行政村、5000 户、1.5 万贫困人口通过乡村旅游实现了脱贫。

总的来说，为推动旅游产业发展，最大化旅游产业的产业带动作用，实现脱贫致富目标，近年来酉阳主要在以下几个方面下功夫、做文章。

第一，狠抓旅游交通建设，增强可进入性。酉阳围绕渝怀铁路客货运正式开通和渝湘高速公路顺利启动，先后建成了国道 319 线"8 小时重庆"工程和酉阳至龚滩二级公路改造工程，正在扫尾酉阳至彭水、贵州、湖南、湖北的四条高等级出境干道公路改造工程，结合农村公路建设实施了丁市至万木、酉酬至后溪等四条重要景区公路的硬化改造，全县内畅外联、四通八达的骨干交通运输网络初步构建，"先旅后游、快旅慢游"的旅游交通新格局正在加紧形成，为实现旅游经济发展奠定了坚实基础。

第二，推动县城建设，打造酉阳"世外桃源"大景观。在县城规划建设中，酉阳以东晋文学家陶渊明理想中的"世外桃源"为原型，把"山水园林城市"作为"酉阳旅游名片"的建设目标，启动河滨公园建设与城北新区开发和工程，加快古桃源区文化包装建设和森林公园开发，并规划在酉城河两岸和县城三山进行桃柳植造、桃竹植造，筹划建设桃花阁、民族文化村、土司城、土家摆手堂和霞峰寺等，全力打造"十里桃花溪、万亩桃花山"的"世外桃源"大景观。

第三，实行古镇保护，打造全国历史文化名镇品牌。酉阳是重庆市古镇资源最为丰富的地区，境内有全国历史文化名镇龙潭，以及市级历史文化名镇龚滩、后溪和清泉等。近年来，酉阳着力恢复古镇明清建筑风貌，实施古镇搬迁复建工程，巩固酉阳古镇在乌江画廊景区中的核心地位，力争达到湖南凤凰古镇的整体效果。目前，龚滩古镇搬迁重建工程已破土动工，龙潭古镇保护开发工程取得突破性进展。

第四，推动新农村建设，发挥旅游业的关联带动作用。酉阳把旅游产业作为扶贫开发和经济建设的主要内容来抓，制定实施"旅游带动"战略，在营造发展环境、创新经营管理机制、拓展投融资渠道和引进人才智力等方面对旅游产业发展给予全力支持。不断增强旅游市场发展活力，引导民营经济积极参与开发和经营旅游项目，并鼓励农民直接参与旅游产品开发、生产、销售等旅游经济活动，"农家乐""千家居"等旅游接待项目如火如荼，旅游产业对"发展农业、繁荣农村、富裕农民"起到了十分有效的作用。

第四节　连片特困地区旅游产业发展的政策建议

一、实施政府主导与市场调控相结合的旅游发展战略

党的十八大以来，中共中央、国务院制定了精准扶贫战略，大力实施精准扶贫，我国扶贫事业发生了重大转变。旅游业一直被视为"永不衰落"的朝阳产业，能直接带动终端消费，综合性强，关联度高，产业链长，带动面广，对扶贫开发能发挥四两拨千斤和立竿见影之效（周歆红，2002）。连片特困地区拥有大量特色旅游资源，因此，旅游产业是连片特困地区增长潜力最大、发展前景最好的产业之一。

一方面，从属性上看，旅游资源具有很强的垄断性，另外，旅游资源开发过程中会产生较强的外部性，导致公共产品供给不足问题。这意味着，单纯依靠市场机制来推动旅游产业发展显然不够。另一方面，连片特困地区的旅游产业和其他地区旅游产业并非完全相同，其具有明显的个性特征，导致旅游产业主体功能存在本质区别。具体而言，由于特殊的社会经济条件，连片特困地区旅游产业需要承担扶贫功能、先导产业功能、主导产业功能、和谐发展功能和生态促进功能等。这意味着，如果要充分发挥旅游产业的这些功能，政府的作用就必不可少。应当注意的是，自改革开放以来，我国的经济体制改革的基本目标是建立和完善社会主义市场经济制度。特别地，党的十八届三中全会提出，让市场在资源配置中起决定性作用。这意味着，在旅游开发上，市场机制的作

用十分重要。因此，连片特困地区应让市场与政府两个轮子同时转，在政府的引导下，发挥市场资源配置的优越性，调动市场微观主体的积极性，使旅游产业的各项功能效果得到充分展现。

实现政府主导与市场调控兼容协调，使两种旅游发展战略有机融合，是连片特困地区发展旅游产业的根本举措。进一步地，政府主导和市场调控相结合的旅游产业发展战略模式的核心是解决政府应该扮演什么角色、如何发挥政府作用，以及如何规范政府自身行为等问题。政府需做到既不失位，也不越位。在政府主导市场调控的旅游产业发展战略的实施过程中，政府的角色和责任主要表现在以下几个方面。

第一，贯彻落实中央扶贫攻坚战略，遵循国家各项旅游产业政策以及相关法律法规，承担好旅游政策执行者和旅游行业监督者的角色，这是旅游产业发展中政府的最基本作用。

第二，构建片区内省际协调合作交流平台，做好连片特困地区旅游产业整体规划，全面分析评估旅游资源开发条件，规划区内旅游资源的时空布局，协调各部门、各区域的关系，以全域旅游思想统领片区旅游资源开发，实现片区旅游综合效益最大化。以武陵山片区为例，片区包括湘、鄂、渝、黔四省市的 71 个县（市、区），因此，要保证整体效益，推动全域旅游快速发展，不同省市之间的协调十分重要。

第三，依法做好旅游行业的各项行政管理工作。具体来说，包括制定饭店等级划分制度、旅游经营许可证制度等，充分保障旅游区的消费者合法权益和游客安全，以及旅游目的地商家和社区居民的合法权利，等等。

第四，做好旅游资源开发服务工作。一方面，提供和完善必要的旅游基础设施，营造良好适宜的旅游市场经营环境；另一方面，在必要时设立专项财政基金，为地区旅游产业发展直接提供资金支持，同时制定合适的激励政策措施，引导各种渠道的民间资金流入旅游产业。此外，善用各种信息传播媒介特别是网络媒介，打造旅游信息服务平台，推动"互联网＋旅游产业"的深度融合，为旅游企业和旅游消费者提供全面实时的综合信息服务。

第五，加强区域整体旅游形象的包装策划与宣传推广工作。对广大游客而言，区域旅游形象对地区旅游目的地的吸引力具有直接影响，决定着地区旅游产品的市场核心竞争力。然而，区域旅游形象是典型的公共产品，不可避免地会产生不同程度的"搭便车"问题，导致旅游产业的微观主体（即旅游企业）不太愿意对提升区域旅游形象进行大量投资。因此，区域旅游形象的策划宣传工作需由政府来承担。

第六，搞好地方政府内部横向与纵向关系的协调工作。一方面，要处理好旅游主管部门与综合管理部门的关系，如旅游局和各级党委政府的关系；另一方面，要处理好旅游主管部门与其他相关管理部门的关系，如旅游局与工商、环保、林业、交通、文物、园林等管理部门的关系。

第七，在政府职能转变过程中，注重发挥好旅游行业协会作为政府和旅游企业"中间人"的职能作用。在市场经济下，旅游行业协会是政府与旅游市场微观主体之间的主要沟通桥梁，是政府管理旅游市场的重要作用渠道。自 1999 年以来，我国陆续成立了中国旅行社协会、中国旅游饭店协会、中国旅游车船协会和中国旅游报刊协会等旅游专门组织，对我国旅游产业健康发展发挥了非常重要的积极作用。就连片特困地区而言，可以成立专门的片区旅游协会，有利于促进旅游行业的自律自查，推动旅游产业又好又快发展。

第八，为保障和充分发挥市场机制的调控作用，需要规范和规定政府的职责范围。一方面，切忌把"政府主导"异化为"政府主宰"，避免出现行政管卡过多、地域限制过严等问题，以及违背经济规律大搞"面子工程""赔钱工程"；另一方面，不能把"政府主导"理解为"政府主财"，即由政府财政拨款来包办一切，应该把投资项目更多地交给市场，由市场来调控资源、资金、项目的配置。最后，不应把"政府主导"变成为"政府主干"，即由政府直接出资出物出人，成立一批本地旅游企业并交由旅游行政部门通过行政命令管理。这种既当"裁判员"又当"运动员"的做法，容易使这类旅游"企业"拥有各种各样的政府优惠措施支持，直接获得市场领导地位，甚至是完全垄断地位，违反市场公平竞争原则。从长远来看，这种通过粗暴的行政手段来干预旅游市场竞争的做法最终必然阻碍旅游服务质量提升和旅游产业发展。

二、实施资源引导与需求引致相结合的旅游发展战略

连片特困地区往往具有丰富的特色鲜明的自然和人文旅游资源，其中部分地区旅游资源独特，甚至是全世界独有，成为中外游客的重要旅游目的地。以武陵山片区为例，片区内有石英砂岩、石灰石和红色砂砾岩三大类地质地貌奇观构成的世界自然遗产，完好地保留有许多商贸型、码头型、军事型、集镇型古镇、古村，涵盖了苗族、土家族、侗族、布依族、白族等特色鲜明的少数民族文化，其中南方长城更是历史上西南地区多元民族文化矛盾冲突和融合发展的见证。

一方面，如果在连片特困地区旅游产业发展的过程中忽视高品位的旅游资源，必然无法形成区域旅游产业的特色。只有依托优质旅游资源，深入挖掘其文化内涵和旅游潜力，进行创造性规划和设计，才能形成具有标识性的独特旅游形象，构成其他地区无法模仿的旅游核心竞争力（刘志林，2004）。

另一方面，随着我国经济持续快速发展，居民收入不断提高，旅游产业进入大众化时代，旅游服务买方市场业已形成，因此，旅游服务的供给方若不针对市场需求进行旅游产品开发则会被市场淘汰。

因此，综合来看，对于连片特困地区而言，只有依据资源的特色，并针对市场需求的变化才能设计出适销对路的热门旅游产品。这意味着，实施资源引导与需求引致相结合的旅游发展战略是连片特困地区旅游产业提质升级的必然选择。

进一步分析，主要原因包括以下几点。首先，随着改革开放以来我国旅游产业的不断发展，高品位的观光旅游资源基本上已经开发完毕，现存尚未开发的优质旅游资源存量已经为数不多，对现有旅游资源的潜力挖掘和深度开发是连片特困地区进一步发展旅游产业的主要任务，资源潜力挖掘和深度开发的方向取决于旅游需求的变化。

其次，随着扶贫攻坚战略的稳步推进，连片特困地区经济社会持续快速发展，城镇化水平显著提高，区内人民群众对旅游休闲的需求也会越来越大，挖掘这一部分市场需求是未来旅游发展的一个重要方向。

再次，随着旅游产业的发展，连片特困地区很多景点成为国际国内重要的旅游目的地，如武陵山片区内的张家界、武隆、凤凰等旅游热点区域，大批游客纷至沓来，使旅游资源优势迅速转化为旅游市场竞争优势，进一步深度开发这些热门旅游地点的旅游需求是连片特困地区旅游产业集群形成的基础。

最后，连片特困地区的一些中心城市的主城区已初具规模，以武陵山片区为例，截至 2011 年年末，怀化市人口数 51 万，已经步入大城市的行列，恩施市（25 万人口）、铜仁市（23 万人口）、黔江区（20 万人口）已经进入中等城市的行列，而张家界市（19.1 万人口）和吉首市（19.5 万人口）即将成为中等城市。因此，依托城市功能发展都市休闲旅游、健康养生旅游等，也应该是连片特困地区旅游产业发展的新增长点。

综合以上分析可知，在连片特困地区实施资源引导与需求引致相结合的旅游发展战略具有较好的经济社会前提条件和基础。进一步地，连片特困地区可以在以下几个方面具体实施该战略。

一是建立跨区域的组织协调机制和沟通交流平台，联合制定和实施片区整体旅游发展规划，大力推动全域旅游。以武陵山片区为例，目前正在打造一大核心精华旅游区和南、北二大旅游组团，湘西地区正在全力构建 12 条精品旅游线路，涉及 53 个县(市、区)452 个村寨。其中，核心精华旅游区是以吉首为中心，以武陵源、武隆、梵净山为极点，以包茂高速、张花高速、杭瑞高速、吉恩高速为骨架，包括湘西北、渝东南、黔东北多数重要景点的湘渝黔核心三角精华区。北部旅游组团以湖北省恩施土家族苗族自治州为中心，以沪渝高速为骨架，包括恩施大峡谷、恩施土司城、柴埠溪大峡谷、梭布垭石林、云龙河地缝、神农溪、咸丰坪坝营、咸丰黄金洞、建始直立人遗址等景区；南部组团以湖南省怀化市为中心，以包茂高速、沪昆高速、娄怀高速为骨架，包括湘西南的主要风景区。12 条精品线路包括：①吉首—古丈—永顺—张家界；②吉首—泸溪—沅陵；③吉首—花垣—秀山—酉阳—黔江—武隆；④吉首—凤凰—铜仁—梵净山；⑤吉首—花垣—里耶；⑥张家界—永顺—吉首—凤凰—铜仁—梵净山；⑦武隆—黔江—吉首—张家界；⑧武隆—黔江—吉首—凤凰—梵净山；⑨张家界—石门—五峰—长阳—宜昌(长江三峡)；⑩张家界—桑植—龙山—来凤—咸丰—恩施；⑪张家界—酉阳—秀山—黔江—彭水—武隆；⑫张家界—怀化—新宁。

二是进一步扩充投资渠道，广聚社会闲散资金，改善营商环境，积极招商引资，并加大资金投入，打破旅游融资瓶颈。特别地，相关政府部门可以考虑增设旅游扶贫专项基金，优先扶持那些旅游开发条件较好的连片特困地区。

三是加快基础设施建设，改善旅游交通条件。加强片区内各个主要旅游景点之间的交通联结，建设以高等级公路和高速铁路为主体的快速旅游通道，并规划一批汽车营地，为自驾游提供便利，最终形成片区大容量、高安全、快速度、无障碍核心旅游环线。

四是政府因地制宜出台合适的旅游产业政策，对旅游产业发展进行适时适当的引导，避免出现"千人一面"的旅游景点重复建设。具体来说，各地应抓住旅游资源内核搞出地方特色，挖掘或注入地方文化内涵，根据自身特点打造一批特色鲜明的旅游项目和旅游产品，避免游客出现审美疲劳。

五是坚持旅游产业可持续发展战略，加强对连片特困地区旅游资源开发的综合考核，实现旅游开发的经济效益、社会效益和生态效益同步提升。换言之，绝不搞边开发边破坏边污染的"杀鸡取卵"式的旅游开发模式，绝不能将旅游开发与环境保护对立起来，绝不能以牺牲当地居民福利为代价来满足旅游消费者的需求。此外，政府应放弃传统的旅游产业发展绩效核算方法，不再只考虑旅游经济总量这一单项指标，而是实行"绿色核算"，即在核算中充分衡量旅游开发造成的环境破坏和环境污染导致的经济损失和当地居民福利损失，冲抵相应的旅游收入。

六是采取切实措施，鼓励支持社区居民和当地农民以各种形式参与旅游开发活动，切实提升旅游产业开发的综合扶贫效益。其中，在发展乡村旅游时，应让当地农民成为绝对主体力量。农民不仅是乡村旅游产品和服务的生产者，而且是乡村旅游的主要对象，在乡村旅游体验过程中，游客期望看到农民热情、淳朴和勤劳等形象。因此，在乡村旅游开发过程中，连片特困地区必须不断创新旅游管理体制，广开参与渠道，提升当地农民的参与意愿，同时尽可能提供必要的劳动力培训服务，使农民有能力参与乡村旅游开发。

第八章 连片特困地区商贸物流产业 发展战略选择

连片特困地区商贸物流产业一直受地域、交通、通信、传统商业观念等制约，未能健康发展，严重影响了产业扶贫的推进。在当下"开发式扶贫"与"产业扶贫"政策导引下，连片特困地区商贸物流产业发展是其他产业发展的基础，也是区域发展与扶贫攻坚的关键，而有效利用各种资源，选择合理的发展模式与战略直接影响连片特困地区商贸物流产业发展速度与发展程度。

第一节 连片特困地区商贸物流产业发展基础

与其他产业发展一样，连片特困地区商贸物流产业发展有其优势和发展机遇，也面临着诸多制约因素。本节以武陵山片区为例，探讨连片特困地区商贸物流产业基础。

一、连片特困地区商贸物流产业发展优势

连片特困地区特有的土地、能源、自然景观、生物等自然资源，以及民族、文化等人文资源，具有转化为产业优势和经济优势的巨大潜力。随着外贸拉动向内需拉动经济发展动力的转变，连片特困地区市场条件的完善和市场需求的扩大，上述资源优势进一步凸显，并将加快转化为经济优势，形成越来越多的具有区域比较优势的支柱产业。

（一）丰富资源推动商贸物流产业发展

"富饶的贫困区"，这是不少人对武陵山片区的评价。农副产品、生物资源等独特而丰富，包括百合、茶叶、猕猴桃及黄牛、乌骨鸡等140多种。该片区71个县（市、区）中的43个已有国家地理标志产品（见表8-1）。

表 8-1　武陵山片区国家农产品地理标志产品及产地分布

所属地区	数量	国家农产品地理标志产品（代表性）
恩施州	20	板桥党参、恩施富硒茶、恩施玉露、来凤金丝桐油、吴家台同茶、利川黄连、利川山药、利川天上坪萝卜、利川天上坪大白菜、利川天上坪甘蓝
宜昌市	29	五峰绿茶、五峰香葱、资丘木瓜、秭归脐橙、宜昌蜜桔、宜昌天麻
湘西州	19	古丈毛尖、溪洲莓茶、保靖黄金茶、龙山萝卜、龙山百合、湘西黄牛、泸溪椪柑、湘西猕猴桃
张家界市	2	茅岩莓茶、张家界大鲵
怀化市	11	黔阳冰糖橙、新晃黄牛肉、邓州银杏、碣滩茶、麻阳柑橘、芷江鹅、雪峰山鱼腥草、新晃侗藏红米、会同魔芋
邵阳市	12	隆回金银花、隆回龙牙百合、武冈卤豆腐、武冈卤铜鹅、新宁脐橙、雪峰蜜桔
益阳市	3	安化茶、安化黑茶、安化千两茶
常德市	6	石门柑橘、石门银峰、桃源野茶王、瓦儿岗辣椒
铜仁市	14	德江天麻、石阡苔茶、思南黄牛、玉屏箫笛
遵义市	6	凤岗锌硒茶、湄潭翠芽、遵义红、正安白茶
重庆市武陵山片区	20	彭水魔芋、彭水苗家土鸡、石柱黄连、石柱长毛兔、秀山土鸡（2种）、秀山白术、秀山金银花、酉阳青蒿、麻旺鸭、酉州乌羊、武隆猪腰枣、武隆高山白菜、武隆高山萝卜、丰都龙眼、丰都红心柚、丰都锦橙、丰都榨菜、丰都肉牛（2种）

时间截至 2017 年 12 月 31 日。

武陵山片区国家地理标志产品，涉及中药材类、茶类、果品类、蔬菜类、工艺品类、家禽类、牲畜类、粮食类、水产品类、酒类等。食用油、纺织品、饮料、调味品、花卉等特产尚未实施国家地理标志产品保护。

以中药材为例，武陵山片区仅药用植物就有 273 科、1020 属、2461 种，约占全国药用植物总数的 22%，是我国药用植物资源最为丰富的地区之一。片区被誉为"华中药库"，有国家收购的中药材种类约 300 种，在鄂西、渝东一带主要以青蒿、黄连、杜仲、黄柏、厚朴、款冬、白术、党参、续断、玄参、金银花等药材较为闻名；而在湘西、黔东北则主要以吴茱萸、天麻、杜仲、厚朴、黄柏、何首乌、百合、木瓜等久负盛名。

中医药产业因其独特的资源优势，不仅是武陵山片区的传统优势产业，也是地方经济发展的支柱产业。目前武陵山片区中药种植业已初具规模。青蒿、厚朴、杜仲、黄柏、黄连、党参、当归、白术、白芍、丹皮、山药、桔梗、独活、乌头、天麻、白附子、枳壳、木瓜、荆芥、大黄、藁本、红花、湖北贝母、川牛膝、云木香、白木耳、竹节参等50多种药材已实现大面积栽培，同时，以开发利用为基础的产业也初具规模。

连片特困地区丰富的资源，需要商贸物流产业的快速发展，也推动着商贸物流产业发展。

（二）对外辐射之地的区位为商贸物流产业发展提供条件

武陵山片区位于中国华中腹地，东临两湖，西通巴蜀，北连关中，南达两广，是中国各民族南来北往频繁之地，可东联长株潭经济区、北融成渝经济圈，下接广西北部湾、广东珠三角，位于重庆、长沙、贵阳等大城市之间的中心节点，是经济带承东启西联南的重要接合部，也是承接东部产业转移的桥头堡、连接南北黄金旅游带的重要节点。

很多城市成为重要节点的代表，起到的纽带作用不可忽视。如作为武陵山经济协作区中心城市和节点城市的怀化，是全国性综合交通枢纽城市，自古以来就有"黔滇门户""全楚咽喉"之称，是中国中东部地区通往大西南的桥头堡。如秀山地处渝、鄂、湘、黔四省市接合部，是重庆、贵阳、长沙、武汉四大城市的几何中心，500公里内没有大城市，发展商贸物流产业具有天然的优势。

（三）居民的需求为商贸物流产业发展提供内生动力

随着连片特困地区外出务工人员的不断增加，信息技术传播覆盖面的扩大，外来的现代观念极大地冲击了当地居民，向外意识日趋强烈。而且，连片特困地区的旅游资源的开发和产品的销售，亟须发展连片特困地区商贸物流产业。爱家乡、肯动脑的居民，企望把物质流通，进而活跃当地经济，进一步推动物流的发展。

二、连片特困地区商贸物流产业发展制约因素

（一）交通因素

交通是发展市场经济的重要条件。方便快捷的交通网络能联结无数的市场要素，使商品源源不断地运进来，使当地的特色产品源源不断地送出去。武陵山片区虽有一些交通骨架，但经济效率在交通中呈现出的仍然是传统经济要素，支撑产业也仍然是传统产业。迄今为止，片区内尚没有几条与全国核心经济区域联结的铁路和高速公路。由于大山阻隔、行政区划等多种原因，交通设施建设缺乏统一规划，交通互连互通差、

相互衔接配合不够，线路大多以城镇为中心呈树枝状放射分布，很多线路彼此间互不相通，对外通道不畅，制约了商贸物流产业发展。

武陵山片区自然资源丰富，具有当地特色的农副产品很多，但由于交通不便，这种资源优势一直没有充分发挥出来。例如，该地区咸丰县盛产优质糖梨，但由于交通运输、仓储等基础设施跟不上，每年收获季节都有大量的果实因无法及时运送出去而白白烂掉。连片特困地区由于交通等基础设施滞后，公共服务不够完善，产品难以在更广阔的市场中实现交换，导致其市场价值发掘和实现得不够充分。另外，由于市场价值实现不充分，优质产品的生产规模难以扩大，结果是这些特色产品只能在一个较为狭小的市场范围内实现交易，于是陷入"价值低—规模小—市场空间不足—价值低—规模小"的恶性循环之中。

（二）产业因素

商业依赖于城市发展，而城市发展也要以商业为条件。商贸物流产业发展的基础是城市的实力。武陵山区域经济总量、人均量和发展质量与全国平均水平仍有较大差距。区域缺乏核心增长极，没有形成具有较强市场竞争力的产业和产业集群。

与发达地区相比，连片特困地区在产业发展的基础和条件上还存在较大差距。一是区域产业结构低度化，产业结构调整受生态环境制约大，第一产业比例明显偏高，现代农业发展缓慢，特色农业规模小；工业以初级产品、矿产品为主，发展方式粗放，经济效益低，环境污染严重。二是工业发展水平仍然偏低。总体来看，大部分连片特困地区仍处于工业化的初级阶段。科技支撑能力不强，粗放型生产方式；企业普遍存在产品质量较差、管理水平较低、资产质量较差等问题，缺少具有强大驱动力的大企业、大集团；产业链不完善，产品附加值低，粗加工产品多，精加工产品、知名品牌少。三是工业基础薄弱。发展能力、交通、消费市场、物流成本等不利因素制约了优势资源的开发，使之难以转化为经济优势。

（三）观念与人才因素

由于长期封闭，武陵山片区部分群众头脑中仍存在一些落后观念，信奉"万事不求人""饿死不离乡"，影响了商贸物流产业的发展。有的村民甚至有排外意识，拒绝新技术、新产品、新事物的推广。还有一些群众温饱即安，消极畏难，不敢开拓。同时由于武陵山片区的知识人才大量外流，针对电商的培训条件、设施条件跟不上，造成当地农民应用电商平台的能力还较弱，无法自主地使用电商与农产品市场相结合的相关技能实现脱贫。

从调研情况看，有相当一部分物流企业和部门对现代物流的概念、地位及作用认识含糊，对现代物流新的技术模式和信息化服务不甚了解，对核心内涵掌握不够系统，对现代物流在转方式、调结构，促进产业升级、提高服务业比重中的作用认识不到位，导致供应链管理低下，低水平的重复建设，物流成本居高不下，严重制约了物流资源和功能的释放，束缚了物流服务水平的提升，不利于现代物流业的推进和发展。

三、连片特困地区商贸物流产业发展机遇

(一)党和国家的政策支持

党中央、国务院高度重视区域协调发展。在政策支持方面，国务院2011年批复了《武陵山片区区域发展与扶贫攻坚规划(2011—2020年)》，党的十九大提出支持贫困地区发展战略，并专门针对片区出台了特殊支持政策，如中央财政扶贫资金新增部分的80％用于片区；国家发展改革委加强对片区投资支持力度，提高投资补助标准，认真推动落实减免地方投资的优惠政策。

具体而言，国家从财政支持、投资政策、金融服务、产业扶持、土地利用、生态建设、人才培养、区域发展等方面加大支持力度，进一步改善连片特困地区产业发展的环境。在资本市场融资政策方面也有相应倾斜。2016年9月证监会发布了《中国证监会关于发挥资本市场作用服务国家脱贫攻坚战略的意见》，强调要贯彻精准扶贫基本方略，发挥资本市场行业优势，把出台各项政策的出发点和落脚点都定位在帮助贫困群众脱贫上，为支持连片特困地区产业发展，帮助贫困群众稳定脱贫，对连片特困地区企业首次公开发行股票、新三板挂牌、发行债券、并购重组等开辟绿色通道。

(二)通达条件的极大改善

近年来，武陵山片区交通基础设施建设日新月异，渝怀、枝柳、渝利、沪昆等铁路，沪昆、渝黔、渝湘、黔张常等高速公路，张家界、芷江、黔江、铜仁等机场，初步构筑起武陵山片区对外立体交通大通道。根据《武陵山片区区域发展与扶贫攻坚规划(2011—2020年)》，建设"两环四横五纵"交通主通道，积极推进国家中长期铁路网规划、国家高速公路网规划的重大建设项目，规划建设一批对完善主通道、消除省际断头路、促进旅游业等有重要作用的重大项目，建设和完善黔江、怀化、张家界等区域性综合交通枢纽，加快形成连接重庆、武汉、长沙、贵阳等

中心城市的综合运输通道。

公路基础设施特别是高等级公路发展速度持续高于全国平均水平，等外公路提级改造成效显著。2015年年末，14个片区公路总里程达132万公里，比上年增加4.05万公里，同比增长3.2%，高于全国平均增幅0.7个百分点；比2011年年末增加16.25万公里，增长了14%，高于全国平均增幅2.5个百分点。2015年年末，14个片区680个县(市、区)中，有570个县(市、区)通二级及以上公路，占比83.8%，比2011年年末的401个县(市、区)增加了169个，增长了42.1%，占比提高了24.8个百分点。

农村公路等级路比重、沥青(水泥)混凝土路面铺装率持续提升。乡镇、建制村通达通畅水平显著提升，农村出行条件显著改善。2015年年末，14个片区共计11060个乡镇、148388个建制村。其中已通达乡镇11057个，通达率99.97%；已通畅乡镇10586个，通畅率95.71%，比上年提高了1.4个百分点，比2011年年末提高了3.96个百分点；已通达建制村147834个，通达率99.63%，比上年提高了0.2个百分点，比2011年年末提高了1.54个百分点；已通畅建制村127954个，通畅率86.23%，比上年提高了7.57个百分点，比2011年年末提高了28.17个百分点。

(三)科技发展带来的机遇

当今世界，正孕育着新一轮科技革命，大数据、信息技术和制造业的融合，以及新能源、新材料、生物等领域的技术突破，将催生新的产业，引发新的产业革命。全球产业转移，正进入技术密集型、资本密集型、劳动密集型产业转移并存阶段，国际国内将有一批又一批更大规模、更强竞争力的产业向内地转移。电子商务是武陵山片区的重要突破口。而农业供给侧结构性改革的目标也是增加农民收入。电子商务与大数据、物联网等信息技术融合发展，可为武陵山片区跨越式发展插上信息化的翅膀。

"互联网＋"的实质是用现代信息技术改造传统的社会生产和生活，从而低成本地实现跨时空的信息沟通。目前，绝大多数贫困村都已经实现了手机信号和村便民服务中心的网络覆盖，部分贫困村甚至实现了网络到农户，信息交流已经不存在问题。因此，绝大多数贫困户利用现有电商平台，通过互联网在更广阔的时间和空间上实现产品销售的条件已经完全具备。互联网将原本隐藏在山野的优质农产品推向更广阔的市场，为市场所认知，为社会所接受，从而更好地实现其经济价值；利用物联网、移动视频传输等专利技术和自主知识产权，为农产品溯源、物流追踪、信誉保障等提供技术支撑，实现可视化实景交易，可加速促成农产品进城、工业品下乡等商贸物流的发展。

第二节 连片特困地区商贸物流产业发展的主体战略

商贸物流是伴随商品流通而产生的，但它又是商品流通的物质基础。在商贸业活动中，商流完成了商品所有权的转移，物流则完成了社会物质交换过程，其实质是以商品实体为载体的商品使用价值（对买方而言是商品的效用）的转移过程。商业活动的四要素（购、销、运、存）中，商贸物流就占了两个要素（运、存），可见其在商业活动中的重要性；就商品流通全局而言，商贸物流构成对商品流通的物质制约，商贸物流的诸要素（包括运输、储存、包装、信息等）的能力、技术与组织状况，不但直接决定着商品流通的规模和速度，而且影响着商品流通的效益，在商品流通所要达到的"货畅其流"的理想状态中，商贸物流无疑占有非常重要的地位。武陵山片区区域发展和扶贫攻坚的关键之一，应有商贸物流的一席之地，所谓无商不富。抓住产业，就是抓住"牛鼻子"，达到牵一发而动全身的效果。

根据克鲁格曼的新经济地理理论，产业聚集是由地方企业的生产要素流动、规模报酬递增和运输成本的相互作用产生的，地方企业的聚集和分散是对规模经济导致的收益递增和运输成本支出的权衡决策所得的结果。区域物流成本的高低、要素流通状况等将直接影响区域产业规模经济程度和聚集状况。区域物流协同通畅，可以促进区域经济的产业化、专业化发展和整体素质的提升。

一、发展特色产业，推动商贸物流发展

区域经济系统的发展是区域经济发展的重要外部环境。区域经济发展的趋势和区域经济网络的优化对区域经济的发展起着直接的推动作用，同时也会对区域物流需求产生影响（徐茜、黄祖庆，2011）。影响区域物流需求的经济因素主要包括区域经济发展规模和结构、产业结构变动方向、经济空间结构和运行方式、区域经济一体化水平。

物流业的发展表明，区域经济越发达，地区制造业和商业越活跃，对物流需求就越高，也就越能为物流业提供更好的发展基础和空间（黄成和，2008）。另外，区域经济发展水平越高，为现代物流建设提供的投入就越多，当然就能更好地促进物流业的可持续发展。

　　武陵山片区物流需求结构，主要是农业初级产品、原材料和能源产品的输出和工业产品输入。基础工业产品运输和仓储条件要求比较少，而且由于货物数量大，主要的运输方式是铁路和水路运输。

　　武陵山片区资源丰富，基础设施建设滞后，产业发展不足。在这样的背景下，武陵山片区应重点开展物流资源发展环境建设，提高资源的辐射半径，为物流成本降低以及效率和资源的有效利用提供保障；在物流配送服务体系良好的地区重点发展农业生产资料和农产品的配送，即发展专业物流。

　　在商贸物流采用模式方面，以经济技术开发区、高新技术开发区，产业组织为主要目标，提供终端物流配送服务和区域物流服务。如果产业关联度强，可以进行供应链整合；如果关联度弱，则适宜综合性物流服务模式。

　　商贸物流业的发展离不开产业的支持，这就要求产业的快速发展为其提供产品，促进其快速增长。例如，在怀化建设区域现代商贸物流中心，不仅可以把怀化定位为商品流通的中转站，而且可以跳出商业抓商业、跳出物流抓物流，有效地把怀化建成商品供应的"原料库"，充分发挥比较优势，进一步发展壮大医药、食品、建材、纺织、电力等工业支柱产业，提高产品产量，增加产品总量，为商贸物流业的发展提供有效的供给。武陵山片区产业聚集情况如表 8-2 所示。

表 8-2　武陵山片区产业聚集情况

产业聚集区	重点产业
怀化经济开发区［新加坡（怀化）生态工业园］	林纸、食品、化工、建材、服装等
湘西吉凤经济开发区	农副产品加工、生物制药、矿产品精加工等
张家界经济开发区	生物医药、新型材料、旅游商品、文化创意等
黔江正阳工业园区	食品加工、新材料、化工等
恩施经济开发区	建材产业、机械制造、医药化工、食品产业等
铜仁大龙经济开发区	有色金属加工冶炼、轻工业、食品加工等
凯里经济开发区	电子、医药、食品、精细化工
石门县经济开发区	电力、建材、化工、农产品深加工等
绥宁工业经济开发区	竹木精深加工、绿色食品、家装材料、集装箱、医药等
城步工业经济开发区	乳制品、林产品、绿色食品和生物产业等

（一）特色产业推动商贸物流发展模式对经济环境的要求

特色产业推动商贸物流发展模式对外在经济环境的要求表现在：第一，区域物流需求旺盛，客户相对集中。从产业经济学角度看，产业集聚区是以专业化分工和社会化协作为基础的，使特定领域和特定产业链纵向、横向拓开，为区域物流市场的发展创造良好的环境。第二，作为区域增长极的极化产业蓬勃发展。产业推进的极化效应使资本、技术和人才等生产要素聚集在极点。因此，极化产业的选择在很大程度上决定着增长极的形成和发展。第三，物流行业的品牌环境和供应链物流管理发展的良好环境。产业集群的主导产业大多是产业链长的产业，为物流企业的发展提供了巨大的市场。产业集聚区的主导产业多为区域优势产业，为物流企业的升级提供了契机。

针对特色产业推动商贸物流发展模式对外在经济环境的要求，连片特困地区需要根据现状，创造条件，满足发展要求。

（二）特色产业推动商贸物流发展模式的举措

一是培育龙头企业，形成产业支撑。连片特困地区龙头企业少，实力不强，应加强政府引导，建立和完善机制，发展商贸物流业，引导连片特困地区企业建立现代专业市场，并积极参与物流行业的业务发展，促进产业发展和转型，使企业成为市场主体，促进市场开发、市场运作和市场的繁荣发展，通过"企业＋市场＋产业"的模式，改变市场主体缺失、区域物流业分散落后的面貌。

二是引进战略投资者，建立企业集团。坚持项目带动，按照现代物流业发展规划和现代城市规划发展的要求，建立健全连片特困地区项目带动与产业发展的良性互动机制，开发高质量的项目、核心项目、前瞻性项目和大项目，通过开放、投资、贸易及物流发展战略吸引投资者到连片特困地区。支持和鼓励通过自由连锁、挂大靠优等形式扩大投资，加快升级步伐，加强与第三方物流的合作，通过政策引导、市场整合，促进传统大型物流企业实现强强联合，培育一批现代物流企业。

三是发展现代物流园区，促进集群发展。根据贸易和物流业发展的需要，按照专业化、规模化、集约化的要求和"建设一个园区、繁荣一个市场、发展一个产业"的思路，规划设立一批连片特困地区现代物流园区，建立片区园区发展的机制和保持政策的制定，通过市场运作加强园区基础设施建设，吸纳同类型的物流企业和经营者入驻，促进物流产业集群的发展。

二、发展交通运输，以中心城市带动商贸物流发展

交通运输是经济和社会发展的命脉。由于西部大开发和中国中部崛起战略的实施，武陵山片区的基础设施建设得到加强，特别是交通环境有了很大的提高。立体交通网络正在形成。但交通布局不完善，交通瓶颈依然存在，需进一步加强合作，协调发展，消除交通瓶颈。

武陵山片区的发展，首先应着眼于主导型中心城市的建设，建立立体交通网状结构。武陵山片区的商贸业必须从"盆地""山地"商贸业封闭、分割发展模式中跳出来，利用国内和国际资源，从长远和大局出发，以区域分工和协同发展原理为指导对商贸业结构进行战略调整（王志章，2012）。通过选择西南地区的一级、二级、二级商贸中心为大节点，以联系这些节点的铁路、公路、河运通道为干线及这些干线上的中小商贸城市和商贸城镇为小节点，按照"点轴"开发理论的要求构成大中小商贸节点结合、空间结构合理、功能完备的由点线结合交织而成的商贸中心网络体系，力求在2030年前形成武陵山大都市圈的格局。通过营造和增强中心城市良好的经济、商贸、金融、科技和交通中心的优势，促使人口、产业集聚，使之成为辐射力、吸引力和综合服务能力强大的增长中心。黔江和怀化作为该区域城镇体系的双核心，今后应担负起辐射带动武陵山片区经济社会发展的重任。张家界、吉首、铜仁、恩施等城市，则应作为各自地州市域经济发展的核心，大力培育形成发展极。

其次，培育亚区域性中心城市。主要包括：渝东南的石柱、武隆、彭水、酉阳、秀山，湖北恩施土家族苗族自治州的鹤峰、咸丰、来凤、宣恩，湖南湘西土家族苗族自治州的泸溪、凤凰、花垣、保靖、古丈、永顺、龙山，张家界的永定、武陵源、慈利、桑植，怀化的沅陵、辰溪、溆浦、麻阳、芷江、新晃、中方、洪江、会同、靖州、通道，贵州铜仁地区的江口、玉屏、石阡、思南、印江、德江、沿河、松桃、万山。

以中心城市带动商贸物流发展模式是指在已形成的区域商品交易市场背景下，将市场交易服务与仓储、物品配送等活动相结合。该模式适应于区域交易市场的交易量大、物流活动集中且频繁，对物流的需求较大；批量小，批次多，品种多样化，较大的需求不确定性；强调仓储和配送，有虚拟的电子化交易平台，对物流系统柔性要求高等情况。

（一）以中心城市带动商贸物流发展模式对经济环境的要求

第一，一定规模的商贸经济，强大的经济辐射能力使其成为区域经济增长极。一种物流模式的形成源自对其需求的产生，区域内受不同区

位、资源等的导向，某一类商品经济的发展成效显著，形成较大规模，区域内基于区域交易市场的商贸型物流模式发展起来，逐步形成能带动区域周边经济发展的环境。连片特困地区可以以其地级市为中心，发展商贸经济，培养增长极。

第二，与区域贸易市场的商贸型物流模式相应的、完善的要素市场支撑。如张家界小商品市场需要有完备的运输、金融、产权、技术、劳动力等要素的市场支撑，需要与国内外市场呼应的较为完整的市场体系。

第三，地方政府积极维护良好的外部市场环境。与其他区域一样，连片特困地区市场化运作需要良好的经济秩序和稳定的政策，否则区域商品经济难以维持。地方政府应按照市场经济的规律，准确把握政府职能定位，把政府直接参与的经济活动减少到必要的、合理的范围，在打假治劣、整顿治安、维护市场信誉、确保产品质量等方面下功夫。

（二）以中心城市带动商贸物流发展模式的举措

第一，完善现代市场体系。升级现有的物流专业批发市场、仓储设施，加快专业市场体系的发展，引进战略投资者在连片特困地区建立大型超市、购物中心、物流配送中心、采购中心，扩大商贸物流产业发展规模。

第二，推进商贸物流一体化。发展一批物流企业，引导连片特困地区企业加快物流配送中心建设，大力发展代理制、配送中心、直达供货、连锁经营等现代流通企业，发展多式联运、货运站、散货快递集中配送模式，走批发交易与生产加工、物流配送相结合的路子，使企业扩大与上下游企业及其他物流企业合作，促进现代物流产业链的完整发展，实现生产、交易、仓储配送一体化。

三、建立统一电商平台，推进电商物流发展

目前，连片特困地区网络平台建设多处于"各自为战"的状态，与其他地区缺乏有效链接，没有全面整合信息。为此，就武陵山片区而言，先要搭建武陵山协作区商贸物流信息网络框架，建立起统一的"武陵山区商贸物流"门户网站＋电子商务的多功能网站，统一收集、整理和发布相关信息。然后要建立合作区联合电子政务，为区内企业的合作提供政策咨询，方便企业了解相关政策，使企业能充分享受合作区良好的政策环境，促进企业的资金、人力等生产要素和商品在合作领域内的流动。

连片特困地区须推动有形市场和无形市场同步发展。所谓有形市场，就是传统生产资料和生活资料的批发市场。而无形市场，指的就是电子

商务市场。有形和无形两个市场相辅相成、相互促进。传统物流是电子商务的基础，而电子商务的发展将加速提升传统物流的档次和开放度。就武陵山片区而言，第一个层面，可搭建特色产品网，如中药材网络、名特产品网络等。第二个层面，以现有物流基地为基础，搭建武陵工矿产品交易平台。生产工业品的企业，可在网上进行原材料及产品交易，如将锰三角金属物流城搬至网上。第三个层面，针对没有实力开展电子商务的中小企业搭建电子商务交易平台，主要利用第三方电子商务平台，以武陵山地方特产为销售对象，构建专业的网商团队及完善的物流配送体系。

建设统一电商平台，推进电商物流发展，需要同时培育壮大流通主体。一是支持中小微流通企业发展。加大对连片特困地区中小微流通企业的服务和支持力度，支持社会专业机构为中小微流通企业提供融资、技术和管理咨询等服务，有效解决融资难、营运成本高、信息不对称等问题，促进其走专业化、特色化发展之路。二是培育连片特困地区大型流通企业。鼓励和支持流通企业技术创新，跨区域兼并重组和连锁经营，尽快形成拥有自主品牌、主业突出、核心竞争力强的流通企业集团。三是塑造连片特困地区流通企业品牌。鼓励"老字号"企业加快产品开发、品牌建设，拓展品牌文化内涵，提升核心竞争力。鼓励流通企业参加各类会展和营销活动，扩大品牌的国内外影响力。支持流通企业培育驰名商标和著名商标，打造一批服务品牌。

四、政府主导，推动形成区域货物中转物流发展

连片特困地区政府对经济发展发挥着不可替代的主导作用。在阻碍经济合作发展的因素中，区域利益驱动机制的不协调是主要因素。各级政府应解放思想，共同清理各省市的各种地方性和行政性收费，加快建立利益协调和共享机制，实现双赢和多赢。

就武陵山片区而言，湖南怀化、吉首、张家界，贵州铜仁，重庆黔江，湖北恩施，是国家规划的武陵山片区六大中心城市。在改革开放的大背景下，六个城市都有"想法"，即成为中心的"中心"。铜仁想做"武陵之都"，恩施想做"武陵山区核心城市"，怀化想做"五省周边中心城市"，吉首想做"武陵山区区域性中心城市"，黔江也想做"武陵山区区域性中心城市"，张家界想做"武陵山区旅游中心城市"。

地方政府应打破省市之间的市场壁垒，消除地方保护主义和区域歧视政策，在市场准入、税收和企业待遇上一视同仁，创造公平竞争的市

场环境，进一步发挥市场在资源配置中的基础性作用，促进区域人才、技术、资金按市场规律自由流动和布局，促进省市边区经济资源的优化配置。

政府应推动形成区域货物中转枢纽的多功能服务型物流模式，以区域特殊地理位置为基础，承担区域内外货物中转枢纽功能的物流活动，如区域物流中转中心等。该物流模式的主要特征有，完善的道路交通条件，大批量货物的集散、存储设施的合理分类，大规模、高效率的装卸、搬运设备。

例如，秀山物流园区的定位是渝东南—黔东—湘西—鄂西区域物流中转中心，充分利用渝怀铁路的优势，将铁路货运转为公路货运，或将公路货运转为铁路货运，初步实现"买武陵，卖全国""买全国，卖武陵"的目标，成为秀山150公里范围内的货物中转中心。

(一)政府主导推动形成区域货物中转物流发展模式对经济环境的要求

政府主导推动形成区域货物中转物流发展模式对经济环境的要求表现在：一是地方政府的物流发展政策支持。地方政府根据一定的战略考虑，制定相应的区域经济配套政策。具有一定交通优势或资源优势的地区将被优先考虑。二是装卸和转运的基础设施保障。有完善的疏散和转运体系，先进、大规模的装卸、搬运设备，以保证货物的高效及时转运。三是中转枢纽腹地广阔，交通便利，有多种产业配套。人口和产业向交通干线聚集，物流和人流迅速增加，交通干线区域可以成为经济增长点。

以武陵山片区的怀化市为例，怀化市应充分利用其交通枢纽中心的便利，建成武陵山区域的商贸物流中心。怀化市虽地处湘西边远山区，但从全国经济格局看，是东部地区经济技术向西南辐射和西南地区物资向东流转的必经之地，也是成渝经济区最便捷出海通道上的重要枢纽和沿海地区产业西移的"桥头堡"，宏观上起着承东启西、南引北联的重要作用。因此，怀化市可将"构筑商贸物流中心"作为市域经济发展战略的一着重棋，着力打造大市场、大商贸、大流通的经济发展格局，有力推动怀化市商贸物流业的发展。

(二)政府主导推动形成区域货物中转物流发展模式的举措

一是坚持规划先行。根据建设现代区域物流中心的总体目标，积极推进连片特困地区商网统筹规划编制工作，坚持统筹规划、适度超前的原则，结合连片特困地区的总体规划，以及人口和产业分布、消费需求、道路交通的协调，充分考虑到当地的地区和整体经济持续、快速发展的可能，确定合理规模和商业网点数量以及业态档次，制定出结构合理、特色突出、功能完善的商业网络体系；避免低水平重复建设和无序竞争，促进整个经济的协调发展。

二是大力发展第三方物流，扩大商贸物流。根据市场需求和市场运作，充分利用和整合连片特困地区现有物流资源，改变传统的运输、仓储、装卸、配送和分割操作概念，促进现有运输、服务功能的延伸，整合仓储、邮政服务、对外贸易、批发企业，促进交通运输、仓储和代理企业向第三方物流企业发展；逐步培育一批服务水平高、竞争力强的连片特困地区现代专业物流龙头企业和骨干企业；转变管理理念，打破以往物流企业"麻雀虽小五脏俱全"的模式，从而提高流通效率，促进第三方物流企业的发展。

三是利用现代科技提高企业物流水平。用现代科学技术改造提升传统商业，就武陵山片区的湖南片区而言，可加快湖南西部商贸物流信息中心建设，加快物流信息系统和运输系统建设，提高仓储、配送、流通加工、信息服务等功能，提升物流业信息化水平；鼓励企业引入现代物流理念，应用现代信息技术和管理手段，帮助企业实现信息资源共享和互联，通过互联网技术促进物流信息平台的建设。

第三节　案例分析

2017 年全球电子商务大会发布了《中国电子商务发展报告(2016—2017)》，中国电子商务协会首次将秀山农村电商列为全国农村电商十大模式之一，秀山也借此进入全国知名农村电商的行列，并成为武陵山片区电子商务的"先行者"。一个国家级贫困县却在农村电商发展上持续发力深耕，创造出独具特色的秀山农村电商模式，被誉为中国农村电商的一面旗帜。这里面蕴藏着什么秘密？此处，就以秀山为例来剖析。

一、转变观念、因地制宜、科学决策

在渝东南的几个区县中，秀山地理位置特殊——它不仅是渝东南门户，而且处在重庆、湖南、湖北、贵州的交会地带，具有"襟黔带楚"的重要战略地位。

当时，秀山县委、县政府经过仔细分析，决定发展电子商务。因为秀山地势平坦，交通能源建设成本低，同时秀山地处重庆、贵阳、长沙、武汉四大城市"环形空洞"的几何中心，周边 500 公里内无大城市、300

公里内无中等城市，并且无一级批发市场，区位特殊。再加上秀山特产多，7800 余种武陵山特产中，仅有 680 多种变成了商品。

于是，秀山提出分两步进行的计划，即：第一步，打造物流园区；第二步，嫁接电商，带动县域经济发展。

二、创新驱动、搭建平台、形成体系

没有平台，便没有保障；没有渠道，便没有来源。平台和渠道两者缺一不可，共同维持着电商的生命力。在平台建设上，在发挥好第三方电子商务平台的基础上，秀山自主研发了新一代农村电商平台"村头"，并与先期建设的武陵生活馆等实体电商平台功能融合，实现城乡有效互动。

一是做靓"村头"品牌。作为中国农村电商示范项目武陵生活馆运营商，秀山云智科贸自主研发了新一代"村头"平台，利用物联网、移动视频传输等专利技术和自主知识产权，为农产品溯源、物流追踪、信誉保障等提供技术支撑，实现可视化实景交易，加速促成农产品进城、工业品下乡、民宿旅游、扶贫慈善等驻扎"村头"。自 2016 年 8 月推出以来，已有全国各地县域加盟商 31 个，打响了"覆盖中西部、享誉全中国"的村头营销攻坚战。

二是释放平台效应。做优做强电商孵化园平台，1 万平方米电商办公区为入驻电商企业免费提供办公环境，组织"吃、住、行、摄、模、递"等多元社会服务机构为产业搭建电商服务平台，满足电商所需；6 万平方米电商仓储配送中心具备低温、常温等仓储条件，实行机械化作业、智能化管理、系统化运营。

三是整合平台功能。坚持线上线下互动，将"线上"网络平台"村头"的扶贫、慈善、民宿旅游、客服服务等功能模块，与线下实体店武陵生活馆"八大功能"（网络代购、快递收发、特产收购、扶贫慈善、民宿旅游、金融业务、农村政务、乡村便利店）和馆主"九大员"（农产品经纪人、快递收发员、网络代购员、金融业务员、便民服务员、售票员、政务员、乡村旅游接待员、超市管理员）功能整合，呼应互补。目前，秀山已建成遍布乡村的武陵生活馆 230 家、农村淘宝服务站 65 家，各项功能服务落地农村，实现"小空间、大服务，百姓办事不出村"。

在体系方面，秀山以创新为主要驱动，采取"支持主体培育""支持技术创新""支持品牌建设""支持业务拓展"四项措施，逐步形成了物流快递体系、农产品上行体系、电商服务体系、利益共享体系等。

（一）物流快递体系：市场化方案破解两个"一公里"难题

农村电商的瓶颈在流通，关键在减少环节、降低成本。秀山按照"县城建核、村镇布点、县乡搭桥"的思路，鼓励市场化运作，快递包裹城乡配送、区域分拨、全国直达时效更短、成本更低，建成了覆盖县域行政村的县、乡、村三级物流网络，有效支撑农村电商发展。

一是构建"神经中枢"。秀山在建设物流园区过程中，采取园中园模式创建电商产业园，建成投用自主研发的"武陵物流云"信息平台和云智网商城电商平台，主导企业云智科贸获评"全国百强电商服务商"称号；专门规划了物流配送区域，投用电商分发中心、货运调度中心和区域分拨中心，形成了"一网三中心"的物流核心体系。

二是畅通"主线干道"。引进物流快递企业在秀山设立区域分拨中心，建成周边区县配送站近 100 个，在德江、松桃等周边区县设立武陵生活馆运营中心。依托货运调度中心发展会员 2600 多名，整合社会车辆 4000 多辆、社会物流企业 60 家，开通 17 条武陵物流专线，以及至广州、泉州等远距离物流专线，每月匹配物流供需信息 1.2 万余条，区域物流成本下降 15％以上。

三是打通"神经末梢"。坚持"多脚走路"，依托农村淘宝服务站、武陵生活馆等平台，推进农村电商县域全覆盖。组建专注于农村配送的云智速递，将全县规划为 4 个片区 15 条乡村物流线路，无缝对接社会快递和乡村网点，构建"T＋1""1＋T"双向物流体系，实现到达秀山的快递包裹 1 天内进村入户，农产品 1 天内收购进城，解决了工业品下乡最后一公里、农产品进城最初一公里的两个"一公里"难题，县域城乡配送成本下降 30％。

（二）农产品上行体系：提供"土货"变"网红"的全链条服务

设立秀山云智公司作为专业电商供应链服务商，采取市场配置资源的方式，从农产品源头着手，一头连着农户，一头连着电商快递企业。通过指导生产、研发产品、加工包装等一体化上行服务，打通农产品上行的每个关键环节，实现产品变商品、商品变网货的过程。

一是建设特色农产品基地。制定土鸡、土鸡蛋、秦橙、茶叶等农产品标准生产体系，每天进村入户进行标准化认证，已认证特色农产品 108 种、电商基地供应站点 3650 个。运行农产品检测检疫中心，推行"1 农户 1 二维码"标识，建立质量追溯体系；同时实行政府背书保证，打造农产品质量"双放心工程"。

二是培育以武陵遗风、边城故事为主的自主品牌。加大品牌开发力度，以每个补贴 2 万～5 万元鼓励自主品牌创建。云智公司与中央工艺美院等 10 余家机构合作，建成民族网商产品研发中心，自主创建"武陵遗风"（农产品）和"边城故事"（手工艺品）两大品牌，上线本土特色商品650 余款。"武陵遗风"土鸡蛋、豆干等成为爆点网货，供不应求；"边城故事"苗绣饰品、竹编工具等通过跨境电商走出国门。同时，大力实施"一乡一业、一村一品"战略，自主创建农产品品牌 386 个。

三是提供组货、加工、包装、仓储、快递等全链条服务。云智速递组织车辆深入田间地头，第一时间组织批量农产品进城。通过豆干、炒货、干果、鲜果、酸辣粉等电商加工线，提升本土农产品价值，并经过精致实用型流通包装，实现产品与品牌的融合。秀山农产品附加值平均提升 30%，鲜茶叶加工后、红心猕猴桃分级加工包装后附加值提升50%。通过电商仓储中心"云仓"托管，一旦电商企业完成订单交易，立即无缝对接快递企业发往目的地。

（三）电商服务体系：全方位扶持农村电商做大做强

为了让入驻秀山以及本土孵化的电商企业不断做大做强，秀山县围绕资源集约和抱团营销，创新服务方式，自上而下建立了全方位、一体化的电商服务体系，着力解决电商企业产品、仓储、融资、成长等关键问题。

一是完善扶持政策。制定出台《秀山县电子商务进农村综合示范专项资金使用管理办法》等政策措施，设立每年不少于 2000 万元的专项资金，从主体培育、技术创新、品牌建设、业务拓展等方面予以扶持。例如，对外发快递实行"首重"全国 3 元包邮补贴；对投资 50 万元以上的技术研发或成果推广项目，给予投资额 30%、最高不超过 50 万元的补助；对入驻电商企业给予场地资金补贴等，助推农村电商快速发展。

二是促进融合发展。实施"互联网＋"战略，依托电商孵化园，推动全县 100 余家生产企业、物流园区逾 40% 的批发零售商户"触电"经营。引导企业抱团营销本土农特产品，形成以猕猴桃、秦橙等 20 余种本土农产品为主的上行热潮。推进苗绣、木制玩具等手工艺品出口。拓展民宿旅游、扶贫慈善等业态，增强农村电商的扶贫功能。

三是增进合作交流。牵头发起成立由 317 家大小企业构成的武陵山网商联盟，为区域电商企业搭建交流平台。连续举办两届武陵山电子商务看样订货会，抱团营销武陵山特色产品，突出做好网络托管、抱团促销等增值服务，周边区县纷纷响应，西兰卡普、龙凤花烛等非物质文化遗产和民族手工艺品大放异彩。

（四）利益共享体系：好的商业模式方可行稳致远

秀山把促进农民增收、农业发展作为发展农村电商的根本目的，以农特产品"进城"为核心，着力构建群众得实惠、企业增效益的利益共同体。

一是群众得实惠。围绕上线产品和电商基地，成立 30 余家农民专业合作社，采取保底分红政策，建立以土地、扶贫资金、财产等入股的利益联结机制。依托农村电商 O2O（线上到线下）平台，采取"电商平台＋实体店"订单式批发销售，产品网购价格平均增长 30％以上，农户则可参与产品增值二次分成。以土鸡蛋为例，农户卖土鸡蛋每个 1.2 元，经包装后上网销售是每个 3 元，增值 1.8 元。按 3∶7 的比例分成，农户可再得增值收益的 30％即 0.54 元，加上已得的 1.2 元，农户每个鸡蛋可得1.74 元。

二是企业增效益。引导和支持"农头"企业，通过订单农业、农户入股等方式，发展产业化经营。电商销售农产品增值收益的 70％由相关电商企业获得。全县已培育电商创业者 3000 余人、各类网店 4200 余家，经过 1 年时间的孵化，巴谷鲜、丁丁、大嘴蛙等食品电商企业已成长为西南地区食品电商龙头企业。

三、层层推进、培养人才、完善公共服务

第一，攻克信息闭塞的堡垒。近年来，秀山累计建成通信基站 1844个，到 2016 年年底，全县乡村实现了 4G 网络全覆盖、行政村通光纤率达 100％。

第二，为了保证农产品质量，秀山还建成了农产品交易检验中心和12 种农产品进城基地，在全市创新构建农产品质量追溯体系。一个鸡蛋，一个柚子，消费者通过二维码，可以追溯到产品的全部生产过程。

第三，推进人才队伍建设，引进培养电子商务高端人才和培养大量技能型支撑人才有机结合，加大对电子商务人才的培训力度。由县委、县政府引进专业电商导师团队，制定具有民族特色的电商发展战略，建立武陵山农村电子商务经营模型及发展路线图，全面启动人才培训计划。一是组建精英团队。由导师团队亲自授课，一对一进行"传、帮、带"教学，两年间已培养具备专业技能的电商精英 60 余名，涵盖推广、营销、设计、客服、仓储、配送等相关专业。二是组建职业网商团队，构建"云智网商城"，进行示范拉动和孵化辅导。三是组建创业团队。由云智精英团队组建"教师团"，深入武陵山片区乡镇、农村实行保姆式电商辅导，

培养了谙熟电商业务的"淘宝客"371 名，形成了武陵山片区电子商务的"种子团队"，构建了"武陵山网商联盟"。四是组建服务团队。由电商导师团队挂帅，特训 6600 名电商"村长"，培养农村电商 O2O 专业人才，管理经营"农村电商体验连锁店"。

第四节 连片特困地区商贸物流产业发展的政策建议

连片特困地区长期以来深陷"贫困陷阱"和"梅佐乔诺陷阱"，虽然生存和温饱问题已基本解决，但在经济方面未能融入区域经济大循环，未能在区域、全国经济分工体系中占据一席之地，导致自生能力缺乏。所以在实施战略的过程中更要注意少走弯路，注意避让一些战略陷阱。

一、提升自生能力，避免极化效应

经济学家赫什曼提出了极化涓滴效应理论，认为经济发展是不平衡的，在区域经济发展中，涓滴效应可能最终会克服极化效应，但在发展初期，贫困地区的要素流向发达地区，从而削弱了贫困地区经济发展的能力，造成了极化效应。

极化效应的对偶效应是涓滴效应，两者共同制约着地区生产分布的集中与分散状况。极化效应会使生产进一步向条件好的高梯度地区集中，涓滴效应会促使生产向其周围的低梯度地区扩散。

极化效应使连片特困地区需要外部援助，而且是非常规的援助措施，如加大对连片特困区的投入和支持力度，中央财政专项扶贫资金新增部分主要用于连片特困地区，集中实施一批民生工程，加快区域性重要基础设施建设步伐，加强生态建设和环境保护，促进基本公共服务均等化等；但又必须汲取以往"输血式"扶贫的教训，跨越严重依赖于外部"输血"的"梅佐乔诺陷阱"，在"输血"的同时形成"造血"功能，着眼于长期的自我发展能力培育。

二、政府推动与市场拉动，避免缺位和越位

连片特困地区和贫困群体普遍面临"在贫困中发展，在发展中贫困"的困局，是多重主客观因素综合作用的结果。在市场经济条件下，市场配置资源遵循效率优先原则，在这个机制作用下，优良资源总是向效率较高的区域和部门集聚。在现阶段及未来相当长的时期内，资源流向趋势仍然是落后地区的优良资源向发达地区流动，农村的优良资源向城市

聚集。这种机制作用使得农村经济发展的核心要素——资本、劳动力——大量流失，导致土地荒芜和产业空心化。这种市场失灵导致的区域间、城乡间的"抽血"效应在连片特困地区表现较为明显。

连片特困地区的产业发展绝对不能忽视政府的引领和指导作用。美国著名经济学家波特指出，政府或非政府机构在集群发展过程中所起的作用也相当重要，政府的公共政策对产业和产业集群的形成、发展模式和发展周期的变迁都有重要的影响。为了推进产业的科学有序发展，政府必须制定行之有效的发展规划，即按照区域资源禀赋特点、产业发展现状、产业链形成规律，结合中长期经济社会发展规划，选择最具有本地比较优势的产业或产品，确立目标定位，编制科学的发展规划；打破城乡和行政区域界限，统筹功能区块布局，形成区域分工有序、相互协作、前后配套、联结紧密、各具特色的产业发展格局，做到错位发展，促进资源的自由流动和有效配置，避免一哄而上和过度竞争，充分发挥区域产业技术溢出和扩散效应。另外，连片特困地区要加强与产业相配套的园区布局规划（张仁枫、王莹莹，2013）。对一个产业来说，地理空间在很大程度上决定了其发展的水平、形象和未来走势。产业园区有利于推进企业和产业的地理集聚，体现政府的规划意图，节约紧缺的土地资源，改善环境保护条件。因此连片特困地区要围绕产业发展的需要，高标准规划和建设富有地方特色、功能定位独特的各类产业园区，合理划分不同产业的发展空间和布局，引导相关企业逐步向产业园区集中，提升园区的可持续经营能力和增强园区竞争力；坚持以产业来聚集、分流项目，做到合理布局，分工协作，避免低水平重复建设和恶性竞争，真正根据培育特色主导产业的需要，确定园区的发展规模和基础设施配套水平以及组织管理模式，着力提升各类园区的产业集聚能力。

国内外发展的实践证明，成熟的产业集群有利于在经济发展中实现产业的区域化布局、专业化分工和生产要素的优化配置与集约利用。各级政府扶持区域经济发展经历的"扶单个企业→扶整体产业→扶优势产业集群"的变化过程，反映了政府在推进经济发展中的作用着力点与工作载体抓手的演变脉络。品牌是产业集群价值的外在表现，是产业集群整体竞争力的重要支撑。政府要通过整合各种资源，搞好分类搬迁聚集，打造产业集群的区域品牌，形成名牌产业集群的资源聚集效应。一是要深入挖掘本地的企业文化底蕴，夯实企业发展的基础。二是要制定产业集群品牌梯队培育规划。编制出台区域产业集群品牌指导目录，建设一批品牌产品、品牌企业和品牌产业，形成若干个品牌集群。三是要实施产业集群品牌建设扶持政策。政府要对部门资源进行整合，引导社会资源流向高成长性的优势产业和品牌企业，争创中国名牌产品、中国驰名商标、重点培育和发展的出口名牌商品。

三、技术与商业模式双螺旋上升，避免路径锁定

对区域现代产业体系核心构成要素的选择，既需要充分尊重区域产业发展历史，又要敢于打破对传统产业发展模式的路径依赖。利用现代技术对区域传统特色产业进行升级改造，提高传统产业的科技含量和附加值，提高资源利用效率并降低污染排放，是连片特困地区现代产业体系建设的重要内容。片区在改造提升传统产业的同时，更要充分抓住新一轮国际产业转移的有利时机，利用"后发优势"，加快技术追赶的步伐，大力培育新兴高技术产业，以发展符合本地资源禀赋的特色高新技术产业作为产业建设的先导。

长期以来，连片特困地区创新能力不强，社会发展动力不足。这不仅是自身能力所致，也是由于与外部世界交流较少。产业转移为武陵山片区等连片特困地区的发展注入了活力。产业转移主要是技术的转入，可以将发达地区先进的优势技术带入，产生技术扩散效应，进而提升区域创新能力，带动当地经济的发展。产业转移不但为承接地带来创新元素，而且还会对承接地的相关产业以及上下游产业起到意想不到的提振作用。

产业转移作用于区域内的外生力量，区域协同创新是区域自身内在能力的体现，两者的结合可谓是"合二为一"的完美匹配。区域协同创新是以政府为主导，以企业为核心，以大学和科研机构为重要参与者，以中介机构为桥梁，主要包括观念创新、体制创新、技术创新等相关要素，从而发挥创新体系的整体效应，促进区域经济发展。在承接产业转移过程中，连片特困地区的区域协同创新体系与一般的区域协同创新体系一样，涉及政府、企业、高校和科研机构、中介机构四大主体。其中，政府在区域协同创新中起到核心关键作用，这一点在连片特困地区显得更加突出。政府是推动区域协同创新的主导者。高校和科研机构是知识的汇聚地，是创新的来源，为区域创新体系提供原生的创新素材。企业是区域协同创新系统中的主角，也是最活跃的主体。

所以，连片特困地区要实现跨越式发展，必须转变发展观念，发挥区域内各创新主体的功能。在产业转移的大势之下，连片特困地区要在把握产业转移所带来的技术创新的同时实现自我创新。这要求连片特困地区摆脱以往的路径依赖，通过承接产业转移和区域协同创新实现路径创新。

第九章　连片特困地区产业发展战略实施风险与防范

近年来，在国家开发式扶贫和产业扶贫政策的带动下，连片特困地区积极推动地区产业发展的结构升级，以寻求带动当地经济社会发展的突破口，并挖掘推动新一轮经济增长的动力。然而，在连片特困地区产业发展战略形成、发展与实施当中，在寻找适宜发展的产业，扶持产业做大做强，扶持农民走向市场，解决小生产与大市场矛盾等具体过程中都滋生着危险与不稳定性，存在各种各样的风险，由此而产生的潜在负面效应，将严重影响连片特困地区产业发展战略的成功高效实施。基于这一实际，在连片特困地区产业战略实施当中，提前识别其实施过程中可能存在的各种风险，准确预测与评估相关风险并积极防范风险具有重要的现实意义。

第一节　连片特困地区产业发展战略实施风险界定与分类

一、产业发展战略实施风险界定

正确界定和认识连片特困地区产业发展战略实施风险是有效防范与规避风险的前提。在随机视角内，风险的定义方式及其在决策过程中所起的作用是因特定背景的不同而不同的。由于认识角度和研究侧重不同，学者们对于风险的研究虽然深刻，但缺乏一致性。从现有的研究来看，对风险的界定主要分为四类：第一种观点认为风险是一种损失机会的可能性，因而是一种数学概念。如果概率为 0 或者 1，表示没有风险，如果概率位于 0~1，就表示存在风险。第二种观点认为风险是损失的不确定性。这种定义意味着风险只能表现出损失而没有获利的可能，属于狭义风险定义。由于损失的不确定性既包括主观的不确定性也包括客观的不确定性，因此需要根据不同的方法来进行判定。例如，主观的不确定性是根据个人的经验、知识水平等进行判断，而客观的不确定性需要根据一些具体的计算方法来进行评估。第三种观点认为风险是可能发生的损害。损害越大，表示风险也越大；损害越小，则表示风险也越小。第四种观点认为风险是由于生产目的与劳动成果之间的不确定性而导致的一种不可预期的结果，这种结果有可能是好的也有可能是坏的，跟预期也许存在一定的偏差，属于广义风险定义。广义风险定义目前应用得最为广泛。由于风险是由风险因素、风险事故和风险损失等要素组成，因此某种具体风险的定义应充分考虑具体风险要素构成。

基于此，本书将连片特困地区产业战略实施风险定义为：在一定条件下和一定时期内，由于各种结果发生的不确定性而导致连片特困地区产业战略实施行为主体遭受损失的可能性及损失大小的可能性（概率）。即该风险的大小用发生损失的概率和损失的程度来共同度量。如果损失发生的概率高而且程度大，则属于高风险；若损失发生的概率小而且程度也小，则属于低风险。简言之，连片特困地区产业战略实施风险主要是指影响连片特困地区产业发展战略能否正常实施以及实施过程中有可能造成的损失。连片特困地区产业发展战略实施风险根据风险来源、特征的不同，可以分为不同的类别。

二、产业发展战略实施风险来源与分类

根据风险来源的不同，连片特困地区产业发展战略实施风险可以分为内源性风险和外源性风险。

（一）内源性风险

内源性是指从事物本身产生、发展、成熟过程中衍生而来的。内源性风险是由于产业发展战略内部特性引起的风险，是风险产生的根本性因素，主要包括结构性风险和网络性风险。其中，结构性风险是内源性风险的主要表现之一。产业发展战略实施的结构性风险主要是指产业战略实施当中，由于产业发展各个部分的占比构成不合理，其资源高度集中于同类产品或单一产业，使得相关企业对产业链产生过度依赖进而形成"锁定效应"（黄河，2010）。若不及时地进行创新，则其产业发展将很快由成熟走向萎缩与衰亡状态，即遵循产业生命周期理论（见图9-1）。产业发展老化或衰亡，将对连片特困地区经济发展带来严重的负面影响，甚至可能拖垮整个区域经济，使得连片特困地区变成难以复苏的"老工业区"与"问题区域"。

连片特困地区产业发展战略实施的结构性风险主要表现为产业集中风险和市场需求风险。产业集中风险主要是指由于产业过度集中导致市

场竞争性下降、垄断性提高而给产业战略实施带来的风险。产业集中风险的表现形式主要有两种：其一是多产业、小规模、低市场占有率；其二是少产业、大规模、高市场占有率。而导致产业集中的原因主要来自两个方面：第一是产业本身的内生性因素，包括外部经济、规模经济、市场容量、产品差异、运输条件等。外部经济源于市场联系或技术外溢，使得大量上游产业能够吸引下游产业，而成本联系又激励上游产业在地理上不断靠近下游产业。产业由于出现规模经济，规模报酬递增，其不断将生产在某一地区集中是一种必然趋势（Krugman，1991）。第二是外生资源禀赋因素，包括经济发展水平、地方政府政策、投资水平、劳动力市场条件、自然资源等。经济发展水平高、政府保护力度大，投资环境好、自然资源丰富、劳动力价格低质量高的地方，往往会吸引众多产业在地理位置上聚集。

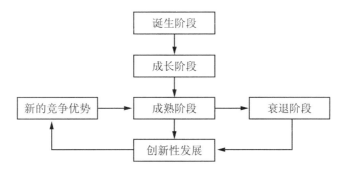

图 9-1　产业生命周期

根据市场需求曲线，随着产品数量的增加，产品的价格会随之下降。在一个产业发展的初期，产业产品的供应商有限，因此在一定时期内会出现供不应求的情况，从而促使产品价格的上升。感嗅到产业发展可观的利润，市场跟风行为出现，大力发展该产业，导致该产业生产的产品供过于求，此时，很多地区很有可能面临产业发展成本过高，导致破产。此外，市场受到一些自然、人为因素的影响，也会导致市场需求的变化。由于市场具有不确定性，固然会有市场风险的存在。

网络性风险是内源性风险的又一表现形式。众所周知，连片特困地区产业发展战略实施是由一系列企业、服务机构、研发机构、产业协会以及政府相关部门等组成的巨大联系网络的整体运行过程。在产业发展战略实施过程中，每个机构可以在这个巨大的网中进行交流和信息的共享。但是这种网络式的运转也会带来一定的风险（陈立荣、郑昭，2007），如封闭自守风险、创新惰性风险及人力资源风险。

第一，封闭自守风险。连片特困地区产业内部企业及辅助性机构之间密切的相互关联，在有效降低交易成本促进地区间交易顺利进行的同时，也可能使得地区产业内部逐步转变成为一个封闭自守的系统结构。因为当产业内部企业习惯于在产业内部交易之后，它们与产业外部地区或外部机构进行信息、能量、资源等相关交易活动将随之下降，进而产业对外部环境的适应能力、与外部的经营运作能力将不断减弱。久而久之，连片特困地区产业内相关企业便逐步浓缩为一个封闭系统，并逐步丧失获取应变外部市场变化所需的动力与能力，导致产业落败的潜在风险不断积聚，直至产业消亡。

第二，创新惰性风险。连片特困地区产业内相关企业在技术创新过程中，外部溢出、不合理扩散及不同地区、企业自发模仿行为的增加，将会大大降低片区内产业战略实施中的创新收益，严重影响连片特困地区相关企业开展创新的积极性，滋生创新惰性，进而严重削弱片区内整个产业战略实施的创新活力与创新能力。一方面，基于网络与地理空间上的临近性，产业链中的企业之间正式和非正式渠道信息与技术交流加速，从而比其他经济实体更容易获取经济协同效应与溢出效应，这将在很大程度上增强整个产业集群的竞争优势；另一方面，产业集群内知识与技术的正向溢出，也难免会促使产业内部大量企业乐于坐享其成、零成本分享外部创新溢出的好处，而不愿通过自行研发来进行创新。久而久之，造成众多企业不仅形成类似甚至几乎相同的管理惯例、组织形态与组织文化，而且形成几乎相同的技术水平、原材料状况、顾客与市场信息等。当面临同一个机会或者威胁的时候，这些企业不得不做出相同的战略决策，从而造成产业价值链横向企业的战略趋同，由此难免导致产业内部企业之间激烈的恶性竞争，甚至出现"劣币驱逐良币"的市场局面。产业集群内企业滋生出创新惰性源于"搭便车"现象，结果就是片区内产业集群的整体创新能力急速下降。

第三，人力资源风险。人力资源风险主要是指人力资源的不确定性因素而导致某个时间发生损失的概率。人力资源风险通常具有客观性、动态性和破坏性的特点。连片特困地区产业战略实施过程中引发人力资源风险的因素很多，而且人力资源不同于其他资源，更容易受到外部因素的影响，从而使得偏离预期的目标。从属性来看，人力资源风险又可以分为人力资源本身风险和人力资源外部风险。其中，人力资源本身风险来自人自身，是指由于各种意外的因素引起身体或者心灵受到伤害，从而给部门、产业带来损失。而人力资源外部风险主要包括招聘风险、培训风险、跳槽风险等。招聘风险主要是由于招聘信息不对称、个人发展的动态特征及招聘者本身性格不合等因素造成的。培训风险主要是指人才进行前期培训后离职导致的损失。连片特困地区由于没有地域优势，人才离职是常有的现象。跳槽风险是指由于关键环节人才跳槽而导致一些产业发展环节无法运行，或者受到影响而带来的损失。此外，绩效管理风险、团队合作风险、道德风险等都属于人力资源外部风险。不过对于连片特困地区来说，人力资源风险主要是外面的人才难以引进，内部的人才留不住，这是由于自身因素、外部环境因素和内部因素等共同造成的。

（二）外源性风险

外源性指来源于事物外部因素。外源性风险是与内源性风险相对的概念，是指由于外生性因素引致的风险。外源性风险是连片特困地区产业发展战略实施风险的主要组成部分。连片特困地区产业发展战略实施的外源性风险主要包括同业竞争风险、周期性风险、生态风险和政策性风险等。

第一，同业竞争风险。同业竞争风险主要是指产业战略实施过程中相同或者相似的产业所面临的共同风险。由于连片特困地区产业之间具有一定的趋同性，一个产业要在市场中取得优势，就必须要有足够的优势。然而，随着产业的发展，市场竞争也越来越激烈。连片特困地区产业发展面临同行业竞争风险时，必须要加大技术创新力度，改善地区产业发展环境，实现产品差异化，才能保持产业发展特色。同业竞争风险主要是由于价格战、品牌风险和资金短缺等造成的。一方面，连片特困地区产业发展战略实施中的某些产业已经形成了产业链，产业链内部相关企业往往可以通过共享政府相关政策优惠、公共基础设施条件及产业链网络结构带来的各种便利条件来降低运营成本，进而获得较产业链之外其他企业更多的经济利润。一般情况下，产业链内率先进行技术和管理创新并获得成功的企业，其技术水平与管理水平都将远远超出产业链内其他企业。其他企业往往难以通过差异化战略来获得维持其生存的市场份额。为了扩大销量赢取市场份额，技术创新与管理创新水平都较低的企业，所能采取的最常用而且最直接有效的办法就是降低产品单价或批量打折。与此同时，市场内部同质产品的增加也必然会加剧企业间竞争，基于连锁效应，下游厂商同样面临价格下调以扩大市场销量的压力。企业模仿创新的预期利润大幅下降，最终的结果就是产业链剩余的减少。一旦价格战爆发，企业更加没有足够的资金、人才资源来维持后续的技术研发与创新。这不仅对连片特困地区产业链的持续创新能力带来严重影响，也将加速片区内产业链的衰退进程，严重威胁产业发展战略的可持续实施。另一方面，连片特困地区产业内部企业产品品牌名称一般由地名和特色产业组成，被广大消费者、合作者及其他相关市场主体所广泛认知，是区域内众多参与厂商在长期的生产经营活动中积累、凝聚而成的。它反映着连片特困地区相关企业的产品质量、技术能力与服务水平，同时也代表着连片特困地区相关产业、企业的市场竞争能力。与地区品牌相比，产业品牌具有公共物品的非排他性、非竞争性，类似于产业内部所有企业及其部门所共同拥有的一种无形资产。产品品牌的上述公共物品属性，使得连片特困地区产业品牌的使用者数量不能得到有效控制，并且大多数品牌的使用者往往只注重利用品牌价值而忽略对品牌价值的保护和后续创新。如果片区内政府部门或相关行业组织不能采取有效的手段对产业品牌的非排他性和非竞争性加以控制，产业品牌的市场信誉将快速下降，无法进一步发展壮大，也会严重影响产业战略实施收益。此外，连片特困地区由于经济基础薄弱，大部分产业发展面临资金短缺风险。这主要是由于产业战略实施中对资金运动规律的认识和运用不足导致有限的资金没有得到合理有效的配置。同时，在资金的循环过程中，由于缺乏资金控制制度，因此半成品、成品过多，或者产品销路不适当和储备资金过多，此外，也不能够及时将市场信息迅速地反馈到新产品生产、价格调整及产品质量改进、服务水平提高等方面。总之，由于不能迅速传递资金控制过程中的反馈信息，因此生产、流通、销售脱节和措施滞后，加之没有合理预测资金的投放时间和需求量，资金的需求量预测不准，又不能够及时地筹集，导致资金短缺。过于宽松的信用政策、监控不力、缺乏事前和事中的严格监督等也是导致资金短缺的重要因素。这些都会给连片特困地区产业战略的实施带来阻碍。

第二，周期性风险。周期性风险主要是指由外部经济因素波动而造成的风险。这种风险具有一定的突发性，难以人为控制。周期性风险有可能发生在产业发展战略实施周期中的任何一个阶段，影响产业可持续发展，并导致产业发展所在区域经济发展的波动。周期性风险一般与一个国家或一个地区经济的景气状况密切相关。如果国家经济是开放型的，则国际因素的冲击对于产业生存发展状况的影响是不可忽视的。周期性风险分布于不同的产业，并且分布规律不同。此外，产业结构是引起区域经济不确定的最主要因素。要减少经济波动，最好的办法是采取投资组合方式从而分散风险，并且尽量避免投资相关性太大的产业，这样就会使得风险最小化。因此，区域产业内部部门之间发展的关联性越强，基于这种关联性的投资组合风险也会越大，即周期性风险越大。所以，连片特困地区在产业发展战略实施过程中，不能把区域内绝大部分甚至所有资源都集中于发展单一产业（或产品）或单项技能，资源配置应该适度分散以规避风险。

第三，生态风险。生态风险主要是指在一定产业战略实施区域内，具有不确定性的事故或灾害对生态系统及其组成部分可能产生的作用，这些作用可能导致生态系统结构和功能的损伤，从而危及生态系统的安全和健康。生态风险的风险源是不确定的。连片特困地区的生态环境具有天然脆弱性，一经破坏，难以在短期内恢复。生态风险的成因很多，而且生态风险具有不确定性、危害性和客观性的特点。综合来看，连片特困地区生态风险主要来自人类活动、自然界及社会经济等因素。人类活动包括对资源的开发与利用、技术的产出、传统的经验方式等风险因素。连片特困地区居民生态环保意识较弱，无节制地开采自然资源，生活、生产垃圾不经处理便废弃，会导致农村耕地减少、自然灾害频发。而自然灾害频发又会反过来加剧生态环境的恶化。在这种恶性循环中，产业发展将遭受重创。社会经济方面主要包括产业结构调整或者布局、产品的流通与营销、资金的投入产出及市场机制等风险因素。目前，连片特困地区产业战略实施中生态风险最突出的表现在于自然资源的过度开发与利用，如环境的污染、资源的利用方式不当、投资形式不合理等。不过，不同的地区生态风险的影响因素也不尽相同。

第四，政策性风险。政策性风险主要是指连片特困地区以外各级政府颁布的文件、法规、政策等给片区内部产业发展战略的实施带来的风险。它属于非系统风险，是一种不能准确预测的风险，只能进行有效而积极的防范，主要包括国际贸易政策风险和政府政策风险（含中央和地方）。其中，国际贸易政策风险主要是指贸易开放政策对连片特困地区整体的影响。大多研究表明贸易开放可以促进经济增长，带动当地产业发展。各地区可以通过引进外资，带动本地的经济发展、提升就业水平，也可吸引先进的管理经验和技术。这是好的一方面。然而，贸易开放也是有风险的，随着贸易的开放，经济发展趋于一体化，一些高污染、高排放、高能耗的产业转移到一些连片特困地区，这就对当地的生态环境造成了严重影响。同时，在我国政策风险一直都存在，这主要是由我国现有资本市场环境决定的。政策的实施一般都是通过对当地产业部门的软调控或硬调控而实现的。然而，地区之间经济、资源、人口等因素都存在很大差别，而政府政策的具体实施通常具有一定的滞后性，这也会影响到当地产业战略实施情况。此外，政府的政策也不是万能的，不一定适合每个地区。这也从另外一个层面加大了政府政策对连片特困地区产业战略实施的影响程度。

第二节　连片特困地区产业发展战略实施风险评价与成因

一、连片特困地区产业发展战略实施面临的风险问题

连片特困地区贫困范围广，贫困深度与贫困强度大。尽管经过这些年不懈的扶贫努力，片区经济实力、地区财政收入、人民生活水平都得到了普遍改善与提高，但与其他地区相比，仍然存在较大差距，并且这种差距还呈进一步扩大的趋势。由于连片特困地区产业发展受到自然生态条件、经济基础、要素支撑、文化束缚、机制体制等内部因素和政府政策、资金投入等外部因素的多重制约，其产业发展战略实施将不可避免地面临一些问题。

（一）自身支撑要素生产的不确定性影响产业发展战略实施

产业发展战略顺利实施离不开良好的自然条件、一定的经济基础、较强的要素支撑、相对完善的机制体制及一定的文化积淀。而连片特困地区在这些方面存在严重短板。首先是自然环境。地理位置作为片区产业发展的基础支撑要素，直接影响产业发展的生产交易成本。我国14个连片特困地区中有11个片区地处少数民族地区，8个片区地处革命老区，3个片区地处边境地区，11个片区跨越2个及以上省域，总体上集民族地区、革命老区、生态脆弱区、边疆地区于一体。分散于全国19个省（市、区）的505个县，区域总面积达141.3万平方公里，占国土总面积的14.7%（汪磊，2016）。片区农村人口为1.96亿，占片区总人口的85.96%（总人口为2.28亿）。而且由于地处偏远，交通、通信、水利、能源、教育、文化等基础设施建设严重滞后，片区内企业生产经营范围狭窄，对外开放协作的能力与张力及接受发达地区要素和产业辐射的机会都非常有限。这无疑进一步增加了片区产业发展的生产与交易成本，严重影响了产业发展壮大与产业市场竞争能力的提升。其次是作为产业发展的物质条件支撑，连片特困地区经济基础薄弱，整体产业结构单一。不仅作为经济增长动力的第二、第三产业发展落后，而且农业发展也远远不能满足片区内部人民生产生活及产业发展的需要。一旦发生自然灾

害，农业的发展往往在很长时间内都难以得到有效恢复。受传统体制的影响，农村生产要素市场发展迟缓，市场规模小、透明度低、传递渠道少、缺乏系统性、市场无序化现象严重，给产业战略实施带来了极大不便，严重阻碍了产业战略实施步伐。从人才与技术要素来看，连片特困地区人力资本稀缺，高级人才和熟练技工外流严重，中高级人才队伍短缺。现有人才留不住，外面人才请不来是制约连片特困地区产业战略实施非常重要的因素。同时，人才的缺失也导致连片特困地区技术创新能力不强。从人们的思想观念看，"重学历、轻技能""重仕轻工"的思想仍然根深蒂固。人力资本的稀缺与思想认识的误区不仅导致人才追求与人才消费相悖，也严重影响了片区企业对先进技术的接受能力，降低了科学技术转化为现实生产能力的效率。连片特困地区可供利用的土地资源也相当有限，用于连片开发的集中用地更少，限制了产业战略实施布局规划的选择性。连片特困地区内部支撑要素生产的不确定性将进一步增加产业发展战略顺利实施的不确定性，增加产业发展战略实施风险。

以武陵山片区为例，武陵山片区作为我国扶贫攻坚示范区，既深处传统革命老区，也处于以土家族、苗族、侗族为主体的民族地区，跨省交界面积大，是典型的"老少边穷"地区。同时，武陵山片区地处我国最大的喀斯特石漠化地区——滇桂黔石漠化片区，自然灾害频繁，生态环境十分脆弱，贫困人口分布也存在明显的区域差异及空间分化现象，甚至呈现返贫现象严重等新的复杂特征。由于地域偏远、交通不便、信息闭塞、水土资源匮乏、人地矛盾突出、远离中心城市，严重妨碍了片区内除政府投入之外其他社会资本的投入，也限制了片区内第二、第三产业的顺利发展，对产业战略实施十分不利。从产业结构来看，农业一直是连片特困地区经济增长的第一贡献因素。由于弱质农业比重偏高，要素积累和持续投入能力低下，同时缺乏有竞争力的支撑产业，既难以形成产业结构效益，也难以实现资源在各产业之间的优化配置，难以推动相关产业相互竞争与协作及功能互补，形成产业发展合力。加之产业发展方式粗放，产业结构升级缓慢，导致产业发展增长乏力，产业发展战略实施进程缓慢，在参与现代分工和市场竞争中处于明显劣势。以旅游产业为例，近年来，武陵山片区依托生物资源和独特的历史遗迹大力发展旅游产业，但是由于受自然条件、资金、人才、经济基础等条件约束，旅游基础设施建设跟不上，多省交界引致的人地矛盾突出，不同少数民族风俗习惯引致的旅游产业发展形势、水平参差不齐，即使有相对完善的全局性的旅游产业发展规划，也难以取得期望的效果。武陵山片区内部支撑要素生产带来的不确定性势必大大增加产业发展战略实施的不确定性，造成风险积聚进而影响产业发展战略顺利实施。

(二)要素资源外部输入的不确定性加剧产业发展战略实施风险

第一，扶持政策要素是影响区域经济发展重要的外生要素。作为区域经济发展的重要推手，政策的导向作用、扶持力度及资源配置直接影响区域经济发展的速度与质量。连片特困地区大多处于省际交界地带、市场发育不全的边缘地带及经济发展粗放地区。同时，片区内部行政壁垒高，产业发展同质性较强，行政区域之间协调难度大，政策碎片化严重，加之政府层面专门针对省际跨行政区划地区的扶持政策特别是差异性较强的特惠政策还鲜有出现，使得国家、省市各项扶持政策、优先发展政策要么难以真正惠及这些地区，要么惠及了地区也难以真正落实，从而一度成为国家宏观经济政策或战略的"盲区"。以武陵山片区为例，该片区周围分布了长株潭城市群"两型"社会综合配套改革试验区、武汉城市圈"两型"社会综合配套改革试验区、贵阳市国家级循环经济试验区、成渝城乡协调发展综合配套改革试验区等多个国家战略政策扶持区，而武陵山片区正好处于这些国家政策扶持区的包围之中，片区政策塌陷效应十分明显。此外，即使有一些扶持政策，也往往由于地方财政赤字严重，无法得到真正落实。如按照现行政策，贫困县新办企业可以在三年内免征所得税，但是由于片区大部分财政紧张，这一政策很难得到彻底落实。相反，某些地区行政执法部门乱收费、罚款等现象还屡禁不止。因此，未来产业发展战略实施过程中，如何在充分利用片区脱贫相关利好政策及充分考虑片区内各行政区划之间差异性与共同点的基础上，以脱贫政策为基点，充分撬动其他政策杠杆，实现不同政策的有效衔接，逐步消除政策的碎片化，进而最大力度地降低政策要素输入的不确定性从而降低产业发展战略实施政策风险，无疑是需要正视的重要问题。

第二，产业发展外部物质要素支撑薄弱及要素外部输入不稳定，持续投入能力不足也是连片特困地区产业发展战略实施中必然面临的另一个重要问题。资源要素外部输入是连片特困地区产业竞争力提升的重要支撑(刘娟，2008)。连片特困地区不仅自身要素积累能力薄弱，资本、人才等要素资源外流严重，而且资源要素外部投入能力低下，投入渠道单一，未来投入力度与投入能力也均不明朗，这将严重影响产业发展战略可持续实施。众所周知，城乡二元结构是我国经济结构的特色，传统的非农偏好政策对我国连片特困地区有着深刻的影响，国家经济发展战略注定了农村特别是连片特困地区不能成为我国经济发展的重点。农村、农业的发展始终从属于城市与工业发展。工农产品以"价格剪刀差"的方式从农村抽取了大量的资金，进一步加重了农民的负担和贫困。以金融资金为例，大中型金融机构在贫困地区吸收存款的意愿与能力很强，但是放贷意愿低、供贷规模小，贷存比普遍偏低。这使得片区内的金融机构不仅没有成为片区资金输入的渠道，反而引导大量的资金流向城市。与此同时，虽然国家针对连片特困地区财政投入的绝对规模呈逐年增长态势，但相对规模却呈动态下降趋势。连片特困地区财政普遍困难，乡镇财政赤字较大，农村发展资金严重短缺。一些利好项目常常由于资金匮乏而无法启动，导致产业战略实施推动缓慢。同时，由于政府部门建立了高杠杆，而中国长期保持低利率，甚至是负利率，这相当于以家庭部门财富转移的方式支持政府投资的扩张。而地方政府的债务融资资金往往没有投向既定的产业，连片特困地区拥有的特色产业如绿色农业、各种矿产、文化产业等，由于没有得到及时和合理的投入，导致不能进行有效转化。此外，连片特困地区政府与市场之间合力打造的一个良性的投资环境还未真正形成，无法吸引其他社会资金投入。

由此可见，连片特困地区要素资源外部输入渠道的不确定性，输入能力与输入力度的不确定性都将进一步加剧产业发展战略顺利实施的不确定性。如果不能采取措施有效降低上述不确定性，连片特困地区产业发展战略实施很有可能陷入市场竞争力停滞不前与可持续实施乏力的双重风险困境之中。

二、连片特困地区产业发展战略实施的风险评价

正确识别连片特困地区产业发展战略实施风险并对风险程度进行准备评估是有效防范和规避风险、确保产业发展战略顺利实施的重要前提。为了对连片特困地区产业战略实施风险进行全面评估，本书拟采用多指标综合评价法进行分析。现实生活中，对于许多问题的评价很难用一个因素来说明，一般需要涉及很多因素，因此就需要用到综合评价法。综合评价法的实质就是将多元指标转化成为一个能够反映综合情况的一维指标（或指数）来进行评价。综合评价的要素包括评价主体、评价客体、评价指标、权重系数、评价模型等。近年来，这种多指标综合评价法在生活中得到了广泛的应用。鉴于指标数据可得性，本书采用模糊综合评价法就连片特困地区产业发展战略实施风险进行评估。

（一）产业发展战略实施风险评价方法

连片特困地区产业发展战略实施风险来源广泛，种类繁多，各种风

险相互关联、相互影响。但是由于相对权威的衡量连片特困地区产业发展战略实施风险的相关指标数据严重缺失，因此，本书采用模糊综合评判法来评估连片特困地区产业发展战略实施风险程度。模糊综合评判法（Fuzzy Comprehensive Evaluation，FCE）是美国著名学者查德（L. A. Zadeh）在 1965 年提出的。该方法是第一次把模糊的概念用数学语言来描述。这种方法将数学和模糊的概念有效结合，可以结合经验分析将一些边界不清、难以量化的指标予以量化。它的特点是在进行综合评价的同时，涵盖了对每一个被评价的对象的单独评价，从而在评价过程中可以实现对所有评价对象的排序，进而判断出最优或最劣的对象。模糊综合评价具体评价步骤可以分为三步。

第一步，确定指标体系的评语集。对于确定的指标体系，首先聘请一些相关领域的专家进行打分，得到各个指标的评语集为：

$$W=\{w_1，w_2，w_3，w_4\} \tag{1}$$

其中，$w_k(k=1，2，3，4)$ 分别表示风险"大、较大、较小、小"四种评判等级，等级越高意味着风险发生的可能性（概率）越大。

第二步，确定指标体系的权重，建立模糊综合评价矩阵。一般通过对同一指标层的指标的重要性两两进行比较来确定各个指标权重。首先建立判断矩阵，定义主因素层（二级指标层）集为：

$$U=\{u_1，u_2，u_3\} \tag{2}$$

其相应的权重集为：

$$A=(a_1，a_2，a_3) \tag{3}$$

定义子因素层（三级指标层）集为：

$$u_k=\{u_{k1}，u_{k2}，u_{k3}，\cdots，u_{ks}\} \tag{4}$$

其中，$k=1，2，3，\cdots，n$。相应的权重集为：

$$A_k=\{a_{k1}，a_{k2}，a_{k3}，\cdots，a_{ks}\} \tag{5}$$

其中，s 表示三级指标层包含指标的数量。该指标层里第 i 个指标与第 j 个指标的相对权重程度的估计值用 u_{ij} 表示。u_{kij} 表示第 k 个影响因素下的第 i 个指标与第 j 个指标的相对重要程度的估计值，其中 $k=1，2，3，\cdots，n$。U 可以用下式表示：

$$U=\begin{bmatrix} u_{11} & \cdots & u_{1n} \\ \vdots & \ddots & \vdots \\ u_{m1} & \cdots & u_{mn} \end{bmatrix} \tag{6}$$

在此基础上计算权重。如果某一个指标的下层指标为（$u_1，u_2，u_3，\cdots，u_n$），其相对应的 n 阶模糊评判矩阵为 $(U_{ij})_{n\times n}$，并计算出判断矩阵的最大特征值和相对应的特征向量。

第三步，将特征向量、模糊综合评判矩阵进行归一化处理，就得到了最终的模糊评价综合指数。

（二）连片特困地区产业发展战略实施风险评价指标体系构建

1. 指标体系构建的原则

为了客观、全面地评价连片特困地区产业战略实施的风险，我们需要按照一定的原则，建立一套完整规范的产业发展战略风险评价指标体系。这些指标既要能够尽可能客观全面地反映产业战略实施风险的大小，又要具有可得性、可操作性。具体而言，应该遵循如下几个原则。

第一，科学性原则。连片特困地区产业发展战略实施风险评价指标体系的设置是否科学合理直接关系到风险评价的质量。评价指标的设置要以一定的客观事实为依据，并且能够尽可能地反映出产业发展战略实施风险的内涵与规律。这就要求我们必须结合必要的专项调查和考证，开展定性与定量分析，使得设置的指标既具有代表性、完整性，又具有系统性。所选的方法和指标应能准确地反映产业发展战略实施风险评价指标体系的本质特征，评价结果应能客观地反映评价指标的大小。以此为基础进行的综合考核评价才能得出科学合理、真实客观的结论与评价结果。

第二，导向性原则。构建连片特困地区产业发展战略实施风险评价指标体系的主要目的是促进产业发展战略实施风险评价的规划化与系统化，追踪风险导向，从而对连片特困地区产业发展战略实施风险起到一定的监控与预防作用。

第三，可操作性原则。评价指标体系通常需要具有可行性和可操作性，即所选方法、指标、标准在现实中能够实现。这就要求我们在设计产业发展战略实施风险指标体系时，要尽量避免复杂的指标树，将抽象的概念转换成可观察、可测度、可操作的具体指标。同时，指标数据也要比较容易获取，指标选取与测度过程要简单易行。

第四，代表性原则。在风险评价指标的筛选过程中，选取的指标要尽量能够反映系列指标的共性特征与普遍特征，为使各指标在不同地区之间具有横向可比性，我们在各指标的表达上应尽量采用增长率、百分率、单位均值等来表示。这样产业发展区域内部不同地区的风险评价才更具有实际意义与典型意义。

第五，层次性原则。由于产业发展战略实施风险是一个庞大的复合系统，因此我们可以按照一定的方法，把它分解为若干个子系统，将复合系统设计成为一个多级指标系统，并使得产业发展战略实施风险评价指标体系的一级指标趋于高度综合，而二级、三级指标逐步趋于具体的特征。简言之，层次性原则就是要求指标体系构建要体现层次感，各层次之间的类别、特征分明，责任或任务明确。

第六，全面性原则。选取的指标要尽量涵盖影响产业发展战略实施风险的各个方面，并最大可能地展现产业发展战略实施风险的各种特征。表达各个特征的指标选取既要避免遗漏，也要避免重复。这样选取的指标才能够全面客观地反映产业发展战略实施风险的基本特征。

第七，定量指标和定性指标相结合原则。基于连片特困地区产业发展战略实施风险评价的复杂性，单一依托定性指标或者单一依托定量指标都可能难以得出准确的评价结果。因此，本书同时考虑了定量指标和定性指标，以期全面客观地开展评价。

2. 连片特困地区产业发展战略实施风险评价指标体系的建立

基于以上原则，结合连片特困地区产业发展战略实施风险实际，本书拟基于三个层次构建连片特困地区产业发展战略实施风险评价指标体系。第一层次为目标层；第二层次为主因素层，可设多个指标类，每个指标类下可设若干个指标项；第三层次为子因素层，可设多个指标项。建立的指标体系如表 9-1 所示。

表 9-1　连片特困地区产业发展战略实施风险评价指标体系

目标层	主因素层（一级指标）	子因素层（二级指标）
产业发展战略实施风险	结构性风险	产业集中风险
		市场需求风险
	网络性风险	封闭自守风险
		创新惰性风险
		人力资源风险
	同业竞争风险	价格战风险
		品牌风险
		资金短缺风险
	周期性风险	宏观经济运行风险

续表

目标层	主因素层（一级指标）	子因素层（二级指标）
产业发展战略实施风险	生态风险	自然地理风险
		自然灾害风险
		社会经济风险
	政策性风险	国际贸易政策风险
		地方政策风险

（三）连片特困地区产业发展战略实施风险程度评估

下文以武陵山片区为例，就武陵山片区产业发展战略实施可能面临的风险程度进行模糊综合评价。为了确定每个风险评价指标的隶属度，我们聘请了相关领域的 10 名专家对表 9-1 的各个风险评价指标进行评分，得到评价指标的隶属度，结果如表 9-2 所示。

表 9-2 武陵山片区产业发展战略实施风险程度评价指标的隶属度

一级指标	二级指标	隶属度			
		Ⅳ级（大）	Ⅲ级（较大）	Ⅱ级（较小）	Ⅰ级（小）
结构性风险	产业集中风险	0.50	0.30	0.10	0.10
	市场需求风险	0.20	0.40	0.20	0.20
网络性风险	封闭自守风险	0.30	0.30	0.30	0.10
	创新惰性风险	0.60	0.20	0.10	0.10
	人力资源风险	0.60	0.30	0.10	0.00
同业竞争风险	价格战风险	0.30	0.30	0.20	0.20
	品牌风险	0.30	0.20	0.30	0.20
	资金短缺风险	0.60	0.20	0.10	0.10
周期性风险	宏观经济运行风险	0.10	0.20	0.30	0.40
生态风险	自然地理风险	0.40	0.20	0.20	0.20
	自然灾害风险	0.40	0.30	0.20	0.10
	社会经济风险	0.50	0.30	0.10	0.10
政策性风险	国际贸易政策风险	0.10	0.10	0.20	0.60
	地方政策风险	0.20	0.20	0.30	0.30

在此基础上，我们也请每一位专家对每一组底层指标对其上一层指标的重要性进行两两比较，进一步整理并采用求和法得到每一个指标的权重，建立评判矩阵，结果如表 9-3 所示。

表 9-3 武陵山片区产业发展战略实施风险评价指标的权重

序号	一级指标(u_i)	权重(A_i)	二级指标(u_{ij})	权重(a_{ij})
1	结构性风险	0.18	产业集中风险	0.45
			市场需求风险	0.55
2	网络性风险	0.22	封闭自守风险	0.30
			创新惰性风险	0.30
			人力资源风险	0.40
3	同业竞争风险	0.20	价格战风险	0.25
			品牌风险	0.30
			资金短缺风险	0.45
4	周期性风险	0.10	宏观经济运行风险	1.00
5	生态风险	0.20	自然地理风险	0.30
			自然灾害风险	0.30
			社会经济风险	0.40
6	政策性风险	0.10	国际贸易政策风险	0.20
			地方政策风险	0.80

综合表 9-2 和表 9-3 的相关数据，计算出结构性风险(B_1)一级评价指标的模糊评价向量为：

$$B_1 = A_1 \times R_1$$

$$= (0.45 \quad 0.55) \times \begin{pmatrix} 0.50 & 0.30 & 0.10 & 0.10 \\ 0.20 & 0.40 & 0.20 & 0.20 \end{pmatrix}$$

$$= (0.335 \quad 0.355 \quad 0.155 \quad 0.155) \tag{7}$$

B_1 计算结果表明，武陵山片区产业发展战略实施结构性风险 33.5% 的隶属度为 Ⅳ 级，35.5% 的隶属度为 Ⅲ 级，15.5% 的隶属度为 Ⅱ 级，15.5% 的隶属度为 Ⅰ 级。根据最大隶属度原则，得到武陵山片区产业发展战略实施的结构性风险程度为 Ⅲ 级。

同理，可以得到一级评价指标网络性风险(B_2)、同业竞争风险(B_3)、周期性风险(B_4)、生态风险(B_5)、政策性风险(B_6)的模糊综合评价向量分别为：

$$B_2 = A_2 \times R_2 = (0.510 \quad 0.270 \quad 0.160 \quad 0.060) \tag{8}$$

$$B_3 = A_3 \times R_3 = (0.435 \quad 0.225 \quad 0.185 \quad 0.155) \tag{9}$$

$$B_4 = A_4 \times R_4 = (0.100 \quad 0.200 \quad 0.300 \quad 0.400) \tag{10}$$

$$B_5 = A_5 \times R_5 = (0.440 \quad 0.270 \quad 0.160 \quad 0.130) \tag{11}$$

$$B_6 = A_6 \times R_6 = (0.120 \quad 0.120 \quad 0.220 \quad 0.540) \tag{12}$$

根据以上的计算结果和最大隶属度原则，得到武陵山片区产业发展战略实施的网络性风险程度为Ⅳ级，同业竞争风险程度为Ⅳ级，周期性风险程度为Ⅰ级，生态风险程度为Ⅳ级，政策性风险程度为Ⅰ级。

最后，综合以上分析结果，计算武陵山片区产业发展战略实施风险的模糊综合评价向量（B）为：

$$B = A \times R = (0.3695 \quad 0.2543 \quad 0.1841 \quad 0.1921) \tag{13}$$

由 B 的计算结果可知，武陵山片区产业发展战略实施综合风险程度为Ⅳ级、Ⅲ级、Ⅱ级、Ⅰ级的隶属度分别为 36.95％、25.43％、18.41％、19.21％。根据最大隶属度原则，武陵山片区产业发展战略实施综合风险程度为Ⅳ级。

三、连片特困地区产业发展战略实施风险成因

连片特困地区产业发展战略实施风险是多方面的，那么这些风险的形成机制是怎么样的呢？这需要我们做更进一步的研究。事实表明：连片特困地区产业发展战略实施风险的形成机制主要体现在资源共享刚性、产业根植性和技术变迁。

（一）基于共享性资源刚性的风险成因分析

共享性资源刚性风险成因主要来源于连片特困地区产业竞争的影响。产业发展共享性资源刚性的具体要素包括创新惰性、战略趋同、心智模式封闭性等基本类型（朱方文等，2009）。

1. 产业发展中的创新惰性与竞争优势

惰性（inertia）源自物理学概念，表示的是一种维持现状、抗拒变动的物理状态，反映了相关调节组织对外部环境变化的过渡范式进行响应的速度。当外部环境发生变化时，组织或者个体不能积极应对并成功地对战略、结构、方法方式等进行根本性变革即被视为遭受惰性侵蚀。

由于产业内部组织网络承担了部分创新的功能，并且通过不同组织之间的分工协作，降低了企业参与创新的不确定性，因此存在创新网络优势。但是，由于从技术研发到实现商业化是一个漫长的过程，这就导致开展创新研发的企业无形中承担了较大的风险。当产业内部企业产生创新惰性时，意味着这些企业出现严重的坐享其成心理和追求搭便车现象，这就使得创新企业的创新欲望被抑制。这将严重影响创新网络优势甚至使得优势一蹶不振，进而严重削弱企业的竞争优势。由于连片特困地区产业网络组织具有资源共享刚性，因此，随着创新惰性的逐步侵蚀，

产业网络内部企业的技术创新将出现间断，产业网络各组织之间的创新意识将逐步减弱，从而导致创新不足，都想搭便车，即通过复制产业内部其他地区、企业的发展模式和发展思路来发展自身。这虽然大大减少了创新成本，但是也导致连片特困地区产业发展竞争优势慢慢丧失殆尽，进而严重阻碍连片特困地区产业发展战略的顺利实施。

2. 产业发展中的战略趋同与竞争优势

企业竞争是企业生存和发展的必要条件。企业以资源、能量及整合地区内部资源与能量的焦点——组织活力——为基础，以刚性制度、身份认同为约束，通过为消费者提供物有所值的产品和服务，通过创造消费者所需的价值来实现竞争优势。然而，随着产业发展组织系统封闭性的不断被强化，产业网络内部组织或企业之间能够捕获到的新资源、新信息、新能力和新知识都将大大缩减，使得产业发展网络内部组织、企业之间拥有的资源、技术、管理水平、市场客户等均出现高度一致性。这些都将使得各个企业的发展战略也呈现趋同现象。企业发展战略趋同意味着差异化的丧失，导致的直接后果就是行业竞争激化。随之而来的就是行业平均利润率降低，出现优胜劣汰直至产生新一轮战略创新。同时，企业战略趋同也将导致企业自身的成长上限，即企业越成长越接近资源能力局限，使得企业成长受阻甚至停滞。总而言之，企业发展战略趋同必将导致整体产业发展战略抵御风险能力和竞争能力大幅减弱，对产业成长与产业竞争力带来严重负面影响。

3. 企业心智模式的封闭性与竞争优势

心智模式是企业管理层（者）在产业发展战略实施过程中形成的一种相对稳定的思维框架与行为习惯，是企业在潜移默化的渗透、积淀与凝结过程中形成的一种模式化的思维定式。这些思维定式主要体现在企业的决策、行为、认知或者评价活动中。企业管理层的心智模式一旦形成，其在面临风险或者机遇时，便会自觉或不自觉地基于某个固有的角度去认识、思考问题，并简化思考、认识的复杂程度进而采用一贯的方式去解决。企业管理者心智模式也表现为只关注本地竞争对手而不关注外地竞争对手。这种封闭性思维将导致企业逐步丧失市场敏感性，无法预测、防范来自外部市场的风险，最终使得整个产业组织网络遭受损害。

综上所述，产业网路内部组织作为一种介于市场与企业之间的企业自组织，在整个产业运行网络内部的各企业之间形成不完全流动、异质性的共享性资源。虽然单个企业不能独自完全占有这些共享资源，但是可以对这些资源形成准独占态势，借以增强自身能力，提升竞争优势。

产业网络组织内部三种共享性资源刚性要素，即企业战略趋同、创新惰性和企业管理者心智模式的封闭性对产业内部企业发展绩效产生直接影响。而借助外部战略性资源，企业间资源交换与组合渠道、集体学习与知识共享网络对产业组织网络内部企业的竞争优势产生正向推动。为此，共享性资源刚性影响产业竞争优势的作用机制可以通过图 9-2 进行描述（朱方文等，2009）。

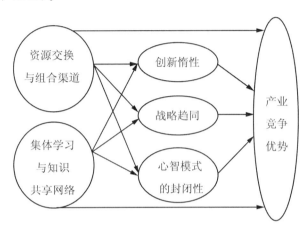

图 9-2　共享性资源刚性对产业竞争优势影响的作用机制

（二）基于根植性的风险成因分析

通俗地讲，根植性，即本地化。"根植性"这一概念是由格兰诺维特（Granovetter，1985）提出的。他认为经济行为是根植于制度和网络之中的，而这种制度和网络又是由社会构成并且具有文化意义的。这一理论的重要之处即强调了地区之间的非贸易依赖，促进地区之间相互交流，加强合作，增强技术创新和竞争力。

连片特困地区产业根植性主要表现在以下三个方面：其一，地区之间以信赖为基础进行合作，共同承担风险；其二，地区之间关系相对稳定，一般不会出现报复性行为；其三，地区之间拥有共同的利益，目标容易达成一致。

不过，有关根植性需要注意两个方面。一方面强调与非本地之间的联系，因为过于排外、过于靠近、过于僵化的本地联系通常都是危险的，会在一定程度上削弱地区的竞争力。另一方面加强同外部联系促进本地经济增长，一旦产业对外部信息依赖过大，也会威胁到产业的生存（蔡宁等，2003）。因此，产业根植性过强或者太弱都不利于产业战略实施，需要控制在一定的范围内。大部分连片特困地区跨越多个行政区域，各个行政区域既存在利益共谋，也存在发展竞争。无法打破既有的属地化行政管理条块分割管理格局，而现行的政绩意识驱使各地方政府必须相互合作，有所作为。片区内行政区域之间这种复杂而纠结的关系，严重影响了片区产业发展战略实施，这是连片特困地区产业发展战略实施根植性风险的成因。

（三）基于技术变迁的风险成因分析

技术变迁不仅会改变地区的经营理念、生产方式和经济效益，还会影响产业发展区位的选择。技术变迁对连片特困地区产业发展战略实施风险的影响主要体现在以下两个方面。

1. 技术变迁改变地区的生产模式

技术变迁对地区之间产业发展的影响主要体现在它改变了地区的生产模式。从人类发展历程来看，人类经历了三种生产模式，即手工业生产模式、机器生产模式和现代化生产模式（易明等，2006）。由于不同时期技术水平和生产力不同，因此生产方式也存在巨大差异。此前，连片特困地区生产方式以手工业生产方式为主，其特点是产品的标准化程度不高，生命周期长，机器化程度较低，开发创新基本依靠个人天赋。这就决定了片区基本停留在手工业生产模式阶段。而由于地理位置与运输成本高的制约，片区内部发展产业的最优选择就是靠近资源与市场。近些年，随着市场经济的发展，片区生产方式也不得不向现代化生产模式转变。现代化生产模式是一种范围经济，这就要求片区不仅要根据市场组织进行生产，增强地区之间的生产协作，而且需要研发与生产相结合，增强技术灵活性，在生产中创新。此外，现代化生产模式势必也呼唤现代化生产管理，而连片特困地区对现代化生产模式还存在诸多的不适应，这些都对连片特困地区产业发展战略实施带来一定的冲击。以农民专业合作经济组织为例，当前，一些片区为了促进地区产业发展，基于合作制原则建立了各种不同类型的农民合作经济组织，这对于缓解片区产业发展结构不合理、培育新型市场竞争主体、解决片区小生产与大市场之间的矛盾、推进片区农业产业化和现代化进程具有重要作用。但是农民合作经济组织也面临一些挑战。首先，合作经济组织的发展意味着对片区农村微观主体的重新塑造，而连片特困地区由于教育文化经济等各方面制约，合作社成员基本的利益诉求、参与合作社的动机及自身风险承担能力呈现很大差异。合作社内部成员只愿意共享利益而不愿意共担风险的现象普遍存在，导致合作社合力、凝聚力不足。其次，连片特困地区大部分合作社的体制机制还没有理顺，相关配套政策执行力度不大，严重制约了合作社整体功能的发挥，增加了片区产业发展战略实施风险，进而影响了产业发展战略实施进程。

2. 技术创新影响产业发展区位选择

技术创新是实现连片特困地区产业发展战略顺利和快速实施的重要因素。如果某地区缺乏技术研发和技术创新能力，将在市场竞争中失去地位。随着社会的进步，技术创新能力的不断加强，研发周期也会越来越短。因此，产业创新和技术进步对产业区位的选择有着重要的影响。除此之外，在不同的时间段，技术创新、技术扩散也同样会影响连片特困地区产业战略实施的区位选择。对于连片特困地区而言，实现技术升级主要来自两个方面：一是本地自主创新，二是依靠技术扩散。而连片特困地区一方面由于深处"老少边穷"地区，难以通过地理上的接近来获得必要的技术扩散；另一方面由于人才、资金等各项生产要素与资源的匮乏而难以进行大规模的自主创新。因此，连片特困地区产业发展区位选择存在很大的局限性。区位选择的局限性势必增大产业发展战略实施风险。此外，交通运输成本也决定了连片特困地区产业发展的区位选择。随着技术进步的加快，运输成本和产业的聚集程度都会随之下降。总之，连片特困地区有限的技术创新水平，高昂的产品运输成本，都进一步局限了产业发展区位选择，增加了产业发展战略实施风险。

第三节　连片特困地区产业发展战略实施风险防范与规避

一、连片特困地区产业发展战略实施风险防范与规避的基本原则

（一）事前控制、事中控制和事后控制协调统一原则

由于连片特困地区产业发展战略实施过程中的风险是相互交织、相互影响的，并且风险存在相互增强的机制，因此产业发展战略实施风险应对策略也应该是相互交融、综合运用的。为确保有效防范产业发展战略实施过程中的各类风险，各地区可以通过事前、事中、事后控制系统来规避风险，从而减少产业发展战略实施对连片特困地区经济的损害。

（二）内控优先原则

内控是连片特困地区产业战略实施风险防范的根本。当前，由内控不完善引发的各种风险是连片特困地区产业发展战略实施面临的突出问题，包括管理治理结构有待完善、控制分散导致控制不足、内控文化尚未真正建立等。从连片特困地区产业战略实施风险防范的角度看，产业自律、政府与社会正式与非正式的监管都是有效的手段。由于产业发展

战略实施过程对外部环境的适应性是建立在企业自身内部良好的协调性与控制性基础之上的，因此，加强产业发展战略实施过程中的内部控制，增强自身的防护功能、反馈功能、调节功能及参谋助手功能，既是基础性、根本性工作，也是产业发展战略能够顺利实施与发展的重要保证。连片特困地区为此要培养稳健的内控文化，建立独立于决策经营机构之外的垂直稽核体制，加强内控制度体系建设，强化对各项规章制度的梳理与优化，建立健全内部各项规章制度，加快推进风控体系建设，提升风险防控能力；加强信息化建设，构建相应的信息系统，推动内部控制效能与风控效能双提升。坚持内控优先，加强产业发展战略实施过程中的内控体系建设是有效防范连片特困地区产业战略实施风险的重要保证。

（三）层次推进原则

产业发展战略实施是一项系统工程，切不可盲目追求利润而急于求成。连片特困地区应根据产业发展战略实施过程中的具体情况，稳步层层推进。当产业发展战略实施还处于成长期，主营组织、业务、工作都还有待成熟，核心竞争力还没有形成时，片区应把有限的资源集中于自己的主导产业、主导行业或者主导企业，争取稳步做大做强，使之成为产业发展战略实施中极具竞争力的产业、行业或企业组织。待战略实施稳定有序推进后，再逐步拓展到其他相关领域、企业或行业。在每开发一个新领域、新产业或者新行业时，都要根据自身的特征明确建立自己的竞争优势，有节奏有层次稳步推进，切不可因为暂时的成功或者胜利而盲目加快产业发展战略实施步伐，使产业发展战略实施陷入困难陷阱。

二、连片特困地区产业发展战略实施风险防范与规避的基本措施

（一）统筹各级利好政策，科学编制片区产业发展战略规划

产业发展规划的质量直接关系到连片特困地区产业发展战略风险。切合地区实际的具有前瞻性、导向性的产业发展规划是规避产业发展战略实施风险的首要环节。近年来，随着连片特困地区扶贫攻坚上升为国家战略，14 个连片特困地区成为新时期扶贫攻坚的主战场。在此背景下，各级政府部门围绕脱贫纷纷出台了一系列利好政策，如 2012 年国土资源部出台的关于《支持集中连片特殊困难地区区域发展与扶贫攻坚的若干意见》、交通运输部出台的《集中连片特困地区交通建设扶贫规划纲要（2011—2020 年）》、水利部出台的《全国水利扶贫规划的通知》、全国工商联出台的《关于鼓励和引导非公有制经济参与农村扶贫开发的意见（2011—2020 年）》、农业部出台的《农业部关于加强农业行业扶贫工作的

指导意见》，2013年工业与信息化部关于《全国工业和信息化系统支持集中连片特殊困难地区发展的意见》等。2016年习近平总书记提出产业扶贫的新要求，农业部印发《关于加大贫困地区项目资金倾斜支持力度促进特色产业精准扶贫的意见》。随后，各级政府纷纷出台了本地区产业精准扶贫规划。这些政策措施不仅就产业行业扶贫开发的主要任务进行了明确，而且明确了各片区的优势特色、主导产业及其重点发展与支持方向。当前，产业发展相关部门应在认真研究、充分挖掘连片特困地区各类利好政策的基础上，集合片区内各行政区划间产业发展的差异性、特殊性和共同点，科学编制片区相关产业发展战略规划，实现片区内各类利好政策在纵向、横向上的有效联动，以顺利推进产业发展战略实施。具体而言，在编制过程中，片区要从战略高度认识到编制产业发展规划的重要性、前瞻性和导向性，要认真借鉴国内外其他贫困地区产业发展的成功经验，重点突出产业发展减贫效应、经济增长效应的针对性，避免片区产业发展规划的普遍性、趋同性和形式化。

（二）构建跨区域联动机制，完善跨区域合作与协同治理

连片特困地区在地域上大都跨越多个省级行政区，且各行政区域间高度渗透而不可分割，使得片区产生了典型而迫切的跨域治理需求。由于片区产业发展战略实施牵涉多个行政区域利益主体，只有实现产业发展战略实施的跨区域协作才能有效解决目前行政架构下不同行政主体在产业布局衔接、资源聚集争夺、利益分享等过程中出现的种种问题。这就迫切需要从顶层设计、制度层面进行整体设计、规划与安排。一方面，需要从公共事务的跨域性、完整性、公益性出发进行制度安排，以公共事务建设作为其价值导向，逐步打破片区内行政壁垒，增强产业发展战略实施的驱动力（刘筱红、张琳，2013）。当前，由于难以从根本上打破片区内的行政壁垒，加之项目重复与利益博弈现象普遍存在，片区产业发展不可避免地面临着布局分散、规模小、同质性强、竞争力和盈利能力弱等诸多问题。而随着产业发展战略实施链条的延伸，包括交通、运输、通信等在内的基础设施建设，教育、文化、卫生等在内的公共服务供给，以及土地、金融、人力资本等在内的资源要素在跨省域发展的共享特性，决定了必须破除连片特困地区内部的行政壁垒，建立跨区域联动与治理机制，以提升产业发展战略实施效率和可持续实施能力，降低战略实施风险。另一方面，需要推进协同治理参与主体多元化，鼓励在原有行政体制的基础上逐步引入市场机制、合作机制、共享机制、协商机制等，整合其他各类资源，共同推进连片特困地区产业发展战略的跨

域实施。在此基础上，进行深度制度创新，完善和创新产业发展战略相关制度的实施路径（刘娟，2008）。具体而言，首先，要建立片区内各个地方政府之间的议题协商机制和执行保障机制，优化区域产业发展战略实施跨域协同治理的组织耦合，使产业发展战略实施中新型制度的价值与效率真正落实到片区内各级各类地方政府的组织架构之中。既要建立起产业发展战略实施跨域治理决策层面的横向互动平台，也要优化产业发展战略实施中的跨域协同治理管理层面的业务网络关系，还要积极推动相邻区县直接建立产业发展战略实施中的跨域协同治理业务层面的行政区划策略协作，共同规划产业发展战略布局、基础设施，并对接产业发展战略实施中对公共服务、社会保障等的各项要求。其次，要从整个片区发展的战略高度出发，推动片区内不同行政区划产业发展战略规划的跨域整合，以实现彼此之间的错位竞争与优势互补，在更大范围内优化配置有限的资源与能量，避免片区内部竞争所带来的无效耗损，为产业发展战略实施清除制度层面的障碍，降低产业发展战略实施风险。

（三）完善公共服务与补偿机制，营造良好的战略实施环境

营造良好的产业发展战略实施环境，对于鼓励和促进连片特困地区产业发展战略顺利实施，提升产业发展竞争力至关重要。首先，政府应该致力于完善片区产业发展战略实施的公共服务与补偿机制。一方面，要加大财政转移支付与外部资金输入和投入力度，加大对连片特困地区交通、能源、卫生、环境等基础设施的投资力度，降低对片区内部政府的资金配套要求，稳步推进片区公共产品的均等性供给。通过提供健全的交通、能源、通信等供给设施，在降低连片特困地区产业竞争的设施成本的同时，增强片区对人才、资本等现代要素的吸引力。另一方面，要逐步建立健全对连片特困地区的生态补偿机制，培育和扶持替代产业发展。如进一步完善连片特困地区退草还牧、退耕还林及生态公益林补偿工程，对当地政府和居民因生态保护导致的减产减收进行合理足额补偿，并按照"谁保护谁受益，谁污染谁付费"的市场经济原则，引导生态受益方通过税收支付转移或其他方式向产业发展受限、利益受损方支付相应的生态补偿费或资源维护费，促使受益者付出相应的成本。此外，还可以通过国家产业发展项目的倾斜性布局，前瞻性地引导连片特困地区培育一批符合资源和环保要求的本地特色替代产业，形成片区产业可持续发展的新支撑点。同时，针对产品市场，政府部门要通过监督和完善中间产品市场，引导地区树立品牌意识，大力扶持和引导新兴产业的发展，规范市场机制，限制恶性竞争，加强政策引导和政策扶持，重视

地区社会网络作用，形成非制度性约束，着实担负起维护市场竞争秩序的责任。针对要素市场，要加快推进完善技术市场、资金市场和人才市场。具体来说，可以从以下方面着手：第一，由于连片特困地区与发达地区在经济、人才、设施等方面存在很大的差距，要促使连片特困地区产业发展战略顺利实施，政府在制度上要予以创新，量体裁衣，推陈出新。积极鼓励和推动片区内高新技术、先进适用技术包括共性技术、关键技术和配套技术等的运用，在提高产业发展效率的同时大力改造提升片区内部传统产业，重点扶持开发对连片特困地区经济增长有重大带动作用的高新技术，同时，加强知识产权保护工作，提高知识产权创新能力。第二，实施优惠政策，积极引入一些高技术人才和管理人才。第三，加大宣传力度，培养创新文化。大力倡导敢于冒险、崇尚竞争、勇于创新、开放包容、宽容失败、富有激情的创新文化，促进行业和地区政府的沟通，积极营造产业发展自主创新人文环境。

（四）建立片区产业发展风险预警机制，提高风险应对能力

产业内部机构自身和政府需要充分认识应对产业发展风险的重要性和紧迫性，建立地区产业发展风险预警机制，主动迎接产业战略实施当中的各种挑战。产业发展风险预警机制是指通过对地区产业发展情况进行监测，及时发现出现风险的一些征兆，对这些信号进行分析整理，并发出警示，以便尽快采取防范措施的机制。如果说完善产业创新机制、保持产业竞争优势是地区产业持续发展的原动力，那么建立风险预警机制则是产业持续发展的保证。为了更好地实现连片特困地区产业战略实施风险预警，我们可以建立区域防范、行业防范、企业防范三级防范体系。这三级防范体系是一个有机互补体系，某一环节防范出现失误，其他环节都会对其进行补救。同时，建立三级防范体系可以有效地改进风险管理办法，提高风险管理量化水平。此外，可以进一步采用先进的管理模型和精细的数量技术，对产业发展战略实施风险进行标准化识别、精细化考察和精准性度量，加大非现场监控力度，进而最大限度防范、化解各类风险。

（五）积极培育全产业链，提升产业发展关联效应

打造和扶持连片特困地区产业链发展，提升产业发展关联效应，是提升连片特困地区产业可持续发展能力的必然要求，也是扶持并做强特色产业、发挥连片特困地区经济比较优势的重要途径。一方面，要打造片区内部跨域合作的产业承接发展平台，通过典型与示范引领，引导周边发达地区劳动密集型产业优先向连片特困地区转移，降低连片特困地

区资源开发、产业承接的门槛，引导符合条件的新兴产业优先向连片特困地区布局，以此带动片区内部其他产业向精品化、高端化发展，推动片区传统产业转型升级。另一方面，在对接外部市场的过程中，要加大片区资源整合力度，优化资源配置，围绕产业发展战略实施阶段性目标与周期性目标，积极培育地理标志产品及阶段性、周期性标志产品，并以此为抓手努力提高产业附加值，培育特色优势产业。在此基础上，打造特色产业全产业链，力争在产品设计、原料采购、仓储运输、互联网订单处理、批发经营和终端零售各环节形成完整的产业链条，并以此形成连片特困地区产业发展强大引擎。最终达到资源高度整合和有效控制成本的目的，从而大大降低产业发展战略实施风险。以武陵山片区旅游产业为例，应逐步打破片区旅游产业发展边界束缚，拓展旅游产业发展规模，稳步推进旅游产业链条延伸，并形成以旅游龙头产业为核心的旅游产业链格局。通过旅游产业带动其他产业的发展将是未来一段时间内武陵山片区旅游产业发展相关部门、企业及个体积极探索并为之付诸行动的重要议题。

参考文献

[1]Alkire,S. ,Foster,J. Understandings and Misunderstandings of Multidimensional Poverty Measurement[J]. Journal of Economic Inequality,2011,9(2):289-314.

[2]Aluko,M. A. Sustainable Development Environmental Degradation and the Entrenchment of Poverty in the Niger Delta of Nigeria[J]. Journal of Human Ecology,2004,15.

[3]Annie Leonard. The Story of Stuff[M]. New York:Free Press,2010.

[4] Billon, P. L. , Good, E. Responding to the Commodity Bust: Downturns,Policies and Poverty in Extractive Sector Dependent Countries[J]. Extractive Industries & Society,2016,3(1):204-216.

[5]Bourguignon,F. ,Chakravarty,S. R. The Measurement of Multidimensional Poverty[J]. Journal of Economic Inequality, 2003, 1 (1): 25-49.

[6]Brady,D. ,Wallace,M. Deindustrialization and Poverty:Manufacturing Decline and AFDC Recipiency in Lake County,Indiana 1964—93 [J]. Sociological Forum,2001,16(2):321-358.

[7]Caine Rolleston. Educational Access and Poverty Reduction:The case of Ghana 1991—2006[J]. International Journal of Educational Development,2011,31(4):338-349.

[8]Cavendish,W. Empirical Regularities in the Poverty-environment Relationship of Rural Households:Evidence from Zimbabwe[J]. World Development,1999,28(11):1979-2003.

[9]Cerioli, A. , Zani, S. A Fuzzy Approach to the Measurement of Poverty[M]//Income and Wealth Distribution, Inequality and Poverty. Berlin:Springer Berlin Heidelberg,1990:272-284.

[10]Cheli,B. ,Lemmi,A. A Totally Fuzzy and Relative Approach to the Multidimensional Analysis of Poverty[J]. Economic Notes,1995,24 (1):115-134.

[11]Cozzens,S. E. ,Bobb,K. ,Deas,K. ,et al. Distributional Effects

of Science and Technology-based Economic Development Strategies at State Level in the United States[J]. Science & Public Policy,2005,32 (1):29-38.

[12]Cremina,P. ,Nakabugo,M. G. Education,Development and Poverty Reduction:A Literature Critique[J]. International Journal of Educational Development,2012,32(4):499.

[13]Dorcas,A. Ayeni. Predicting the Effects of Economic Diversification on Sustainable Tourism Development in Nigeria[J]. American Journal of Tourism Management,2013,2(1):15-21.

[14] Demir, Firat, Jiandong Ju, Yin Zhou. Income Inequality and Structures of International Trade[J]. Asia-Pacific Journal of Accounting & Economics,2012,19(2):167-180.

[15] Gerschenkron, A. Economic Backwardness in Historical Perspective [M]. New York:Harvard University Press,1962.

[16]Giorgi and V. Verma(eds). European Social Statistics:Income, Poverty and Social Exclusion:2nd Report[R]. Luxembourg:Office for Official Publications of the European Communities,2002.

[17] Howie,P. ,Atakhanova,Z. Resource Boom and Inequality:Kazakhstan as a Case Study[J]. Resources Policy,2014,39(1):71-79.

[18]Jiang,J. L. et al. Management of Migrant Workers from Rural Areas and Reform of Labor Employment System in Construction Industry [C],2008.

[19]Kimhi,Ayal. Entrepreneurship and Income Inequality in Southern Ethiopia[J]. Small Business Economics,2010,34(1):81.

[20]Krugman,P. Increasing Returns and Economic Geography[J]. Journal of Political Economy,1991(7):483-499.

[21]Kwon,R. Employment Transitions and the Cycle of Income Inequality in Postindustrial Societies[J]. International Journal of Comparative Sociology,2014,55(5):404-428.

[22]Lee,G. ,O'Leary,J. T. ,Hong,G. S. Visiting Propensity Predicted by Destination Image:German Long-haul Pleasure Travelers to the U. S. [J]. International Journal of Hospitality & Tourism Administration,2002:63-92.

[23]Leibenstein, H. Book Reviews:Economic Backwardness and E-

conomic Growth: Studies in the Theory of Economic Development[J]. Population,1957,126(1):1349-1350.

[24]Loayza,N. V. ,Raddatz,C. The Composition of Growth Matters for Poverty Alleviation[J]. Journal of Development Economics,2010,93 (1):137-151.

[25]Lu,Juanjuan,Yan,Mei,Lei,Ge et al. Electrochemiluminescence of Blue-luminescent Graphene Quantum Dots and its Application in Ultrasensitive Aptasensor for Adenosine Triphosphate Detection[J]. Biosensors & Bioelectronics,2013,47(5):271.

[26]Lugo,M. A. Multidimensional Poverty Measures from an Information Theory Perspective[C]//Queen Elizabeth House,University of Oxford,2009.

[27]Martin Ravallion. On Multidimensional Indices of Poverty[J]. The Journal of Economic Inequality,2011,9(2):235-248.

[28]Mekvabidze,R. Economic Inequality and Policy:Studying of Inequality in Georgia[J]. Iated,2012.

[29]Moller,S. ,Rubin,B. A. The Contours of Stratification in Service-Oriented Economies[J]. Social Science Research,2008,37(4):1039-1060.

[30]Mooya,M. M. ,Cloete,C. E. Property Rights,Real Estate Markets and Poverty Alleviation in Namibia's Urban Low Income Settlements [J]. Habitat International,2010,34(4):436-445.

[31]Mthembu,Mzikayifani B. J. Rural Tourism Development:A Viable Formula for Poverty Alleviation in Bergville[J]. Inkanyiso,Journal of Humanities & Social Sciences,2012,4(1):63-74.

[32]Muresan,J. D. ,M. V. Ivan. Education,Science and Technology: Essential Concepts for Understanding the the Welfare/Poverty Binomial [J]. Theory & Practice,2009,1(3):513-517.

[33]Nayyar,D. Why Employment Matters:Reviving Growth and Reducing Inequality [J]. International Labour Review, 2014, 153 (3): 351-364.

[34]Nelson,R. R. A Theory of the Low-Level Equilibrium Trap in Underdeveloped Economies[J]. China Labor Economics,2006,46(5):894-908.

[35]Nurkse,R. Problems of Capital Formation in Underdeveloped

Countries[M]. Oxford:Basil Blackwell,1953.

[36]Paul Hawken, Amory Lovins, and L. Hunter Lovins. Natural Capitalism[R]. Rocky Mountain Institute,1999.

[37]Pieters,J. Growth and Inequality in India:Analysis of an Extended Social Accounting Matrix[J]. World Development,2010,38(3):270-281.

[38]Rachel Botsman,Roo Rogers. What's Mine Is Yours:The Rise of Collaborative Consumption[M]. New York:HarperCollins,2010.

[39]Ramos,X.,Silber,J. On the Application of Efficiency Analysis to the Study of the Dimensions of Human Development[J]. Review of Income & Wealth,2005,51(2):285-309.

[40]Rosenstein-Rodan,P. N. Problems of Industrialisation of Eastern and South-Eastern Europe[J]. Economic Journal,1943,53(210/211):202-211.

[41]Sabina Alkire,James Foster. Counting and Multidimensional Poverty Measurement[J]. Journal of Public Economics,2007,95(7):476-487.

[42]Scheyvens,R.,Momsen,J. H. Tourism and Poverty Reduction:Issues for Small Island States[J]. Tourism Geographies,2008,10(1):22-41.

[43]Sen,A. P. An Ordinal Approach to Measurement[J]. Econometrica,1976,44(2):219-231.

[44]Severini,S.,Tantari,A. The Effect of the EU Farm Payments Policy and Its Recent Reform on Farm Income Inequality[J]. Journal of Policy Modeling,2013,35(2):212-227.

[45]Tim Radford. Two-Third of World's Resources[J]. Guardian, March 30,2005.

[46]Townsend,P. Introduction:Concepts of Poverty and Deprivation [J]. Journal of Social Policy,1979,15(4):499-501.

[47]Victor Lebow. Price Competition in 1955[J]. Journal of Retailing,Spring 1955.

[48]安树伟, 等. 西部优势产业和特色经济发展[M]. 北京:科学出版社, 2014.

[49]包月英, 张海永, 高飞. 欠发达地区农村扶贫开发问题及政策

建议[J]. 中国农业资源与区划，2009(6).

[50]蔡宁，杨闩柱，吴结兵. 企业集群风险的研究：一个基于网络的视角[J]. 中国工业经济，2003(4).

[51]陈飞，卢建词. 收入增长与分配结构扭曲的农村减贫效应研究[J]. 经济研究，2014(2).

[52]陈立荣，郑昭. 企业集群的网络风险成因及其规避[J]. 中州学刊，2007(3).

[53]陈立中. 收入增长和分配对我国农村减贫的影响——方法、特征与证据[J]. 经济学，2009(2).

[54]陈南岳. 我国农村生态贫困研究[J]. 中国人口·资源与环境. 2003(4).

[55]陈少峰，张立波. 文化产业商业模式[M]. 北京：北京大学出版社，2011.

[56]陈诗一. 中国的绿色工业革命：基于环境全要素生产率视角的解释(1980—2008)[J]. 经济研究，2010(11).

[57]戴维·皮尔思，杰瑞米·沃福德. 世界无末日：经济学、环境与可持续发展[M]. 张世秋，等译. 北京：中国财政经济出版社，1996.

[58]邓正琦. 山地区域基本特征及其发展思路——以我国14个集中连片特困地区为例[J]. 重庆师范大学学报(哲学社会科学版)，2015(3).

[59]豆建民. 区域经济发展战略分析[M]. 上海：上海人民出版社，2009.

[60]杜凤莲，孙婧芳. 经济增长、收入分配与减贫效应——基于1991—2004年面板数据的分析[J]. 经济科学，2009(3).

[61]段超，沈道权. 武陵山片区特色产业发展报告(2012)[M]. 武汉：湖北人民出版社，2013.

[62]段世江，石春玲. 中国农村反贫困：战略评价与视角选择[J]. 河北大学学报(哲学社会科学版)，2004(6).

[63]樊胜根. 公共支出、经济增长和贫困：来自发展中国家的启示[M]. 北京：科学出版社，2009.

[64]樊胜根，等. 农业科研与贫困[M]. 北京：中国农业出版社，2005.

[65]方行明，刘方健，姜凌，等. 中国西部工业发展报告(2011)[M]. 北京：社会科学文献出版社，2011.

[66]傅道忠. 中国农村扶贫政策的变迁及取向分析[J]. 兰州商学院

学报，2009(4).

[67]高远东，温涛，王小华. 中国财政金融支农政策减贫效应的空间计量研究[J]. 经济科学，2013(1).

[68]葛霆. 农村最低生活保障制度减贫效果与福利依赖效应评估——基于CFPS2010的实证研究[D]. 山东大学，2015.

[69]龚冰. 论我国开发式扶贫的拓展与完善[J]. 经济与社会发展，2007(11).

[70]郭建宇，吴国宝. 基于不同指标及权重选择的多维贫困测量——以山西省贫困县为例[J]. 中国农村经济，2012(2).

[71]韩嘉玲，孙若梅，普红雁，等. 社会发展视角下的中国农村扶贫政策改革30年[J]. 贵州社会科学，2009(2).

[72]何晓琦，高云虹. 宏观经济政策与消除长期贫困[J]. 现代经济探讨，2007(2).

[73]胡宗义，唐李伟，苏静. 农村正规金融与非正规金融的减贫效应——基于PVAR模型的经验分析[J]. 统计与信息论坛，2014(11).

[74]黄成和. 我国现代物流激活区域经济持续增长探析[J]. 学术交流，2008(11).

[75]黄承伟. 中国反贫困：理论、方法、战略[M]. 北京：中国财政经济出版社，2002.

[76]黄国庆. 连片特困地区旅游扶贫模式研究[J]. 求索，2013(5).

[77]黄河. 产业集群风险研究综述与形成机理分析[J]. 商业时代，2010(16).

[78]黄科. 对我国农村扶贫政策的回顾与思考[J]. 中国经贸导刊，2010(2).

[79]黄清峰. 社会保障支出与农村贫困减少动态关系的实证检验[J]. 统计与决策，2013(19).

[80]黄渊基. 连片特困地区旅游扶贫效率评价及时空分异——以武陵山湖南片区20个县(市、区)为例[J]. 经济地理，2017(11).

[81]黄宗智. 华北的小农经济与社会变迁[M]. 北京：中华书局，1984.

[82]霍芳芳.《魅力湘西》中民族文化符号的视觉化转换[J]. 文艺评论，2013(6).

[83]季曦，王小林. 碳金融创新与"低碳扶贫"[J]. 农业经济问题，2012(1).

[84]贾先文，李周. 连片特困地区治理困境及跨域治理机制构建——以"锰三角"为例[J]. 经济与管理研究，2015(8).

[85]贾先文. 三重失灵：连片特困地区公共服务供给难题与出路[J]. 学术界，2015(8).

[86]江亮演. 社会救助的理论和实务[M]. 台北：桂冠图书出版公司，1990.

[87]阚丽萍. 扶贫政策与贫困地区经济发展模式选择[J]. 广西社会科学，2003(7).

[88]康涛，陈斐. 关于我国农村贫困与反贫困的研究[J]. 华中农业大学学报(社会科学版)，2002(4).

[89]康晓光. 中国贫困与反贫困理论[M]. 南宁：广西人民出版社，1995.

[90]李成勋. 区域经济发展战略学[M]. 北京：社会科学文献出版社，2009.

[91]李海金，汤玉权，黄加成. 惠农和社会保障政策：运行逻辑与减贫效应——以农村最低生活保障制度为例[J]. 求实，2012(6).

[92]李虹. 中国生态脆弱区的生态贫困与生态资本研究[D]. 西南财经大学，2011.

[93]李慧玲，徐妍. 交通基础设施、产业结构与减贫效应研究——基于面板 VAR 模型[J]. 技术经济与管理研究，2016(8).

[94]李嘉岩. 人口可持续发展与农村反贫困研究[M]. 长沙：湖南人民出版社，2004.

[95]李龙强. 贫困理论创新与反贫困制度创新[J]. 农业经济，2008(9).

[96]李龙强. 我国反贫困政策的评价与创新[J]. 学术论坛，2008(7).

[97]李民，贾先文. 区域发展与扶贫攻坚背景下连片特困地区农业协同发展路径研究——以武陵山片区为例[J]. 经济地理，2016(12).

[98]李明生. 特色产业：西部富裕之路——来自湘鄂渝黔边区的报告[M]. 哈尔滨：黑龙江人民出版社，2007.

[99]李文生，蔡勇. 西江区域物流合作发展模式理论研究[J]. 物流科技，2014(5).

[100]李允尧. 企业成长能力研究[D]. 中南大学，2007.

[101]廖文梅，陈美球，杨晶. 区域性整体脱贫致富模式研究：回顾与展望[J]. 农林经济管理学报，2017(2).

[102]林伯强. 中国的政府公共支出与减贫政策[J]. 经济研究，2005(1).

[103]刘冬梅. 中国政府开发式扶贫资金投放效果的实证研究[J]. 管理世界，2001(6).

[104]刘尔思. 创新产业扶贫机制：产业链建设与贫困地区经济发展研究[M]. 北京：中国财政经济出版社，2007.

[105]刘二妹. 微型金融服务与减贫问题分析[J]. 商场现代化，2011(34).

[106]刘娟. 贫困县产业发展的困境与破解路径[J]. 岭南学刊，2008(6).

[107]刘娟. 贫困县域产业可持续竞争力探讨[J]. 理论探索，2008(5).

[108]刘俊英. 中国政府民生服务及其减贫效应分析[J]. 经济问题探索，2013(9).

[109]刘克崮，沈炳熙，刘张君，等. 中国农村扶贫金融体系建设研究——基于甘黔贵金融扶贫案例[J]. 财政科学，2016(1).

[110]刘璐琳. 集中连片特困民族地区反贫困的思考[N]. 光明日报，2012-04-15.

[111]刘璐琳. 武陵山区扶贫开发的制约因素与政策建议[J]. 宏观经济管理，2012(6).

[112]刘强. 中国文化产业发展的区域比较研究[D]. 东北财经大学，2015.

[113]刘若兰. 关于"数字鸿沟"与信息扶贫的几点思考[J]. 情报杂志，2004(6).

[114]刘师嘉. 中国省级地区绿色工业发展模式及其路径选择研究[D]. 西南财政大学，2012.

[115]刘筱红，张琳. 连片特困地区扶贫中的跨域治理路径研究[J]. 中州学刊，2013(4).

[116]刘渝琳，彭吉伟. 服务业产业内贸易对城乡居民收入差距的影响[J]. 经济问题探索，2010(4).

[117]刘志林. 论新疆旅游产业发展模式的选择[J]. 新疆财经学院学报，2004(1).

[118]刘传岩，赵玉. 我国农村扶贫政策的协调配套问题研究[J]. 宏观经济管理，2008(4).

[119]龙艳. 论湖南文化产业"走出去"现状与对策[J]. 湖南社会科学，2015(2).

[120]卢盛峰，卢洪友. 政府救助能够帮助低收入群体走出贫困吗？——基于1989—2009年CHNS数据的实证研究[J]. 财经研究，2013(1).

[121]卢泰宏. 消费者行为学[M]. 北京：中国人民大学出版社，2015.

[122]卢正惠. 区域经济发展战略——理论与模式[M]. 北京：经济科学出版社，2012.

[123]陆汉文. 连片特困地区低碳扶贫道路与政策初探[J]. 广西大学学报(哲学社会科学版)，2012(3).

[124]路远，郭栋. 试析贫困文化的表现、成因及其消解[J]. 商洛师范专科学校学报，2005(3).

[125]罗森斯坦-罗丹. 东欧和东南欧国家的工业化问题[J]. 经济学家，1943(6-9).

[126]罗斯托. 从起飞进入持续增长的经济学[M]. 贺立平，等译. 成都：四川人民出版社，1988.

[127]马广志. 绿色工业发展是我国面向未来的战略选择[N]. 中国改革报，2010-12-13.

[128]迈克尔·波特. 竞争战略[M]. 陈丽芳，译. 北京：中信出版社，2014.

[129]米晓燕.《天门狐仙》的前生今世[J]. 贺州学院学报，2015(2).

[130]莫伊尼汉. 认识贫困[M]. 纽约：基础图书出版公司，1969.

[131]纳尔·缪尔达尔，吕立勤，邹蓝. 世界贫困的挑战(二)[J]. 开发研究，1999(2).

[132]欧阳胜. 贫困地区农村一二三产业融合发展模式研究——基于武陵山片区的案例分析[J]. 贵州社会科学，2017(10).

[133]乔召旗. 扶贫政策、经济增长对中国扶贫工作的影响[J]. 云南社会科学，2009(2).

[134]秦建军，武拉平. 财政支农投入的农村减贫效应研究——基于中国改革开放30年的考察[J]. 财贸研究，2011.

[135]秦远好，刘德秀，秦翰，等. 连片特困地区旅游扶贫与生态保护耦合态势研究——以重庆市武隆县仙女山镇为例[J]. 西南大学学报

（社会科学版），2016(3).

[136]任登魁. 全球价值链视角贫困地区产业集聚发展研究[M]. 北京：中国经济出版社，2016.

[137]师荣蓉，徐璋勇，赵彦嘉. 金融减贫的门槛效应及其实证检验——基于中国西部省际面板数据的研究[J]. 中国软科学，2013(3).

[138]史忠良. 产业经济学[M]. 北京：经济管理出版社，2005.

[139]宋镇修，王雅林. 农村社会学[M]. 哈尔滨：黑龙江教育出版社，1993.

[140]苏基溶，廖进中. 中国金融发展与收入分配、贫困关系的经验分析——基于动态面板数据的研究[J]. 财经科学，2009(12).

[141]苏静，胡宗义，唐李伟. 农村非正规金融发展的减贫效应非线性研究——基于 PSTR 模型的分析[J]. 农业技术经济，2014(1).

[142]苏明，刘军民，贾晓俊. 中国基本公共服务均等化与减贫的理论和政策研究[J]. 财政研究，2011(8).

[143]孙玉霞，刘燕红. 农村公共服务非均等化与财政减贫的政策选择[J]. 地方财政研究，2014(5).

[144]谭银清，王志章，陈益芳. 武陵山区多维贫困的测量、分解及政策蕴含[J]. 吉首大学学报（社会科学版），2015(1).

[145]童星，林闽钢. 我国农村贫困标准线研究[J]. 中国社会科学，1994(3).

[146]童中贤，曾群华，马骏. 我国连片特困地区增长极培育的战略分析——以武陵山地区为例[J]. 中国软件学，2012(4).

[147]托达罗. 发展经济学[M]. 北京：机械工业出版社，2009.

[148]汪建新，黄鹏. 金融发展对收入分配的影响：基于中国 29 个省区面板数据检验[J]. 上海经济研究，2009(11).

[149]汪军，张孝友. 新阶段重庆市农村扶贫开发态势及思路创新[J]. 西南农业大学学报（社会科学版），2005(4).

[150]汪磊. 精准扶贫视域下我国集中连片特困地区致贫成因与扶贫对策[J]. 贵阳市委党校学报，2016(4).

[151]汪三贵，胡联. 产业劳动密集度、产业发展与减贫效应研究[J]. 财贸研究，2014(3).

[152]汪三贵. 反贫困与政府干预[J]. 农业经济问题，1994(3).

[153]汪三贵. 扶贫体制改革的未来方向[J]. 决策探索（下半月），2012(1).

[154]汪三贵. 贫困问题与经济发展政策[M]. 北京：农村读物出版社，1994.

[155]王碧玉，李树吉，李成红. 财政扶贫资金效益评价模型的构造及其应用研究[J]. 东北农业大学学报(社会科学版)，2007(4).

[156]王冰冰. 经济增长与收入分配减贫作用的动态比较研究[J]. 商业时代，2010(22).

[157]王光昊. 张家界景区旅游演艺创新问题研究[D]. 吉首大学，2013.

[158]王娟，张克中. 公共支出结构与农村减贫——基于省级面板数据的证据[J]. 中国农村经济，2012(1).

[159]王娟. 政府主导型旅游发展战略的经济学解释[J]. 旅游学刊，2001(3).

[160]王梦娜. 文化与科技融合背景下的湖南数字出版产业转型研究[D]. 吉首大学，2016.

[161]王蓉. 我国传统扶贫模式的缺陷与可持续扶贫的战略选择[J]. 农村经济，2001(2).

[162]王婷. 贫困内涵及贫困标准问题探讨[J]. 固原师专学报(社会科学版)，2003(1).

[163]王卫群. 坚持开发式扶贫方针　实现农村低保制度与扶贫政策的有效衔接[J]. 老区建设，2009(21).

[164]王小林，Alkire Sabina. 中国多维贫困测量：估计和政策含义[J]. 中国农村经济，2009(12).

[165]王晓敏. 社会主义新农村建设中提高农民素质的问题[J]. 四川省社会主义学院学报，2009(3).

[166]王英，单德朋，郑长德. 旅游需求波动、风险管理与非线性减贫效应研究[J]. 中国人口·资源与环境，2016(6).

[167]王永平，孙全敏. 西部地区农户信息需求与信息扶贫的思考[J]. 西北农林科技大学学报(社会科学版)，2007(6).

[168]王朝明. 中国农村 30 年开发式扶贫：政策实践与理论反思[J]. 贵州财经学院学报，2008(6).

[169]王兆萍. 贫困文化的性质和功能[J]. 理论研究，2004(12).

[170]王志章. 武陵山片区区域发展的协作路径研究[J]. 吉首大学学报(社会科学版)，2012(4).

[171]魏后凯，邬晓霞. 中国的反贫困政策：评价与展望[J]. 上海

行政学院学报，2009(2).

[172]文雯. 中国城市低保制度的减贫与再分配效应研究[D]. 南开大学，2013.

[173]吴定玉，陈和钧. 中国反贫困的理论与实践[J]. 湖南农业大学学报(社会科学版)，2000(2).

[174]伍艳. 中国农村金融发展的减贫效应研究——基于全国和分区域的分析[J]. 湖北农业科学，2013(1).

[175]向德平，姚霞. 社会工作介入我国反贫困实践的空间与途径[J]. 教学与研究，2009(6).

[176]向德平，张大维. 连片特困地区贫困特征与减贫需求分析——基于武陵山片区8县149个村的调查[M]. 北京：经济日报出版社，2016.

[177]肖小勇，肖洪广. 企业战略管理理论发展动力研究[J]. 北京工业大学学报(社会科学版)，2003(4).

[178]解安. 哑铃型产业发展模式：生态功能区发展的路径创新——以武陵山区的发展模式为例[J]. 新视野，2014(3).

[179]熊丽英. 中国贫困文化研究[J]. 湖南农业大学学报(社会科学版)，2000(2).

[180]徐茜，黄祖庆. 区域物流与区域经济发展互动关系研究——以浙江省为例[J]. 统计与决策，2011(9).

[181]徐孝勇，赖景生，寸家菊. 我国西部地区农村扶贫模式与扶贫绩效及政策建议[J]. 农业现代化研究，2010(2).

[182]徐秀军. 解读绿色扶贫[J]. 生态经济，2005(2).

[183]许芬. 公共财政在减贫中的职能分析与政策调整[J]. 宁夏社会科学，2009(6).

[184]薛惠元. 新型农村社会养老保险减贫效应评估——基于对广西和湖北的抽样调研[J]. 现代经济探讨，2013(3).

[185]阎坤，于树一. 公共财政减贫的理论分析与政策思路[J]. 财贸经济，2008(4).

[186]杨军. "整村推进"扶贫模式的问题与对策研究[J]. 重庆工商大学学报(西部论坛)，2006(6).

[187]叶初升，王红霞. 多维贫困及其度量研究的最新进展：问题与方法[J]. 湖北经济学院学报，2010(6).

[188]伊迪丝·彭罗斯. 企业成长理论[M]. 赵晓，译. 上海：上海人民出版社，2007.

[189]叶普万. 贫困经济学研究[M]. 北京：中国社会科学出版社，2004.

[190]易明，杨树旺，王文成. 产业集群风险成因分析：基于技术变迁的视角[J]. 中国地质大学学报(社会科学版)，2006(2).

[191]易艳玲. 毕节试验区扶贫开发成效研究[M]. 成都：四川大学出版社，2011.

[192]殷平. 主体功能区协调发展理论与实践研究[M]. 北京：电子工业出版社，2013.

[193]尹婷婷. 少数民族文化产业发展研究——以恩施地区为例[D]. 湖北民族学院，2015.

[194]游俊，冷志明，丁建军. 中国连片特困区发展报告(2014—2015)——连片特困区城镇化进程、路径与趋势[M]. 北京：社会科学文献出版社，2015.

[195]游俊. 武陵山片区产业城镇化发展的路径与对策[J]. 求索，2015(7).

[196]游俊，等. 中国连片特困区发展报告[M]. 北京：社会科学文献出版社，2013—2016.

[197]于存海. 论内蒙古农牧区生态安全、生态贫困与生态型反贫困特区建设——兼论社会政策在农牧区反贫困中的作用[J]. 内蒙古财经学院学报，2006(5).

[198]余明江. 我国农村反贫困机制的构建——基于"政府—市场"双导向视角的研究[J]. 安徽农业大学学报(社会科学版)，2010(5).

[199]曾敏. 我国城市贫困群体的"文化性"贫困探微[J]. 广西青年干部学院学报，2007(1).

[200]张萃. 中国经济增长与贫困减少——基于产业构成视角的分析[J]. 数量经济技术经济研究，2011(5).

[201]张建军，李国平. 西部贫困地区扶贫模式的创新与对策研究[J]. 科学学研究，2004(6).

[202]张峭，徐磊. 中国科技扶贫模式研究[J]. 中国软科学，2007(2).

[203]张仁枫，王莹莹. 承接产业转移视角的区域协同创新机理分析——兼论欠发达地区跨越式发展的路径创新[J]，科技进步与对策，2013(7).

[204]张伟宾，汪三贵. 扶贫政策、收入分配与中国农村减贫[J].

农业经济问题，2013(2).

[205]张文建. 市场变化格局下的旅游业态转型与创新[J]. 社会科学，2011(10).

[206]张晓亮，陈俊. 农村扶贫政策之反思[J]. 党政论坛，2010 (12).

[207]张晓琼，黄欣. 政府扶贫职能的转变与农村有效反贫困治理结构[J]. 云南民族学院学报(哲学社会科学版)，2000(3).

[208]张新文，吴德江. 新时期农村扶贫中的政府行为探讨[J]. 郑州航空工业管理学院学报，2011(5).

[209]张秀生，卫鹏鹏. 区域经济理论[M]. 武汉：武汉大学出版社，2005.

[210]张岩松. 发展与中国农村反贫困[M]. 北京：中国财政经济出版，2004.

[211]张毅. 用好扶贫"新国标"这把尺子[J]. 决策探索(上半月)，2011(12).

[212]张玉强，李祥. 我国集中连片特困地区精准扶贫模式的比较研究——基于大别山区、武陵山区、秦巴山区的实践[J]. 湖北社会科学，2017(2)：46-56.

[213]张英. 武陵山区域旅游开发合作的思考[J]. 湖北社会科学，2007(6).

[214]张永丽，王虎中. 新农村建设：机制、内容与政策——甘肃省麻安村"参与式整村推进"扶贫模式及其启示[J]. 中国软科学，2007(4).

[215]张友. 武陵山片区经济一体化协作发展模式研究——基于跨省际边界区域视角[M]. 北京：民族出版社，2013.

[216]张祖群. 扶贫旅游的机理及其研究趋向——兼论对环京津贫困带启示[J]. 思想战线，2012(2).

[217]章尚正. "政府主导型"旅游发展战略的反思[J]. 旅游学刊，1998(6).

[218]章元，丁绎镁. 一个"农业大国"的反贫困之战——中国农村扶贫政策分析[J]. 南方经济，2008(3).

[219]赵兵. 基于产业视角的流域生态规划研究[M]. 北京：科学出版社，2016.

[220]赵昌文，郭晓鸣. 贫困地区扶贫模式：比较与选择[J]. 中国农村观察，2000(6).

[221]赵慧珠. 走出中国农村反贫困政策的困境[J]. 文史哲，2007(4).

[222]郑功成. 中国的贫困问题与 NGO 扶贫的发展[J]. 中国软科学，2002(7).

[223]郑红，李士涛. 中国扶贫问题综述[J]. 党政干部学刊，2003(4).

[224]郑双怡. 西南喀斯特地区农户气象灾害致贫的影响因素分析[J]. 西南民族大学学报(人文社科版)，2017(3).

[225]郑喜淑. 少数民族生态文化资源保护与文化产业研究——以图们江区域朝鲜族聚居村为个案[D]. 中央民族大学，2010.

[226]中国发展研究基金会. 中国发展报告 2007：在发展中消除贫困[M]. 北京：中国发展出版社，2007.

[227]中国人民银行郑州中心支行课题组. 农村致贫机理与金融扶贫政策研究——基于河南省集中连片特困地区和 54 个贫困县的调查[J]. 金融理论与实践，2014(3).

[228]钟娟芳. 特色小镇与全域旅游融合发展探讨[J]. 开发导报，2017(2).

[229]周建鹏. 我国区域环境治理模式创新研究[D]. 兰州大学，2013.

[230]周歆红. 关注旅游扶贫的核心问题[J]. 旅游学刊，2002(1).

[231]朱方文，胡建绩，胡松翠. 共享性资源刚性对集群企业竞争优势的作用机制[J]. 科技进步与对策，2009(3).

[232]朱强. 湖南山地农业发展的理论逻辑和实现路径[J]. 求索，2016(2).

[233]朱传耿，等. 省际边界区域协调发展研究[M]. 北京：科学出版社，2012.

[234]邹薇，方迎风. 关于中国贫困的动态多维度研究[J]. 中国人口科学，2011(6).

[235]邹薇，方迎风. 怎样测度贫困：从单维到多维[J]. 国外社会科学，2012(2).

[236]邹薇，郑浩. 贫困家庭的孩子为什么不读书？[J]. 经济学家茶座，2015(2).

后　记

　　本书是作者李民教授主持的国家社科基金后期资助项目研究成果。作者根据统筹推进"五位一体"总体布局和协调推进"四个全面"战略布局的重大举措，以"创新、协调、绿色、开放、共享"为发展理念，按照"区域发展带动扶贫开发，扶贫开发促进区域发展"的基本思路，以武陵山片区为例，对集中连片特殊困难地区产业发展战略进行了系统研究，提出利用资源禀赋，因地制宜地培育和形成具有自己特色的主导产业和优势产业，形成集群，实现产业扶贫，走出一条符合区域发展的产业发展之路，并防范产业发展中的风险。成果对有效落实国家政策，增强扶贫效应，促进集中连片特殊困难地区脱贫致富和社会经济协调发展具有重要的应用价值。

　　研究过程得到了课题组成员的大力支持。朱强教授、肖小勇教授、贾先文教授、姚顺东教授、苏静博士、郭毅夫博士、贾卫平博士、丁文君博士、游鸿博士、许达志博士等课题组成员参与了课题的调研与部分章节的写作，在此深表感谢！

　　著名经济学家刘茂松教授对全书进行了精心指导，对全书的结构提出了中肯建议，使得书稿体系更加合理和完善。湖南省人民政府发展研究中心财政金融研究处左宏博士从实践角度提出了很好的建议，使得著作更加接地气。对两位专家的指导表示衷心感谢！

　　同时，感谢湖南文理学院龙献忠教授、李红革教授、佘丹青教授的大力支持！感谢湖南师范大学出版社有限公司吴真文社长、徐江涛副社长的鼎力相助！

　　最后，感谢北京师范大学出版集团的领导和编辑对本书的出版给予的帮助与支持。研究过程中，我们受到了诸多国内外专家学者学术思想的启迪，并借鉴了部分研究成果，在此一并表示感谢。

李　民

2018 年 10 月